A long time ago in a galaxy far, far away....

PAUL DUNCAN

LOS ARCHIVOS

EPISODIOS IV–VI
1977–1983

TASCHEN

Contenido

Prólogo
Por George Lucas

Cuando tenía 18 años sufrí un accidente de coche y tuve una experiencia cercana a la muerte. De hecho, me sacaron de allí pensando que estaba muerto, y no fue hasta que llegué al hospital que los doctores reanimaron mi corazón y me trajeron de vuelta a la vida. Aunque este es el tipo de experiencia que moldea las creencias de las personas, he descubierto que la mayoría de mis ideas han evolucionado a partir de la observación de la vida desde ese momento. Si he llegado a saber algo, es que algunas preguntas son tan incognoscibles para nosotros como lo serían para un árbol o una hormiga.

Los expertos que han dedicado muchos años a estudiar los mitos y las religiones y han conectado todas las teorías generadas a lo largo de los tiempos acerca de la vida y la conciencia y han filtrado sus aspectos superficiales se han topado con la misma sensibilidad. Se le ha dado nombres distintos. Se ha intentado personificar y tratan con ella de diferentes maneras. Pero siempre ha parecido obviarse el hecho de que la vida no se puede explicar. La única razón de la vida es la vida. No hay un porqué. Somos. La vida está más allá de la razón. Se puede pensar en la vida como en un gran organismo, y no somos más que una pequeña parte simbiótica de ella.

Es posible que a nivel espiritual todos estemos conectados de una manera que vaya más allá de las vicisitudes particulares de las distintas formas de vida. Soy de la opinión de que compartimos un espíritu colectivo o fuerza vital o conciencia que abarca y va más allá de las formas de vida individuales. Hay una parte de nosotros que conecta con otros seres humanos, conecta con otros animales, conecta con las plantas, conecta con el planeta, conecta con el universo. No creo que podamos entenderlo a través de ningún medio verbal, escrito o intelectual. Pero sí creo que todos lo sabemos, aunque sea a un nivel distinto del de nuestros pensamientos conscientes normales.

Si desempeñamos un papel significativo en este proceso es el de tratar de encajar en una relación simbiótica saludable con otras formas de vida. Todos, en última instancia, intentamos lograr la armonía con las otras partes de la fuerza vital. Y al tratar de descubrir en qué consiste la vida, finalmente llegamos a expresiones de compasión y amor, ayudamos al resto de la fuerza vital, nos preocupamos por los demás sin condiciones ni expectativas, sin esperar obtener nada a cambio. Todas las religiones, todos los profetas, así lo expresan.

0.1 **Star Wars (1977): Luke Skywalker (Mark Hamill), la princesa Leia (Carrie Fisher), Chewbacca (Peter Mayhew) y Han Solo (Harrison Ford) en una imagen promocional creada por David Steen.**
0.2 **Star Wars (1977): La ilustración final de Tom Jung para el programa de mano de Estados Unidos de 1977.**
0.3 **Star Wars (1977): George Lucas y Mark Hamill rodando en exteriores en Túnez.**

Star Wars

Episodio IV: Una nueva esperanza (1977)

Sinopsis

Diecinueve años después de la fundación del Imperio, Luke Skywalker conoce a Obi-Wan Kenobi, que durante años ha vivido en soledad en el planeta desértico de Tatooine. Obi-Wan empieza el entrenamiento jedi de Luke, que se suma a la lucha de la alianza rebelde con una arriesgada misión: rescatar a la princesa Leia de las garras del Imperio. Obi-Wan se sacrifica en un duelo de espadas láser con Darth Vader, su antiguo alumno, pero Luke demuestra que la Fuerza está con él y destruye la temible Estrella de la Muerte.

FECHA DE ESTRENO 25 de mayo de 1977 (EE.UU.)
DURACIÓN 121 minutos

Reparto
LUKE SKYWALKER MARK HAMILL
HAN SOLO HARRISON FORD
PRINCESA LEIA CARRIE FISHER
GRAN MOFF TARKIN PETER CUSHING
BEN (OBI-WAN) KENOBI ALEC GUINNESS
C-3PO ANTHONY DANIELS
R2-D2 KENNY BAKER
CHEWBACCA PETER MAYHEW
DARTH VADER DAVID PROWSE
CHIEF JAWA JACK PURVIS
GENERAL WILLARD EDDIE BYRNE
DARTH VADER (VOZ) JAMES EARL JONES

Equipo
DIRECTOR GEORGE LUCAS
GUIONISTA GEORGE LUCAS
PRODUCTOR GARY KURTZ
PRODUCTOR EJECUTIVO GEORGE LUCAS
DISEÑADOR DE PRODUCCIÓN JOHN BARRY
DIRECTOR DE FOTOGRAFÍA GILBERT TAYLOR
BANDA SONORA JOHN WILLIAMS
SUPERVISOR DE EFECTOS ESPECIALES
FOTOGRÁFICOS JOHN DYKSTRA
SUPERVISOR DE EFECTOS ESPECIALES
MECÁNICOS JOHN STEARS
MONTADORES PAUL HIRSCH, MARCIA LUCAS,
RICHARD CHEW
SUPERVISOR DE PRODUCCIÓN ROBERT WATTS
ILUSTRADOR DE PRODUCCIÓN
RALPH MCQUARRIE

DISEÑADOR DE VESTUARIO JOHN MOLLO
DIRECTORES ARTÍSTICOS NORMAN REYNOLDS,
LESLIE DILLEY
SUPERVISOR DE MAQUILLAJE STUART FREEBORN

1.1 *Cuatro meses después del estreno de la
película en el Reino Unido, en diciembre
de 1977, la ilustración del cartel hecha
por Tom Chantrell se renovó para incluir
los siete premios Óscar recibidos y la frase
más célebre de Star Wars: «Que la Fuerza
te acompañe».*

«*Todos sabemos el lío infernal en el que hemos sumido al mundo, todos sabemos lo equivocados que estábamos en Vietnam. También sabemos, como señalan todas las películas que se han hecho en los últimos diez años, lo terribles que somos, la ruina que hemos provocado, lo idiotas que somos y lo malo que es todo. Lo que necesitamos de verdad es algo más positivo.*»
George Lucas

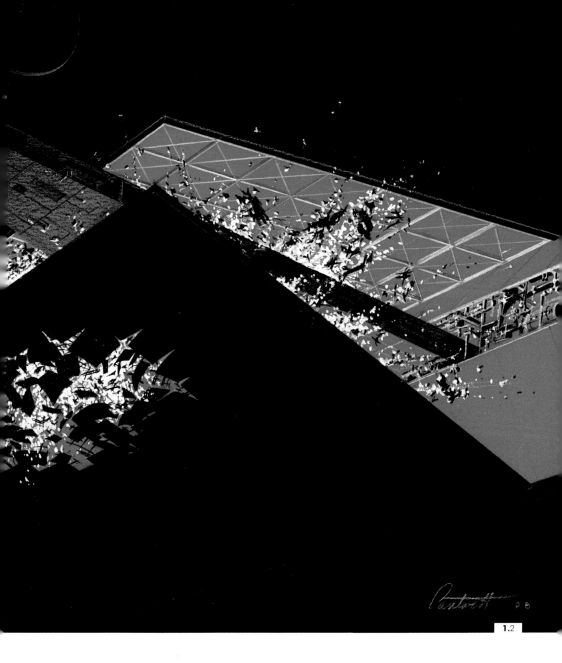

1.2

1.2 Los Ala-X atacan un destructor imperial. Colin Cantwell: «Mis charlas con George sobre qué debería pasar en la película en ese momento, sobre cuál era el aspecto emocional, me influyeron mucho. George dijo: *"Quiero un destructor imperial".* *"¿Cómo de grande?"*, pregunté. *"Grande de verdad." "¿Más grande que Burbank?"* Así es como establecimos los roles de las naves y vehículos que aparecen en la película. Hice bocetos basados en lo que me había dicho George, y luego hice prototipos a escala para que inspirasen a la gente que tenía que construirlos».

Los dos lados

Por Paul Duncan y F. X. Feeney

George Lucas Siempre sentí curiosidad sobre el porqué de las cosas. Una de las primeras preguntas que le hice a mi madre fue: «Mamá, si hay un solo Dios, ¿por qué hay tantas religiones? ¿Y cuál es la verdadera, o lo son todas?». Mi madre no supo responderme, y esa pregunta me acompañó durante mucho tiempo.

No estudié otras religiones hasta que ingresé en el Modesto Junior College y cursé Antropología. Asistí a una clase de Mitología en la que descubrí a Joseph Campbell, autor de *El héroe de las mil caras: psicoanálisis del mito*, que analizaba las religiones como expresiones mitológicas. Me di cuenta de que todo el mundo tiene una historia diferente. Algunos afirman haber hablado con Dios y otros, estar emparentados con Dios, pero todo se reduce a gente que cuenta historias. Son mitos. De aquello se me quedó grabado que en lugar de tener un conjunto de leyes, nuestras normas para la vida se reducen a una historia.

Cuanto más estudiaba, más claro tenía que uno de los hechos más importantes que los humanos tienen que asumir es que un grupo que coopera es mucho más fuerte que otro que se canibaliza, que permitir que la ambición personal domine una situación es una rémora, que odiar a otras personas es un terrible desperdicio de energía emocional y que preocuparse por los demás, tratar de ayudar a los demás y hacer avanzar el mundo de una manera más compasiva es el mejor camino. Daba igual dónde mirara y lo que hiciera, ese mensaje parecía llegar con mucha claridad. Y ya sabes, este tipo de temas están presentes en la mayoría de mis películas. A fin de cuentas, son lo más importante de la vida.

El centro de la civilización es el mito, la historia, la religión. Camino de la edad adulta, los niños de 12 años tratan de descubrir su lugar en el mundo. Por ese motivo *Star Wars* se hizo para niños de 12 años. Fue totalmente consciente: «Ese es el público, la voy a hacer para ellos». No son ideas intelectuales complejas, sino ideas muy sencillas sobre lo que da forma a una civilización y a una sociedad civil para que puedan funcionar en este mundo.

Un día de propina

George Walton Lucas Jr. nació el 14 de mayo de 1944 en Modesto, en California, hijo de Dorothy Bomberger Lucas y George Walton Lucas Sr., co-propietario de una papelería.

En 1956, la familia de Lucas se mudó a un rancho en un nogueral al norte de Modesto.

George Lucas Lo que más deseaba era ser piloto de carreras. Participé en pruebas de autocross y en carreras cortas a la espera del día en que pudiera pilotar un verdadero coche de competición.

Lucas ganó trofeos de autocross en todo el estado y editó el boletín informativo del Ecurie AWOL Sports Car Competition Club de Modesto, en el que también publicó sus dibujos. Todas las noche las pasaba circulando por la calle mayor de la ciudad.

George Lucas En cuanto tuve un coche, tuve mi propia vida. Y junto con la sensación de

1.3 *Guion gráfico del plano inicial de la película dibujado por Alex Tavoularis.*

poder y libertad llegó la disputa por ver quién era el más rápido, quién estaba más loco y quién era el más valiente. La verdad es que en esa época estaba hecho un mal elemento.

Lucas era mascota no oficial del Faros Car Club.
El 12 de junio de 1962, justo antes de graduarse en el instituto, Lucas se dirigía en coche al rancho de su familia. Giró a la izquierda para tomar un camino de tierra y lo embistió otro automóvil. Su Fiat Bianchina dio varias vueltas de campana, el cinturón de seguridad se rompió, Lucas salió despedido y el coche chocó contra un nogal con tanta fuerza que el árbol se desplazó más de medio metro. Al día siguiente, despertó en el hospital.

George Lucas No me rompí ningún hueso, pero se me habían aplastado los pulmones. Era un milagro que siguiera vivo.

Fue algo así como: «Bueno, aquí estoy, y cada día es un día de propina. Me han dado un día más y tengo que aprovecharlo al máximo». Cada día es un regalo. Quería aprovecharlo al máximo, como si estuviera empezando una nueva vida.

Lucas pasó tres semanas en cama recuperándose de sus heridas.

George Lucas Tuve tiempo para pensar. Me di cuenta de que había vivido al límite durante demasiado tiempo. El accidente me hizo más consciente de mí y de mis sentimientos.

Mis padres me dijeron: «Estudia». Había estado a punto de no sacarme la secundaria. Pensé: «Vale, iré a la escuela universitaria y les demostraré que puedo hacerlo». Lo cierto es que en ese momento me sentía perdido. No sabía qué camino tomar y sucumbí a la influencia más fuerte de todas: mis padres. Así que

THE STAR WARS

BY

GEORGE LUCAS

FIRST DRAFT
JULY 1974

1.4–5 *Las páginas iniciales del primer
borrador del guion muestran que el valor
de la educación y la tragedia de una
familia en peligro extremo fueron temas
clave desde el principio.*

1.

FADE IN:

1. SPACE

    A sea of stars is broken by the vast blue surface of
    the planet OGANA. Five small moons slowly drift into
    view from the far side of the planet. The main
    titles are followed by a roll-up:

    > Until the recent GREAT REBELLION,
    > the DAI NOGAS were the most feared
    > warriors in the universe. For one
    > hundred thousand years, generations
    > of DAI perfected their art as the
    > personal bodyguards of the King.
    > They were the chief architects of
    > the invincible ROYAL SPACE FORCE,
    > which expanded the King's power
    > across the galaxy from the celes-
    > tial equator to the farthest stars.

    > Now these legendary warriors are all
    > but extinct. One by one, they have
    > been hunted down and destroyed as
    > enemies of the NEW GALACTIC KINGDOM
    > by a ferocious and sinister rival
    > warrior sect, THE LEGIONS OF LETTOW.

    A small silver spacecraft emerges from behind one of
    the Ogana moons. The deadly little fightercraft
    speeds past several of the moons, until it finally
    goes into orbit around the FOURTH MOON.

2. VALLEY OF COLORED LAKES- FOURTH MOON - OGANA

    A harsh gale blows across the bleak gray surface of
    the Fourth Moon. The blood red sky presses down on a
    lone figure, JUSTIN VALOR, a tall, heavy-set boy of
    sixteen. He slowly makes his way across a wierd
    plain covered with huge sprawling lakes. The water in
    some of the lakes is bright red, while in others it is
    a vivid green. The oddly colored lakes create an
    ominous landscape against the eerie red sky.

    The heavy winds whip at the young boy and make the
    going extremely difficult. His face is covered by a
    breath mask and goggles. He stops for a second to
    adjust the shoulder strap on his chrome multiplelazer
    rifle. Something in the sky catches his eye, and he
    instinctively grabs a pair of electrobinoculars from
    his belt. He stands transfixed for a few moments,

7/74-1D

me matriculé en el Modesto Junior College con Ciencias Sociales como asignatura principal. Estaba muy interesado, y lo sigo estando, tanto en las ciencias sociales como en la antropología, la filosofía y la sociología.

Me especialicé en Antropología. En el segundo curso, dedicamos todo un semestre a la mitología y tuve que leer *El héroe de las mil caras: psicoanálisis del mito*, de Joseph Campbell. De repente, estaba expuesto a muchas cosas que realmente me gustaban, además de los coches, que me apasionaban.

Comenzó a interesarme la fotografía porque siempre se me habían dado bien la pintura, el dibujo y cosas por el estilo. Tenía mi propio cuarto oscuro y me convertí en el fotógrafo oficial de ese club de carreras en el que estaba metido. Era un trabajo de aficionado.

Look at LIFE

El 9 de junio de 1964, Lucas obtuvo un grado en Artes en la escuela universitaria.

George Lucas Tenía un gran interés, incluso en el instituto, por estudiar arte y convertirme en ilustrador. Pero mi padre se oponía abiertamente. Dijo que podía hacerlo si era lo que yo quería, pero que él no iba a pagarlo. Mi padre era consciente de que yo era perezoso por naturaleza, y sabía que no iba a irme, conseguir un empleo, pagar la matrícula y todas esas cosas.

Admitieron a Lucas en la Universidad Estatal de San Francisco para especializarse en Antropología.

George Lucas John Plummer, que iba a la Universidad del Sur de California, en Los Ángeles, me dijo: «¿Por qué no te vienes a Stockton conmigo y haces la prueba? Allí tienen una escuela de fotografía. Y es fácil.» «Si vas a la USC, pagaremos la matrícula», me dijeron mis padres.

La Escuela de Artes Cinematográficas de la USC, fundada en 1929, enseña técnicas de producción, con especial atención a las películas documentales y educativas.

George Lucas Tuvimos dos asignaturas de cine. Una fue Historia del Cine, que me pareció muy interesante. Muchas películas eran anteriores a mi nacimiento y no había tenido la oportunidad de verlas. Otras muchas eran extranjeras, y a Modesto no llegaban películas japonesas. La segunda asignatura era Animación, la única clase de producción que tenía. Me dieron un minuto de película para que jugara con la cámara de animación y aprendiera cómo funcionaba. Hice una película con ella.

Lucas tomó imágenes de las revistas LIFE y Look sobre la guerra y la paz y, en contra de lo que le habían indicado, superpuso una banda sonora de música y voces. La tituló Look at LIFE (1965).

George Lucas El profesor, Herb Kossower, quedó tan impresionado que la llevó a varios festivales de cine.

Fue mi carta de presentación en el departamento. A partir de entonces empecé a cultivar muchas más amistades, y los profesores dijeron: «Vaya, parece que aquí tenemos a uno que vale».

Belleza gráfica

George Lucas Yo diría: «Persigue tu pasión». Si sientes pasión por algo, eso es lo que debes perseguir. Sabemos que el dinero, el poder y la fama son pasiones falsas. Por suerte para mí, por la razón que sea, por ser hijo de granjeros o por lo que sea, no me importaba nada de eso. Solo me importaba hacer películas.

Me fascinaba el montaje. Me convertí en un fan de Eisenstein. Y me dije: «Aquí es donde se hacen las películas. Se trata de estas imágenes en movimiento y de cómo se mezclan. El proceso de montaje es el verdadero corazón y alma de una película». Las películas de Canyon Cinema trataban todas sobre emociones, sin argumentos ni personajes. Entonces me convertí en

1.6

1.6 ***Richard Edlund, de Industrial Light & Magic, filma el texto de los créditos iniciales con la cámara de control de movimiento diseñada para la película, la Dykstraflex.***

un defensor de la cinematografía visual. Se trataba todo de movimiento, velocidad y emoción.

Me di cuenta de que me había encontrado a mí mismo.

Me convertí en un gran admirador de la Canadian Film Board. Hacían una versión más controlada del cine de vanguardia.

Lucas vio el cortometraje 21-87 (1964) de Arthur Lipsett, un collage de imágenes en 16 milímetros del propio Lipsett, tomas descartadas de la National Film Board de Canadá y voces y sonidos superpuestos.

George Lucas La vi 20 o 30 veces. Me encantó. «Es el tipo de película que quiero hacer: muy abstracta y poco convencional», me dije. Quería hacer películas abstractas y emotivas. Creo que esa es una de las razones por las que empecé a usar números para titular la mayoría de mis trabajos en la USC.

Cada semestre se abordaban nuevos aspectos cinematográficos (escritura, edición, sonido o iluminación). A los estudiantes se les daba cinco semanas para hacer cortometrajes en blanco y negro, y proyectos más importantes de 10 semanas.

En la película de Lucas de tres minutos Freiheit (1966), Randal Kleiser interpreta a un hombre que trata de cruzar desde la Alemania Oriental a la Occidental, pero es abatido en la línea fronteriza. Freiheit se hace eco de la muerte de Peter Fechter, tiroteado en el Muro de Berlín el 17 de agosto de 1962, y murió desangrado a la vista de testigos de uno y otro lado. Al igual que con Look at LIFE, fue una protesta de contenido marcadamente político.

A Lucas se le permitió escribir y dirigir su película de 10 minutos con sus compañeros. Las condiciones para este ejercicio eran que el metraje debía limitarse a la mitad si se trabajaba con

REBEL BLOCKADE RUNNER

1.7

película en color. El grupo «tomó prestada» la cámara Éclair NPR de la sala de equipos e irrumpió en las salas de montaje para poder trabajar todo el fin de semana.

La película de Lucas 1:42.08 (1966) muestra un coche de carreras Lotus 23 de color amarillo, conducido por Pete Brock, que da vueltas cronometradas al circuito de Willow Springs. El título alude al tiempo por vuelta.

George Lucas Me interesaban los coches y la fuerza visual de una persona compitiendo contra el cronómetro. Hay una belleza gráfica inherente a un automóvil que va a toda velocidad.

Mientras rodaba en el circuito, Lucas vio a un equipo que entrenaba a James Garner para la película Grand Prix *(1966). Consiguió un trabajo como operador de cámara en la segunda unidad, que dirigía Saul Bass. Fue su primer mérito profesional.*

El 6 de agosto de 1966, Lucas se graduó en Artes, pero no tenía perspectivas de empleo.

Además, la continuidad de la guerra de Vietnam significaba que era susceptible de ser llamado para cumplir con el servicio militar obligatorio.

George Lucas Tenía muchos amigos en la Fuerza Aérea y estaba buscando el modo de ingresar en ella como fotógrafo. Me presenté a la revisión médica. Resultó que tenía prediabetes. Me declararon no apto. Después de tantas preocupaciones, eso fue un alivio. De repente, ya no tenía que tomar ese camino.

Lucas era libre de regresar a la USC para seguir con sus estudios, pero se saltó la fecha límite de matriculación, por lo que pasó el resto de 1966

1.7 **La burladora de bloqueos rebelde, aquí ilustrada por Joe Johnston, conduce a la princesa Leia hacia su planeta natal, Alderaan, cuando el Imperio la captura con un destructor estelar.**
1.8 **El creador de componentes especiales Jamie Shourt y el maquetista Grant McCune dan forma a la primera nave pirata en ILM.**

buscando trabajo. *Ayudó a Saul Bass a montar la secuencia de los títulos de crédito de* Grand Prix *y el documental* Why Man Creates *(1968), que luego ganaría un Óscar.*

En el otoño de 1966, Lucas se encontró con sus amigos de la USC Matthew Robbins y Walter Murch en una fiesta y mencionó una historia que se le había ocurrido cuando tenía 16 años.

George Lucas Un día me desperté y me di cuenta de que estábamos viviendo en el futuro. Había estado viendo la televisión, cosas tipo *Buck Rogers,* y me dije: «¡Eh, eso está pasando ahora!». Cuando fui a la escuela de cine, volví a tener la misma sensación. Para mí era algo evidente: lo que la gente pensaba acerca del futuro es lo que vivimos ahora.

Matthew Robbins George quería hacer una película sobre un fugitivo de la policía, de un Gran Hermano omnipresente que todo lo ve.

El 4 de octubre, Robbins había completado un tratamiento de dos páginas, Breakout, *acerca de un hombre que escapa de una civilización subterránea. Al final, el hombre sale por una trampilla y corre hacia el horizonte dando gritos de alegría mientras su silueta se recorta al sol del atardecer.*

George Lucas En enero de 1967 volví a la USC para licenciarme en Dirección.

Verna Fields, una veterana montadora de Hollywood que daba clases en la USC, contrató a Lucas para que le ayudara en Journey to the Pacific *(1968), un proyecto de la Agencia de Información de Estados Unidos (USIA).*

George Lucas Fui uno de los tres montadores de un documental sobre el viaje del presidente Johnson a Asia. La película no era terrible, pero yo no estaba de acuerdo con la política que se seguía. No soy partidario de los gobiernos todopoderosos, y las películas de propaganda me inspiran rechazo. Estaba diciendo cosas en las que no creía solo porque tenía que ganarme la vida.

1.8

Me di cuenta de que no quería que otras personas me dijeran cómo montar una película. Quería decidir yo. Quería ser responsable de lo que se decía en una película.

Marcia Griffin, también montadora de la película, provenía de la Sandler Film Library.

George Lucas Marcia nos desdeñaba porque éramos estudiantes de cine. Ella era la única verdadera profesional allí.

Lucas y Marcia Griffin comenzaron a salir.

1.9 ***Dave Beasley y Steve Gawley trabajan en la maqueta del destructor estelar.***
1.10 ***Guion gráfico del plano inicial de la película dibujado por Alex Tavoularis.***
1.11 ***Tal como apareció en la película: la proa del destructor estelar entra en el encuadre y se cierne sobre la nave rebelde. El descenso parece no acabar nunca. Tal como Lucas había planeado, su enormidad preparó el terreno tanto para el suspense como para el entretenimiento.***

El caballo ganador

De día, Lucas asistía a clase en la USC y trabajaba para la USIA, pero de noche, para hacer frente al coste de sus estudios, era profesor ayudante de Gene Peterson en el curso de cine que este impartía a estudiantes de la Armada y la Fuerza Aérea.

Los estudiantes de la Armada tenían 12 semanas para realizar un proyecto cinematográfico. Lucas quiso añadir un elemento competitivo y los dividió en dos grupos, uno dirigido por el oficial de mayor rango y el otro por él mismo.

Decidió volver a la historia de Breakout, *ahora titulada* THX 1138 4EB. *Filmaron durante tres días en enero de 1967. Después, pasó 10 semanas montando la película en casa de Verna Fields y le añadió una banda sonora increíblemente compleja.*

George Lucas Me gustaba la idea de un «mundo feliz» nuevo y futurista. Quería algo extremadamente visual, sin diálogo, sin personajes, una mezcla de experiencias teatrales y no teatrales.

1.9

1.10

1.11

Lucas completó la posproducción de THX 1138 4EB *en mayo de 1967. Influido por la textura superpuesta y a veces contradictoria de sonido e imagen de* 21-87, THX 1138 4EB *presentaba una sociedad informática del futuro hecha de cifras, lenguaje especializado, gráficos por ordenador, salas impersonales y edificios de hormigón.*

George Lucas Estaba tratando de provocar emociones apoyándome en la técnica cinematográfica en estado puro. Todas las películas que hice durante ese tiempo se centran en transmitir emociones por medio de la experiencia cinematográfica, no necesariamente a través de la narrativa. Aunque seguí haciendo películas más convencionales, siempre traté de transmitir emociones con base en experiencias cinematográficas.

Este corto de 15 minutos fue reconocido de inmediato como un trabajo importante. Lucas invitó a sus padres a una exhibición pública de películas de estudiantes de la USC.

George Lucas padre Cada vez que se presentaba una película de George, los chicos susurraban: «Mirad esta, es la película de George», y nosotros aguzábamos el oído. ¡Salimos hacia el coche y todo el campus hablaba de las películas de Lucas! Yo me había opuesto desde el primer día a su idea de ir a la escuela de cine, pero supusimos que había encontrado su camino. Mientras volvíamos a casa, le dije a Dorothy: «Creo que apostamos por el caballo ganador».

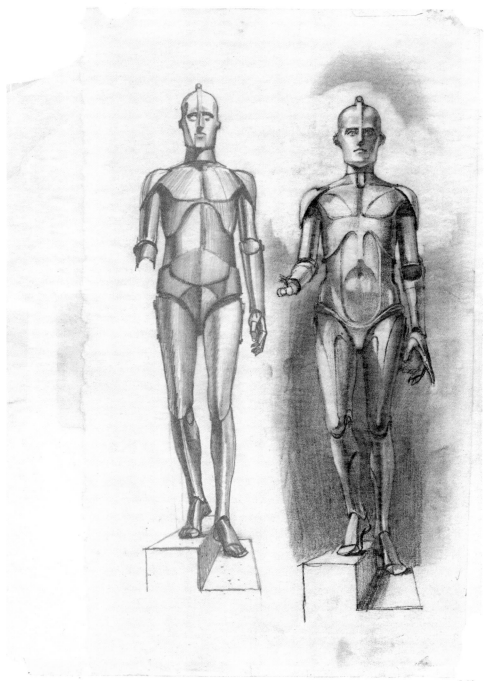

1.12

«Yo lo ejecuté, pero en realidad
el diseño es de George.»

Ralph McQuarrie / Ilustrador de producción

Una máquina de hacer películas

Columbia Pictures y el productor Carl Foreman ofrecían becas a cuatro estudiantes (dos de la USC y dos de la UCLA) para hacer cortometrajes promocionales de El oro de Mackenna, *un wéstern que se rodaba en los desiertos de Utah y Arizona. Lucas aceptó una de las becas y se dirigió al lugar del rodaje.*

A su regreso a Los Ángeles, Lucas montó 6-18-67 *(1967), cuyo título hace referencia al último día de rodaje.*

Un mes después de volver del desierto, el 31 de julio de 1967, Lucas disfrutaba de una beca de la Warner Bros. que le permitía observar el desarrollo de una producción durante seis meses.

George Lucas Cuando llegué a los estudios, había allí un gran camión de mudanzas y Jack Warner se marchaba. En el departamento de

1.13

1.12 **C-3PO se modeló tomando como referencia el robot femenino de la película** Metrópolis **(Fritz Lang, 1927). George Lucas indicó: «Que sea hombre, en lugar de mujer, y con estética art déco».**
1.13 **John Barry, diseñador de producción, observa a Lucas ajustar un prototipo de máscara de C-3PO a Anthony Daniels.**
1.14 **Daniels con uno de los primeros diseños de C-3PO.**

producción me dijeron: «El problema es que han vendido el estudio a Seven Arts, esa compañía canadiense. Todavía no se han instalado, por lo que están cerrando todo esto. No hay departamento de escritura ni de cámara ni de nada. Estamos haciendo una película en la parte de atrás, *Finian's Rainbow*. Puedes ir y ver cómo ruedan».

Me enteré de que Francis Ford Coppola dirigía la película, y pensé: «Esto estará bien».

Coppola, exalumno de UCLA, había dirigido Dementia 13 *(1963) y* Ya eres un gran chico *(1966) para productoras independientes.*

George Lucas Lo había conocido en una cena de estudiantes hacía dos años. Éramos los únicos participantes en la película que teníamos menos de 30 años. Éramos los únicos que teníamos barba. Éramos los únicos que teníamos el pelo largo.

Del 19 al 21 de enero de 1968, se celebró el tercer Festival Nacional de Cine Estudiantil en el

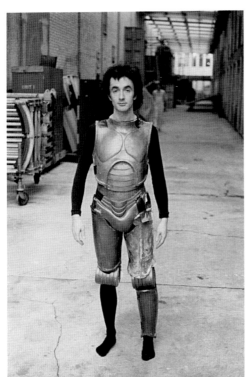

1.14

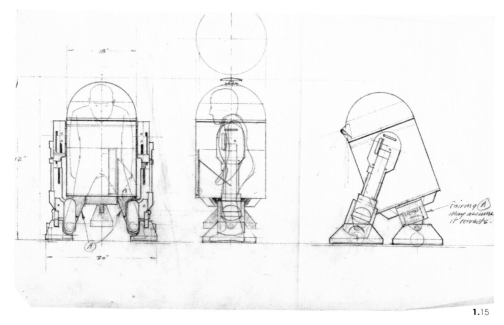

1.15

Royce Hall de UCLA. El jurado, entre ellos los directores Norman Jewison e Irvin Kershner, otorgó a Lucas el premio a la mejor película dramática por THX 1138 4EB y menciones honoríficas por The Emperor y 6-18-67 en las categorías de cine documental y experimental.

Coppola, que llegó a la dirección después de trabajar como guionista, pensó que THX podía ser una buena base para una película.

Coppola consiguió de Warner Bros. un presupuesto de 750 000 dólares para su siguiente película, The Rain People, y le ofreció a Lucas un trabajo como ayudante.

El rodaje comenzó en Garden City, en Nueva York, en febrero de 1968. Las 25 personas que componían los equipos técnico y artístico viajaron en un convoy de siete coches y caravanas, y dormían en moteles. La cámara, la iluminación y el equipo de montaje se quedaban en las caravanas, así como el vestuario. Eso les permitía ser autosuficientes y disponer de total movilidad.

Francis Ford Coppola Teníamos una máquina de hacer películas en nuestras manos, y no tenía por qué estar en Hollywood.

George Lucas Solo para evitar volverme loco, me dediqué a filmar un diario de lo que sucedía en la película.

Coppola aceptó emplear parte del dinero del presupuesto destinado a la fotografía fija para financiar el diario de la película.

George Lucas Me levantaba a las cuatro de la mañana y escribía THX durante dos horas antes de salir a trabajar en la producción.

Las localizaciones en Pensilvania, Virginia Occidental, Tennessee, Kentucky y Nebraska se seleccionaron ad hoc durante el viaje mientras el equipo conversaba por radio.

La película completa, titulada Filmmaker: A Diary by George Lucas (1968), no llegó a lanzarse. Una versión de 32 minutos se exhibió por primera vez en el Mill Valley Film Festival en octubre de 1977.

George Lucas Me encantaba la escuela de cine. Un día, con John Milius, Matthew Robbins y Hal Barwood, y otros cineastas, discutíamos sobre el departamento de cine. Yo decía que sería genial tomar el entorno de la escuela, transferirlo al ámbito profesional y poder contar en él con toda esa camaradería.

Coppola y Lucas trabajaron en su estudio. Coppola completó el primer montaje de The Rain People *el 10 de octubre de 1968, y Lucas terminó el primer borrador de* THX *antes del 1 de noviembre de este mismo año.*

George Lucas Se lo entregué a Francis y le dije: «Esto es terrible». Lo leyó y respondió: «Tienes razón».

Coppola y Lucas trabajaron en un segundo borrador del guion durante un par de semanas, pero no lograban avanzar. El 19 de noviembre de 1968, Coppola consiguió un acuerdo de producción con Warner Bros. que incluía 75000 dólares para el desarrollo de THX 1138. *Contrataron al dramaturgo Oliver Hailey para escribir el tercer borrador.*

Lucas se casó con Marcia Lou Griffin el 22 de febrero de 1969. Se instalaron en Mill Valley, al norte de San Francisco.

En mayo de 1969, Coppola arrendó a largo plazo un almacén en el número 827 de Folsom Street, en San Francisco, y fundó American Zoetrope. *En junio, Lucas y Walter Murch trabajaron en el guion de* THX. *En agosto, Coppola se reunió con Warner Bros. Mostró imágenes del cortometraje, algunos gráficos preparados por Lucas y planteó un presupuesto muy modesto de 777777,77 dólares. Consiguió un acuerdo para que Warner Bros. asumiera* THX 1138 *y financiara el desarrollo de otros seis guiones:* Apocalypse Now *y* La conversación *de Coppola y proyectos de Carroll Ballard y John Korty.*

1.16

Hacia lo desconocido

George Lucas Cuando llegué a la escuela de cine, los estudiantes decían: «Aquí no se puede rodar. No te dan suficiente película, no te permiten usar la cámara mucho tiempo». Pues

1.17

1.15 *R2-D2 presentaba un desafío muy distinto a sus diseñadores, así como al actor Kenny Baker, que actuaba en su interior. Aquel pequeño robot no caminaba, sino que se alzaba sobre dos patas y rodaba hacia delante sobre tres.*
1.16 *Lucas, Baker y Barry debaten el mejor modo de colocarle el traje a Baker y ocultar sus pies.*
1.17 *Ralph McQuarrie: «George dijo que R2-D2 debía ser una especie de manitas».* *Se lo equipó con brazos retráctiles y un torso lleno de artilugios: era como una naraja suiza multiusos inteligente.*

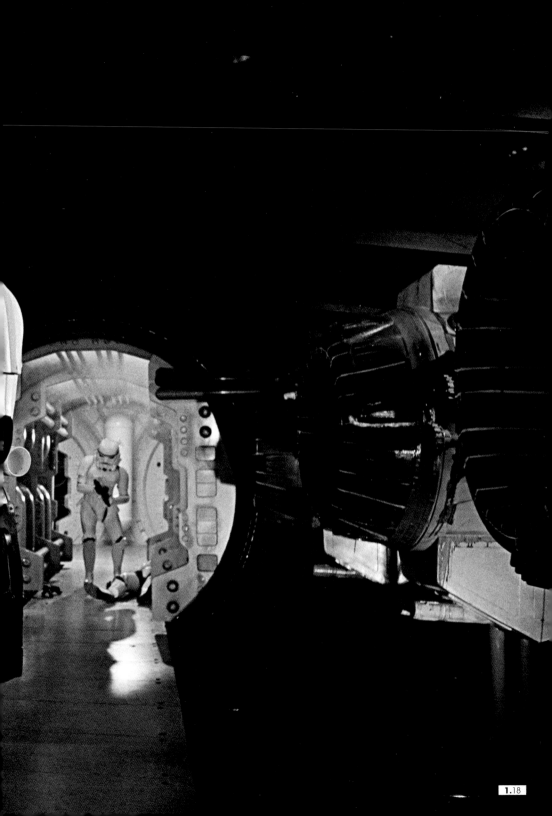

**1.18 *Tal como aparecieron en pantalla, los ojos de los soldados de asalto recuerdan a los de un ave de presa. El aparato respirador evoca la dentadura y la mandíbula protuberante de un gorila.*
1.19 *Este guion gráfico de Tavoularis muestra a R2-D2 y C-3PO corriendo para ponerse a cubierto. R2-D2 se desplaza sobre su pata central, con las dos exteriores elevadas, cosa que resultó imposible replicar en plató.*
1.20 *R2-D2 (Kenny Baker) y C-3PO (Anthony Daniels) son dos droides sin objetivo que tratan de evitar que los destruyan en la batalla entre el Imperio y los rebeldes. Lucas había concebido a C-3PO como el típico «vendedor» estadounidense. Pese a sus reticencias, acabó por admirar al personaje que creó Daniels: «Un mayordomo quisquilloso».***

bien, hice ocho películas en la USC, de 1 a 25 minutos de duración. Fue difícil, pero no imposible. Tuve que enfrentarme a idéntico pesimismo cuando dejé la escuela de cine: «Nunca entrarás en la industria. Nadie lo hace». Pero lo hice porque no creía lo que decían.

Todo lo que tienes que hacer es hacerlo. Hay personas que viven en jaulas con las puertas abiertas y dicen: «Cómo me gustaría poder salir». A medida que el guion de *THX* evolucionaba, ese condicionamiento se convirtió en el tema principal. El hilo de la película es de naturaleza existencial. No existen las certezas. La vida es una especie de cosa amorfa por la que la gente vaga, sin control sobre su propia existencia. Todo lo que tenemos que hacer es decidir.

La misma historia se cuenta tres veces de tres maneras diferentes. Cada acto trata del abandono del propio entorno, que es seguro, organizado y predecible, para cambiarlo por algo ignoto, camino hacia lo desconocido. El elemento clave no es que THX esté corriendo hacia algo, sino que está escapando de algo.

El productor ejecutivo Lawrence Sturhahn programó 40 días de rodaje repartidos en 10 semanas.

George Lucas Mi primera idea fue hacer una especie de película futurista estilo *cinéma verité*, como si un equipo de documentalistas hubiera hecho una película sobre un personaje del futuro.

Lucas contrató a dos cámaras de documentales, Al Kihn y Dave Myers, para filmar la película. El rodaje empezó el 22 de septiembre de 1969 en la estación de BART de Oakland, en la calle 19.

El 14 de noviembre de 1969, cuando el rodaje se acercaba a su fin, American Zoetrope fue registrada con Coppola, el único accionista, como presidente, y Lucas como vicepresidente. El 12 de diciembre, el número 827 de Folsom Street abría sus puertas.

1.19

1.21

George Lucas Me alejé del guirigay de American Zoetrope. Trabajaba en el ático de mi casa. Walter trabajaba de noche. Durante su desayuno, que también era mi cena, hablábamos de lo que yo había estado haciendo y de mis ideas con respecto a la banda sonora, y luego él se pasaba toda la noche montando el sonido.

Después de que Walter montara la banda sonora, yo me inspiraba en ella para volver a montar las imágenes y así sacarle todo el partido. Él

*1.21 **Luke Skywalker (Mark Hamill), el joven granjero de humedad del árido planeta de Tatooine, repara un humidificador. Sueña despierto con otros lugares y otras posibilidades, cualquier cosa que le permita marcharse de Tatooine. Esta escena se suprimió del montaje final de la película.***
*1.22 **Luke apenas rislumbra la batalla en el espacio exterior entre el destructor estelar y la burladora de bloqueos y usa los prismáticos para rerla mejor.***

también estaba pendiente de lo que yo hacía, y eso le inspiraba para crear nuevos sonidos y ambientes.

Walter Murch Esa influencia mutua ya la habíamos experimentado en la escuela de cine.

Un año después, el 19 de noviembre de 1970, Coppola y Lucas mostraron el montaje final de THX a la Warner en Los Ángeles y les entregaron copias de los siete guiones. La Warner ordenó que un montador de la casa, Rudi Fehr, se encargara de THX 1138. Le recortó cinco minutos. THX 1138 se estrenó el 11 de marzo de 1971, recibió todo tipo de críticas y recaudó 945000 dólares.

El público se volvió loco

George Lucas En mayo de 1971, *THX 1138* fue invitada a la Quincena de los Realizadores del Festival de Cine de Cannes, pero Warners no quiso participar. Terminaron mandando una copia, pero no quisieron enviarnos ni a Walter ni a mí. Entonces, mi esposa y yo tomamos nuestros últimos 1500 dólares e hicimos las mochilas.

Lucas hizo una parada en Nueva York para verse con Francis, que estaba filmando El padrino, *y para ofrecerle* American Graffiti *a David Picker, presidente de United Artists.*

George Lucas A David Picker le intrigaba mi entusiasmo. Me dijo que iba a estar en el Festival de Cine de Cannes y que me vería allí.

Siempre me gustó *Flash Gordon*, y siempre había querido hacer una película de ese estilo desde que la vi por televisión. Después de la reunión con Picker, fui a King Features para tratar de hacerme con los derechos de *Flash Gordon*. Dijeron que querían que Federico Fellini la dirigiera, y querían el 80 por ciento de los ingresos brutos, así que dije: «Olvidadlo». Con esas condiciones, nunca podría haber llegado a un acuerdo con ningún estudio.

Picker se hospedaba en un gran hotel de lujo en pleno centro, y fue emocionante. Dijo: «De acuerdo, 10000 dólares por un primer borrador», que no era nada, pero lo significaba todo. Y añadió: «¿Qué más tienes?». «Tengo esta otra cosa. Es una ópera espacial. Es una especie de película fantástica de aventuras con perros que vuelan en naves espaciales», le respondí. Y él dijo: «Vale, también haremos eso». Los estudios, si hacen un trato contigo, automáticamente intentan cerrar un acuerdo por tantas películas como puedan: entonces les perteneces.

A los Huyck se les presentó la oportunidad de dirigir una película y no pudieron escribir el guion.

El 6 de abril de 1972, Lucas firmó con Universal un contrato por tres películas que le otorgaba a American Graffiti *un presupuesto máximo de 775000 dólares. Lucas también renunció al montaje final, y el reparto y el equipo técnico tuvieron que trabajar por la tarifa mínima que*

1.22

permitían los sindicatos. Huyck y Katz volvían a estar disponibles para trabajar en el guion.

Lucas comenzó a rodar en las calles de San Rafael el 26 de junio de 1972. La producción se trasladó a Petaluma durante las seis semanas de rodaje restantes, pero también se filmó en Sonoma, Richmond, Novato y Mels Drive-In (San Francisco), así como otras dos noches en San Rafael. El accidente con vuelta de campana con que termina la carrera de aceleración entre John Milner y Bob Falfa (Harrison Ford) al final de la película se filmó al cuarto intento el 8 de agosto. Después de 30 días, allí acabó el rodaje.

George Lucas El 28 de enero de 1973 proyecté la película en San Francisco. Los ejecutivos acudieron. Al público le encantó.

El ejecutivo de estudio Ned Tanen estaba decepcionado y dijo que tenían mucho trabajo por hacer.

1.23

George Lucas Como la reacción fue *tan* entusiasta, pensaron que habíamos traído a nuestros amigos, y que no se trataba de público real. La verdad es que fue *muy* exagerado. Era un típico público de centro comercial que encontramos por ahí.

«Tal vez podamos lanzarla en la tele como una "película de la semana". Enseñaremos la película a los del departamento de televisión», dijeron. En lugar de reservar una sala para 28 personas,

1.23 Duelo láser, de Ralph McQuarrie (14-15 de febrero de 1975), ilustra la batalla entre Deak Starkiller y Darth Vader relatada en el segundo borrador del guion. El diseño del decorado de McQuarrie se copió exactamente para el decorado de la burladora de bloqueos rebelde construido en el último minuto.

1.24

donde podría haber cinco del departamento de televisión, reservamos la sala grande, con capacidad para 500. Luego invitamos a todo el mundo y la llenamos. La gente había oído que habíamos tenido un preestreno increíble en San Francisco. El público se volvió loco: gritó, aulló, aplaudió y se levantó para ovacionarnos en mitad de la proyección. Y la gente del departamento de televisión se dirigió al de marketing y dijo: «Tendríais que ver esta película. Está hecha para el cine, pero por alguna razón quieren darle salida en televisión».

Los de marketing actuaron igual. Fueron a la división de distribución y dijeron: «Tendríais que ver esto. Creemos que podemos venderla. Creemos que puede ser un éxito».

En el tercer escalón, el de los chicos de distribución, nos estábamos quedando sin aliados en Universal, así que nos abrimos a Hollywood. Para entonces ya se había corrido la voz, y mucha gente de Hollywood, como Alan Ladd Jr. de

Twentieth Century Fox, acudió a la proyección. Les entusiasmó. Tuve el valor suficiente para hablar con el vicepresidente de producción, que a su vez tuvo el valor de subir a hablar con Lew Wasserman, que no sabía nada de nada, y decir: «Es un éxito en potencia. Tendríamos que hacerlo. Podríamos perder una oportunidad».

Un impulso irresistible

En enero de 1973, George Lucas comenzó a anotar ideas sobre su ópera espacial, incluido un borrador de dos páginas, titulado Journal of the Whills, *antes de mecanografiar un tratamiento completo de 14 páginas en mayo de 1973 que llevaba por título* The Star Wars.

Star Wars / Tratamiento / Mayo de 1973

ESPACIO PROFUNDO. El inquietante planeta azul verdoso de Aquilae se hace visible lentamente. Una pequeña mancha, que orbita alrededor del planeta, brilla a la luz de una estrella cercana.

De repente, una lustrosa nave espacial tipo caza aparece siniestramente en primer plano mientras se dirige a toda velocidad hacia la mancha. Otros dos cazas maniobran en silencio en formación de combate detrás del primero y tras ellos aparecen otras tres naves. La mancha es en realidad una gigantesca fortaleza espacial cuyo tamaño empequeñece a los cazas que se le acercan. Los cazas se desprenden de varios depósitos de combustible y se despliegan para un ataque en picado. Disparan rayos láser que provocan pequeñas explosiones en la compleja superficie de la fortaleza. Las defensas de esta alcanzan a uno de los cazas, que explota en un millón de pedazos. Otra de las naves se dirige a un emplazamiento de artillería que sobresale de la fortaleza y provoca una serie de horribles explosiones en cadena. El caos de la batalla retumba en el espacio infinito.

George Lucas Continuamente surgen imágenes en mi cabeza. Yo solo tengo que rodar esas escenas. Tengo el impulso irresistible de lograr esa gran toma con dos naves espaciales, una disparando a la otra, mientras vuelan por el interior de la fortaleza espacial. Por Dios, quiero verlo. Esa imagen está en mi cabeza y no descansaré hasta verla en la pantalla.

Star Wars / Tratamiento / Mayo de 1973

Es el siglo XXXIII, un periodo de guerras civiles en la galaxia. Una princesa rebelde, con su familia, su séquito y el tesoro del clan, está siendo perseguida. Si pueden atravesar el territorio controlado por el Imperio y llegar a un planeta amigo, se salvarán

George Lucas / 1973 *Star Wars* es una mezcla de *Lawrence de Arabia*, las películas de James Bond y *2001*. Los extraterrestres son los héroes y los *Homo sapiens*, por supuesto, los villanos. Nadie ha hecho algo así desde *Flash Gordon Conquers the Universe*, de 1940.

La historia sigue las andanzas del general Luke Skywalker, encargado de proteger a la princesa mientras huyen en deslizadores por el desierto de

1.25

Aquilae perseguidos por el Imperio. Van disfrazados de granjeros. Por el camino recogen a dos burócratas que discuten y a un grupo de rebeldes adolescentes. En un puerto espacial, Luke, acompañado por un niño y uno de los burócratas, intenta contratar la nave de un mercader en una cantina llena de exóticos alienígenas.

Star Wars / Tratamiento / Mayo de 1973

Un grupo de matones empieza a burlarse del niño y a ridiculizarlo. Skywalker intenta evitar una pelea, pero el asunto se pone feo y se ve

1.24 *Entrada de Darth Vader (David Prowse): el pasillo blanco repleto de soldados de asalto blancos anónimos y salpicado de cadáveres rebeldes le permite hacer incursión en la película con el máximo dramatismo.*
1.25 *En la película, Darth Vader emplea técnicas de interrogatorio despiadadas y sostiene por el cuello al capitán rebelde Raymus Antilles (Peter Geddis) antes de rompérselo.*

1.26

1.26 *Un boceto de McQuarrie de Leia en el que la túnica y la capucha recalcan su afinidad con la Ginebra del ciclo artúrico.* **1.27** *Conocemos a la princesa y a R2-D2 desde el punto de vista de C-3PO, pero no sabemos qué sucede. Descubrimos la historia y esta extraordinaria galaxia junto a los droides. Este era el diseño original para el interior de la primera nave pirata, antes de que se transformara en la burladora de bloqueos rebelde, y hubo un momento en el que se pensó usar este decorado en todas las refriegas entre rebeldes y tropas imperiales.* **1.28** *Lucas: «Quería que Leia fuera una mujer dura, pero también joven. No quería explotar el hecho de que fuera una chica. Lo mismo podría haber sido un príncipe que una princesa». La princesa Leia (Carrie Fisher) es una líder rebelde de la cabeza a los pies. Su peinado se inspira en el de las mujeres hopi solteras de Arizona, de quienes pueden verse imágenes en publicaciones como National Geographic, una de las revistas favoritas de Lucas desde su infancia.*

1.27

obligado a luchar. Con un destello, desenvaina su espada láser: un brazo yace en el suelo. Uno de los matones ha caído partido en dos, cortado desde el mentón hasta la ingle. Skywalker, con digna templanza, envaina su espada. La pelea ha durado apenas unos segundos.

Después de una violenta batalla espacial durante su huida de Aquilae, el grupo se esconde en un asteroide para evitar que lo capturen. Finalmente, se estrella en el planeta Yavin. Algunos de los chicos parten en busca de sus amigos perdidos. El grupo de Skywalker se dirige a una ciudad en motos voladoras, pero se encuentra con unos grandes seres peludos a lomos de unas criaturas parecidas a pájaros. El general Skywalker derrota a su líder en un combate

individual, pero es arrojado a un lago hirviente por el resto de alienígenas.

Star Wars / Tratamiento / Mayo de 1973

Sin que nadie se dé cuenta, durante la caída el general consigue agarrarse a una planta enredadera que cuelga. Balanceándose con ella, logra ponerse a salvo.

Un pelotón de soldados imperiales se lleva a la princesa y a los burócratas en un «tanque rápido». Ahora depende del general, con la ayuda de los adolescentes rebeldes y de un viejo granjero gruñón, rescatar a la princesa, que ha sido trasladada a la ciudad-planeta de Alderaan, capital del Imperio y lugar de residencia del emperador.

Después de que el general adiestre a los chicos en el arte de la guerra, los miembros del grupo, disfrazados de exploradores imperiales,

1.30

1.29 *Vader, acompañado por un oficial imperial (Al Lampert, izquierda), interroga a Leia. Vader: «No finjáis sorpresa, Alteza. Esta vez no ibais en misión de paz». Leia: «Soy miembro del Senado imperial y voy en misión diplomática a Alderaan». Vader: «¡Vos formáis parte de la Alianza Rebelde!».* 1.30 *Artoo y Threepio abandonan la cápsula en el desierto (tercera versión), de Ralph McQuarrie, realizado en torno a principios de febrero de 1975. Esta fue la primera pintura que McQuarrie completó para la producción.* 1.31 *Lucas, a la izquierda, habla con Daniels, en el centro. Era el mes de marzo y los abrigos y las mallas eran necesarios en el desierto del Sahara.*

borrachos por una calle vacía agarrados de los brazos, conscientes de que han sido los compañeros de aventuras de unos semidioses.

Paul Duncan El primer tratamiento se parece mucho a *La fortaleza escondida* (1958), de Akira Kurosawa, porque tienes al general y a la princesa…

George Lucas El general y la princesa no son realmente originales. Lo que *de verdad* tomé prestado original de Kurosawa fue que la historia se cuenta desde el punto de vista de dos campesinos. Tomé esa idea y la puse en *Star Wars*. El punto de vista es el de los droides.

Paul Duncan Empiezan siendo burócratas que discuten, y en guiones posteriores son droides de construcción en la fortaleza espacial. Ambos

se dirigen a Alderaan, se infiltran en la prisión y encuentran a la princesa.

Star Wars / Tratamiento / Mayo de 1973

Suena una alarma. Los rebeldes se ven obligados a luchar para salir de la prisión con «pistolas láser» y espadas. Algunos de los chicos mueren, pero la mayoría llegan a su nave espacial seguidos por Skywalker y la princesa. Escapan de un cerco de naves imperiales que intentan detenerlos y se adentran en el espacio profundo.

La llegada de la princesa a Ophuchi se celebra con un gran desfile en honor al general y a su pequeño grupo. Por primera vez, los burócratas ven a la princesa como a una verdadera diosa.

Star Wars / Tratamiento / Mayo de 1973

Después de que hayan terminado la ceremonia y las celebraciones, los burócratas se tambalean

1.31

1.32

1.32 **Este espectacular desfiladero del valle de la Muerte (la Paleta del Artista) ofrece una perspectiva mágica al viaje del pequeño R2-D2 en este fotograma final de la edición especial.**

1.33 **Lucas y el diseñador de producción John Barry estudian las fotografías de la topografía de las localizaciones en Túnez para definir la estrategia del calendario de rodaje.**

1.34 **El equipo técnico mantiene a R2-D2 quieto mientras Kenny Baker se mueve en su interior para expresar la agitación del droide. Lucas permanece justo detrás de la cámara, de pie, con el visor colgado del cuello para saber exactamente qué está captando la cámara. Los rollos de película se enviaban a Inglaterra para su revelado, de manera que Lucas no vería los copiones hasta que regresara a Reino Unido en abril.**

1.33

hablan, siempre están discutiendo. Luego tan solo habla C-3PO.

George Lucas Los droides no saben *qué* está pasando. Están perdidos en toda esta historia, así que tienen un punto de vista muy divertido. No tienen una idea muy clara del conjunto de la situación.

Paul Duncan Para el público, son casi como avatares. Y en cierto modo, también como un coro griego.

George Lucas Son como Abbott y Costello.

Alan Ladd Jr. había asistido al preestreno de American Graffiti.

George Lucas «Me encanta tu película. Creo que tienes mucho talento. ¿Qué quieres hacer?», me dijo Laddie. Ahora, esto ocurre muy pocas veces. Es una situación única. «Tengo esta fantasía espacial, pero está atada a Universal y a United Artists. Tienen la primera palabra», le respondí. Y él replicó: «De acuerdo, si puedes librarte de ellos, yo lo haré». Eso es lo que nunca escuchas. Es impensable.

United Artists dijo que era demasiado cara y Universal también declinó hacerla.

George Lucas Y se la llevamos a Laddie. Leyó la historia y dijo: «No la entiendo, pero tienes talento. Aquí está el dinero para escribir el guion».

El memorando de entendimiento entre Twentieth Century Fox y Lucasfilm, fechado el 20 de agosto, le concedía a Lucas 15000 dólares por el desarrollo, 50000 dólares por entregar el guion antes del 31 de octubre de 1973 y 100000 dólares por dirigir.

American Graffiti *se estrenó tres semanas antes, el 1 de agosto, en el Avco Cinema*

Center 1 de Westwood, Los Ángeles, y tuvo un lanzamiento limitado en Los Ángeles y Nueva York antes de lograr un lanzamiento general.

La aventura en sus vidas

George Lucas Me encantan los jóvenes, y creo que las películas son realmente para los más jóvenes porque pueden ayudarlos o moldear sus vidas. Una gran cantidad de chicos que estaban realmente perdidos me dijeron que *Graffiti* les había dado algo a lo que aferrarse. Creo que demasiados jóvenes sienten que la vida es deprimente. Hablo con muchos de ellos, y no tienen héroes, no tienen a un Buck Rogers, a nadie a quien puedan mirar y decir: «Eso es lo que quiero ser cuando sea mayor». Necesitan a alguien más grande que la vida al que puedan admirar, alguien que no tenga miedo a salir y enfrentarse a los problemas. Necesitan…,

bueno, una visión romántica, una sensación de posibilidades ilimitadas. Necesitan activarse y encontrar la aventura en sus vidas.

Paul Duncan Mientras promocionabas *American Graffiti*, hablaste de la película en la que estabas trabajando. Se titularía *The Star Wars*, y la describiste como una mezcla entre *2001: Una odisea del espacio* (1968), *Lawrence de Arabia* (1962) y *James Bond*. Era evidente que te había conmovido cómo reaccionó el público juvenil ante *American Graffiti*. La sensación con *Star Wars* es que tratas de mostrar a los jóvenes el camino que deben seguir, hacerles de mentor. Me pregunto cuándo empezaste a sentirte así y por qué.

George Lucas Pues supongo que, dada mi genética, soy una especie de capullo mojigato.

Paul Duncan *(Risas)* Lo has dicho tú…

George Lucas Muchos examinarán sus motivos y creerán que responden a la mera supervivencia

aunque no sea así, ya que solo consiguen alterar el *statu quo*. Lo único que se logra es crear un problema. Siempre puede justificarse diciendo: «Estas personas no sabían lo que se hacían e iban de cabeza a la muerte porque eran idiotas. Necesitaban que yo interviniera y les dijera qué hacer».

Obviamente, la mejor manera de que la gente se olvide de sus problemas personales es que aparezca algún monstruo exterior. Entonces, cuando todos están en peligro y ese peligro es muy específico, puede combatirse; sin embargo, una vez solventado el problema, cada cual vuelve a preocuparse de sí mismo. Es una batalla incesante entre el yo y los imperativos sociales.

Paul Duncan Alternamos entre uno y otro.

George Lucas Depende de cómo nos hayan criado y de lo que necesitemos. Los humanos siguen teniendo muchos problemas que han desaparecido en los animales. Los animales no están capacitados para actuar en función de decisiones morales, mientras que los humanos sí. Ahí es donde entra en juego la mitología. Y donde nuestros precursores pueden decir: «Esto es lo que esperamos de vosotros». Ese es el origen de todas las religiones. Y eso es lo que ha mantenido cohesionadas nuestras sociedades.

Lo interesante es que vivimos en una época en la que las limitaciones religiosas en las que creíamos, básicamente relatos, se están desmoronando. Quienes aún creen en esas fábulas culpan a la ciencia y otros asuntos, pero no es esa la causa. Nos limitamos a buscar a un villano a nuestro alrededor, cuando los verdaderos males son nuestro egoísmo y nuestro miedo. Todos tenemos miedo.

La realidad más vívida de la historia y de la literatura se basa en la humanidad, en la empatía con quienes sufren. Sabemos que moverse solo por hedonismo tampoco sirve, porque el placer es algo efímero. La alegría perdura, mientras que el placer se desgasta porque se suele conseguir a expensas de otra persona, y

1.36

eso es egoísta. Ayudar a alguien produce alegría. Y esa alegría perdura. Puedes recordarla. En cambio, el placer no se recuerda.

Como señala Joseph Campbell en sus libros, con independencia de la religión y del lugar, la idea de que «Dios es amor» es nuclear a cualquier sociedad. Las sociedades

1.35 *Un grupo de jawas, chatarreros encapuchados, transporta a R2-D2 a su vehículo, el reptador de las arenas. En la película final, el vehículo se alza cual barco que navega por tierra gracias a la matte painting de Harrison Ellenshaw.*
1.36 *Los diseños de vestuario de John Mollo para los jawas y los bandidos tusken apuntan a la existencia de rostros bajo las capuchas. John Mollo: «Los jawas supuestamente debían ser como ratas, mugrientos y harapientos. George hizo un prototipo, pero luego lo consideró demasiado teatral y se decidió por ponerles una máscara de malla negra y bombillas oculares cableadas, una túnica marrón con una capucha de cosaco ruso y una bufanda. Decidimos que el día del rodaje les añadiríamos algún que otro detalle más para que resultaran más formidables».*

1.37

1.37 Los droides huyen del reptador de las arenas, de Ralph McQuarrie (5 de abril de 1975). Mientras los jawas (a la derecha) investigan las rocas que bloquean el paso, R2-D2 y C-3PO (izquierda) huyen, según la historia del segundo borrador del guion.
1.38 Para las escenas rodadas en el valle de la Muerte se hizo una maqueta del reptador de las arenas basada en el rediseño de Johnston que funcionaba por radiocontrol, pero no dejaba de romperse y hubo que realizar cuatro viajes antes de dar la toma por concluida.

1.39 Rediseño del reptador de las arenas de Joe Johnston. Grant McCune: «Colin Cantwell construyó un reptador de las arenas, pero no se parecía en nada a este. Tenía dos tanques pequeños que tiraban de él y se parecía más a una barcaza para recoger algas o algo por el estilo».
1.40 Un soldado de las tropas de asalto a lomos de un dewback, un reptil de Tatooine, elaborado a partir de bocetos de John Barry. Pese a ser impresionante, la maqueta no caminaba y solo era posible moverle sutilmente la cabeza tirando con fuerza de una larga asa.

que gobiernan mediante el miedo y el odio pueden durar cierto tiempo, pero acaban implosionando.

Es el conflicto con el que los humanos convivimos de manera inevitable. Si intentas ser como Jesús o como un monje budista, puedes acabar sometido al capricho de personas que quieran aprovecharse de ti. Y eso nos revela algo sobre la idea del amor, y de la compasión que ha sobrevivido. Tenemos que enfrentarnos con nuestra forma de disfrazar el mal, de racionalizarlo; afrontarlo también de manera interna. Si sabemos que se está actuando mal, tenemos que decir: «Un momento. ¿Cómo podemos estar justificando esta barbaridad? Sabemos que está mal. Es incorrecto».

Paul Duncan Pero vivimos en una sociedad que se rige por el individuo y sus necesidades, una sociedad en la que todos los algoritmos y toda la tecnología se están haciendo a medida del individuo, no para la masa. En otras palabras, esos deseos individuales se nutren más como individuo que como colectivo.

George Lucas Hagas lo que hagas, el grupo acaba conquistándolo todo. El individuo, por sí solo, no es capaz de hacer frente a la realidad de la vida. No somos animales equipados para lidiar con la vida de manera individual. Nuestro cerebro lo complica todo y nos convierte en animales que necesitan trabajar en grupo. Si siempre nos dejáramos llevar por nuestro comportamiento individual, seguiríamos siendo monos.

Paul Duncan Así pues, la supervivencia depende de cómo la sociedad forme grupos para lidiar con la vida.

George Lucas La mitología y los cuentos populares nos proporcionan algo a lo que aferrarnos. Empezamos a pensar por nosotros mismos a los 11 o 12 años. Necesitamos algo compatible con la Iglesia y las demás mitologías con las que nos han criado, pero que esté limpio de aspectos seculares del estilo de: «Queremos que estas personas crean porque nosotros creemos, porque estamos en posesión de la verdad y ellos no». Necesitamos algo que fomente la compasión frente al egoísmo. *Star Wars* puede reducirse a esa premisa básica. La adorno con otras cosas pero en última instancia versa sobre el altruismo frente al egoísmo o sobre los dos lados innatos a nosotros. Tenemos la capacidad de decantarnos por uno o por otro.

Star Wars se basa en una relación simbiótica. La parte supersticiosa es la siguiente: hay un dios, o una fuerza, o algo superior a nosotros. Tenemos el poder de dominarlo y ese algo

1.38

superior tiene el poder de dominarnos. Es decir: si no actúas en el ecosistema al que perteneces, este se viene abajo cuando sales de él. Y si te mueves por egoísmo no pasará demasiado tiempo antes de que todo se venga abajo de todos modos. Hay que conseguir un equilibrio de las cosas. No se puede ser una buena persona al cien por cien. No tiene sentido mortificarse porque no se es perfecto, pero, si te decantas por el lado luminoso, hallarás más felicidad y todo funcionará mejor. El mundo será un lugar

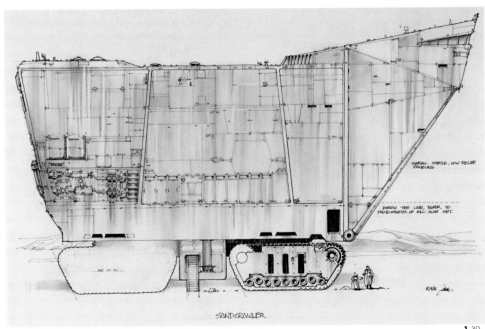

SANDCRAWLER

1.39

Form 214

DAILY CONTINUITY REPORT

Title _____ THE STAR WARS. _____

		Slate No.	Script No.
		1 A/B	26

Camera No.　Cameraman　Set Up .

A Cam. Panaflex. (Ron) 35mm. 40' T.8 85.3
No. 6 net.
B Cam. Arri. (Geoff) 180mm. T.8.5 Black net. 85.0 100-45'　BRIGHT SUN/CLEAR

Date Mon. 22/3/76 Set　EXT. LARS HOMESTEAD/SANDCRAWLER.　**Night or Day** DAY

Take No.	1	2	3	4	5	6	7	8	9	10
Print	PRINT A	PRINT A/B								
Footage										
Screen Time		22 secs.								

A Camera:
V.L.S. FROM FRONT OF SANDCRAWLER HELD ON R. OF FRAME —
ONTO LARS HOMESTEAD — JAWIIN TOWARDS ENTRANCE R. TO L.
AND LUKE AND OWEN BEHIND UP OUT OF HOUSE TOWARDS HIM
AND THEY WALK L. TO R. TOWARDS SANDCRAWLER — LUKE
REACTS TO BERU O.S. AND TURNS AWAY AND GOES TO
TO HOLE — OWEN & JAWI OUT OF SHOT L. TO R. AND
LUKE SHOUTS DOWN THE HOLE AND TURNS AWAY AND MOVES LEFT
XX TO R. TOWARDS THE SANDCRAWLER.

B Camera:
(Reverse angle on Owen's direction and Luke's at end)
M.L.S. (FAIRLY TIGHT FULL LENGTH FIGURES HOLDING ROOF
OF THE HOUSE) ONTO JAWI INTO SHOT L. TO R. AND
LUKE AND OWEN UP AND OUT AND MEET HIM AND MOVE R. TO L.
TOWARDS THE SANDCRAWLER O.S. — PAN R. WITH LUKE
AS HE BREAKS AWAY TOWARDS THE HOLE AND LOSE OWEN AND
JAWI OUT OF SHOT — HOLD M.L.S. (FULL LENGTH) ON LUKE
SHOUTING DOWN INTO THE HOLE.

B Camera:
JAWI walks towards the entrance to homestead and LUKE followed by OWEN
come up from inside towards him on r. of frame — OWEN drops to l. of
LUKE and LUKE stops, then JAWI on l. and then OWEN in centre for a moment
and they all move forward — LUKE reacts to BERU o.s. and turns and
moves l. to r. and runs across and up the slope and leans over the edge
(T2: l. leg up and r. hand across towards bins and leg)
LUKE:　　　I DON'T THINK WE HAVE MUCH CHOICE BUT I'LL REMIND HIM.
JAWI's move across f/g (T1 in a group) in line and oddly spaced —
LUKE turns his r. away from hole and looks l. to r. after them and
PAN LEFT with him moving back and other JAWI's cross f/g much closer to
cam. and LUKE exits shot r. to l. towards sandcrawler and robots.

A Camera:
Shooting from front of sandcrawler holding it on r. of frame and steam
coming out — homestead in far b/g — JAWI up to door r. to l. and OWEN
out and LUKE on r. and they move l. to r. across the flat area —
LUKE breaks away (JAWI's shuffling around the front of the sandcrawler)
and OWEN & JAWI move across l. to r. and in l. b/g see LUKE shout down
the hole in v.l.s. and he turns back and moves forward again.

T1: PRINT. A Cam.　　No limp for Owen — T2 with a little shuffle.
T2: PRINT. A/B cams.　Diff. grouping on the Jawi on A Cam.
　　　　　　　　　　　Better action for B (Luke's position diff. to T1)

J.J.　George thinks that xxx these two shots will be either/or.

1.42

mejor en el que vivir, porque el mundo es mejor si la gente es compasiva y se ayuda.

Dos naves

George Lucas Dos naves vuelan por el espacio disparándose. Esa era mi idea original. La había visto en cómics. La gente piensa que ya la había visto en el cine, pero se equivoca. La única excepción es *Flash Gordon* (1936), en la que aparecían un montón de navecillas curiosas que se disparaban bengalas. En *Star Trek* siempre había dos naves, una en cada lado, que se disparaban pequeños láseres y una desaparecía. No era un combate aéreo en el que había una persecución por el espacio con disparos y explosiones. Sabía que quería una batalla en el aire en la que la nave de mayor tamaño disparase a naves más pequeñas. Y sabía que quería crear un combate en el que participaran multitud de naves.

1.41 *Este informe de continuidad diario correspondiente al 22 de marzo de 1976 describe la primera claqueta de Star Wars, cuando Luke y su tío salen de la granja para echar un vistazo a los droides congregados. Como en sus películas anteriores, Lucas utiliza dos cámaras en la distancia para grabar la acción como si se tratara de un documental.*
1.42 *Rodaje de un primer plano de R2-D2 con múltiples cámaras mientras los jawas se ocupan de sus asuntos.*

En enero de 1974, George Lucas adquirió un edificio victoriano de una planta. Lo transformó en las oficinas de Lucasfilm y comenzó las obras para reconvertir las cocheras en ruinas en estudios de montaje. Entretanto escribió un guion basado en el tratamiento adquirido por los estudios Twentieth Century Fox.

Paul Duncan La guerra de Vietnam aún se estaba librando mientras redactabas el guion. ¿Te influyó en algún sentido?

George Lucas Al principio, bastante. Había trabajado en *Apocalypse Now* durante cuatro años y tenía la sensación de que era un proyecto irrealizable porque iba sobre la guerra de Vietnam. Entonces se me ocurrió transformar algunas de las ideas en una historia de ciencia ficción. En esencia, la idea era que un reducido grupo de combatientes por la libertad, rebeldes o seres humanos, se enfrentaban a un gran imperio mecanizado y computarizado. En realidad era un combate entre humanos y máquinas.

La tecnología contra la humanidad y el triunfo de la última.

Lucas realizó referencias a esta conexión en sus notas preliminares.

George Lucas / Dudas acerca del argumento / Fecha inexacta, 1974

Tema: Aquilae es un pequeño país independiente como Vietnam del Norte amenazado por una rebelión vecina o provincial instigada por gánsteres con el apoyo del Imperio. Se libra una lucha por recuperar ese país justo. La mitad del sistema ha caído en manos de los gánsteres.

El Imperio es como Estados Unidos en diez años, cuando los gánsteres hayan asesinado al emperador y ascendido al poder mediante unas elecciones amañadas. En un punto de inflexión: fascismo o revolución.

George Lucas Quería crear una película sobre un anciano y un muchacho que establecieran una relación de maestro y discípulo.

Lucas concluyó el primer guion de Star Wars *en mayo de 1974 y el texto inicial que avanza por la pantalla explica que los caballeros Sith están eliminando a los últimos jedi bendu. En la escena inicial, el hermano menor de Annikin Starkiller, Deak, cae muerto a manos de un caballero Sith, pero su padre, Kane, un jedi bendu, lo parte por la mitad con un movimiento fulminante de su espada láser.*

Más tarde, en Aquilae, Kane hace una petición al general Luke Skywalker, un jedi y el líder de las fuerzas aquilaeanas.

Star Wars / Borrador / Mayo de 1974

KANE Llevaos a mi hijo como aprendiz de padawan. Será un jedi. Lo entreno desde que nació. Ya ha alcanzado el quinto estadio. Combatió en las guerras civiles de Kessilia y comandó una expedición de Hubble a los Sistemas Cónicos. Es un buen muchacho, Luke, y un magnífico luchador.

Ante los reparos del general, Kane se enoja.

Star Wars / Borrador / Mayo de 1974

1.43

1.43 *Kenny Baker con Jack Purvis, su compañero de profesión desde hacía años, cuya estatura diminuta lo convertía en un jawa ideal.*
1.44 *C-3PO y R2-D2 en la granja de Lars. Anthony Daniels se aseguró de que, mediante su lenguaje corporal, los movimientos de C-3PO fueran acordes a su voz.*

1.44

Starkiller se deja llevar por un ataque de ira y golpea con el puño izquierdo el escritorio de cromo sobre el que está sentado el general. Al viejo guerrero JEDI se le parte el antebrazo en dos y quedan a la vista cables y multitud de componentes electrónicos multicolores. La extremidad artificial cuelga a un lado de Starkiller. El guerrero se desgarra la túnica para dejar a la vista un torso de plástico con componentes electrónicos iluminados.

KANE (*Enfadado*) No soy el mismo. Ya solo me quedan la cabeza y el brazo derecho… He perdido demasiado, Luke… Me estoy muriendo.

La base del Imperio se encuentra en Alderaan, la capital del Nuevo Imperio Galáctico.

Star Wars / **Borrador** / **Mayo de 1974**

Las elevadas nubes de óxido blanco desaparecen y revelan la ciudad imperialde Alderaan. La excelsa metrópoli, con sus magníficas y resplandecientes cúpulas, está encaramada, como si de una seta se tratase, en una alta aguja que desaparece en las profundidades de la superficie nebulosa del planeta. La paz que exuda este idilio nebuloso es interrumpida por el gemido de motores de iones. Cuatro destructores estelares de líneas puras pertenecientes a la Tercera Flota Imperial salen como flechas de entre uno de los inmensos bancos de cúmulos. Las naves vuelan en formación cerrada, se colocan de lado y ponen rumbo hacia la capital imperial de la galaxia.

En una inspección militar con tropas de asalto imperiales y tanques aéreos el emperador arenga a las tropas para la batalla.

Star Wars / Borrador / Mayo de 1974

EMPERADOR La supervivencia del Imperio Galáctico depende de esta batalla. La vida y la larga continuidad de nuestra civilización dependen de esta batalla. Desde la gran Rebelión de los Jedi nuestro destino no se había enfrentado a desafío comparable. ¡Será la campaña más magnífica de todas! Vuestra actuación ha sido siempre memorable, notable, imponente. La conquista del Sistema de Aquilae, el último sistema independiente y el último refugio de los forajidos, la vil secta de los Jedi, tendrá consecuencias tan trascendentales que no puedo más que considerarlo una época en la historia.

La fortaleza espacial, del tamaño de una luna pequeña, ataca Aquilae comandada por el general Vader. Durante la batalla, la fortaleza se comba por efecto del bombardeo y dos robots de construcción resbalan y se deslizan por el vestíbulo.

1.45 *Luke activa la reproducción de esta imagen tridimensional diminuta de Leia sin querer. Intrigado por la imagen de la bella joven y de un mundo ajeno a su pequeña comunidad, Luke inicia su propia andadura.*

1.45

Star Wars / Borrador / Mayo de 1974

THREEPIO ¡Esto es una locura! ¡Nos van a destruir! Todavía no estoy acostumbrado a los viajes espaciales.

ARTWO El bombardeo externo parece concentrarse en esta zona. La estructura ha superado el cociente de carga normal de cuatro puntos, si bien no parece existir un peligro inmediato.

THREEPIO ¡Que no hay peligro inmediato! Estás defectuoso. ¡Esto es una locura!

Los robots escapan a la superficie, vagan por los páramos y acaban uniéndose al séquito del general Skywalker y la familia real, que se prepara para huir. El general Vader le comunica

al gobernador Hoedaack que Aquilae quedó sometida en tres horas, con su cultura intacta.

Star Wars / Borrador / Mayo de 1974

HOEDAACK Un magnífico triunfo para el Imperio. Son expertos en ciencia biótica. Genética, clonación… Han alargado la esperanza de vida en 200 años. Recuerde, debe capturar al menos a un miembro de la realeza con vida. La familia Aquilae ha gobernado este sistema durante 10 000 años. Su pueblo no acatará órdenes de nadie más.

El general ha huido con Annikin, la princesa Leia, Han Solo y dos droides de construcción, entre otros. Kane se sacrifica desprendiéndose de su

1.46

Luke los entrena para pilotar los destructores imperiales y son los wookiees quienes atacan la Estrella de la Muerte.

Annikin duda de que vayan a lograr su objetivo y organiza una misión con Artwo para rescatar a la princesa Leia de la fortaleza espacial. A bordo de la nave cuenta con la ayuda del príncipe Valorum, un caballero negro de los Sith, quien, con el tiempo, ha sido degradado a soldado de las tropas de asalto, ha perdido la fe en los métodos del Imperio y ha acabado por respetar a Annikin y considerarlo un guerrero honrado. Las naves espaciales wookiees atacan la fortaleza

unidad de alimentación para salvar a los dos jóvenes príncipes, Biggs y Windy.

Tras incontables aventuras en la misma línea del tratamiento de la historia, Skywalker, Annikin, Solo y la princesa escapan a la Cuarta Luna de Yavin, un planeta selvático con árboles gigantes. Yavin es también el hogar de los wookiees («wookees» en el guion).

George Lucas Había una secuencia en la que el Imperio tiene un puesto de avanzada en el planeta de los wookiees y Luke se ve inmerso en una refriega con estos y combate contra su líder. Gana la batalla, pero no mata al wookiee, y este le dice que a partir de entonces será el hijo del jefe y ese tipo de cosas. Luke congrega a los wookiees y lidera un ataque contra la base imperial. La base imperial cuenta con tanques, pero los wookiees los destruyen a palos. Luego

1.46 Luke con el tío Owen (Phil Brown) y la tía Beru (Shelagh Fraser). Quiere visitar a Ben Kenobi, pero sus tíos lo disuaden. Quiere pedir su ingreso en la Academia, pero se lo impiden. Es el epítome del joven insatisfecho. En la película aparece sentado a la izquierda, lo cual enfatiza la oposición de su familia. 1.47 Luke sueña con lo que el futuro pueda depararle, pero teme no ir a ninguna parte. Los soles gemelos son cortesía de una ilustración matte de ILM. 1.48 Un largo sueño hecho realidad: Lucas filmó este plano el primer día de rodaje, el 22 de marzo de 1976, «porque estaba ahí», aseguró, pero no acabó de satisfacerle. Una semana después, el 29 de marzo, rodó la imagen icónica que hoy conocemos.

1.47

1.49 Bandidos tusken, de Ralph McQuarrie (7 de diciembre de 1975). Lucas: «Quería que los bandidos tusken fueran una especie de beduinos, pero, al mismo tiempo, muy extraños y mecánicos. Al ver la pintura te dices: "¡Ah, un beduino!". Pero si te fijas bien, exclamas: "¡Un momento! Algo no encaja"».

espacial y provocan una reacción en cadena que desemboca en su destrucción total, pero no antes de que nuestros héroes huyan en cápsulas de escape. «Starkiller y la princesa se abrazan y él la besa con ternura.» El borrador concluye en la escena 191, en el Salón del Trono del palacio de Lite, en Aquilae, y en la cual la reina Leia otorga medallas del honor a todo el mundo, incluidos Artwo y Threepio.

1.49

Star Wars / Borrador / Mayo de 1974

REINA Habéis prestado un gran servicio a Aquilae. Sois designados clase A-4 y serviréis a Annikin Starkiller, el nuevo lord Protector de Aquilae. ¡Alzaos!

El primero de los borradores de Star Wars, *que tiene fecha del mes de julio de 1974, es prácticamente idéntico al borrador inicial. La única diferencia es que muchos de los nombres han cambiado.*

Paul Duncan En las primeras versiones del guion se decía: «Que la Fuerza de los Otros te acompañe», pero uno no tenía la sensación de que los jedi fueran seres con un componente místico o religioso; más bien parecen samuráis.

George Lucas Al principio me costó definir el argumento, resolver lo que acabaría siendo.

1.50

Tenía una idea vaga de lo que era la Fuerza, de cómo funcionaba y de lo que podían hacer con ella, pero no había un hueco en la historia para eso…, aún. Me decía: «Maldita sea, la Fuerza no aparece por ningún sitio. Será mejor que la use». Y entonces hacía una versión que la contenía.

La Fuerza de los Otros

George Lucas Francis concluyó *El padrino II* y dijo: «He decidido financiar películas yo mismo. Hagamos *Apocalypse Now*». Me brindó esa oportunidad.

Tras mucho pensármelo, contesté: «Quiero hacer *Apocalypse Now*, porque creo que es algo que hay que explicar, pero considero que en este momento es más positivo y más útil que siga haciendo *Star Wars*». En realidad, a eso se reducía todo, a eso y al hecho de que estaba completamente inmerso en la historia y no quería dejar una cosa para empezar con la otra.

Tardé ocho meses en escribir el guion original, que era muy enrevesado y extenso, como *Guerra y paz*. Después me dije: «Es imposible rodar esta película. Va a costar 80 millones de dólares y vamos a tardar cinco años en filmarla. La reduciré a la mitad y haré dos guiones». Y eso fue exactamente lo que hice. Reescribí la segunda parte. Cuando revisé el guion, me pareció que seguía siendo muy largo y complicado. Tenía poco más de 200 páginas. Lo dividí en tres historias y reescribí la primera.

En el segundo guion que escribí eliminé al anciano. Era una historia acerca del muchacho y su hermano. El personaje del pirata surgió a partir del hermano del muchacho.

1.50 *El equipo técnico rueda a Luke mientras ve, con ayuda de los electrobinoculares, cómo se acercan los bandidos tusken. A la izquierda, disfrazado de tusken, se encuentra el coordinador de especialistas de tomas peligrosas, Peter Diamond.*
1.51 *El temible bandido tusken hace un gesto con su bastón gaderffii y ríe antes de dejar inconsciente a Luke.*

El segundo borrador del guion, titulado Las aventuras de Starkiller. Episodio I. «Star Wars», *tenía 118 páginas y muchos elementos que se plasmaron en la película final. Abre con una imagen icónica.*

Las aventuras de Starkiller / Segundo borrador / 28 de enero de 1975

Una nave espacial plateada surge veloz tras una de las lunas inertes de Utapau. Cuatro destructores estelares imperiales gigantes persiguen al pequeño caza espacial rebelde. Las naves imperiales disparan rayos láser letales hacia la nave pequeña sobre la cual se abaten.

Tropas imperiales abordan el caza espacial rebelde en medio de explosiones y luchas con espadas láser, pero el capitán de la nave, Deak Starkiller, un joven jedi, logra enviar unidades R2 a la superficie en busca de su hermano Luke para transmitirle un mensaje. Deak es demasiado ágil para las tropas de asalto, y entonces...

Las aventuras de Starkiller / Segundo borrador / 28 de enero de 1975

En un momento escalofriante y rodeada por el silencio más absoluto, una figura oscura inmensa aparece en el subcorredor. Los soldados de asalto hacen una reverencia en dirección a la puerta. Un CABALLERO NEGRO SITH imponente de 2,15 metros de altura se abre camino entre la luz cegadora de la zona de la cabina de mando. Es LORD DARTH VADER, mano derecha del MAESTRO DE LOS SITH. Su siniestro rostro queda parcialmente oscurecido por su ondulante capa negra y su grotesca máscara respiradora, que crean un marcado contraste con las armaduras blancas de aire fascista de los soldados de asalto imperiales. Instintivamente, los soldados retroceden ante el imponente guerrero.

Sometido Deak, Vader y un comandante imperial creen que es el hijo de Starkiller, «"¡El hijo de los soles!"», el último de la estirpe, quien derribaría el Imperio, según habían vaticinado los videntes».

En los confines del mar de dunas de Utapau, los droides caen en manos de los jawas, unos hombrecillos chatarreros, que los encierran en su reptador de las arenas gigante, si bien logran escapar y se dirigen hasta la granja de Lars en busca de Luke Starkiller, conocido como «Skywalker». En su mensaje grabado, que R2-D2 proyecta, Deak indica a Luke que lleve el cristal kiber a su padre, que se encuentra en Ogana Major, y le advierte que el Imperio cuenta con una poderosa arma nueva...

Antes de que Luke parta en busca del cristal, explica el significado y la historia de la Fuerza de los Otros a sus dos hermanos menores, los gemelos Biggs y Windy.

Las aventuras de Starkiller / Segundo borrador / 28 de enero de 1975

LUKE En otro tiempo, mucho antes del Imperio y antes de que se constituyera la República, un santón llamado Skywalker percibió un potente

1.51

1.52

Bogan, el lado oscuro, y provocar un sufrimiento extremo al universo. Por ello, Skywalker confió el secreto de LA FUERZA solo a sus 12 hijos, que a su vez les transmitieron este conocimiento solo a sus descendientes, los cuales pasaron a ser conocidos como los jedi bendu de Ashla, «los siervos de la fuerza». Durante miles de años trajeron paz y justicia a la galaxia. En un momento dado, convivieron centenares de familias Jedi, pero ahora ya solo quedan dos o tres.

WINDY ¿Qué les ha sucedido?

LUKE A medida que la República se propagó por la galaxia y abarcó más de un millón de mundos, el GRAN SENADO alcanzó proporciones tan abrumadoras que dejó de responder a las necesidades de sus ciudadanos. Tras una serie de asesinatos y complejas elecciones amañadas, el Gran Senado cayó en secreto bajo el control de los gremios de la energía y el transporte. Cuando los jedi descubrieron la conspiración e intentaron purgar el Senado, los acusaron de traición. Varios jedi aceptaron que los juzgasen y ejecutasen, pero la mayoría huyeron a los sistemas del Borde Exterior e intentaron explicarles a sus habitantes la conspiración existente. Por su parte, los ancianos optaron por quedarse y el Gran Senado los distrajo y generó disturbios sociales. En secreto, el Senado instigó guerras raciales y financió a terroristas contrarios al Gobierno. Ralentizaron el sistema judicial, cosa que hizo que los índices de delincuencia aumentaran hasta tal punto que los sistemas vieron con buenos ojos la imposición de un estado policial completamente controlado y opresivo. Había nacido el Imperio. Los sistemas pasaron a estar explotados mediante una nueva política económica que elevó el coste de la energía y el transporte hasta cotas inimaginables. Muchos mundos fueron destruidos así. Muchas personas pasaban hambre…

BIGGS ¿Y por qué la «FUERZA DE LOS OTROS» no ayudó a los jedi a corregir la situación?

LUKE Porque sucedió algo terrible. Durante una de sus lecciones, un joven PADAWAN-JEDI,

campo energético influido por el destino de todos los seres vivos…

BIGGS ¡La «FUERZA DE LOS OTROS»!

LUKE Así es. Y, tras mucho estudio, consiguió conocer la Fuerza y la Fuerza se comunicó con él. Skywalker empezó a contemplar las cosas de otro modo. Su «aura» y sus poderes se hicieron fuertes. Skywalker trajo una nueva vida para las personas de este sistema y se convirtió en uno de los fundadores de la República Galáctica.

WINDY ¡¿La «FUERZA DE LOS OTROS» le hablaba?!

LUKE De un modo distinto a como hablamos nosotros. Como sabéis, la «FUERZA DE LOS OTROS» está dividida en dos: Ashla, la mitad del bien, y Bogan, la parafuerza o lado del mal. Por suerte, Skywalker conoció la mitad del bien y logró resistirse a la parafuerza, pero constató que, si enseñaba a otros el camino de Ashla, algunos, los más débiles, podían acabar rindiéndose a

1.53

un muchacho llamado Darklighter, conoció la mitad oscura de la fuerza y cayó víctima del hechizo del temible Bogan. Huyó de su maestro y le enseñó el poder malvado de la fuerza del Bogan a un clan de piratas Sith, que se dedicaron a sembrar un dolor y una tristeza inenarrables por todos los sistemas. Se convirtieron en los guardaespaldas personales del emperador y dieron caza a los jedi. Con la muerte de cada jedi, el contacto con la fuerza Ashla se debilita y la fuerza Bogan se hace más poderosa.

WINDY ¿Dónde están ahora los jedi?

LUKE Están ocultos, pero muchos siguen luchando por liberar los sistemas de las garras del Imperio. Nuestro padre es un jedi. Lo apodan Starkiller y dicen que es un hombre magnífico y sabio. Mañana parto para reunirme con él y aprender a utilizar la «FUERZA DE LOS OTROS».

El tío Owen saca el cristal que lleva oculto en su cinturón y se lo entrega a Luke.

Las aventuras de Starkiller / Segundo borrador / 28 de enero de 1975

OWEN El único que existe. Un jedi puede usarlo para multiplicar por cien la fuerza del Ashla. Pero recuerda que también puede intensificar la fuerza del Bogan... No debe caer en manos

1.52 *Dibujo de Obi-Wan «Ben» Kenobi realizado por Ralph McQuarrie en torno a julio o agosto de 1975 en el que se hace referencia explícita a la indumentaria que viste Takashi Shimura en la película de Akira Kurosawa* Los siete samuráis *(1954).*
1.53 *Rodaje del momento en el que Alec Guinness se quita la capucha, reanima a Luke y lo apacigua: «Tranquilízate, hijo. Has tenido un día agitado. Suerte tienes de estar aún con vida». La escena se filmó el 28 de marzo de 1976, el primer día de rodaje de Guinness.*

de los sith... Harían lo que fuera por apoderarse de él.

Luke entra en una cantina en el puerto espacial de Mos Eisley buscando pasaje para los sistemas de Ogana. Pregunta a la primera persona que encuentra.

Las aventuras de Starkiller / Segundo borrador / 28 de enero de 1975

Luke está de pie junto a HAN SOLO, un joven pirata corelliano pocos años mayor que él. Es un muchacho barbudo de una belleza ruda y va vestido de manera chabacana con prendas extravagantes.

Han mira a su compañero, CHEWBACCA, una criatura de aspecto salvaje y dos metros y medio de altura que recuerda a un inmenso lémur gris con unos fieros colmillos de babuino. Sus grandes ojos amarillos destacan en su rostro peludo y suavizan su aterrador aspecto. Sobre su cuerpo peludo lleva dos bandoleras cromadas, un chaleco antibalas con un extraño estampado de camuflaje pintado, pantalones cortos de

1.54 *Lucas le describe el sable de luz a Hamill; Guinness escucha en el fondo.* **1.55** *El supervisor de efectos mecánicos John Stears y su equipo crearon un sable que «se iluminaba» antes de que ILM añadiera los efectos visuales. Cuando Luke «lo enciende», sostiene en la mano una espada de madera giratoria forrada de un material reflectante. Se puede apreciar el cable eléctrico que cuelga de la empuñadura del sable de luz y entra en la manga de Hamill. Nótese que Daniels solo va vestido parcialmente como C-3PO puesto que lo único que aparece en el cuadro son su torso y cabeza.*

tela marrón y poca cosa más. Es un wookiee de 200 años cuya imagen no se olvida. Han habla con el wookiee en su propio idioma, que se reduce a poco más que una serie de gruñidos.

Después de que Luke se desembarace de un humano y de otras dos criaturas con su espada láser (Luke queda tan sorprendido de sus propias habilidades como todos los presentes), Han accede a transportarlo por una suma suculenta.

1.54

En la nave espacial pirata descubrimos que Han no es más que el grumete del capitán Oxus. Manipula una alarma con la ayuda del oficial científico Montross (a quien «no le queda más que la cabeza y el brazo derecho»), la tripulación evacúa la nave, Chewbacca escolta a Luke y los droides a bordo y Han roba la nave. Cuando llegan a Ogana Mayor, el planeta ha desaparecido, y el padre de Luke ha muerto. Luke propone ir a rescatar a su hermano Deak a Alderaan, el planeta donde el Imperio tiene su sede, y Han accede porque le interesa la recompensa.

La nave pirata, «una nave errante corelliana», aparece vacía y es remolcada a la ciudad imperial flotante. Han, Luke, Chewbacca y Montross viajan ocultos en compartimentos refractarios a los escáneres, y luego los tres primeros, disfrazados de soldados de asalto, se adentran en la ciudad para rescatar a Deak. Mientras regresan a la nave se enfrentan a un dai noga, una criatura antinatural. Después, a Han y Luke los persiguen dos caballeros sith y escapan a través del vertedero.

Mientras abandonan la ciudad a bordo de la nave pirata, se ven inmersos en un combate aéreo con cazas TIE y luego atienden a Deak, que está herido de gravedad. Luke le pone el cristal kiber en la mano a su hermano y, de repente, tiene la visión de que su padre se encuentra en la Cuarta Luna de Yavin.

En el planeta selvático, Luke establece contacto con los rebeldes y se suma a su plan de destruir la Estrella de la Muerte atacando un pequeño conducto de escape térmico situado en su polo norte. El Gran Moff Tarkin ha perdido la fe en que la Fuerza de los Otros pueda salvarlos y «el Consejo ha votado confiar en el análisis cibormítico para determinar los procedimientos de ataque y planificación futuros». Cuando Luke le entrega el cristal kiber a su padre, Starkiller, la fe se restablece.

Las fuerzas rebeldes atacan la Estrella de la Muerte y se desencadena una batalla brutal. Cuando solo queda la nave de Luke, perseguida por Vader, Han llega en su rescate para que Luke pueda asestarle el golpe letal a la Estrella de la Muerte. Vader se estrella con la nave pirata y fallece. La nave queda inoperativa y Han, Chewbacca y Montross regresan a Yavin en una cápsula de escape. Starkiller declara: «La revolución ha dado comienzo» y aparecen los títulos de crédito finales, en los que se informa de que en el siguiente episodio los hijos de Starkiller deberán afrontar numerosas pruebas, incluida la «peligrosa búsqueda de la princesa de Ondos».

Deliberado

George Lucas Queríamos que alguien empezara a trabajar en los diseños mientras yo escribía el guion. Colin Cantwell era el único conocido nuestro que estaba disponible para diseñar algo así. Era amigo de Hal Barwood, así que lo llamamos.

Colin Cantwell / Diseño de naves espaciales
Yo construía miniaturas de mis diseños de naves espaciales y terrenos. George vio algunas de aquellas miniaturas y le gustaron lo suficiente como para contratarme, en noviembre de 1974, para diseñar y crear maquetas de prototipos de las distintas naves de *Star Wars*.

A Hal Barwood le habían impresionado las ilustraciones de Ralph McQuarrie mientras trabajaban en Boeing y dos semanas después de incorporarse Cantwell presentó a McQuarrie y Lucas.

Ralph McQuarrie Lucas tenía las cosas más o menos en la cabeza. Sabía el aspecto que quería que tuvieran, al menos a grandes rasgos.

1.56 *Darth Vader interroga a Leia con el fin de averiguar la ubicación de la fortaleza oculta de la Alianza Rebelde. James Earl Jones puso voz a Vader en la fase de posproducción. Lucas: «En un principio estaba previsto que lo hiciera Orson Welles, pero pensé que su voz era demasiado reconocible. James Earl Jones tiene una voz contundente. Hoy la reconocemos, pero entonces nadie la conocía».*
1.57 *El almirante Motti (Richard LeParmentier) dice al Gran Moff Tarkin (Peter Cushing, a la derecha) y a Vader: «Esta estación es la potencia definitiva del universo. Y yo sugiero que la utilicemos».*

A lord Vader le ofenden los comentarios insultantes de Motti respecto a la Fuerza y la usa para estrangularlo. Vader: «Su carencia de fe resulta molesta».
1.58 *La localización se hallaba en la frontera entre Túnez y Argelia. Dado que se habían usado camiones militares tunecinos para ayudar a sacar cosas del barro tras una tormenta, al Gobierno de Argelia le preocupaba que se estuviera produciendo una movilización militar masiva en la frontera. Lucas: «Vinieron a inspeccionar el reptador de las arenas para comprobar que no se trataba de un arma secreta».*

Me dejaba caer por el taller de Colin con bastante frecuencia y fotografiaba las maquetas. Las insertaba en las ilustraciones; de hecho, algunas pinturas las actualicé conforme Colin desarrollaba las naves y cuando, más tarde, Joe Johnston creó algunas naves aún más avanzadas las pinté sobre las versiones anteriores. De ahí que en algunas ilustraciones se vea una vieja nave TIE y las siguientes sean iguales, pero con la nave nueva.

Paul Duncan Ralph McQuarrie trabajó en los diseños iniciales de los droides.

George Lucas El homenaje al robot femenino de *Metrópolis* es deliberado, porque esa fue una de las primeras películas que vi en las que aparecía un buen robot.

1.58

1.59

Paul Duncan En los guiones iniciales, R2-D2 era un droide de construcción, y da la sensación de que McQuarrie dio continuidad a esa idea. R2-D2 tenía tres patas y un brazo extensible. Era como una caja de herramientas con patas.

George Lucas En efecto. Una navaja suiza capaz de hacer de todo, desde funcionar como abrelatas hasta lo que se quiera. Utilizamos toda suerte de artilugios a lo largo de las películas. Lleva unos pequeños cohetes dentro, soldadores... Tiene todo lo que se pueda necesitar. En eso radica la gracia de R2.

Se pasaba la mayoría del tiempo de pie, parado. Me interesaba que hubiera un hombre dentro para que el robot tuviera un poco de movimiento. La diferencia fue sutil, pero enorme.

Tras leer el segundo borrador, McQuarrie diseñó a Darth Vader para Lucas.

Ralph McQuarrie Me dijo que quería una figura muy alta y oscura que pareciera revolotear, con un aura espeluznante que pareciera llegar con el viento. Hizo alusión a las túnicas de los árabes, que van envueltos en sedas y harapos. Le gustaba la idea de que aquella figura tuviera un casco grande, una especie de sombrero de pescador, una cosa grande y metálica que descendiera. Hice tres o cuatro bocetos en formato pequeño. Los miró y dijo: «Me gusta este. ¿Podrías darle un par de vueltas más?».

George Lucas A Darth Vader le habían destrozado el rostro, de manera que necesitaba llevar máscara. Es como un pulmón de hierro, así fue como lo describí: un casco que funcionara como un pulmón de hierro. La función del casco no era protegerlo, sino mantenerlo con vida.

McQuarrie pintó Duelo láser *entre los días 14 y 15 de febrero de 1975. La imagen ilustra el*

1.59 *McQuarrie pintó a Luke (como una muchacha) contemplando el puerto espacial de Mos Eisley en la primavera de 1975, entre el segundo y el tercer borrador del guion, cuando Lucas acarició la idea de que el personaje de Luke lo interpretara una mujer.*
1.60 *Al regresar a casa, Luke descubre que una patrulla de soldados de asalto ha asesinado a sus tíos. Lucas: «Puedes intentar regresar a casa con tu familia, pero, si el Imperio anda detrás de ti, de manera inevitable acabará encontrándote y matará a quienquiera que te rodee.»*
1.61 *El grupo viaja en el deslizador a Mos Eisley, un lugar a medio camino entre una ciudad del Oeste y un puerto espacial. La escena se rodó en exteriores en Yerba, donde Roger Christian creó un decorado como si una nave espacial se hubiera estrellado en medio de la ciudad.*

momento previo al duelo en que se baten Deak Starkiller y Darth Vader.

Paul Duncan El diseño de color es todo en blanco y negro, tal como indica el guion.

George Lucas La idea era (y pusimos suma atención a este aspecto) que el Imperio es blanco y negro. Luke es orgánico; de ahí que sea todo marrones y rojos; Ben Kenobi, grises oscuros; Han Solo, un tono marrón más claro y tonalidades más cercanas al color carne; 3PO es dorado y R2, azul y blanco, un punto medio entre los extremos de los humanos y el Imperio. R2 y 3PO son los intermediarios mecánicos.

Paul Duncan Los uniformes de los oficiales imperiales recuerdan a los de la Segunda Guerra Mundial, a los de los altos mandos nazis, pero se atisba algún que otro detalle rojo en la indumentaria del Imperio.

George Lucas Es cierto que introdujimos alguna nota de rojo, pero es el único color que incorporamos: el color de Satán.

Imágenes cinéticas

Paul Duncan ¿Por qué pusiste en marcha Industrial Light & Magic? Los otros cineastas no dicen: «Necesito esto para esta película, voy a montar una empresa», e invierten dinero de su bolsillo.

George Lucas No tuve más remedio. Ninguno de los estudios contaba con nadie para este trabajo. Los departamentos de *matte painting* (técnica de pintura sobre vidrio) estaban muertos. Solo quedaban tres o cuatro ilustradores activos capaces de aplicar esta técnica. Las únicas personas que hacían efectos visuales habían trabajado para Kubrick en *2001*, con Doug Trumbull. Le pedí a Doug que hiciera *Star Wars*, pero estaba ocupado con su película. Me puse en contacto con personas que habían trabajado para él.

Paul Duncan Pero estamos hablando de un importante riesgo financiero.

George Lucas Había ganado dinero con *American Graffiti*. Invertí unos 500 000 dólares

1.60

1.61

en poner en funcionamiento ILM. Con todo incluido, el coste de *Star Wars* fue solo de dos millones.

Paul Duncan ¡A mí no me digas «solo» dos millones de dólares!

George Lucas *(Risas)* Inventábamos sobre la marcha. Lo que me motivaba era que quería hacer paneos con las naves en el espacio. Quería planos cortos con paneos horizontales. Quería imágenes cinéticas. Y nadie sabía

cómo hacerlo. Así que cuando entrevisté a John Dykstra y me dijo: «Yo sé hacerlo. ¿Por qué no utilizamos una grúa de animación y la tumbamos sobre un lado?», le contesté: «Buena idea».

John Dykstra / Supervisor de efectos fotográficos especiales Lo que pretendíamos con *Star Wars* era plasmar una fluidez que transmitiera la sensación de que las escenas se habían rodado con una cámara manual, que podía

hallarse en una de las naves de la flota que volaba por el espacio, de tal modo que el fondo se moviera y las demás naves se movieran en relación las unas con las otras y, al hacer un paneo alrededor, se vieran otros elementos dentro de la escena y se creara una realidad tridimensional real.

Se decidió utilizar proyección frontal para las escenas en las que los actores interactuaban

1.62 Cantina, *de Ralph McQuarrie (6 de marzo de 1975), ilustra el segundo borrador del guion de Lucas, en el que Luke saca su espada láser y parte a un extraterrestre por la mitad. Una cosa es dibujar a estas criaturas exóticas y otra muy distinta darles vida.*

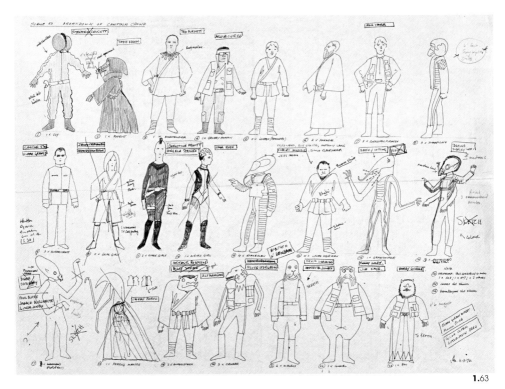

1.63

con el efecto visual, por ejemplo en las cabinas de la nave pirata y los cazas.

La proyección frontal, que se había utilizado profusamente en la secuencia del amanecer de la humanidad de 2001, consiste en colocar un espejo inclinado en ángulo de 45 grados para proyectar material filmado previamente sobre los actores y una pantalla altamente reflectante tras ellos. La imagen resulta demasiado tenue para solaparse a los actores; en cambio, se muestra nítida en la pantalla. La ventaja de esta técnica es que el director puede ajustar las proporciones de la imagen y los movimientos de los actores mientras rueda.

Se utilizó el proceso de pantalla azul para crear todos los efectos visuales en miniatura, incluidos los usados para la proyección frontal. Cada elemento (naves, planetas y fondos) se fotografía recortado sobre un fondo neutro de un color «azul no fotográfico» y luego se combinan utilizando tecnología de impresión óptica.

John Dykstra A medida que se sucedían las reuniones y el desglose de la historia, quedó claro que aquella película no incluiría unos 20 o 30 planos con efectos fotográficos especiales,

**1.63 Un auténtico bestiario. Diseños de vestuario de John Mollo y los nombres de los posibles actores anotados, así como multitud de notas y cambios (con fecha de 4 de marzo de 1976). El rodaje de la escena de la cantina comenzó el 13 de abril y se prolongó cuatro días más.
1.64 Lucas rodó la escena desde el punto de vista de Luke, de manera que solo remos instantáneas de las criaturas y sus interacciones, sin entender demasiado lo que sucede.
1.65 En el guion original no había banda de música en la cantina. A Lucas se le ocurrió que incluir una banda animada que tocara swing al estilo del Benny Goodman de la década de 1930 le añadiría ritmo y crearía una columna vertebral musical que le permitiría incorporar otras criaturas más adelante.**

1.64

1.65

sino unos 365 planos con efectos fotográficos y con miniaturas. Y el desafío adquirió unas proporciones descomunales.

Lucas habría preferido que Dykstra y su equipo trabajaran cerca de él en San Francisco, pero Dykstra lo convenció de que las necesidades técnicas lo obligaban a estar cerca de las casas de revelado de color y fotográfico de Hollywood. A partir del 1 de junio de 1975, ILM alquiló un almacén vacío por 2 300 dólares mensuales en una zona residencial situada justo al norte de Los Ángeles.

John Dykstra Bob Shepard montó un taller de producción. Una vez completado el diseño, en julio de 1975, acometimos la construcción de la Dykstraflex.

Richard Edlund / Primer camarógrafo, unidad de efectos ópticos Esta fascinante unidad (con hasta 12 motores) puede programarse mediante un *joystick* para adaptarse a todos los ejes de movimiento y repetir dichos movimientos a la perfección de manera automática. Don Trumbull ingenió el diseño de esta cámara, que se colgaba de una jirafa de 3,5 metros de altura y se desplazaba sobre un riel de 13 metros de longitud. Además de paneos, permite filmar en ángulo de 120 grados y rotar 360 grados o más sobre el punto nodal de la lente.

John Dykstra Grant McCune contrató al equipo y las instalaciones. Había que crear 75 maquetas. Cada una aparece en varios planos tomados con diversos ángulos de cámara. Para satisfacer este requisito, cada diseño incorporaba la capacidad de acoplarse a la miniatura desde la parte anterior, posterior, superior, inferior y desde cada uno de los lados. Cada maqueta incluía una práctica y compleja iluminación que permitía recrear los efectos de los motores y de las armas láser y la iluminación de la cabina. Algunas maquetas presentaban detalles articulados: alas móviles o antenas giratorias, por ejemplo. Además, cada uno de los puntos de montaje permitía acceder al cableado de sus motores y luces. Puesto que en la mayoría de la iluminación práctica se usaban bombillas de cuarzo de alto voltaje especiales, se canalizó aire refrigerado a través de la armaduras de las miniaturas.

Grant McCune / Maquetista en jefe Al acometer la nave pirata, pensamos que tal vez sería la que aparecería en más parte del metraje y la más compleja.

Hacia finales de julio de 1975 comenzó el trabajo en la nave pirata y el caza estelar Ala-X. En agosto se empezó a trabajar en los reptadores de las arenas, los cazas TIE y todos los aspectos de la Estrella de la Muerte (la maqueta, las superficies y la trinchera) y, en septiembre, en un caza Ala-Y. Era importante concluir los diseños, pues había que completarlos y enviarlos a Inglaterra

1.66

1.67

1.68

para construir los decorados y tenerlos listos para el rodaje principal.

Una vez concluido el rodaje de las maquetas, hubo que aplicar la técnica de matting para enmascarar unos elementos de otros, crear la

1.66 *Lucas consiguió el presupuesto para crear y filmar criaturas adicionales para la escena de la cantina. Los insertos se rodaron en Los Ángeles en enero de 1977. En la imagen, Lucas comparte mesa con Elis Helrot (izquierda) y tras ellos están Feltipern Trevagg y M'iiyoom Onight.*
1.67 *Lucas ayuda a colocar a Momaw Nadon. Jon Berg maneja la criatura desde detrás y se supone que debe llevarse el vaso a la boca, pero los brazos no funcionan. Berg: «Al parecer, todos se morían de la risa, porque era como un borracho que tratara en vano de llevarse la bebida a los labios».*
1.68 *Doug Beswick esculpe una de las cabezas que llevarán los músicos de la cantina. En el fondo se aprecia el rostro esculpido de Elis Helrot.*

animación de los láseres y las luces y después combinar todos esos elementos en película mediante una impresora óptica. Robert «Robbie» Blalack tenía su propia impresora óptica y Dykstra lo contrató en julio de 1975 para dirigir el departamento de efectos visuales. Howard Anderson proporcionó una segunda impresora a Blalack.

El productor asociado Jim Nelson contrató como asistente de producción de ILM a Ben Burtt, que acababa de licenciarse en Cinematografía por la USC.

George Lucas Le dije a Ben que necesitaba que buscara sonidos para los wookies, para los bandidos tusken y para toda esa clase de cosas.
Ben Burtt / Efectos especiales sonoros y de diálogos Jim me hizo algunos encargos. Uno de ellos consistía en ir a bibliotecas de sonidos de grandes estudios. Otro era documentar la construcción de cosas en ILM, donde tomé fotografías. Acudía allí tres o cuatro veces a la

1.69 *Obi-Wan desenvaina su sable de luz y pone derechos a un par de rufianes. Es la primera vez que vemos la espada láser en acción.*
1.70 *Divirtiéndose en la oficina de producción de ILM: los empleados y el equipo técnico interpretaron a los alienígenas en las tomas extras.*

semana para comprobar el progreso del Ala-X, de la superficie de la Estrella de la Muerte o de lo que fuera que se estuviera construyendo.

Evolución

George Lucas La sinopsis original trataba acerca de la princesa y el anciano. Luego a ella la suprimí del guion un tiempo; de hecho, en el segundo guion no había ningún personaje femenino.

Eso me preocupaba. No quería rodar una película sin mujeres. Tenía presente que la mitad del público es femenino y necesita identificarse con algún personaje. En un momento dado, Luke era una chica. Intenté escribirlo desde esa perspectiva, pero no funcionaba. Entonces me decidí a reincorporar a la princesa.

Durante los dos años de reescritura incesante del guion, todos los personajes evolucionaron. Los eliminé uno a uno, hasta acabar con la media docena aproximada que acabaron en la película. Fue una lucha larga y dolorosa.

En el tercer guion, datado el 1 de agosto de 1975, Luke se había convertido en un adolescente impulsivo y Deak, en la fuerte y aventurera princesa Leia Organa. Pero para el personaje del jedi Lucas recreó al anciano general Ben Kenobi como un sabio de 70 años con un brazo mecánico en quien la Fuerza está debilitada.

Luke, Ben y los droides recogen a Han Solo y Chewbacca en la cantina, escapan en una nave pirata y viajan hasta la prisión imperial de Alderaan para rescatar a Leia. Cuando Ben parte en busca del cristal kiber y Han y los demás lo hacen para rescatar a Leia, Ben dice por primera vez: «Que la Fuerza te acompañe».

Una vez rescatada Leia, las dinámicas cambian. Leia asume el control de la situación y entre ella y Han se respira tensión sexual. El resto de la trama es muy similar al guion previo, salvo por el hecho de que Luke y los otros combatientes pilotan cazas Ala-X y R2-D2 acompaña a Luke. Luke dispara a la abertura de salida térmica y destruye la Estrella de la Muerte, pero Vader sobrevive y regresa a Alderaan.

George Lucas En *Star Wars* hay que crear a cada persona o criatura en el contexto. Hay que diseñarlo absolutamente todo, hasta el último tenedor, la última servilleta, bandeja, pistola y prenda de ropa, todo. Es lo más duro en estas películas.

Lucas contrató a John Barry, diseñador de producción en la película de Stanley Kubrick *La naranja mecánica* (1971), para trabajar en Star Wars.

John Barry / Diseñador de producción George quiere que parezca que está rodada en exteriores, en el típico puesto espacial de la Estrella de la Muerte o Mos Eisley que uno ve cada día...

George Lucas Hasta aquel momento, la ciencia ficción se guiaba por el estilo de *2001*: era siempre muy limpia. Yo me atreví a ensuciarla. Le imprimí una sensación de uso y desgaste, como si de verdad fuera un mundo habitado. Una de las cosas que aprendí de Kurosawa es intentar recrear una realidad inmaculada, poner una atención al detalle que transmita sensación de verosimilitud. Que haya polvo o algo que traquetee a un lado de una nave, por ejemplo, la hace parecer real. Lo que eso comunica es: «Uno cree estar donde está, al margen de donde esté».

Y opino que eso sí lo conseguí. El público piensa que los lugares que aparecen en la película son reales. En ningún momento se tiene la sensación de estar viendo una película de ciencia ficción.

En agosto se contrató a Joe Johnston para el departamento de arte. Johnston redibujó los guiones gráficos de la secuencia inicial y rediseñó las naves de manera que parecieran usadas. Y también las hizo «más gordas», con bordes definidos, para que resultaran más fáciles de enmascarar con la técnica de la pintura sobre vidrio.

George Lucas La batalla espacial era un poco amorfa. Se había definido muy vagamente al estilo de: «Y entonces hay un gran combate aéreo, una gran batalla y Luke gana».

Escribí un borrador de la trama más explícito. Los perseguían, se adentraban en la trinchera y, por último, lanzaban el proyectil tras dos intentos.

No había modo de concebir una secuencia tan compleja como yo quería que fuera aquella solo mediante descripción. Tras empezar a escribir el guion empecé a coleccionar metraje real de aviones reales en pleno vuelo (no de maquetas). Cada vez que emitían una película bélica por televisión, la veía y, si contenía alguna secuencia de combate aéreo, la grababa en vídeo.

1.71 *Lucas admiraba a Harrison Ford por su papel de Bob Falfa, un fanfarrón apuesto, en American Graffiti, pero no le gustaba reutilizar a actores. El productor Fred Roos lo convenció de que permitiera a Ford ayudar a los actores que se presentaban al casting «interpretando» a Han Solo. Y a Lucas le gustó lo que oyó.*
1.72 *Lucas etiquetó como «Chewbacca» este concepto realizado entre julio y agosto de 1975.*
1.73 *Han Solo (Harrison Ford) y Chewbacca (Peter Mayhew) conversan con Obi-Wan y Luke. Solo les dice: «He vencido a naves estelares del Imperio. —Y presume de su nave, el Halcón Milenario—. ¿Os parece suficiente rapidez?».*

1.71

1.72

La monté y escribí el guion en paralelo. De ahí que cada toma aparezca descrita con detalle en el cuarto borrador, donde la secuencia ocupa 50 páginas.

Joe Johnston George me entregó el metraje en 16 milímetros y me dijo: «Dibuja un guion gráfico de esto». Incluía la secuencia de las torretas con cañones láser y la batalla final.

La secuencia de las torretas, tal como se escribió originalmente, era un combate aéreo entre la nave pirata y cazas TIE antes de que la primera sea capturada por la Estrella de la Muerte.

John Dykstra Tardamos casi tres meses en descomponer aquella película en blanco y negro en sus distintos elementos, y fue necesario numerar todas las placas y todos los elementos e indicar cómo iban a combinarse los planos.

Lucas añadió los números del guion gráfico a su guion para mayor claridad.

Cartón piedra

Carrie Fisher George y Brian De Palma estaban haciendo un *casting* conjunto: Brian para *Carrie* (1976) y George para *Star Wars*. Ambos necesitaban una actriz más o menos de la misma edad. George es poco hablador, pero Brian habla por los descosidos, así que decidieron juntarse. George es un hombre muy tímido y cohibido, pero siempre controla lo que hace y sabe lo que quiere.

Lucas y De Palma realizaron sesiones de casting *durante tres semanas entre finales de agosto y principios de septiembre.*

Dianne Crittenden / Directora de *casting* Cuando al final le hicimos la prueba a Carrie, tuvimos la oportunidad de suavizarle los rasgos. Llevaba el pelo liso y recogido en una coleta e iba vestida de un modo bastante austero. La maquillamos un poco y la vestimos con algo más femenino y juvenil. Carrie poseía algo

1.74

único: con solo 18 años era ya una mujer for-
midable. Era muy sofisticada; tanto que lo que
más nos costó fue que pareciera joven.

George Lucas Buscaba al actor que encarnara
a Ben Kenobi. Tenía previsto contratar a Toshiro
Mifune, habíamos realizado una solicitud preliminar. De haber conseguido a Mifune, habría utilizado también a una princesa japonesa y entonces probablemente habría reclutado a un actor
negro para interpretar a Han Solo. En paralelo,
también andaba investigando a Alec Guinness.

*Dianne Crittenden le llevó el guion a Guinness
a Los Ángeles.*

Alec Guinness Sabía quién era George Lucas
porque había visto *American Graffiti*, y lo
admiraba mucho. Así que me emocioné mucho al recibir el guion, pero cuando lo abrí y
vi que era una película de ciencia ficción, me
dije: «¡Madre del amor hermoso!». Había visto
un par de cintas de ciencia ficción y las había

disfrutado, pero, desde el punto de vista in-
terpretativo, siempre me había parecido que
eran un poco de cartón piedra. No obstante,
como se trataba de Lucas, empecé a leerlo... y
me atrapó. Quería avanzar a la página siguiente
para saber qué sucedía a continuación, quería
saber cómo concluía cada pequeño incidente.
Tenía algo de *El Señor de los Anillos* de Tolkien.

*El interés de Guinness tardó en convertirse en
un contrato.*

Diez por ciento

George Lucas Todo el mundo exclama: «¡Ah, la
década de 1940! ¡Aquello sí que eran buenos
tiempos! ¡El Renacimiento del cine! ¡Hay tantas
películas buenas de los años cuarenta!». He visto
muchas películas y estoy en disposición de afirmar que no es cierto. Solo el 10 por ciento de
las películas de cualquier década son buenas.

1.75

El otro 90 por ciento son películas lamentables. Lo que ocurre es que uno no las ve o, si lo hace, las olvida de inmediato. No se puede comparar *Casablanca* (1942) con *El padrino* (1972). Ambas son películas brillantes. Podrías compararlas como obras maestras en contraposición con una película mala de su mismo año, pero nadie hace eso.

Y lo mismo pasa con el equipo técnico de una película. Hay algunos integrantes, muy pocos, malos, pero te los puedes quitar de encima. Por suerte, la mayoría hace bien su trabajo. Ahora bien, necesitas contar con unas cuantas mentes brillantes. Ralph McQuarrie era una de ellas. Joe Johnston era otra. Y John Barry, otra. Eran tipos fuera de lo común. Gran parte del peso de la calidad de la película recaía sobre ellos.

Lucas contrató al director de fotografía Gilbert Taylor, quien daba la casualidad de que había realizado la fotografía de los efectos especiales de la secuencia del bombardeo en Los destructores de diques.

George Lucas *¡Qué noche la de aquel día!* (1964) *y ¿Teléfono rojo? Volamos hacia Moscú* (1964) eran dos de mis películas favoritas. Quería que mi película tuviera ese aspecto; por eso lo contraté.

Me había encargado en persona del montaje de mis películas previas, así que no tenía relación con un montador habitual, y me resultó muy difícil dar con la persona indicada.

1.74 **Han Solo se enfrenta al cazarrecompensas Greedo, que ha acudido a la cantina a cobrarse una deuda para el mafioso Jabba el Hutt. Lucas y el camarógrafo Carroll Ballard (centro) filman a Greedo (Maria De Aragon) desde el punto de vista de Han.** 1.75 **El tiroteo ha concluido. Han ha derribado a Greedo (Paul Blake), el humo persiste y Greedo está a punto de desplomarse sobre la mesa.**

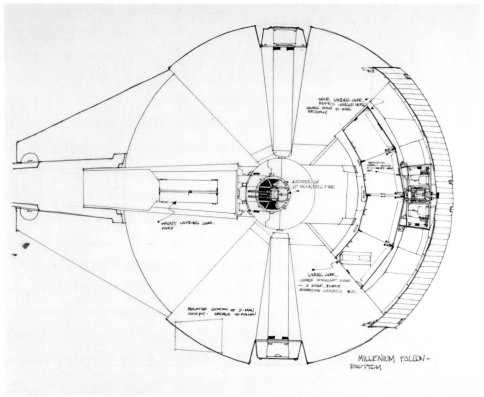

JOUR LANDING GEAR DOORS - HINGED HERE SWING DOWN TO ANG VERTICALLY

LOCATION OF 2" MOUNTING PIPE

FRONT LANDING GEAR DOORS

LATERAL GEAR COVER PARALLEL DOORS - 2 WIDE TUBES ACCOMODATE HYDRAULIC RODS

RELATIVE LOCATION OF 2-MAN COCKPIT - DETAILS TO FOLLOW

MILLENIUM FALCON - BOTTOM

1.76

1.76 *Lucas la apodó «la Hamburguesa Voladora». «Quería algo extravagante.» La proa con dos puntas, evocadora de un escarabajo, confiere a esta sencilla forma de platillo volante sensación de orientación y una estética más deportiva. Este boceto de la cara inferior muestra que las cubiertas del tren de aterrizaje debían descender y formar una especie de «falda» en la parte posterior de la nave.*
1.77 *Richard Edlund prepara la maqueta acabada en el plató de ILM para la cámara Dykstraflex. La antena de radar se reaprovechó de la nave pirata original, al igual que la cabina. Lorne Peterson: «En un momento se pensó en monitorizar la cabina para que rotara 90 grados. A Lucas se le ocurrió que la nave pudiera volar como un pez luna y aterrizar plana, pero, al despegar, el cuerpo rotaría y la cabina conservaría la configuración».*

Le recomendaron a John Jympson, el británico que montó *Zulú (1964)* y *¡Qué noche la de aquel día!*

George Lucas Hablé con él, simpatizamos y me pareció que podía hacerlo bien.

En abril de 1975, la Fox contrató al supervisor de efectos especiales John Stears para realizar un estudio de viabilidad de los efectos necesarios para el proyecto. Lucas le pidió que empezara a construir los robots en Reino Unido. El productor Gary Kurtz ayudó a preparar la producción para empezar a rodar en exteriores en Túnez el 28 de marzo de 1976.

George Lucas Teníamos que empezar a construir los robots; eso implicaba comprometer dinero.

A la Fox no le gustaron las estimaciones presupuestarias. A mediados de octubre de 1975,

suspendió los pagos para el desarrollo de la película, si bien continuó abonando los salarios. Se adoptaría una decisión acerca de cómo proceder en una reunión de la junta directiva el 13 de diciembre. Lucas todavía no había firmado ningún contrato con la Twentieth Century Fox.

La Fox insistía en que el presupuesto de 8,2 millones de dólares debía reducirse a 6,9 y hubo que alterar el guion, los escenarios y el alcance de la película.

La secuencia en la prisión de Alderaan se reubicó en la Estrella de la Muerte, lo cual simplificaba los requisitos de efectos visuales. La base rebelde en un origen tenía una pista de aterrizaje al aire libre, lo cual requería filmar en exteriores, de manera que las naves se reubicaron en el interior del templo, que podía rodarse en plató.

El hogar de Ben, que en un principio era una cueva de tres plantas excavada en la roca, se convirtió en un decorado con una vivienda de un solo nivel.

La hamburguesa volante

Durante los meses de octubre y noviembre, todo el mundo en el taller de modelaje de ILM trabajó intensamente en la nave pirata.

George Lucas Me parecía demasiado insulsa. El diseño era demasiado parecido al transportador Eagle de la serie televisiva *Espacio: 1999*. Quería algo verdaderamente extraordinario, con más personalidad, porque era la nave principal de la película.

Lo descarté todo y creé mi propio diseño. Se me ocurrió en el avión de regreso a casa: una hamburguesa volante.

1.78 *Del diseño y de la construcción del Halcón Milenario se estaban encargando los modelistas de Los Ángeles, y había que enviar los dibujos y las fotos a los Elstree Studios de EMI en Londres para que el equipo técnico pudiera construir con precisión la versión a tamaño real.* **1.79** *Esta imagen del plató 3 muestra las fases iniciales de la construcción del decorado del Muelle 94. John Barry sugirió comprar piezas de chatarra para crear los detalles exteriores del Halcón.*

Lucas voló desde Nueva York a ILM a finales de noviembre y se reunió con Joe Johnston.

George Lucas Le dije: «Vamos a hacer algo que se parezca a una hamburguesa, como un platillo volante. No es una nave bonita. Es una nave de mercancías. Transporta cargamento. Puede ser un poco rara». Creamos el diseño en un día y me marché. Me despedí con: «¡Buena suerte, muchachos!». *(Risas)* Joe Johnston fue uno de los que hicieron realidad el diseño. Le dije: «Fabrícala».

Grant McCune George quería aprovechar la cabina de la vieja nave pirata para la nueva nave porque era muy compleja y estaba muy bien fabricada, pero no teníamos tiempo de generar una nueva, así que la serramos y la pegamos a la nueva.

Johnston comenzó a facturar las horas invertidas en la «507 Nueva Nave Pirata» la primera semana de diciembre, la misma en que comenzó a adquirirse el material para empezar a construir la maqueta a partir de los bocetos de Johnston.

Paul Duncan Lo mejor del diseño definitivo es la libertad que transmiten sus movimientos. Emula la idea de una carrera de coches en el espacio.

George Lucas Al doblar una curva, los coches que compiten en una carrera automovilística derrapan. No podíamos hacer eso con una nave de combate, porque es demasiado aerodinámica. El *Halcón Milenario* tiene tracción a las cuatro ruedas. *(Risas)* Podíamos hacerla derrapar un poco en las curvas, cosa que me gustaba. En mi mundo, en el espacio exterior hay aire… cuando a mí me interesa *(Risas)*.

Como nave, se trata de un carguero sin pretensiones. Pero la han convertido en un bólido, con un motor de bólido, ordenadores y todo eso, al estilo de cualquier nave normal, incluida una nave imperial. Cuando Han afirma: «Es la nave que hizo la carrera Kessel en menos de 12 parasegundos» no se refiere tanto al *Halcón Milenario* como a su ordenador.

Al tiempo que se construía la maqueta, John Barry tuvo que construir una nave a tamaño real en los Elstree Studios de Londres, lo cual explica que Steve Gawley enviara una comparativa de tamaños entre la primera nave pirata y la nueva nave el 11 de diciembre de 1975.

Joe Johnston Les enviamos una serie de fotografías del casco desde todas las perspectivas para que pudieran empezar a construirlo también ellos. Y cuando por fin lo tuvimos pintado con todos los detalles, les enviamos una serie completa de fotografías desde todos los ángulos.

La maqueta del Halcón Milenario *se concluyó el 10 de abril de 1976, por un coste total de 15 531,27 dólares.*

En cuanto a la primera nave, se convirtió en la nueva burladora de bloqueos rebelde, también conocida como crucero de Alderaan, pero necesitaba una cabina nueva, puesto que la vieja se había serrado.

Grant McCune A George y Joe se les ocurrió enseguida lo de la cabeza de pez martillo y la hicimos con dos cubos de cartón rellenos de poliestireno y recubiertos de estireno y piezas de modelado para solucionar el problema de un plumazo.

1.79

1.80 **Pintura de McQuarrie de Han Solo esperando a sus invitados bajo el Halcón Milenario en el hangar del puerto espacial de Mos Eisley. Realizada a principios de 1976, se repintó sobre una versión anterior que incluía la nave pirata original. Uno de los puntos fuertes del trabajo de McQuarrie es que insinúa lo que sucede fuera del cuadro de la imagen.**

Personalidad

A mediados de noviembre de 1975, Lucas viajó a Nueva York para entrevistar a Jodie Foster para el papel de Leia y a Christopher Walken para el de Han. Un mes más tarde, los días 12, 15 y 30 de diciembre convocó sesiones de casting *adicionales en Los Ángeles para los papeles de Luke y Leia.*

Lucas era reacio a seleccionar actores del elenco de American Graffiti, *porque no quería*

repetirse a sí mismo. De ahí que Harrison Ford quedara descartado sin más.

Harrison Ford Dejé la interpretación para convertirme en carpintero porque venía un segundo bebé en camino y nos gusta comer. No me ganaba la vida como actor.

Fred Roos, que se había encargado del casting *de* Graffiti, *urdió un plan. Contrató a Ford para instalar una puerta en las oficinas de American* Zoetrope *donde Lucas estaba realizando las audiciones.*

George Lucas Harrison daba la talla para el papel, así que Fred sugirió que leyera el guion con los demás, y a mí me pareció una idea excelente, pero no estaba dispuesto a comprometerme. Buscaba a alguien como Harrison, pero que no fuera Harrison, porque salía en *Graffiti* y no quería que la gente pensara en otra película mientras veía *Star Wars*. No estaba dispuesto a contratar

1.81

a alguien solo porque lo conociera y supiera que actuaba bien. Prefería contemplar todas las opciones e incorporar caras nuevas. Además, no quería decidirme por nadie hasta haber hecho una prueba con todo el elenco junto.

Harrison Ford Creo que hice con ellos unas 50 o 60 pruebas, pruebas en las que yo daba la réplica a los actores que aspiraban a otros papeles. De hecho, me ofrecieron presentarme sin demasiadas explicaciones. Me pidieron muchas veces que les explicara a los aspirantes de qué iba la historia, o bien George les ofrecía una explicación muy sencilla. Y luego leíamos la escena.

1.82

1.81 *En la edición especial de 1997, Lucas incluyó una escena suprimida con el gánster galáctico Jabba el Hutt, que se creó digitalmente tal como aparecía en El retorno del jedi, a su vez actualizada para el lanzamiento en DVD de 2004. Al más puro estilo del Oeste, Solo entra en plano desenfundando su arma.*
1.82 *Rodaje en Elstree en abril de 1976, mientras Jabba (Declan Mulholland) y Han regatean los intereses por perder un cargamento que transportaba de contrabando, que Han tendrá que abonar.*
1.83 *Entre tomas, Peter Mayhew, en el papel de Chewbacca, permanece en pie mientras Kay Freeborn le peina el pelaje.*

1.83

Kurt Russell, Robby Benson y Andrew Stevens se presentaron para el papel de Luke, y Amy Irving y Patti D'Arbanville, para el de la princesa. Terry Nunn, de solo 14 años, impresionó tanto a Lucas que la convocaron a tres pruebas para el papel.

George Lucas Primero les hago leer el guion, luego grabo las pruebas de pantalla en vídeo y después los filmo en película. En cada una de esas fases voy descartando a gente. Para cuando llego a la prueba real en película, ya conozco bien a la persona. Conozco sus dotes de interpretación y todas las ramificaciones de su personalidad. Cuando conoces a alguien, te llevas una impresión de la persona los cinco primeros minutos y otra distinta cuando le pides que regrese y conversas con ella media hora, y otra distinta cuando tienes grabada su interpretación en cinta y puedes repantigarte en la butaca en una sala y estudiarla en la pantalla.

Dianne Crittenden George estaba dispuesto a volver a ver a algunas de las personas que se presentaron al *casting*, como Mark (Hamill), a quien había descartado con anterioridad.

Mark Hamill Llegaron las Navidades y se me olvidó por completo. Entonces me dijeron que tenía otra prueba con George. Cuatro páginas de diálogo: había una frase fantástica, el diálogo más difícil que he memorizado nunca. Decía: «No podemos regresar. El miedo es su mayor defensa. Dudo de que la seguridad real de esa cosa sea mayor que la de Aquilae o Sullust. Lo que sea que exista probablemente vaya dirigido a un ataque a gran escala». ¿Quién habla así? Pero tiene que sonar natural para resultar convincente.

Hamill, Fisher y Ford consiguieron los papeles de Luke, Leia y Han.

George Lucas Tiendo a contratar a actores que ya son el personaje. En realidad, lo que selecciono es su personalidad. Sé que saben actuar. Tienen credenciales. Diría que apuesto más por actores en la línea de John Wayne, quien afirmaba: «Me interpreto a mí, pero me convierto en el personaje en la película. Yo soy el personaje», que de Gary Oldman, quien comentó en referencia al papel de Winston Churchill: «Encarno a un personaje, pero no soy yo». Si me interesa que Luke Skywalker recuerde a un muchacho granjero ingenuo del valle de Los Ángeles, elijo para el reparto a alguien así. De ese modo, automáticamente será lo que busco, y a eso se le suma su interpretación. A través de su actuación se vislumbrará su verdadero yo.

En el guion, los personajes no tienen profundidad. La profundidad se la dan las personas que los interpretan.

Paul Duncan ¿Y qué hay de los «hombres con disfraz»: Peter Mayhew en el papel de Chewbacca, Anthony Daniels en el de C-3PO y Kenny Baker en el de R2-D2?

George Lucas Cada uno de sus personajes era un lienzo en blanco. Teníamos que dotarlos de personalidad. Pongamos a Chewbacca, por ejemplo: no entendemos lo que dice. O a R2-D2 y C-3PO: en un principio, yo quería que 3PO fuera una especie de vendedor de coches de segunda mano, alguien que tiene una frase tramposa y pulida para todo el mundo. Fue Anthony Daniels quien lo transformó en un mayordomo quisquilloso. Eso se convirtió en una parte tan potente y física de su actuación que no pude cambiarla. Probé distintas voces, intenté desarrollarlo

en un personaje distinto, pero fue en vano. Fue la interpretación de Tony la que creó el personaje. Contraté al mayordomo quisquilloso. No contraté al vendedor de coches de segunda mano zalamero. No pude hacer más. Mi idea original no era tan potente como la realidad: «Es lo que hay».

El destino ecológico

El 13 de diciembre de 1975, la junta directiva de la Twentieth Century Fox se reunió para tratar de Star Wars y, con el apoyo de Alan Ladd Jr., aprobó el presupuesto reducido. Se desbloqueó el dinero para poder entrar en fase de producción.

Lucas entregó un nuevo guion que recogía los nuevos desarrollos de la historia y las repercusiones de los recortes presupuestarios. Y ese guion establecía un nuevo tono.

(Saga 1) *Star Wars* **/ Cuarto borrador / 1 de enero de 1976**

1.84

Hace mucho, mucho tiempo, en una galaxia muy, muy lejana tuvo lugar una aventura increíble…

La trama integra ahora plenamente a los personajes y los movimientos a gran velocidad. La senadora Leia Organa programa un misterioso mensaje en el droide R2-D2, y este, acompañado por C-3PO, emprende la misión de entregárselo a Ben Kenobi en el planeta Tatooine. Darth Vader, el Señor Oscuro de los Sith, captura a Leia y la hace prisionera a bordo de la Estrella de la Muerte, donde procede a interrogarla.

Cuando los droides son adquiridos por Owen Lars y su sobrino, Luke Starkiller, Luke descubre el mensaje de Leia, pero teme actuar. Mientras que en el guion previo Luke sabe que su padre era un jedi, tiene su sable de luz y adopta la decisión de marcharse de casa e ir en busca del general Kenobi, en este borrador Luke desconoce *la verdad acerca de su padre, no sabe a ciencia cierta quién es Ben Kenobi y no se atreve a abandonar su hogar. Solo tras la muerte de su tío y su tía a manos de los soldados de asalto imperiales que van en su busca se decide a emprender el vuelo.*

George Lucas En *THX*, en *American Graffiti* y en *Star Wars* tomo al héroe mitológico y lo defino en términos existenciales.

Paul Duncan El existencialismo se define como un planteamiento filosófico que enfatiza la existencia del individuo como agente libre y responsable que determina su propia evolución a través de actos de voluntad.

1.84 *Rodaje de Solo al ser atacado por los soldados de asalto.*
1.85 *En el espacio exterior, tras abandonar el planeta natal de Luke, el Halcón se inclina y avanza a toda velocidad en esta emocionante composición con fines publicitarios.*

George Lucas En *THX* traté de dar forma a una sociedad que no fuera especialmente desagradable y llevé al héroe a un lugar no especialmente agradable. Ambas cosas eran las dos caras de la misma moneda, de manera que el protagonista ni huía de algo feo ni iba en busca de algo maravilloso. Viajaba de algo incorrecto a algo correcto. Tenía comida y ropa, y todo el mundo cuidaba de él y quería ayudarlo. Se marchó porque se dio cuenta de que no estaba bien, de que no se comportaba como un ser humano. No existía. Solamente lo manipulaban y utilizaban, y él no sentía nada ni vivía de verdad. Se había convertido en parte de una máquina, y dejó esa realidad para ir en busca de un lugar desconocido que tal vez entrañara más peligros, pero que le permitiera ser un ser humano libre.

Kurt en *American Graffiti*: exactamente el mismo problema, exactamente la misma situación y exactamente la misma conclusión. Lo hizo en un sentido intelectual. Observó a personas que lidiaban con el mismo problema y tomó la decisión intelectual de que no sería correcto quedarse, de que hacerlo tal vez lo asfixiaría como ser humano y de que debía marcharse.

1.86 *Lucas dirige la escena donde queda clara la vileza de Tarkin. La dilatada carrera de Peter Cushing interpretando tanto a héroes ambiguos como a villanos compasivos lo hacía ideal para este papel. Tarkin agarra a Leia por la barbilla: pese a la insolencia de la princesa, él es quien controla la situación y quien la tiene en su poder. Lucas observa la escena. Junto a él, a la derecha, está el actor que interpreta a Darth Vader, David Prowse, sin máscara. Carrie Fisher: «Le tengo tanto aprecio a Peter Cushing que tuve que imaginar que era otra persona para sentir odio hacia él. Tenía que decirle "Noté su repugnante olor a cuervo carroñero" a un hombre que olía a lino y lavanda».*
1.87 *Tras la destrucción de Alderaan, Tarkin sonríe maliciosamente mientras Leia retrocede bajo la garra de lord Vader.*

En el caso de Luke, la confrontación se produce con Ben después de recibir el mensaje. Quiere ir, pero no se siente capaz de asumir la responsabilidad y la rechaza. De resultas de ello, el destino de esa situación es el siguiente: si no detienes algo, ese algo acabará por detenerte a ti. Si no haces nada con respecto al Imperio, el Imperio acabará por aplastarte.

> «Gobernador Tarkin, debí figurarme que usted sujetaba la correa de su fiel perro Vader. Noté su repugnante olor a cuervo carroñero en cuanto me trajeron a bordo.»
> Princesa Leia

Podría decirse que el destino ecológico dicta que, por más que se evite una confrontación, esta regresará a acecharte. Esta idea subyace implícita en *THX* y *American Graffiti*, aunque no se vean las consecuencias de lo que ocurriría si decidieran no actuar.

La única decisión posible es aceptar la responsabilidad. Si no la aceptas, acabará aplastándote o te verás obligado a aceptarla porque al final derivará en una confrontación.

Un lugar solitario

Paul Duncan ¿Cómo terminan el hijo y la hija de Anakin Skywalker en Tatooine con Vader...?

George Lucas ... su padre.

Paul Duncan Si se entra en la historia en frío, uno no tiene la sensación de que exista relación alguna entre esos tres personajes. Visto en retrospectiva, da la impresión de que quizá sea una coincidencia demasiado forzada.

George Lucas No tanto como pueda parecer. Todo se explica en la primera escena de Leia,

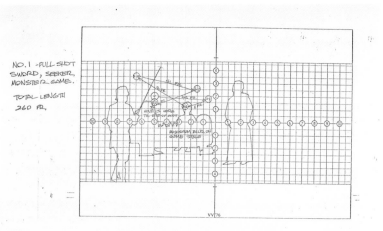

NO. 1 -FULL SHOT
SWORD, SEEKER,
MONSTER GAME.

TOTAL LENGTH
260 FR.

1.88

1.89

1.88 *El diagrama reticular del fotograma anamórfico coreografía el movimiento del dispositivo remoto. Indica el tiempo que permanece quieta la esfera (en pies y en fotogramas) y cuántos fotogramas tarda en desplazarse de un punto a otro. La retícula se envió a una casa de efectos externa porque ILM carecía de equipos para procesar la película anamórfica de 35 milímetros del rodaje de producción original.*

1.89 *La escena final, con la espada láser iluminada, el dispositivo remoto oscilando de un lado a otro y el ajedrez holográfico animado.*

donde dice: «Obi-Wan Kenobi, eres mi única esperanza». Espera que el droide vaya al encuentro de Obi-Wan. Y el droide no lo consigue, pero Luke está con él. Obi-Wan se encarga de vigilar a Luke: esa es la relación que los une. No es demasiado inverosímil.

Paul Duncan Lo accidental es que Luke descubra el mensaje.

George Lucas Cierto, pero no es irrazonable. ¿A qué distancia se encuentra Obi-Wan? Hay que subirse en el deslizador para llegar allí, pero vive a un kilómetro y medio o dos de su casa.

Paul Duncan Sin embargo, si Obi-Wan hubiera recibido el mensaje según lo previsto, Luke no habría formado parte de la historia.

1.90 La ciudad imperial, Alderaan – La ciudad flota sobre nubarrones grises, de Ralph McQuarrie (pintado después del 20 de febrero de 1975). En el segundo borrador del guion, los protagonistas, Luke y Han, se adentran en la ciudad imperial para rescatar a Deak Starkiller. Los dos cazas TIE se inspiran en el prototipo de Colin Cantwell y entre ellos, en la distancia, se aprecia la nave pirata a punto de aterrizar.

George Lucas Claro que sí. La misión de Obi-Wan es protegerlo. Habría conseguido arrastrarlo.

Paul Duncan Al peligro.

George Lucas Obi-Wan sabe que ha llegado el momento.

Paul Duncan Obi-Wan sabe más de lo que dice.

George Lucas Sabe que, al final, Darth Vader acudirá en su búsqueda, que todo este asunto va a desembocar en una gran contienda, que está fraguando un enfrentamiento entre Luke y

1.90

su padre. Ben espera que Luke salve o que mate a su padre, porque los poderes adicionales innatos al linaje de Luke probablemente lo conviertan en la única persona capaz de luchar con su padre y vencerlo. Ben acabará siendo un anciano; por eso a los jedi les preocupa tanto que se lleve al pequeño Luke a un lugar seguro. Con el tiempo, Ben entrenaría a Luke en la base secreta, que aparecería en la película siguiente. Eso era lo que los jedi esperaban que sucediera, y que ni Luke ni Ben abandonaran ese lugar antes de haber concluido el entrenamiento. Así es como todo encaja.

Obi-Wan presiente lo que va a suceder. Por eso le pide a Luke que se marche con él antes de que ocurra.

Paul Duncan Y Luke se niega.

George Lucas Luke se niega. Y por eso Ben le permite regresar a la granja. Sabe que han asesinado a los tíos de Luke. Sabe qué va a encontrarse Luke. Y sabe que el muchacho entenderá que lo único que le queda es irse con él.

Paul Duncan Luke quiere marcharse con Ben cuando este se lo propone, pero cree que no puede hacerlo.

George Lucas Cree que la jaula de hierro está cerrada: «No puedo salir». Pero, antes de afirmarlo, hay que intentar usar la puerta. La puerta de la jaula está abierta.

Paul Duncan Cuando eres niño estás muy unido a tu familia, pero llega un momento en el que tienes que marcharte.

George Lucas A los caballeros jedi los separan de sus familias siendo aún muy niños. Crecen sin apego, porque el apego es un camino que conduce al lado oscuro. Puedes amar a algunas personas, pero no puedes querer poseerlas. No son tuyas. Debes aceptar que tienen un destino. Incluso tus seres queridos morirán algún día. Es algo irremediable. Puedes protegerlos con tu espada láser, pero si mueren es porque tenían que morir. No puedes hacer nada por evitarlo. Lo único que puedes hacer es aceptarlo.

En la mitología, si desciendes al Hades para recuperarlos no lo haces por ellos, sino por ti. Lo haces porque no quieres perderlos. Temes vivir sin ellos. La llave que lleva al lado oscuro es el miedo. Debes liberarte del miedo, y el mayor de los miedos es el miedo a la pérdida. Si tienes miedo a perder a alguien, harás lo que sea para evitar esa pérdida y acabarás cayendo en las garras del lado oscuro. Esa es la premisa básica de *Star Wars* y los jedi que apuntala la historia. Por eso a los jedi se los llevan a una edad muy temprana para entrenarlos. De ese modo no se

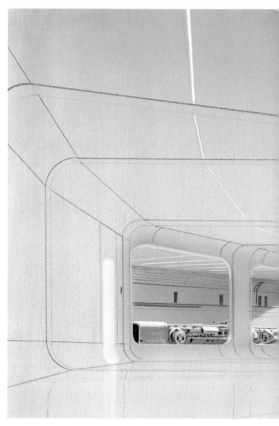

dejarán matar intentando salvar a su mejor amigo cuando sea en vano.

Paul Duncan La verdad es que suena muy solitario.

George Lucas No si no tienes miedo. Un jedi nunca se siente solo. Los jedi son seres compasivos. Consagran sus vidas a ayudar a otras personas y son seres queridos. Y también aman a personas, pero cuando alguien muere lo dejan irse en paz. Quienes no consiguen hacerlo se sumen en la tristeza. Y ese sí que es un lugar solitario.

El sabio

Como en el tercer borrador, Ben y Luke contratan a Han Solo y a Chewbacca para que los transporten de manera segura al planeta natal de Leia en la nave pirata Halcón Milenario.

1.91 **Soldados imperiales en un pasillo de la Estrella de la Muerte, de Ralph McQuarrie (28 de marzo de 1975), ilustra una escena del segundo borrador del guion. Han Solo (a la izquierda, con un sable de luz) se prepara para atacar a los soldados de las tropas de asalto para dar tiempo a Luke, Chewbacca y Deak (transportado por el wookiee) a escapar en su nave pirata (en el fondo). En este guion, los soldados de las tropas de asalto son supersticiosos y cobardes.**

1.91

Paul Duncan Hay dos escenas con Ben que revisten importancia porque detienen la acción. La primera de esas escenas es cuando le entrega el sable de luz a Luke y la segunda es la escena de entrenamiento a bordo de la nave pirata.

George Lucas Sí, esa ralentización se debe a la presencia de un anciano sabio. Un anciano que está enseñando algo. Es la escena de Ben. Este es un hombre tranquilo, porque es sabio. Los demás son unos chavales que corretean llenos de energía.

La idea era enseñarles a los niños que, si uno quiere ser bueno en algo, tiene que entrenar. Puedes tener talento, pero hay que trabajar. No es algo que se tiene y ya está. La disciplina siempre ha sido un elemento muy importante para desarrollar el talento.

Cuando descubren que Alderaan ha sido destruido, los detectan tres cazas TIE que entablan un combate aéreo con ellos. Es la batalla en las torretas con cañones láser y en el guion se indican los números del guion gráfico (de B37 a B78 y luego de B19 a B31) y las descripciones. En lugar de trazar un camino hasta la ciudad imperial son atraídos hacia la Estrella de la Muerte, donde descubren que han hecho prisionera a Leia y llevan a cabo una operación de rescate. Es entonces cuando tiene lugar el enfrentamiento que hemos estado esperando: un duelo de sables de luz entre Darth Vader y Ben Kenobi.

Durante dicho duelo, Luke, Leia y el resto se enfrentan a tropas de asalto en el muelle de lanzamiento principal. Ben parece condenado al fracaso cuando Darth Vader alza su espada para asestarle un golpe final, pero, en lugar de

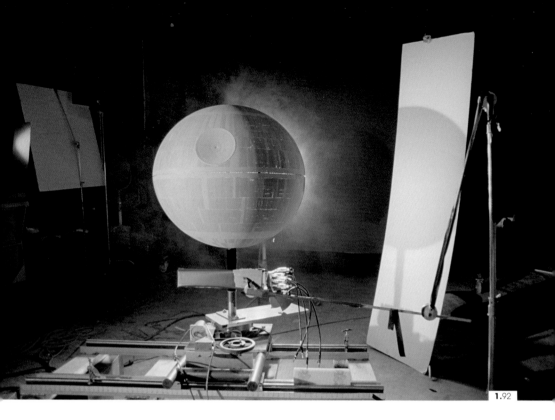

luchar, se gira ágilmente, corta un cierre de seguridad de una puerta blindada cercana y atrapa a Vader fuera del muelle. Ben se abre camino entre los soldados de asalto, enfrentándose a ellos, para llegar a la nave, pero cae herido. Sus compañeros lo trasladan a un lugar seguro.

Mientras la Estrella de la Muerte persigue a la nave pirata hasta el templo de Massassi en la Cuarta Luna del planeta Yavin, los rebeldes disputan una carrera contrarreloj para analizar los datos técnicos de la Estrella de la Muerte (que conduce R2-D2) y hallar un talón de Aquiles. El

general Kenobi les explica a los pilotos reunidos que deben introducir un torpedo de protones en un puerto de escape térmico de solo dos metros de diámetro. En las 53 páginas restantes del guion se detalla la batalla espacial, con remisiones a los guiones gráficos de cada plano (numerados del 82 al 366). Tras el primer ataque y un combate aéreo, el Jefe Azul y el Jefe Rojo intentan bombardear la Estrella de la Muerte. Luke lanza el torpedo apuntando con su ordenador, pero no da en el blanco. Mientras los rebeldes atacan la Estrella de la Muerte y fracasan intento

1.92 La maqueta de la icónica Estrella de la Muerte, pintada por Ralph McQuarrie del 12 de noviembre al 13 de diciembre de 1976. El rayo destructor se había situado en un origen a lo largo del ecuador, pero se elevó mientras se fabricaba la maqueta. 1.93 Rodaje de la escena de la cabina en Inglaterra. Solo: «Estaremos a salvo en cuanto saltemos al hiperespacio. Con unas cuantas maniobras los despistaré».

1.94 Lucas comentó en tono jocoso que había vendido la película como «un filme con perros pilotando naves espaciales», lo que encerraba algo de verdad. Lucas: «Se me ocurrió la idea al ver a Marcia y al perro pasear en coche. Indiana, su perro, se sienta en el asiento del copiloto, junto a Marcia, y lo que ves al mirar dentro del coche son dos grandes cabezas peludas sentadas una junto a la otra».

1.93

1.94

1.95

**1.95 Muelle de atraque 2 de la Estrella de la Muerte, *por Ralph McQuarrie (en torno a diciembre de 1976).*
1.96 *Guion gráfico del plano 126 pintarrajeado por diversión haciendo referencia a la forma de hamburguesa del Halcón y, a la vez, a la película previa de Lucas, American Graffiti. Bienvenidos al restaurante de Vader.*
1.97 *Richard Edlund, que en la imagen prepara la Dykstraflex, rodó el plano 126 el 21 de enero de 1977. El Halcón se encuentra sobre un pilón móvil, de tal manera que tanto el Halcón como la cámara se mueven durante el rodaje.***

En la segunda ronda, mientras Luke actúa guiado por la Fuerza y Vader lo tiene a tiro de su caza, Han y Chewbacca acuden en su rescate. Luke dispara el torpedo de protones hacia la abertura de salida térmica, se aleja a toda velocidad de la trinchera y la Estrella de la Muerte estalla como una supernova. El guion concluye con la senadora Leia colocando una medalla de oro alrededor del cuello a Han primero y luego a Luke, y todos viven felices y comen perdices.

tras intento, Ben escucha y observa en la Sala de Guerra. Al final le dice a Luke por radio: «Luke, confía en tu instinto esta vez. Usa la Fuerza».

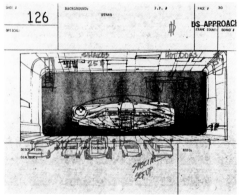

1.96

La esencia

La cantidad y el tamaño de los decorados necesarios para el rodaje obligaron a repartir la producción en dos estudios. A finales de 1975 se adoptó la decisión de utilizar los ocho platós disponibles en los EMI Elstree Studios y el plató H, el de mayores dimensiones, de los Shepperton Studios. Lucas abonó el depósito para asegurarse la disponibilidad de dichos platós, puesto que Kubrick tenía puesto el ojo en ellos para su siguiente producción, El resplandor. Todos los departamentos se trasladaron a Elstree a principios de 1976. Lucas viajó a Reino Unido a inicios de enero. Allí contrató a John Mollo, que había ayudado a Milena Canonero en Barry Lyndon (1975) como diseñador de vestuario.

1.97

George Lucas Los uniformes de las tropas de asalto y de Darth Vader, en esencia, son diseños de Ralph. Mollo se encargó de los otros personajes, entre ellos de la princesa.

Mollo y el supervisor de vestuario Ron Beck montaron un desfile de moda para Lucas en Berman's Costumers.

John Mollo / Diseñador de vestuario
Intentamos encontrar prendas que se asemejaran a los dibujos. A Darth Vader le pusimos un traje de motorista negro, un casco nazi, una máscara de gas y una capa de monje que encontramos en el departamento de Edad Media. George decía: «Esto no me gusta» o: «Esto sí». Hicimos muy pocos dibujos, porque ya había un estilo definido.

Chewbacca es una mezcla de trabajo de maquillaje y de vestuario. Su traje está tejido en lana de angora y recubierto de pelo de yak anudado. Está íntegramente hecho a mano. Por cierto, en una ocasión tuvimos que espesarle el pelo y volvérselo a anudar porque con el calor lo muda.

Lucas contrató a otro discípulo de Kubrick, Stuart Freeborn, como supervisor de maquillaje.
George Lucas Conocía a Stuart por *2001*. Era el tipo que quería porque me gustaban los simios de esa película.

Stuart Freeborn / Supervisor de maquillaje
Una vez tuvimos el prototipo de *2001*, los diseñamos todos a partir del mismo principio. En cambio, en el caso de *Star Wars*, cada uno es distinto, presenta sus propios problemas y es un prototipo.

Mientras Freeborn diseñaba el rostro de Chewbacca en paralelo a los extraterrestres de la escena de la cantina, John Stears y su equipo se concentraban en las carcasas de los robots R2-D2 (Kenny Baker) y C-3PO (Anthony Daniels). El atrezo se hallaba en fase de construcción y comprobación.

John Barry La empuñadura del sable de luz es una unidad de flash fotográfico muy antigua que encontró (Roger Christian). Pero (Roger) le dio varias vueltas y la modificó bastante.

Paul Duncan Había que dar con un modo de mostrar el resplandor de los sables de luz en la pantalla. Las empuñaduras tenían clavijas de madera pegadas con cinta reflectante que destellaban cuando la luz incidía sobre ellas.

George Lucas Eso era para poder verlas. De lo contrario, al balancear el arma y usarla para luchar, resultaba difícil apreciarlo. Teníamos otra que giraba. Lo que pretendíamos con la cinta era crear un centelleo, porque a nuestro parecer quedaría fantástico que se reflejara en sus rostros.

1.98

Se realizaron pruebas con los sables de luz el 14 y el 23 de enero para comprobar cómo quedaban en pantalla.

George Lucas No funcionaba. Pusimos la cinta para que los animadores identificaran dónde iba. Sabíamos que tendríamos que animar los láseres de las armas de los soldados de las tropas de asalto, pero no preveíamos tener que hacerlo con los sables de luz. Eso generó mucho trabajo de efectos visuales adicional.

Paul Duncan En Elstree, además de mostrarle al equipo todas las ilustraciones de producción y el metraje de la Segunda Guerra Mundial, cada miércoles se hacían visionados de películas como *Naves misteriosas* (1972), *Planeta prohibido* (1956), *Hasta que llegó su hora* (1968), *2001* y *Fellini Satiricon* (1969).

George Lucas Lo que descubrí en el caso de *Star Wars* es que tienes que transmitir la misma idea a todo el mundo. No puedes andarte con vaguedades. Ellos serán quienes se encarguen de hacer realidad tu idea. A veces una idea parece fantástica, pero no puede materializarse. Tienen que desentrañar su esencia y traducirla.

Paul Duncan Y, mientras tanto, seguías trabajando en el guion.

George Lucas A finales de febrero no estaba muy satisfecho con los diálogos que había escrito. Tenía la sensación de que podían mejorarse, y les pedí a Bill Huyck y a Gloria Katz que me

1.98 **Las tropas imperiales registran el Halcón Milenario cuando aterriza en el interior de la Estrella de la Muerte. Este fotograma final corresponde a la edición especial.**
1.99 **Filmación del Halcón en el plató 3. El decorado del muelle 94 de Mos Eisley se desmontó y en su lugar se construyó el muelle de atraque principal de la Estrella de la Muerte alrededor del Halcón Milenario.**

ayudaran a dar con algunas frases ingeniosas. Inserté algunas de ellas donde consideré oportuno y descarté el resto.

El cuarto guion revisado, con fecha de 15 de marzo de 1976, incluye ya muchas frases míticas de los diálogos, junto con unos cuantos cambios en la trama. En la cantina, Han se enzarza en un tiroteo con un alienígena que pretende cobrar la recompensa que Jabba el Hutt ofrece por su cabeza y posteriormente llega a un acuerdo con Jabba acerca de su deuda, lo cual explica que al final quiera dejar a los rebeldes y opte por no sumarse a su lucha. La escena en las torretas con cañones láser se ha desplazado al momento en el que el Halcón huye de la Estrella de la Muerte. Leia es más proactiva y tiene unos diálogos más chispeantes. Ben Kenobi se ha convertido en Obi-Wan Kenobi y a la nave pirata se la denomina Halcón Milenario por vez primera.

Todos los departamentos avanzaban contrarreloj preparándose para las dos semanas de rodaje en exteriores en Túnez y las 15 semanas de rodaje en plató en Reino Unido.

Calma y tranquilidad

Los primeros planos de la saga de Star Wars se filmaron el lunes 22 de marzo de 1976 en Túnez, momento en el que dio comienzo el rodaje. Cada puesta en escena recibió el nombre de «claqueta» y la primera se rodó con dos cámaras, la A y la B. El decorado era el reptador de las arenas gigante aparcado a las afueras de la granja de Lars, construida en las salinas de Nefta, cerca de Tozeur. Se trataba de la escena en la que el tío Owen y Luke salen a echar un vistazo a la oferta de droides recogidos por los jawas. Luke camina a través del paisaje y se dirige hasta el borde del socavón para hablar con su tía Beru. Se rodaron dos tomas, cada una de 22 segundos. El rodaje concluyó a las 9:35 de la mañana.

La segunda puesta en escena, la claqueta 2, es un plano mudo en el que se ve cómo descienden un robot desde el reptador de las arenas con ayuda de un imán. Lucas añadió una nota al guion de continuidad para el montador, John Jympson.

Guion de continuidad diario / 22 de marzo de 1976 / Claqueta 2

J.J. ALTERNATIVA – George cree que probablemente le gustará más la T2 (toma 2). Habrá

1.100 **Lucas, con un bláster en la mano, planea el tiroteo en el bloque de prisión con Harrison Ford.**
1.101 **Una vez liberada, Leia asume el control de la situación, igual que la princesa de la película de Kurosawa La fortaleza escondida, que emerge de su cautiverio rebosante de ira y sarcasmo.**
1.102 **La princesa Leia cuando Luke la descubre en la celda 2187.**

1.100

1.101

una serie de planos para abrir la secuencia de los jawas sacando los robots del reptador de las arenas y colocándolos en su sitio.

«¿No eres un poco bajo para soldado de asalto?»
Princesa Leia

La claqueta 3 era como la primera pero tomada desde un ángulo distinto. La 4 es la primera en la que aparece C-3PO, mientras el tío Owen lo inspecciona para su posible adquisición. Es una escena de diálogo larga. En las cinco tomas había errores en algunas frases, pero dos de las tomas del tío Owen se dieron por buenas para su revelado. Las frases de C-3PO se doblarían más adelante para que Lucas no tuviera que preocuparse por si el actor no recordaba los diálogos o no era posible grabar bien el sonido.

Anthony Daniels Aquel disfraz era como una sauna. El primer día que me puse el traje en Túnez di 10 pasos y no fui capaz de seguir andando. Soportaba el peso de las perneras de fibra de vidrio de C-3PO sobre los pies, mientras que el de los brazos se apoyaba en mis pulgares.

Las claquetas 11 y 12 correspondían a la escena 29, el icónico momento en el que Luke proyecta la vista en la distancia, anhelante de vivir aventuras, mientras contempla los soles gemelos, que se añadirían más tarde mediante la técnica de pintura sobre vidrio. En la claqueta 13, Luke sale del garaje, seguido por C-3PO, en busca de R2-D2, que ha escapado. La última claqueta de aquel día fue la reacción excitada de R2-D2 mientras C-3PO y Luke se marchan. Se revelaron las dos tomas, si bien en la primera a Kenny Baker se le veían las piernas en algún momento y al final de la segunda la cúpula de la cabeza había empezado a despegarse. El Lucas montador sabía que podría usar fragmentos de aquellas tomas. El equipo concluyó la jornada a las 19:20.

El segundo día de las dos semanas de rodaje continuó con ese ritmo rápido. Se rodaron 13 claquetas, pese a los problemas con algunos de los robots teledirigidos.

1.103

Mark Hamill George nunca pierde la calma. Aunque en su interior se desencadene una tormenta, se muestra siempre muy tranquilo y sosegado. Hubo fallos técnicos de todo tipo. Podía estar rodando un plano con cuatro robots, uno dirigido con mando a distancia, otro accionado con una bomba hidráulica, otro con una persona dentro y otro movido con cuerdas como una marioneta enorme. Si dos de ellos bordaban la escena, la toma se revelaba. Yo estaba fascinado, porque George avanzaba rápido. Y, sin embargo, nunca tuve la sensación de que no se tomara la película en serio.

El tercer día se pasó en las dunas de arena de Nefta, filmando a C-3PO y R2-D2 mientras se alejaban de la cápsula de escape y a C-3PO mientras pasaba junto al esqueleto gigante.

Aquella semana se avanzó a buen ritmo, hasta que el viernes una lluvia intensa obligó a dar por concluida la jornada temprano, a las 18:15. Las condiciones climatológicas impidieron filmar *el sábado 27 de marzo, que se declaró día de descanso.*

George Lucas El viento arrancó también el revestimiento del reptador de las arenas por todas sus caras. Fue un desastre. Lo habíamos diseñado para poderlo desmantelar, pero con el azote del viento y de la tormenta quedó hecho pedazos. Encontraron algunas de las piezas a un kilómetro y medio de distancia.

1.103 *Leia y Han se conocen en una situación tensa y, al más puro estilo del amor verdadero, al principio no se soportan. Entretanto, intentan asegurar las paredes del triturador de residuos cuando se activan.*
1.104 *El camino hacia la libertad atraviesa un triturador de residuos del tamaño de una habitación donde una criatura atrapa a Luke. Mientras interpretaba esta escena, el 21 de junio de 1976, Hamill tuvo un derrame ocular, cosa que impidió filmarlo en primeros planos hasta el 14 de julio.*

Además, algunas otras cosas se habían quedado atascadas en el barro. Y luego los camiones del ejército que fueron a sacarlas quedaron también enfangados… y allí permanecieron hasta que cambió el tiempo.

El rodaje se retomó el domingo 28 de marzo, que fue también el primer día en el decorado de sir Alec Guinness. Su primera escena es su aparición, captada desde el punto de vista de R2-D2.

Al final del día siguiente volvió a rodarse la escena 29, correspondiente al plano de los soles gemelos, etiquetada como claqueta 91 e ilustración con matte painting 4 (con la cámara de gran formato VistaVision): en las cuatro tomas el sol aparecía en distintas posiciones. Durante los tres días siguientes, el rodaje continuó en los alrededores de Tozeur, con la filmación del risco que domina Mos Eisley, el reptador de las arenas chamuscado y el descubrimiento de Luke de su hogar en llamas.

El material y el equipo se trasladaron en un avión que habíamos fletado y, en paralelo, se envió con tiempo un convoy de camiones. El equipo se transportó a lomos de burros sobre el terreno escarpado.

El equipo se trasladó a Gabès durante los últimos cuatro días para el rodaje en exteriores. El primer día, el 1 de abril de 1976, filmó en el hotel Sidi Driss de Matmata, que está cavado en el suelo e hizo las veces de granja de Lars. Los dos siguientes transcurrieron en Ajim, Yerba, rodando los exteriores del puerto espacial de Mos Eisley en el que Ben le hace un truco mental jedi a un soldado de las tropas de asalto. El último día se pasó en una mezquita filmando la escena en la que Luke se encuentra con Biggs y con sus amigos Fixer y Camie.

1.105 *Sigue un tiroteo: Han dispara a los soldados de asalto y cubre las espaldas de Chewie en su huida hacia el Halcón.*
1.106 *Luke, Leia y Han.* Ford: «No tengo un modo concreto de actuar. Cada vez es diferente. No me hago una idea de cómo debería comportarse el personaje hasta que veo cómo van a interpretar los demás actores una escena y cuál va a ser la situación. Esa es una de las cosas buenas de George: tengo plena confianza en él. Surja el problema que surja, encontraremos un modo de sortearlo. E intuyo que a él también le gusta trabajar así».
1.107 *Fisher solía comparar su peinado con un par de cruasanes y lo llamaba «despeinado», en lugar de «peinado».*

La unidad concluyó el rodaje en Túnez con 169 claquetas y la filmación de 27 escenas de las 355 que figuraban en el guion.

Paul Duncan Situémonos: Túnez. Estáis en el desierto. Las condiciones fueron buenas y todo fue rodado.

George Lucas *(Risas)* No. Has leído demasiados cuentos. *(Risas)* Fue triste. No conseguí todo lo que quería. La cosa funciona así: cuando envías a personal y fletas un avión tienes que acabar el día que toca. No sé qué parte fue la que no conseguí rodar. Sé que me interesaba rodar muchas escenas con R2 en el desierto que no pudimos hacer. Y también quería filmar muchas cosas con los moradores de las arenas que se quedaron en el tintero.

Energía cinética

Paul Duncan Tus guiones son muy visuales y tus historias giran en torno a momentos clave. ¿Seleccionas las tomas antes de rodar?

George Lucas Es sabido lo mal que se me da, porque todo el mundo quiere saber qué depara la jornada y yo nunca soy demasiado específico. Hasta que llego al rodaje no sé exactamente cómo voy a abordar el día.

Aparte de lo básico (plano general, plano medio y primer plano), de vez en cuando hago algún paneo o algo por el estilo, pero, si he de ser sincero, suele resultarme bastante artificial. Me gusta que el movimiento sea una parte emocional de la escena, no un movimiento para lucirse.

Star Wars es un serial como los que hizo la Republic en la década de 1930. Intenta imitar un estilo visual muy sencillo que se puso de moda entonces, por la sencilla razón de que no tenían dinero. Nuestro planteamiento era el siguiente: «Estamos rodando una película de bajo presupuesto. Tenemos que acabarla pronto o, de lo contrario, nos buscaremos un problema».

Paul Duncan Como en los seriales de *Flash Gordon*, la película empieza con un texto que avanza hacia el punto de fuga y varias transiciones hechas a modo de barridos de pantalla.

George Lucas Los barridos de pantalla eran muy populares en aquel entonces, sobre todo en las telenovelas, pero también en otras películas. Decidimos usar las técnicas y el estilo de la

1.106

1.107

1.108

época, pero no está hecho para llamar la atención al respecto.

Paul Duncan Para tratarse de una película de 1977, *Star Wars* tenía un ritmo trepidante. Propulsa al espectador con rapidez de un entorno a otro y lo deja en ascuas sobre dónde va a encontrarse un momento después.

George Lucas Decidí imprimirles un ritmo muy rápido a las batallas. Quería que las imágenes exudaran energía cinética.

Recibes la información, pero hay tanta que te gustaría estudiarla durante un tiempo. Yo opté por no concederle a nadie tiempo de sobra para estudiar dónde se encuentra, cosa que transmite la sensación de que la acción se desarrolla muy deprisa.

Paul Duncan Por ejemplo el sable de luz. La primera vez que lo vemos es en la cueva de Ben, pero no lo vemos de nuevo en acción hasta que Ben lo utiliza en la cantina. Y luego está la sesión de entrenamiento a bordo del *Halcón Milenario* antes del duelo entre Ben y Vader.

George Lucas Si ves algo una y otra vez, deja de ser una novedad. Hice esta película pensando en que los espectadores la verían una única vez. Uno de los motivos por los que regresé y rehice algunos fragmentos posteriormente fue porque la película no estaba pensada para visionarla más de una vez. *(Risas)* Pensé que podía limpiarla para que creyeran haber visto lo que habían creído ver, en lugar de lo que habían visto en realidad.

Paul Duncan Al principio de la película se produce un movimiento de derecha a izquierda en el ataque de la corbeta burladora de bloqueos rebelde y posteriormente, durante gran parte de la película, con Luke, el movimiento se produce de izquierda a derecha. Y al final, en la batalla de la Estrella de la Muerte, nos movemos otra vez de derecha a izquierda. ¿Eso está planeado?

George Lucas Es dirección de pantalla. Para mí, en esa película, el hogar se movía de derecha a izquierda y el mundo exterior, de izquierda a derecha. Por supuesto, no puedes hacerlo todo así, porque hay algunas realidades inapelables.

Paul Duncan Yo me di cuenta porque en algunos de los guiones gráficos originales la dirección de la pantalla aparecía en el orden inverso y pensé: «¿A qué responde un cambio así?».

George Lucas En una película, todo importa. El color importa, y también el movimiento, la velocidad, la dirección de la pantalla... Todo. Todo crea una sensación concreta en el público.

Una respuesta mejor

Paul Duncan El duelo entre Vader y Ben Kenobi y la muerte de Ben: es un momento icónico acerca del autosacrificio y el altruismo para salvar al prójimo. Podría equipararse a una escena de una película bélica en la que un soldado se queda rezagado para salvar al resto del escuadrón. Sin embargo, en el cuarto borrador revisado del guion con el que se inició el rodaje, Ben no moría.

George Lucas El que contásemos con una escena climática sin clímax a unas dos terceras partes del metraje me suponía un auténtico quebradero de cabeza. Y a ello se sumaba el problema de que en la Estrella de la Muerte no hubiera un peligro real. Daba la sensación de que, en el tiroteo, los malos caían como bolos. En el guion original, Ben Kenobi y Vader se batían en duelo con las espadas, Ben golpeaba una puerta, esta se cerraba de golpe y todos lograban huir mientras que Vader se quedaba atrás en una situación embarazosa. Pero era una idea simplona: entran en la Estrella de la Muerte, se salen con la suya y huyen. Degradaba por completo el impacto de la Estrella de la Muerte.

Y durante el tercer tercio de la historia, Ben y la princesa Leia se limitan a permanecer en pie y observar cómo se libra la batalla. Tenía sentido en el caso de ella, porque era la comandante, pero no era viable con Ben Kenobi. No se puede contar con alguien con tanta sabiduría y la fuerza de un jedi y tenerlo de brazos cruzados.

Había barajado la idea de matar a Obi-Wan, pero tomé la decisión definitiva en el desierto. Tuve que adoptarla para definir el personaje, para presentarlo más como un sabio que como un guerrero. Ahora bien, ello implicaba enfrentarme a Alec: «¡Se me ha ocurrido una idea que mejorará tu personaje! Matarlo». *(Risas)*

Paul Duncan Comentárselo tuvo que ser divertido.

George Lucas Estábamos en Inglaterra. Acabábamos de regresar de Túnez, donde yo había estado trabajando en el guion.

*1.108 **Carrie Fisher en el papel de Leia, luchadora e indestructible.***
*1.109 **Lucas le indica a la pareja lo que quiere. Fisher: «Al principio, George no decía nada. Harrison me aclaró que cuando no decía nada era porque estaba satisfecho con la actuación».***
*1.110 **El rodaje en el decorado del pozo del reactor, en el plató 2, tuvo lugar el 28 de abril de 1976, con Luke y Leia, y el 4 de junio se transformó en el generador para que Ben pudiera apagar el rayo tractor.***

1.109

1.110

1.111

Alec y yo fuimos a comer al restaurante chino que había en la puerta contigua a la del estudio. Se lo dije. Hablamos al respecto. Él dudaba. Luego fue a ver a su agente y se lo comió a gritos. *(Risas)* Consiguió asustar a todo el mundo.

Mantuve otra conversación con él. «Escucha —le dije—. Lo único que quiero es lo mejor para la película. Y, además, le estoy ahorrando a tu personaje algunos momentos difíciles que van a presentarse.»

Paul Duncan Porque al final Obi-Wan se limita a permanecer en la Sala de Guerra animando a los pilotos.

George Lucas Creo que eso fue lo que le hizo entrar en razón. Se dio cuenta de que, en cierto modo, su interpretación resultaría técnicamente más fácil.

Paul Duncan Es curioso que hubiera que convencerlo.

George Lucas A mí me pareció comprensible. No quería que el personaje muriera. Le dije:

«¡Pero si lo hiciste en *El puente sobre el río Kwai*! ¡Hazlo por mí, por favor!». *(Risas)*

Una vez adopté esa decisión, las demás piezas empezaron a encajar. Eso es lo divertido de hacer cine. Solucionas un problema por aquí, haces tal o cual cosa por allá y, de repente, ¡eureka!, todo encaja. Se produce una especie de reacción en cadena.

1.111 *El 30 de abril de 1976 se realizó un salto sobre el abismo con dos marionetas colgando de un cable, pero el salto final quedó perfecto en la primera toma, tal como se esperaba. Mark Hamill: «Tardé mucho tiempo en superar el hecho de que se rieran de nosotros; no sé por qué se reían». Carrie Fisher: «Porque están a punto de matarnos y encontramos tiempo para hacernos un arrumaco».*
1.112 *El salto sobre el pozo del reactor se filmó con tres cámaras en una toma, y los propios Carrie Fisher y Mark Hamill interpretaron esta escena de riesgo.*

Paul Duncan Ese momento cambia por completo el tono de la película, cambia la dinámica de quienes siguen con vida.

George Lucas Es uno de esos accidentes felices. La huida de los demás alivia un poco el pesar por la pérdida de Ben. Y también es fantástico para Mark, en su papel de Luke. Para él es mucho mejor ser solo Luke al final. Aunque escucha la voz de Ben, te dices: «Madre mía, Ben ya no lo puede ayudar. Está solo».

Cuando tropiezas con algo que no funciona, lo analizas y buscas una salida. Encuentras una respuesta mejor y resuelves el problema. Funciona a muchos niveles que ni siquiera te habías planteado.

¡Más rápido! ¡Con más intensidad!

El rodaje en Reino Unido comenzó con una citación a las 8:30 el 7 de abril de 1976. Shelagh Fraser filmó la escena 9 en el decorado de la cocina interior de Lars en el plató 7: la tía Beru llena una jarra con leche azul y se dirige hacia el comedor. Hacia las 9:45 se habían concluido las cinco tomas. Después de una escena con Beru y Owen, venía otra complicada con Luke y sus amigos en la estación de energía de Anchorhead. Mientras Luke se movía entre sus amigos, hubo algunos errores de lectura del guion, los actores se tapaban unos a otros y el cámara se tambaleó al tropezar con el pie de alguien. Tras 15 tomas, Lucas supo que no iba bien y decidió grabar los sonidos ambientales del diálogo para poderlos editar con las voces más adelante.

El 12 de abril dio comienzo el rodaje en el decorado del Muelle 94, que albergaba la versión a tamaño real del Halcón Milenario. *Se había seleccionado a Declan Mulholland para encarnar a Jabba el Hutt, quien le reclamaba una deuda a Han Solo. Era el primer día de Harrison Ford en el papel de Han Solo. Lucas planteó dos montajes. Era una puesta en escena com-*

plicada, porque tanto los actores como la cámara se movían de continuo. Mulholland tenía un marcado acento norirlandés y su actuación no acababa de convencer a Lucas, de manera que la escena volvió a rodarse el 14 de abril y otra vez el 21 de abril. Después de aquello se dio un aviso de conformidad y el decorado pudo desmantelarse para construir en él el muelle de lanzamiento principal de la Estrella de la Muerte.

Rodar durante el día y dedicar las noches a hacer los preparativos para el día siguiente no impidió a Lucas sacar tiempo para entregar las nuevas páginas del guion, que incluían la muerte de Ben, el 19 de abril. Lucas estaba rodando a la vez la escena en el Muelle en el plató 3 y la escena de la cantina en el plató 6, desplazándose entre uno y otro cuando todo estaba listo. En la escena de la cantina aparecían alienígenas creados por Stuart Freeborn.

El 20 de abril de 1976, Han y Chewie se reúnen con Ben y Luke en la cantina por primera vez.

George Lucas Corre el chascarrillo de que siempre les digo a los actores: «¡Más rápido! ¡Con más intensidad!». Y es cierto. Es el mismo estilo que utilicé en *Graffiti*. No me interesaba que los actores interpretaran con lentitud. «El hecho de que estemos en Inglaterra no implica que todo tenga que volverse shakespeariano, emotivo y lleno de pausas —les decía—. No, no, no. Esto es un Billy Wilder y vais a actuar con rapidez.» Las películas de Wilder y las comedias de enredo de la década de 1930 nos sirvieron de pauta. Es una película rápida, vertiginosa, emocionante.

Tengo un ejemplo magnífico de ese caso con Harrison. El primer día de rodaje con Alec Guinness en el bar, la escena empezaba con un: «*(largo suspiro)*… Han Solo… Soy el capitán del *Halcón Milenario*… Chewie me ha dicho… que buscáis transporte… para el sistema de Alderaan». Harrison me conocía de *American Graffiti*. Le dije: «Harrison, más rápido, con más intensidad». Y lo repitió una y otra vez. Y cada vez fue imprimiéndole más ritmo.

Paul Duncan Hasta dar con la velocidad exacta.

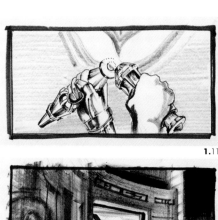

1.113

1.116

1.114

1.117

1.115

1.118

1.113 *Guiones gráficos de Ivor Beddoes basados en el cuarto borrador del guion, con fecha de 1 de enero de 1976. El duelo con los sables de luz es simultáneo al tiroteo en el muelle de atraque.*
1.114 *Vader y Ben se enfrentan en el umbral.*
1.115 *Ben parece a punto de perder el duelo.*

1.116 *Al activar el interruptor de la puerta, Ben deja a Vader atrapado fuera de la zona del muelle.*
1.117 *Cuando Ben está volviendo con sus amigos se ve atrapado en un tiroteo y cae herido.*
1.118 *Leia, Luke y Chewie recogen a Obi-Wan, herido, y escapan.*

George Lucas Correcto. Hizo lo que hacen la mayoría de los actores, que es tomarse el tiempo necesario, dramatizarlo. Yo le dije: «No quiero teatro. Lo único que quiero es velocidad». *(Risas)*

Un cazarrecompensas llamado Alien en el guion, pero posteriormente rebautizado con el nombre de Greedo, busca cobrar el precio que se le ha puesto a la cabeza de Han y aparece al final del rodaje del día 20 de abril. Al día siguiente se completa el resto de su escena en las claquetas 228 a 232 y 234, concluyendo con su muerte. La claqueta 231 es un primer plano de Greedo, pero hubo problemas varios: no movió la cabeza mientras pronunciaba las frases, la parte interior de su boca no estaba bien pintada o tenía un desgarro en el guante derecho.

1.119

HAN Pues creo que él pensaba que sí.

George Lucas Greedo era lo más cercano a un personaje extraterrestre que pude hacer en el *Episodio IV*. No es más que una actriz con una máscara.

Paul Duncan Dedicaste tres días, en concreto el 23, el 25 y el 26 de abril, a rodar la escena en la que Ben Kenobi le entrega a Luke el sable de luz. La acción se detiene de súbito. Ha llegado el momento de recabar respuestas sobre la Fuerza, sobre los orígenes de Luke y sobre su padre.

George Lucas ¡Las suficientes para confundirlo! *(Risas)*

De la escena con Jabba el Hutt se infiere que Han está convencido de haber matado a Greedo en un acto de autodefensa.

(Saga 1) *Star Wars* **/ Cuarto borrador revisado / 15 de marzo de 1976**

JABBA ¿Por qué has carbonizado al pobre Greedo?

HAN Enviaste a Greedo a matarme.

JABBA No iba a matarte.

Paul Duncan ¿Les diste alguna indicación especial a Mark o a Alec Guinness?

George Lucas No. De hecho, me abstuve a propósito de darle a Mark muchos detalles que Luke no necesitaba saber.

El elemento esencial es que podemos percibir, y Luke también, que Ben es el último jedi. El símbolo del jedi es un sable de luz. Y le entrega el

1.120

sable a este joven jedi que acaba por salvar el universo. «Eres el elegido.» En términos simbólicos, es una escena importante.

Respeto

George Lucas Leia es la líder. Es el personaje principal. Le dije: «Eres una senadora de 19 años. Eres arrasadora. Sabes disparar, pilotar una nave y eres inteligente. Estos dos tipos son un par de bobos. No saben nada. Han sabe pilotar una nave espacial. Y Luke solo sabe manejar humidificadores. Eres la única que sabe lo que está pasando. Tú estás inmersa en esta revolución. Ellos no. Tú estás a cargo de todo. Así que ¡mantente firme!». Le recordaba una y otra vez que podía acercarse a Darth Vader sin dejarse intimidar por él.

Carrie Fisher se estrenó delante de la cámara el día 27 de abril, cuando Leia, Han, Luke y Chewbacca se detienen junto a una ventana y observan al Halcón Milenario *en el muelle principal de la Estrella de la Muerte.*

Informe de continuidad diario / 27 de abril de 1976 / Claqueta 263

LEIA *(a HAN)* ¿Habéis venido en eso? Hay que tener valor...

George Lucas Han tiene todas las frases ocurrentes. Algunas de las frases de la princesa Leia son más divertidas que las suyas, pero tiene

1.119 *Alec Guinness y David Prowse ensayan la coreografía mientras el coordinador de luchas Peter Diamond y Lucas los observan en segundo plano.*
1.120 *Obi-Wan se enfrenta a Darth Vader en el fatídico duelo. Lucas parece pensativo. Guinness se resistía a la idea del autosacrificio de Ben Kenobi, pero Lucas lo convenció de que era bueno tanto para el personaje como para la película.*
1.121 *Peter Diamond: «El rodaje del combate se prolongó más de lo previsto. David Prowse es tan torpe que, cada vez que chocaban las espadas, las hojas se rompían».*

1.121

menos. Yo les decía: «Habrá una secuela. No os inquietéis. En la próxima película tendréis frases mejores».

Paul Duncan ¿De verdad les decías eso? ¿Durante el rodaje?

1.122 *Obi-Wan Kenobi se sacrifica por sus amigos. Darth Vader es su ejecutor.*
1.123 *Obi-Wan y Vader cruzan sus espadas en este fotograma de la película: las espadas zumban, vibran y resplandecen gracias a la magia de ILM. El sonido único, el primero creado por Ben Burtt para la película, es una combinación del zumbido de un proyector de cine Simplex y un cable pelado de un micrófono. El movimiento de las espadas se crea reproduciendo el sonido por el altavoz y luego haciendo oscilar un micrófono delante de este a diversas velocidades para captar el desplazamiento Doppler.*

George Lucas Sí.

Paul Duncan Estabas convencido de que habría una secuela.

George Lucas No, no lo estaba. Mentía. *(Risas)*

Paul Duncan En Túnez, el equipo trabajó durante jornadas muy largas, con citaciones a las 6:30 y echando el cierre muy tarde, un día a las 20:45. En Reino Unido, la citación era a las 8:30 y con frecuencia daban la jornada por concluida a las 17:30 o poco después, lo cual equivale a días de rodaje de nueve horas.

George Lucas Cuando los estudios dirigían la industria cinematográfica, podías decir: «Vamos a trabajar 12 horas». Y te respondían: «De acuerdo». Pero para entonces la situación había cambiado. Ya no podías ir al estudio porque los equipos técnicos eran independientes. La única negociación posible era entre el productor, el sindicato y el equipo, porque votaban todas las noches.

Me dejaban concluir el plano, pero rara vez votaban a favor de ampliar la jornada. Nos comíamos un cuarto de la jornada siguiente cada día antes de dar por concluido el uso de un decorado y empezar con el siguiente. Eso nos impidió realizar los cambios de decorado por la noche, que era lo que yo quería.

Paul Duncan Y supongo que con suerte conseguirían cambiar un decorado en solo una hora, que era una hora perdida.

George Lucas No miento si digo que no estaban de mi parte. No respetaban la película porque les parecía una auténtica chorrada, una cosa rara en el espacio con personajes del espacio extravagantes. Estaba atrapado entre eso y el hecho de que el estudio me presionaba para que la concluyera a tiempo.

Hacer una película nunca es fácil.

El 29 de abril y el 3 y 4 de mayo, Lucas rodó la escena en la que conducen a Leia en presencia del Gran Moff Tarkin (Peter Cushing) y le muestran el poder de la Estrella de la Muerte destruyendo su planeta natal, Alderaan.

George Lucas Desde buen principio supe que Darth Vader no era más que un lacayo del emperador. El Gran Moff Tarkin es su competidor, no su jefe. Ambos rivalizan por una misma cosa. Vader es más allegado al emperador, pero Moff ocupa un rango superior en la jerarquía de la organización.

Paul Duncan Ese es el problema de toda corporación. *(Risas)* Para cada montaje, ¿cómo dispones a los actores y las cámaras?

George Lucas Ensayo la escena una vez y todo el mundo observa lo que sucede. Digo: «Tú vas aquí y ahora entráis vosotros». Y acaban en tal o cual posición. Entonces digo: «De acuerdo, retrocede un paso. Abre un poco las piernas». Ajusto lo que han hecho y coloco las marcas en el suelo. Y al mismo tiempo me hago una idea de cómo se desarrolla todo.

1.123

1.124

1.124 **Se requerían tantos cazas TIE para planos y explosiones que hubo que establecer una línea de producción en el taller de modelismo de ILM, donde se trabajó hasta altas horas de la madrugada para llegar a tiempo a las fechas de entrega.**
1.125 **El cianotipo de Steve Gawley para el caza TIE, fechado el 18 de septiembre de 1975, muestra a los modelistas que las varillas de soporte se encuentran en la esfera central, para poder filmar la maqueta desde cualquier ángulo. Cuando se construyó en Inglaterra la cabina a tamaño real, Lucas rotó la ventana para que los pilotos contaran con una vista despejada a través del panel superior.**
1.126 **Esta ilustración de un caza TIE acechando al Halcón, de Ralph McQuarrie, se fue retocando según los cambios de diseño y argumento. En la primavera de 1975, el caza TIE abría fuego sobre dos Ala-Y ante un antiguo diseño de la Estrella de la Muerte, y en otoño, la Estrella de la Muerte se había convertido en la Cuarta Luna de Yavin. Esta versión se creó a principios de 1976.**

En el caso de esta escena quería que Vader quedara fuera de plano o recortado, no quería que apareciera en pantalla. La escena es un intercambio entre Tarkin y Leia. Me encanta el formato de pantalla panorámica, así que la película está configurada en gran medida para este, con personajes a ambos lados.

Paul Duncan Leia queda literalmente atrapada entre Tarkin y Vader y, debido a la diferencia de altura, parece diminuta.

George Lucas Sí, quise acentuar ese rasgo. Me gusta que sea bajita. Parece una chiquilla indefensa, pero es fuerte y recorre una galaxia repleta de monstruos y tipos malvados.

Carrie Fisher Me habría gustado interpretar mi papel con más ironía. Frases como «Noté su repugnante olor a cuervo carroñero», que es lo que le digo a Moff Tarkin cuando me llevan en su presencia, parecían exigir una actitud más descarada. Pero George me insistió en que no actuara con ironía, y creo que acertó de pleno. Tan solo habría funcionado en una confrontación directa.

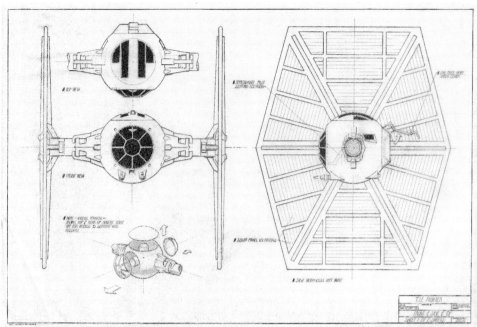

1.125

Claqueta 376

En febrero de 1976 se contrató a Larry Cuba para que hiciera una animación infográfica en 3-D de 83 segundos (2000 fotogramas) de la Estrella de la Muerte y la persecución por la trinchera. ILM le entregó los diseños y las fotografías de la Estrella de la Muerte y la trinchera para que los modelara en el ordenador. La animación debía estar concluida el 1 de junio para retroproyectarla en una pantalla en Reino Unido durante el rodaje.

En aquel entonces, el rayo destructor se ubicaba sobre el ecuador y la ubicación del puerto de escape térmico, el talón de Aquiles

1.126

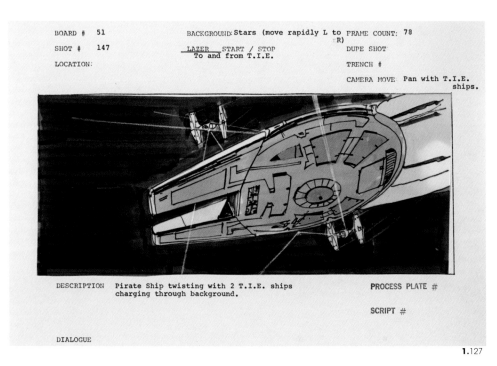

```
BOARD #    51              BACKGROUND: Stars (move rapidly L to   FRAME COUNT:  78
                                                            R)
SHOT #     147             LAZER  START / STOP               DUPE SHOT
                              To and from T.I.E.
LOCATION:                                                    TRENCH #

                                                    CAMERA MOVE:  Pan with T.I.E.
                                                                       ships.
```

```
DESCRIPTION   Pirate Ship twisting with 2 T.I.E. ships        PROCESS PLATE #
              charging through background.
                                                              SCRIPT #

DIALOGUE
```

1.127

de la Estrella de la Muerte, se encontraba en la región polar, al final de una de las 16 trincheras, en dirección al polo. Joe Johnston había diseñado unas trincheras anchas y poco profundas que se estrechaban y hacían más profundas a medida que se acercaban al polo. Para facilitar la construcción de la superficie, Johnston tuvo que hacer un diseño modular, integrado por seis cuadrados, cada uno de ellos con un detalle de superficie distinto, que podían rotarse y ensamblarse en cualquier combinación para componer la superficie.

1.127 **La secuencia de las torretas con cañones láser se basó en metraje de archivo montado por Lucas. Johnston: «Teníamos unas imágenes de combate de un par de cazas alemanes disparando a un bombardero y nos salió algo muy parecido a la filmación original».**
1.128 **Luke celebra haber abatido un caza TIE en su primer combate real. Han le dice: «¡Bien, chico! No te pongas nervioso».**
1.129 **Ford, Mayhew, Hamill y Fisher se divierten entre tomas.**

A partir de marzo, Cuba trabajó en el Circle Graphics Habitat del Departamento de Gráficos de la Universidad de Illinois, en Chicago. Con la ayuda de asistentes, introdujo las coordenadas precisas en los módulos superficiales. Para simular la persecución por la trinchera, Cuba generó 50 ensamblajes distintos en forma de U de los módulos y luego programó la animación para que, a medida que el punto de vista avanzaba hacia un nuevo ensamblaje con forma de U, apareciera en la distancia como el más cercano y desapareciera detrás del espectador. Según el plan, la trinchera es superficial al principio y se hace más angosta y profunda a medida que avanza.

Se instaló un monitor de tubos de rayo catódico (TRC) y una cámara para que, conforme el ordenador dibujase a tiempo real cada fotograma, la cámara fotografiase automáticamente la pantalla y, a continuación, se pudiera repetir el proceso otras 1999 veces.

El 17 de mayo de 1976, en el plató H de los Shepperton Studios se retroproyectó la

animación infográfica en 3-D sobre el decorado de la Sala de Guerra de Massassi para el primer plano del día, la claqueta 376. El plano duraba 1 minuto y 40 segundos, y hacia las 10:45 se habían completado tres tomas. Era la primera escena de Star Wars generada por ordenador.

Luchando solo

Paul Duncan ¿Cómo dirigiste a Alec Guinness?

George Lucas Alec estuvo magnífico. Lo bueno de los actores británicos es que son auténticos profesionales. En Estados Unidos tenemos que lidiar con «el método». Los actores «se convierten en el personaje». En cambio, si a un actor británico le dices: «Lo que quiero es esto», lo hace y ya está. Si le dices: «Bájalo un poco por aquí, súbelo por allá y pon un poco más de ansiedad», te responde: «De acuerdo». Es cuestión de técnica, y la bordan. Me lo pasé de maravilla con Alec, aunque es un poco gamberro.

Paul Duncan ¿Y eso es un problema?

George Lucas Bueno, yo simplemente intentaba hacer una película y tomármelo con seriedad, y él me decía: «Indícame otra vez cómo sostener esta espada láser. ¿Cómo lo hago?». Pero solo lo hacía por incordiarme. *(Risas)* Lo hacía por mera diversión.

George Lucas empezó a filmar el duelo entre Ben Kenobi y Darth Vader el 27 de mayo de 1976, con la segunda parte del duelo. Tal y como se había ensayado, las espadas giraban, pero se podían apreciar los cables. Quedó evidente que los mejores planos eran aquellos en los que la espada de Vader no giraba, si bien eran también las tomas en las que la acción resultaba más estática.

Paul Duncan En los borradores del guion originales, el duelo entre Deak Starkiller y Vader era más atlético. Pero por entonces Guinness tenía sesenta y tantos años y me pregunto si podía sacársele más partido a aquel duelo.

George Lucas A Darth Vader le costaba mucho moverse con el traje. No podía interpretar una lucha con espadas. Se limitaba a sostener la espada en alto. Le costaba recordar los movimientos y ello obligaba a Alec Guinness a luchar rodeándolo. Alec era mayor y le resultaba frustrante. «Tengo la sensación de estar luchando solo», se lamentaba.

1.130

1.131

Lucas rodó la muerte de Ben Kenobi el 28 de mayo y el principio del duelo el 1 y 2 de junio. Gran parte del combate se grabó a 21 fotogramas por segundo, con alguna toma excepcional a 22 y 23 fps, para acelerar la acción cuando se reproducía a la velocidad de reproducción normal de 24 fps. Los diálogos se grabaron como pista de sonido ambiente con la intención de sincronizarlos posteriormente con las imágenes.

La desaparición final de Ben, cuando se convierte en un espectro de la Fuerza, fue muy difícil de captar. El segundo equipo filmó la caída de la túnica el 2 y el 3 de junio a 40 fotogramas por segundo y luego volvió a intentarlo el 23 de junio a 24, 36, 48 y 72 fotogramas por segundo hasta dar con la velocidad idónea.

(Saga 1) *Star Wars* **/ Cuarto borrador revisado / 19 de abril de 1976**

VADER Prepárate para enfrentarte a la Fuerza, Obi-Wan.

BEN No puedes vencer, Darth. He madurado mucho desde la última vez que nos vimos. Si mi espada da en el blanco, dejarás de existir. Pero, si logras abatirme, seré mucho más poderoso. Escucha bien mis palabras…

Vader desciende su espada sobre el viejo Ben y lo corta por la mitad. La túnica de Ben cae al suelo en dos partes, pero Ben no está dentro de ella. Vader queda desconcertado por la desaparición de Ben y toquetea la túnica vacía.

Tensar los límites

Las dificultades técnicas con la cámara Dykstraflex eran tales que tardamos seis meses, hasta finales de enero, en conseguir que funcionara. Durante marzo y abril, ILM realizó pruebas y preparó los fondos proyectados para la proyección frontal.

Robert Blalack Generamos fondos proyectados suficientes para 60 planos.

1.130 **Base espacial rebelde (combatientes en la Carta Luna, fuera del escondite en el templo), de Ralph McQuarrie (3 de abril de 1975). En el segundo borrador del guion, Luke, Antilles y C-3PO atacan la Estrella de la Muerte en un caza Ala-Y, según el diseño de Colin Cantwell.**
1.131 **Baluarte rebelde, de Ralph McQuarrie (boceto de abril de 1975), muestra a los rebeldes reuniendo su flota de chatarrería en las entrañas de una civilización ancestral extinta.**

El 25 de mayo, Charles Staffel configuró el sistema de proyección frontal en el plató 8, donde se construyó la cabina de mandos del Halcón Milenario. *Durante todo el día, Lucas dirigió 13 montajes de la escena en la que el* Halcón *sale del hiperespacio a la espera de encontrar Alderaan y, en lugar de ello, se ve inmerso en un campo de asteroides, luego persigue a un caza TIE y por último encuentra la Estrella de la Muerte.*

Los problemas quedaron claros desde el principio. Los actores no eran capaces de actuar y pronunciar los diálogos en sincronía con los fondos, que no veían.

Mientras que, por lo general, Lucas solía realizar unas dos o tres tomas para cada puesta en escena, aquel día rodó más, hasta llegar a filmar 16 tomas para la claqueta 436. Descontento con cómo se había capturado la proyección frontal, el 27 de mayo se realizaron diversas pruebas.

Robert Blalack Visionamos las pruebas y detectamos un montón de problemas: de enfoque, de contraste y de composición. Simple y llanamente, aquello no funcionaba. Además, al revelar las imágenes mostraban mucho grano porque eran imágenes ya reveladas sobre las que se filmaba y, como mínimo, se perdía ya

1.132 *El diseño original de Colin Cantwell para el Ala-X recordaba a un dragster con alas gemelas. Este rediseño de Joe Johnston del Ala-X de Luke lo «ensanchó» para que resultara más fácil grabarlo sobre pantalla azul.*
1.133 *Al hacer la maqueta hubo que colocar motores para que las alas se abrieran y cerraran, cosa que obligó a retocar el diseño.*
1.134 *Un exultante Grant McCune muestra en la mano su Ala-X del escuadrón azul acabado (pronto se convertiría en el escuadrón rojo). Apréciese que la varilla de soporte se ha montado en la parte delantera.*

1.133

una generación. Podría decirse que tensamos los límites de la película.

Las escenas del 25 de mayo se rodaron a partir del 15 de junio con nuevas placas de proyección generadas por ILM. Durante los cuatro días siguientes volvieron a registrarse muchos de aquellos problemas, así que Lucas filmó hasta 10 tomas de cada puesta en escena. Por precaución, Lucas rodó los planos con fondos de pantalla azul para componer luego las imágenes si era preciso.

Los tres miembros principales del equipo de ILM, John Dykstra, Richard Edlund y Robbie Blalack, llegaron a Reino Unido el 23 de junio y se reunieron con Lucas. Los fondos para proyección frontal no estaban preparados, y los únicos que sí lo estaban no presentaban una calidad uniforme.

El 24 de junio, Lucas filmó las escenas de las torretas con cañones láser con pantalla azul.

George Lucas La iluminación de la pantalla azul nos ralentizó porque se necesitaban horas y horas para hacerlo.

El primer plano se completó a las 11:12, y a las 17:35 se habían concluido ya otras seis claquetas para una duración en pantalla de 49 segundos.

A partir del 28 de junio, Lucas rodó dos semanas de los pilotos de los Ala-X, los Ala-Y y los TIE

1.134

en sus cabinas con pantalla azul de fondo. Una vez configurada la escena, cada actor leía las frases de su personaje para recortar el diálogo e insertarlo en el lugar adecuado de la narración.

Dykstra, Edlund y Blalack volvieron a Los Ángeles el 28 de junio con la nueva orden de que todo debía hacerse con pantalla azul.

El 1 de julio de 1976, ILM realizó su nuevo primer plano para la película. Era el 109, en el que la cápsula de escape en la que viajan R2-D2 y C-3PO cae hacia Tatooine. Dennis Muren operaba la cámara Dykstraflex durante la filmación de la cápsula de escape.

Mientras Lucas rodaba en Túnez había enviado copiones al montador John Jympson, en Londres, quien empezó a montar la película. En el estudio, Lucas siguió rodando y seleccionando los planos que quería que figurasen en el montaje.

George Lucas No funcionaba. Al visionar lo que habíamos rodado, me decía: «Algo falla».

Obviamente, uno se culpa a sí mismo: «Las actuaciones no están bien y nada de lo que había planeado funciona». Estaba preocupado.

Al mirar dónde estaba empalmando las escenas John y dónde se suponía que debían ir las transiciones, caí en la cuenta de que, básicamente, estaba haciendo lo contrario de lo que habíamos filmado. Yo seleccionaba las tomas en los copiones y él decidía que esas tomas no servían e incorporaba otras en el montaje.

Yo acudía los fines de semana al estudio para reorganizar las escenas. Por ejemplo, imaginemos que estamos rodando una escena y que yo estoy aquí, tú estás ahí y yo te miro. Pues él cortaba justo antes de que te mirara. Y, si pedía que lo cambiara, lo ponía en otro sitio. Me di cuenta de que John no iba a ser capaz de montar la película porque no podía delegar en él. Así que no tuve más remedio que despedirle. Eso sucedió un mes antes de acabar el rodaje, antes de regresar a Estados Unidos.

BODY DETAIL –
Y-WING FIGHTER

1.136

Opulento

George Lucas Había intentado ahorrar en todo lo que había podido, pero de vez en cuando llegábamos a un punto en el que había que hacer alguna inversión adicional porque era absolutamente imprescindible para la película.

El decorado original para las escenas de la burladora de bloqueos rebelde era el angosto pasillo en el que la princesa le entrega los planos a R2-D2, el cual era una remodelación del decorado del Halcón.

George Lucas Caí en la cuenta de que no podía filmar una batalla con cinco páginas de diálogo, carreras por todas partes y todo ello en un pequeño compartimento de una nave.

1.135 *La detallada ilustración de concepto de Joe Johnston para el caza Ala-Y.*
1.136 *El general Dodonna (Alex McCrindle) informa a sus pilotos de la existencia de un punto débil en las defensas de la Estrella de la Muerte. Les muestra la primera imagen infográfica aparecida en una película de Star Wars, en este caso retroproyectada en el plató H de los Shepperton Studios el 17 de mayo de 1976. El infografista Larry Cuba realizó esta animación de malla de alambre tridimensional a petición de Lucas.*

Además, me preocupaba mucho que el primer interior de la película fuera espectacular, que pareciera opulento, que pintara bien. Me dije: «Tengo que construir otro gran pasillo junto a este espacio». Tuvimos una buena discusión con la Fox, porque costó mucho dinero.

El 29 de junio se dibujó el proyecto para el nuevo pasillo, y el decorado se utilizó por primera vez el 9 de julio, en la claqueta 706, cuando Leia se encuentra con Vader.

El 13 de julio, Lucas filmó a Leia entregando a R2-D2 el mensaje secreto para Obi-Wan Kenobi. Darth Vader realizó su incursión en la nave rebelde (y en la película) el 14 de julio, en la claqueta 747. Se rodaron cuatro tomas. En la primera hubo un fallo en la iluminación. En las dos siguientes, Vader se detuvo en dos ocasiones para mirar los cadáveres y dar instrucciones. En la cuarta, Vader solo se detenía una vez y retomaba el paso a grandes zancadas seguido por siete soldados de las tropas de asalto. La última toma fue la que se reveló.

El rodaje concluyó el 16 de julio de 1976. El supervisor de producción, Robert Watts, listó 139 escenas que debían completarse en Estados Unidos.

Atascado

En un principio, los guiones gráficos de los efectos visuales especiales (VFX) se numeraron e incluían el guion. Pero para entonces se habían reordenado, se les había asignado el número de plano y los 429 planos se habían clasificado en 15 secciones: «Fondos proyectados», «Pinturas sobre vidrio», «Inicio», «Huida de Tat(ooine)», «Aproximación a la Estrella de la Muerte», «Torretas con cañones láser», «Huida de la Estrella de la Muerte», «Pirata», «Estrella de la Muerte», «Flota», «Primer ataque», «Combate aéreo», «Oro (en la trinchera)», «Rojo (en la trinchera)» y «Luke (en la trinchera)».

Los fondos proyectados aportaban el fondo estrellado, así como el horizonte de la Estrella de la Muerte, su superficie y las trincheras, y se diseñaron para acelerar el proceso, puesto que en la mayoría de los planos se requería alguno.

A partir del 16 de julio, ILM enumeró todos los planos rodados cada día, indicando una descripción, el número de tomas y si se daban o no por buenas, entre otras notas. El primer informe incluye pruebas para la composición y las exposiciones de luz/color.

Paul Duncan El rodaje en Inglaterra finalizó el 16 de julio de 1976. Resulta curioso que los primeros copiones de ILM se listen con esa misma

1.137 *Lucas camina por el plató H de los Shepperton Studios, que albergaba el decorado principal del hangar rebelde. Las maquetas y los cianotipos del Ala-X y el Ala-Y se enviaron a producción y se construyó un Ala-X de tamaño real, así como la mitad de un Ala-Y de tamaño real. Las otras naves que se aprecian en el fondo de las escenas eran, o bien recortes pintados de tamaño real, o bien matte paintings.*
1.138 *Según el guion de continuidad, por el altavoz se oye: «Se va a efectuar el despegue». La flota rebelde parte hacia la Estrella de la Muerte.*

fecha. ¿Esperabas que ILM hubiera avanzado más de lo que había hecho?

George Lucas Plantéatelo así: en lo relativo al uso de esta nueva tecnología, estábamos todos en medio del desierto. Era como si camináramos a través del desierto y hubiéramos tropezado con un agujero grande, profundo y oscuro. Les dije: «¡Venga, muchachos! ¡Lancémonos todos a la piscina!». Y empujé a todo el mundo dentro de aquel agujero. Y cuando regreso un año después, me los encuentro a todos atascados en el barro. Les pregunté: «¿Qué ha pasado?». Pero sabía perfectamente de qué se trataba. Los había lanzado a una situación que los superaba.

Tenían mucho, mucho talento…, pero eran muy lentos. Nunca habían hecho una película. No tenían ni idea de lo que suponía. Dijimos: «Esto tiene que estar hecho para enero». Y estoy hablando de 429 planos ópticos.

Contábamos con un presupuesto de solo dos millones de dólares. No había más. Se habían gastado un millón de dólares construyendo la Dykstraflex, las impresoras ópticas y toda la maquinaria adicional que necesitaban. Y solo tenían un plano. Les faltaban 429 y tenían que concluirlos en… ¿cinco meses? *(Risas)*

En general, tienes un primer montaje cuando acabas de rodar la película. Despedí al montador, regresé y envié la película a San Francisco por adelantado. Les pedí a Marcia y a Richard Chew que desmontaran el primer corte; en aquel entonces había que deshacer todos los empalmes, volver a colocarlo todo en las bobinas y partir de cero. Y eso no pintaba bien.

Así que allí estaba, sin efectos y sin montaje preliminar de la película cuando faltaban cuatro o cinco meses para la fecha en que debía estar acabada. ¡Digamos que no era un buen momento!

Paul Duncan ¿Cómo lidiaste con el estrés?

George Lucas Acabé en el hospital. *(Risas)*

Paul Duncan ¿De verdad?

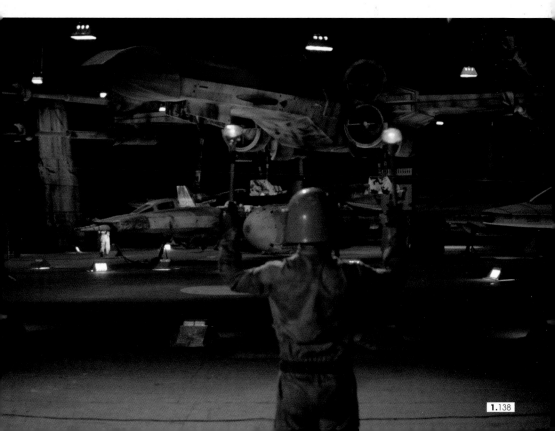

1.139

George Lucas Sí. Notaba pinchazos en el pecho. Creí que aquello era un infarto. Estuve allí todo un día. Me dijeron: «No se preocupe. Se recuperará». Tuve tiempo para pensar y dije: «No puedo quedarme aquí. Tengo trabajo que hacer». Después de eso fui a ILM todas las semanas.

Paul Duncan Por entonces estabas instalado en San Francisco…

George Lucas El montaje se hacía en San Francisco y los efectos visuales en Los Ángeles. Bajaba a Los Ángeles un par de días, pasaba la noche, y luego regresaba a San Francisco durante el resto de la semana.

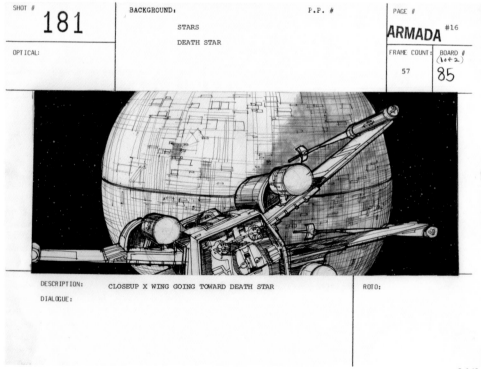

SHOT # 181	BACKGROUND: STARS DEATH STAR	P.P. #	PAGE # ARMADA #16
OPTICAL:			FRAME COUNT: 57 / BOARD # (1 o 2) 85

DESCRIPTION: CLOSEUP X WING GOING TOWARD DEATH STAR ROTO:
DIALOGUE:

Richard Edlund Venía aquí los lunes, martes y miércoles, después los lunes y los martes y, al final, ya solo venía los lunes.

Pasamos tiempo juntos. Yo programaba un plano para que George comprobara todos los parámetros y él me decía algo del estilo

de: «El paneo es un poco excesivo, ¿no crees? ¿Podrías corregirlo?». Entonces yo lo corregía, rodaba en blanco y negro, revelaba la cinta aquí mismo en 15 o 20 minutos y la ponía en la moviola. De este modo, George podía comprobar exactamente qué habíamos hecho. Entonces decía: «Mejor, pero ¿por qué no hacemos tal o cual?». Rehicimos dos o tres planos unos 10 veces, pero fue fantástico.

1.139 *La flota de cazas Ala-X y Ala-Y se reúne, en medio de un silencio de radio, en este fotograma final de la edición especial. Como en las películas clásicas de la Segunda Guerra Mundial, la misión de los cazas es proteger a los bombarderos.*
1.140 *El guion gráfico de Joe Johnston correspondiente a la aproximación a la Estrella de la Muerte, con las alas desplegadas.*
1.141 *La enormidad de la Estrella de la Muerte subraya las pocas probabilidades de los rebeldes. Esta foto compuesta con fines promocionales incluye una ilustración con aerógrafo realizada por Ralph McQuarrie.*

Paul Duncan Durante el periodo de pruebas inicial, algunos empleados de ILM se quejaron de que era demasiado rápido, de que algunas imágenes estaban borrosas. Pero tú las querías así, ¿verdad?

George Lucas Cuando trabajas con un plano con ilustración *matte* es muy difícil lidiar con un desenfoque. Pero sí nos interesaba obtener un grado razonable de desenfoque, así que hicimos muchas pruebas para obtener el idóneo, de tal modo que el departamento óptico quedara satisfecho y el tipo que filmaba también.

1.141

1.142 Batalla en la Estrella de la Muerte (los cazas se ciernen sobre la esfera), de Ralph McQuarrie (21-23 de febrero de 1975). Los bombarderos Ala-Y, basados en el prototipo de Cantwell, atacan el polo norte de la Estrella de la Muerte, de acuerdo con el segundo borrador del guion. En esta fase del diseño de la Estrella de la Muerte, la ubicación de la trinchera aún era incierta; acabó siendo una de las 16 trincheras hendidas que se dirigen hacia el polo.

Paul Duncan El objetivo que se pretende conseguir mediante el desenfoque es la sensación de velocidad, ¿no es cierto?

George Lucas Así es. Y, además, el desenfoque es algo natural. Si un plano no tiene algo de desenfoque, parece estar hecho con maquetas.

Marcia Lucas acometió el montaje a finales del mes de julio y Richard Chew se le sumó una semana más tarde.

1.142

Richard Chew / Montador George quería que lo rehiciéramos íntegramente. La primera secuencia en la que trabajé fue la de las torretas con cañones láser. George tenía que bloquear esa secuencia para septiembre de manera que ILM pudiera hacer todas las fotografías de las miniaturas y aplicar los efectos visuales.

Todo este material se rodó con pantalla azul. ¡Yo no tenía ni idea de qué se iba a ver en el fondo! Al incorporarme así al proyecto, en «frío», la única pista que George me proporcionó fue metraje en blanco y negro de un combate aéreo de la Segunda Guerra Mundial emitido por unos noticieros. Duraba menos de tres minutos, pero me permitió intuir lo que quería.

Una vez concluido aquello, me dijo: «De acuerdo, dámelo, y dame todas las escenas descartadas también». Entonces subió a su Steenbeck, empezó a revisar todos los «recortes» y a sacar otras cosas que quería. Me dijo que siguiera trabajando desde el principio de la película mientras Marcia trabajaba en el final.

Marcia Lucas había empezado a trabajar en las escenas entre Luke y Biggs, en Tatooine y en Massassi, mientras esperaba a que el metraje de las cabinas de la batalla espacial se redujera de formato VistaVision a película de 35 milímetros. A continuación, Marcia editó la batalla espacial para que ILM pudiera filmarla.

Recomposición

George Lucas En ILM faltaba organización. Cuando se incorporó George Mather (a principios de septiembre), hubo mucha polémica. Todos alegaban que no podían tener a alguien que los supervisara y les dijese qué hacer. Pero yo necesitaba a alguien que agitara el látigo y recibiera los golpes.

En agosto ya se había compilado un calendario de rodaje hasta febrero de 1977. George Mather instituyó un sistema de aprobación para Lucas. Puesto que este consideraba que los planos no eran suficientemente buenos, Mather introdujo un «visto bueno provisional» de Lucas, y, si era imposible mejorar el plano, se etiquetaba con un «Ok GL». El primer plano compuesto que recibió el visto bueno provisional, el 21 de septiembre, fue el 341, en el que aparecían dos cazas estelares Ala-X elevándose entre las estrellas. Lucas le dio su aprobación el 27 de septiembre, si bien el plano se recompondría el 11 y 18 de abril de 1977.

Por otro lado, Mather necesitaba acelerar la fotografía de los elementos en el departamento de cámaras. En abril se había contratado a Dennis Muren para que filmara los fondos proyectados con una segunda cámara.

El objetivo era que cada uno rodase unos cinco o seis planos por día. Cada efecto visual de la película tenía que someterse a un proceso

1.143

DEATH STAR EQUATORIAL CHANNEL

1.144

de múltiples pasos antes de que Lucas lo considerase aceptable y le diera su aprobación. El plano 194 es un ejemplo.

Guion gráfico / Plano 194 / Primer ataque
Descripción: dos Ala-X vuelan sobre la Estrella de la Muerte y disparan a una terminal de energía, que estalla y saltan arcos eléctricos. Fotogramas: 34. Roto: láser

1.143 **Se producen multitud de bajas entre las fuerzas rebeldes y daños en la superficie de la Estrella de la Muerte. Rodaje de una explosión en la superficie de la Estrella de la Muerte en el aparcamiento de ILM. La cámara, operada por Richard Edlund, no deja de moverse, con lo cual transmite la idea de que es otro caza más que participa en la acción.**
1.144 **Johnston sugirió diseñar una trinchera que recorriera el ecuador de la Estrella de la Muerte. Justo tras esta, a la izquierda, se halla el borde exterior del rayo destructor.**

Se precisaban siete elementos para construir el plano. Cuatro los rodó el departamento de cámaras: la explosión en la superficie (11 de agosto de 1976), el Ala-X 1 (19 de septiembre), el Ala-X 2 (19 de septiembre) y las estrellas (28 de septiembre). El departamento de rotoscopio creó tres elementos: los láseres (13 de octubre), el fuego antiaéreo (13 de octubre) y el arco eléctrico (14 de octubre).

Nota interna de ILM / 23 de noviembre de 1976
Sobre los planos compuestos proyectados hoy: plano 194: subir el revelado de la superficie, reducir los reflejos; probar los arcos en un único elemento; colocar las naves donde se supone que deben estar; el fuego antiaéreo y los reflejos luminosos deben pintarse de rojo.

Concluido este trabajo y tras otra revisión el 27 de diciembre, los dos Ala-X volvieron a rodarse el 30 de diciembre. Los elementos en película de gran formato se redujeron a formato de película

1.145

de 35 milímetros el 10 de febrero de 1977 y se proyectaron el 18 de febrero, día en que Lucas comentó que tenía «un problema con la línea matte de baja prioridad en el Ala-X». El plano se recompuso el 11 de abril y el 18 de abril, que fue la versión definitiva que apareció en la película. Este proceso se repitió con los 429 planos.

Paul Duncan ¿Qué sucedía cuando ibas pasando los copiones al equipo de ILM?

George Lucas Era la primera vez que los veían. Los visionaban y les decía qué me parecía bien, qué me parecía mal y qué había que descartar. Añadía lo que tenían que rehacer y cómo.

Paul Duncan A veces solo detectas fallos en uno o dos elementos.

> **1.**145 *La pintura* Cazas a baja altura sobre la Estrella de la Muerte, *de Ralph McQuarrie (11 de noviembre de 1975), capta la intensidad de la batalla. McQuarrie visitó ILM para intercambiar opiniones acerca de sus diseños con Joe Johnston, así como para ver las maquetas y sus detalles y poderlos incorporar a sus pinturas. En esta ilustración, la Estrella de la Muerte presenta el diseño de Johnston.*
> **1.**146 *Joe Johnston visualiza un combate aéreo utilizando los prototipos de Colin Cantwell de un Ala-X y un caza TIE.*

George Lucas Entonces solo hace falta volver a rodar los erróneos y recomponer todo el plano. La parte óptica es la más difícil, porque todos estos elementos tienen que quedar perfectamente alineados o se ven las líneas de la *matte painting* superpuesta.

Corregir estos planos pintados sobre vidrio me amargó la existencia. En *Star Wars* no son perfectos, pero creo que son lo mejor que se había hecho hasta aquel entonces.

Energía

A mediados de octubre, Paul Hirsch, que acaba de terminar Carrie, *se sumó al equipo de montaje. Lucas le pidió que montara la escena de la subasta de robots en la granja de Lars después de mostrarle el montaje de Jympson.*

Paul Hirsch / Montador La labor de montaje requiere sutileza. En el primer visionado no eres realmente consciente de todas las posibilidades. Eso viene cuando te sumerges en el material y ves los copiones, visionas las tomas alternativas y examinas la escena. La rehice de cabo a rabo. La original se había reducido a unos cuatro minutos. Yo la recorté a tres, pero contenía más información y, para mi sorpresa, me di cuenta de que había conseguido introducir algunas mejoras.

Ben Burtt se trasladó a San Anselmo.

Ben Burtt Las salas de montaje estaban en una casita detrás de la casa principal, una especie de cochera. La sala de montaje de George estaba en la planta superior, y en la inferior trabajaban Richard, Marcia, Paul y sus ayudantes. Allí habían montado una sala de proyecciones muy mona.

Yo estaba en el sótano de la casa contigua, que no era más que un almacén. Monté las mesas para todas mis grabadoras y una moviola capaz de convertir las grabaciones en película de 35 milímetros. Podía transferir música, efectos sonoros o diálogos. Y luego se los entregaba a los montadores, por si les interesaba incorporarlo al metraje.

George quería componer la pista a medida que avanzábamos. Me dio libertad para experimentar y para equivocarme. Afiné bastante las pistas de todas las ráfagas de disparos y el rugido de las naves espaciales al sobrevolar las cabezas, las pistas que se prolongan hasta el final. En total había 300, todas ellas ampliadas por el trabajo de otras personas. La ventaja de que George trabajara de este modo y de que me invitara a proporcionarle cuantos más sonidos mejor y lo antes posible era que infundía seguridad a todo el mundo. La segunda escena en la que trabajé fue la de los jawas, escena que resultó inesperadamente cómica y que requería sonido para que el espectador la apreciara.

Paul Duncan Son las primeras voces alienígenas de la película.

Ben Burtt Aún no habíamos resuelto qué hacer con R2-D2. R2 era un problema. Tardamos mucho más en dar con algo adecuado para él.

Chew trabajó en la escena inicial y en las escenas de Tatooine hasta la cueva de Ben.

Paul Hirsch Marcia había reducido la batalla final a una proporción más o menos manejable:

1.146

1.147

20 minutos. Era un montaje muy complicado ya que constaba de metraje de la Segunda Guerra Mundial intercalado con pantalla azul. Al final, cuando tenían que cerrarlo, Marcia quitó la carrera por la trinchera de Luke, me la entregó y trabajó en la película hasta ese punto.

Al principio, Luke recorría dos veces la trinchera, pero luego se redujo a una sola.
Paul Hirsch Luego lo juntamos todo y George, Marcia y yo le dedicamos tres o cuatro jornadas de 12 horas como un equipo.

Los montadores visionaron un montaje preliminar de la película con una banda sonora provisional y una versión sin pulir de los efectos de sonido de Burtt.
Richard Chew Hasta entonces yo solamente había visto fragmentos sueltos de la película,

los fragmentos en los que había trabajado. Aquel primer corte fue la primera vez que la vi de principio a fin... y me quedé perplejo. Creo que tardé unos 10 minutos en levantarme de la butaca tras visionarla: era consciente de que la estética de aquella película, su fuerza, su sentido y los personajes eran el resultado de la visión de un solo hombre.

Se empezó a trabajar en la segunda versión del montaje.
Paul Hirsch Tenía la impresión de que había que eliminar a dos personajes de la película, concretamente a Biggs y Jabba. La interpretación del

1.148

1.147 ***Duelo de un Ala-X y un caza TIE en el espacio, por encima de la Estrella de la Muerte, en este fotograma de la edición especial.***
1.148 ***Una de las primeras maquetas para comprobar las diferentes configuraciones del ataque con cazas Ala-X sobre la Estrella de la Muerte. Los problemas de movimiento, foco y sombras obligaron a filmar cada elemento por separado.***
1.149 ***Joe Johnston realiza una detallada matte painting de la trinchera que al final no se utilizó.***
1.150 ***La maqueta de la trinchera, con un riel paralelo para colocar la cámara Dykstraflex. Las imágenes podían usarse como fondo para las maquetas, como fondos proyectados para los pilotos en las cabinas o como planos subjetivos.***

1.149

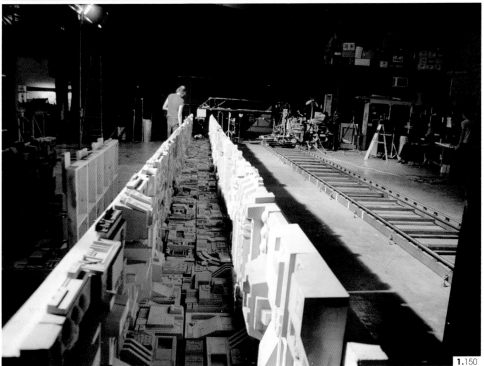

1.150

SHOT # 191	BACKGROUND:		P.P. #	PAGE #

BACKGROUND:
LOW ALTITUDE HORIZON DEATH STAR
STATIC STARS

P.P. #

PAGE # **ATTACK FIRST** #12

OPTICAL:

FRAME COUNT: 44   BOARD #

|O|

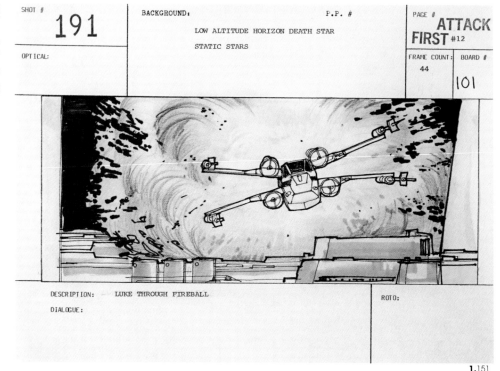

DESCRIPTION: — LUKE THROUGH FIREBALL

DIALOGUE:

ROTO:

1.151

1.151 *Guion gráfico de Johnston del avance del caza estelar Ala-X de Luke a través de la bola de fuego.*
1.152 *La superficie de la Estrella de la Muerte se extendió sobre el asfalto del aparcamiento de ILM. Luego se colgó la Dykstraflex de un cable y se hizo oscilar entre las explosiones para captar el punto de vista de uno de los pilotos.*

actor que encarnaba a Jabba el Hutt no era lo que Lucas buscaba.

Lucas había rodado la escena de Jabba el Hutt tres veces.
Richard Chew A George se le ocurrió subtitularlo (a Jabba). Tuvo la idea de animarlo, de hacerlo moverse como una especie de campo energético en lugar de dotarlo de una forma definida, y de eliminarlo (al actor) para poder mantener a Han Solo.
George Lucas Exploramos el asunto con ILM. Llevábamos mucho retraso en cuanto al

calendario de los efectos visuales. Todos me decían: «No podremos hacerlo. No tenemos ni dinero ni mano de obra». Entonces repliqué: «De acuerdo, suprimámoslo. No es tan importante».
Paul Hirsch Los elementos expositivos de la escena con Jabba se incorporaron a la escena de Greedo: el hecho de que Han fuera un contrabandista, que su cabeza tuviera un precio y que ese fuera el motivo por el que necesitaba el dinero.

«Lo interesante fue simular los movimientos de las naves, sus gestos, que Richard [Edlund] y yo creamos en su integridad. ¡Eso sí que fue difícil! Para que parezca que vuelan, las naves deben tener peso, porque estás creando movimiento de la nada.»
Dennis Muren / Camarógrafo de efectos visuales

T.I.E BOARDING CRAFT

1.153

Finito

Paul Duncan Marcia Lucas y Richard Chew dejaron el proyecto a principios de enero, tras completar un segundo montaje. Marcia se incorporó al montaje de *New York, New York*, de Martin Scorsese. Y tú seguiste trabajando con Paul Hirsch en el montaje final.

He encontrado unas 40 o 50 páginas de notas para el montaje, y hay instrucciones como «dos fotogramas más» o «tres fotogramas menos». Realmente, todo se reduce al fotograma. ¿Cómo se adopta una decisión con ese nivel de precisión?

George Lucas Lo estaba afinando. Ese es mi trabajo. *(Risas)* El montaje se vuelve más y más finito cuanto más avanzas. Por lo general, en el mundo del montaje impecable, la costumbre es dejar que una persona o una cosa pasen enteramente a través de un fotograma. Conservas uno o dos fotogramas vacíos y luego cortas al plano siguiente. Yo prefiero cortar en el mismo instante en el que salen del fotograma. No me gusta esa espera de un par de fotogramas.

Y eso supone una enorme diferencia para el ritmo de la película. De ese modo, si te interesa alterarlo de manera puntual, puedes montar al estilo Godard: cortar un par de fotogramas antes de que el objeto salga del encuadre

Sin embargo, con los efectos visuales no tenemos demasiado margen, a lo sumo unos pocos fotogramas en cada extremo del plano.

Paul Duncan En el guion, y tal como está filmada, la escena en la cueva de Ben empieza con el holograma de la princesa Leia y sigue con la entrega del sable de luz a Luke…

George Lucas Y, en la película, primero Ben le entrega la espada y luego aparece la princesa Leia.

Paul Duncan Entonces dejas de ser George el guionista, o George el director…

George Lucas Soy un escritor pésimo. Lo que escribo es una basura. ¿Cómo voy a convertirlo en una película…? *(Risas)*

Paul Duncan Y entonces te conviertes en George el montador, que no siente respeto por los otros dos tipos que trabajan en la película.

1.153 *Joe Johnston había creado una ilustración de concepto para una nave de abordaje imperial y aprovechó las alas para el caza de Vader.*

1.154 *En esta composición con fines promocionales, Luke se bate en duelo con Darth Vader frente a la Estrella de la Muerte, una escena que no aparece en la película.*

1.155 *Cazas en la trinchera, de Ralph McQuarrie (25 de noviembre de 1975). McQuarrie: «George quería un boceto ambiental de la acción y la lluvia de fuego láser». Luke realiza su última y definitiva aproximación al blanco, el punto débil que acabará con la Estrella de la Muerte.*

1.156 *Vader se acerca, listo para dar la estocada final.*

1.155

1.156

George Lucas Eso es, exacto. Observas lo que tienes, no lo que quieres tener, sino lo que tienes delante de ti, e intentas hacerlo de la mejor manera posible.

Movimiento de pez

Richard Edlund El *Halcón Milenario* era una nave grande y pesada. Medía casi un metro de diámetro y se necesitaban cuatro personas para levantarla. Los planos de la nave pirata se realizaron a razón de uno o dos al día debido a las dificultades para manejarla.

Había aproximadamente 30 guiones gráficos que contenían el elemento del Halcón. *Dieciocho de ellos se rodaron en octubre de 1976, empezando por los planos 166, 154 y 157 el 4 de octubre. Correspondían a imágenes de la secuencia desde las torretas con cañones láser, donde los cazas TIE pasan rozando el* Halcón *y disparando láseres. El último plano del lote, rodado el 25 de octubre, era la lámina 118, en la que se ve al* Halcón *volando inclinado durante la secuencia de aproximación a la Estrella de la Muerte.*

El segundo lote de láminas en las que aparecía el Halcón *se rodó entre el 11 de enero de 1977 y finales de mes. La más peliaguda fue la 129, que correspondía a la huida del* Halcón *del hangar.*

En el tercer borrador del guion, la huida era de la prisión imperial de Alderaan.

John Dykstra Cuando George y yo acabamos de revisar los guiones gráficos de todo aquello, George exclamó: «Joder, ¡lo he hecho! Les va a costar hacer una huida marcha atrás, ¿verdad?». Nos hacía gracia imaginarlos en la nave,

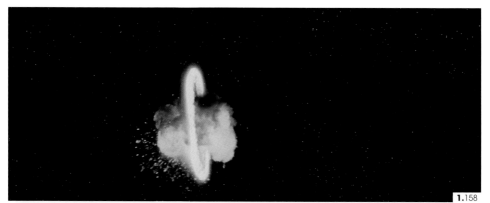

1.158

1.159

despegando y disparando por toda la ciudad hasta escapar por el otro lado. La otra posibilidad consistía en asumir que, por algún motivo, al *Halcón Milenario* le habían dado la vuelta y estaba orientado en la dirección correcta cuando regresamos a él para huir.

Richard Edlund planificó y ejecutó el plano 129 el día 18 de enero. Escribió en el guion gráfico que el Halcón *«empieza lo más cerca posible de la cámara y va acelerando para alejarse». Y en la parte superior escribió: «Huida rápida (movimiento de pez)».*

Una vez programado, el plano se filmó a un fotograma por segundo durante 250 fotogramas mientras la cámara se movía. Como el Halcón *tiene los motores encendidos durante el plano, hubo que filmarlos por separado, ya que tenían barras halógenas instaladas por dentro.*

Después de filmar los elementos de la ventana en mirador de la Estrella de la Muerte (21 de enero) y las estrellas (24 de enero), Lucas aprobó el plano final el 7 de marzo.

1.157 **Luke Skywalker escucha la voz de Obi-Wan alentándolo. Nótese que Luke lleva visera. Aunque muchos de los guiones gráficos muestran a los rebeldes enmascarados, Lucas decidió bastante pronto que a los rebeldes se les vería la cara y se los identificaría por su nombre, mientras que las tropas imperiales irían enmascaradas y serían anónimas.**
1.158 **La destrucción de la Estrella de la Muerte tal como aparece en la edición especial.**
1.159 **Dos Ala-X, un Ala-Y y el Halcón Milenario, todo lo que queda de la flota rebelde, se alejan de la Estrella de la Muerte en esta toma de la edición especial.**

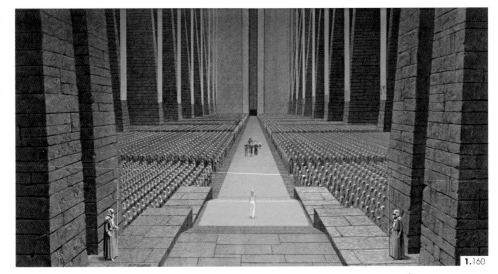

1.160

Crujidos

Además de añadir más alienígenas a la se-cuencia de la cantina, Lucas tenía que corregir la escena de Greedo. Por otro lado, tampoco tenía todo lo que necesitaba de Túnez y sabía que tendría que rodar las tomas de R2-D2, los bantha y los bandidos tusken, del deslizador y del reptador de las arenas en Estados Unidos. Podían filmarse en el valle de la Muerte. Una vez la Fox dispuso la financiación, se rodaron tomas extra y las nuevas tomas de mediados de enero a principios de febrero de 1977.

Joe Johnston Creo que se realizaron seis viajes al desierto. Cuatro fueron para filmar la maqueta del reptador de las arenas y en los otros dos filmaron el deslizador y tomas del cañón. El reptador de las arenas no paraba de romperse; los rieles se atascaban y la banda de rodadura se desprendía. Probablemente el reptador de las arenas costara más por segundo que ninguna otra cosa de la película, porque implicaba trasladar la maqueta, una cámara y un equipo de seis personas al desierto, donde era habitual que se quedasen a pernoctar. Una vez dejamos la maqueta en una furgoneta, aquella noche hizo frío. Nos alojábamos en una caravana a unos 20 metros de distancia, pero oíamos cómo las piezas de estireno de la maqueta crujían y se desprendían.

Lucas reclutó a Mark Hamill para las tomas extra. Cuando Hamill se dirigía en coche hacia la localización el viernes por la noche, tuvo un grave accidente de tráfico.

Gary Kurtz / Productor La operación de Mark se prolongó desde más o menos las nueve de la mañana hasta las cuatro de la tarde. Lo vi a las cuatro y media, y se disculpó: «Siento el retraso. Esta mañana, en cuanto me den el alta, nos vamos». Ni que decir tiene que no era consciente de la gravedad del accidente.

Se utilizó un doble para la imagen en la que Luke Skywalker se ve solo de lejos montado en el deslizador.

Los insertos de la cantina se rodaron en un pequeño estudio sito en la avenida La Brea de Hollywood el 24 y el 25 de enero. Rick Baker y su equipo crearon las nuevas criaturas de la cantina.

Lucas decidió que Greedo hablaría en un idioma alienígena y que los subtítulos proporcionarían toda la información adicional sobre Han. Fue una solución elegante e impecable.

Película muda

George Lucas La idea era crear una banda sonora de música clásica, nada de música «espacial» o moderna, sino clásica, romántica, a lo Erich Wolfgang Korngold, una música de la década de 1930.

Paul Duncan ¿Lo tenías claro desde el principio?

George Lucas Sí. La música temporal que usamos era de Korngold, Holst y cosas por el estilo. Hablé con Steven Spielberg, porque él tiene más contactos que yo en Los Ángeles, y le pregunté: «¿Conoces a alguien que haga buenas bandas sonoras orquestales?». «Johnny Williams», me contestó. «Pero si Johnny Williams es un pianista de *jazz*», le repliqué. Justo acababa de hacer *Tiburón* (1975) para Steve. Y *Tiburón* es «¡Naaaaaná, naaaaná!».

Paul Duncan Parecido a Bernard Herrmann.

George Lucas Sí. Pero en aquel entonces no había bandas sonoras clásicas. Y Steve me dijo: «No, no, a Johnny se le dan de fábula las bandas sonoras clásicas. Lo sabe todo», así que lo contraté.

Paul Duncan Y en términos prácticos, ¿cómo trabajaste con Williams?

George Lucas Vimos primero el montaje con la banda sonora temporal y luego sin ella. Nos sentamos frente a la máquina de montar y la revisamos escena por escena. Le di unas pautas generales sobre el tipo de música que queríamos.

Williams visionó el montaje preliminar el 10 de enero.

George Lucas Hablamos de los temas para cada personaje, como en *Pedro y el lobo* (1936). Cada uno tendría su canción.

John Williams / Compositor Compuse la banda sonora en unos dos meses.

1.160 **El Salón del Trono, de Ralph McQuarrie (5 de diciembre de 1975). La princesa espera a sus héroes (Han, Luke y Ben, seguidos de Chewbacca, C-3PO y R2-D2) frente a las masas rebeldes.** **1.161** **En la película, Lucas escogió el ángulo inverso: Luke, Chewbacca y Han caminan hacia Leia y la luz, tal como se puede apreciar en este fotograma de la edición especial. El rodaje empezó el 13 de mayo de 1976 en el plató H de los Shepperton Studios, con una multitud de 241 extras.**

1.161

Williams empezó a grabar la banda sonora con la Orquesta Sinfónica de Londres en los Anvil Studios el 5 de marzo de 1977.

John Williams Nunca había utilizado una orquesta sinfónica organizada para una película. Tocaban de maravilla, sobre todo los metales. Me parece un sonido de una nobleza y una heráldica sensacionales. Y creo que le aporta algo a la película.

George Lucas En general, te sientas en una sala y el compositor ensaya. Luego reproduce la música una vez con la película, y digo: «No sé si esto funciona aquí». En cambio, en la mayoría de los casos me limitaba a exclamar: «¡Fantástico!». Me sentía inútil.

Paul Duncan ¿«Inútil»? ¿Porque él hacía bien su trabajo?

George Lucas Sí. *(Risas)* Porque es un genio. ¿Qué puedo decir? La música fue lo único que salió mejor de lo que habría esperado. El resto fue un poco… raro. Pero la música de Johnny lo unificó todo y consiguió que pareciera una película. Hubo un par de puntos en los que introduje algún cambio. En un principio, cuando Luke contempla los dos soles, la música era muy triunfal. Le dije: «No, no, aquí quiero algo romántico y muy melancólico».

Paul Duncan Luke anhela algo.

George Lucas Sí, y entonces hizo el (tararea los compases más suaves) y todo cambia.

Compuso mucha música: 88 de 121 minutos. Es muchísimo. Le dije: «Es como una película muda».

Paul Duncan ¿Por qué?

George Lucas Está diseñada, escrita y rodada para entenderse sin necesidad de palabras. De vez en cuando hay un fragmento de diálogo ineludible, para llegar al punto B, pero en su mayoría es la música la que conduce la película. Por eso les gusta a los niños. Un crío de cuatro años puede entenderla.

Paul Duncan Pero llegaste a afirmar que estaba concebida para niños de 12 años.

George Lucas Sí, porque no esperaba que niños de todas las edades la entendieran. Para serte sincero, me sorprendió aún más que la entendiera la gente mayor. Funcionó con todo el mundo.

1.162 *Los héroes aceptan el aplauso de los rebeldes.*
1.163 *El segundo día de rodaje de la escena en el Salón del Trono, Leia entrega las medallas ante una multitud de extras más reducida, de solo 148. Costó encontrar y preparar el vestuario para esta escena. John Mollo: «Nos apañamos como pudimos. No confeccionamos nada; eran todo prendas que teníamos en la recámara. Cogimos las chaquetas del uniforme de combate gris rebelde y los trajes de piloto y les añadimos unos sombreros y unos cascos extravagantes».*

1.162

PRODUCTION **STAR WARS**   DATE _____

COMPOSER **JOHN Williams**

MUSIC EDITOR _____

MUSIC NOTES

CUE **R1P1**   STARTS: FOX I.D.

ENDS:

NOTE: Long vers.

CUE **R1P2**   STARTS: POP ON M.T.

743'
(8:00)   ENDS: WIPE TO DESERT

NOTE: NO BREAKDOWN UNTIL M.T IS SET. (BREAK INTO)
⌢ ⊙ ON CUT OF VADER.   (CUES   )
CONNECT PRINCESS WITH ROBOT
PLAY ESCAPE (ROMANTIC)

CUE **R1P2**   STARTS: WIPE TO DESERT LATER
    2 1
80
149 [1:40]   ENDS: FLIP TO R2 IN MOUNTAIN REGION

NOTE: OPTICAL OF GLINT EXT. ~~SHOT~~ SHOT TO BE EXTENDED

CUE **R2P2**   STARTS: FLIP TO R2 IN MOUNTAIN REGION

284
[3:10]   ENDS: UNDER DIAL INT DEATH STAR

NOTE: MUSIC SETTLE DOWN AT CUT TO R2 & 3PO
~~S~~ BLACK IS SANDCRAWLER GOIN UP HILL
EXT DEATH STAR TO BE EXTENDED

CUE **R2P3**   STARTS: ~~VADER "YOU'RE SAD BECAUSE"~~ "
    ← CUT TO R2 & 3PO

158
[1:43]   ENDS: UNDER "YOU, I SUPPOSE YOU'RE PROGRAMMED"

NOTE: MAYBE ADD EXT SHOT SAND CRAWLER AT BEG
MUNCHKIN ~~theme~~ to LUKE when HES CALLED

1.165

«Ruu, ¿ruut? ¡Buu du-duut!»

Ben Burtt Se invirtió más tiempo en R2-D2 que en ningún otro sonido de la película. ¡R2 tenía que actuar en una escena con Alec Guinness!

En las películas, los robots siempre hablan como seres humanos. Su voz puede estar filtrada, pero nunca se había creado un idioma electrónico.

Se completó una escena en la que Luke está reparando un humidificador en Tatooine. Fue la

1.164 *Estas notas del editor musical Ken Wannberg, fechada el 10 de enero de 1977 (y con caricatura del compositor John Williams incluida), muestran el proceso inicial de selección de pistas para la película: qué música reproducir, dónde y durante cuánto tiempo.*
1.165 *John Williams empezó a grabar su partitura con la Orquesta Sinfónica de Londres en los Anvil Studios de Denham el 5 de marzo de 1977. La película se proyecta mientras tocan, para lograr una sincronización óptima.*

primera escena que me dieron en la que aparecía el robot y empecé a jugar y a intentar dotar de una voz a ese robot binocular. George mencionó un disco de su infancia. Yo no lo conocía, pero me dijo que incluía un sonido cómico de un gusano o una oruga sobre una plancha caliente. Lo imitó: «Flop, flup, bup, zruup, ¿duup?». Y empezamos a hablar. «¿Podría ser un bup? ¡Un zuit! ¿Un zup?». Y entonces tuve una idea: «¿Por qué no cogemos sonidos humanos y les damos un aspecto electrónico?». A George se le ocurrió utilizar a bebés, porque los niños, al aprender a hablar, usan sonidos expresivos para comunicarse con los padres. Y comencé a grabar bebés, pero no vocalizan, así que me decidí a hacerlo yo mismo.

Empecé a emitir sonidos del estilo: «Ruu, ¿ruut? ¡Buu du-duut!». Le pedimos prestado un sintetizador ARP 2600 a Zoetrope e intentamos generar sonidos similares. Entonces me di cuenta de que los podía combinar ambos de manera simultánea. Podía hablar a través del micrófono, hacer soniditos raros, y al mismo tiempo tocar el teclado y los interruptores. Aprendí a tocar aquel excéntrico instrumento musical, 50 por ciento humano y 50 por ciento electrónico. Aquella fue la llave que abrió la puerta a todos los idiomas robóticos.

Paul Duncan Entonces, una vez que aprendiste el idioma, era como una actuación.

Ben Burtt Exacto. Había entendido al personaje. Ya solo tenía que doblarlo.

Paul Duncan ¿Alguna vez conversaste con George sobre el personaje de R2?

Ben Burtt Comentamos que R2 se comportaba igual que se comporta un niño de cinco años inteligente. En términos emocionales es inocente. También tiene una gran curiosidad. Se rebota con facilidad ante las situaciones adversas. Y es lo bastante avispado como para tomarle el pelo a 3PO y quejarse, pero es un chiquillo inocente.

Paul Duncan E indefenso.

Ben Burtt Exactamente. En realidad, R2 no hace lo que él quiere. Algunas veces se hace cargo de la situación, claro que sí. Y de vez en cuando incluso consigue rescatar a alguien. Pero, esencialmente, es el compañero perfecto, es como un perro fiel.

La química de todo

Paul Duncan Aprobaste los últimos planos, el 177C y el 284CP, el 12 de mayo de 1977.

George Lucas Efectivamente. ¿Y cuándo fue el estreno de *Star Wars*?

Paul Duncan El 25 de mayo de 1977, menos de dos semanas después de recibir el visto bueno los últimos planos.

George Lucas Increíble, ¿no? Forcé la situación y creo que la mayoría del equipo se quejó, pero conseguimos acabarla. Obraron un milagro. Tal vez yo no estuviera satisfecho con algunos planos, con algunas ilustraciones *matte* y cosas por el estilo, pero no me atrevería a culpar al equipo

1.166

6842 VALJEAN VAN NUYS CALIFORNIA 91406   PHONE 9895757

MEMOS FOR FRIDAY APRIL 8, 1977

***MATTE 11 IS HI PRIORITY: OUTSIDE OPT. WIPE 12 AWAITING COMP ON
MATTE 11.

0) REPLACEMENT FINAL 178BP (3-22) IS REALLY 179BP. RF 412(3-16) IS
REALLY 420. RF 408BP(3-10) IS REALLY 408DP.

(1) EDITORIAL NEEDS A NEW COMP OF SHOT 380. SHOT 380 IS
TO BE USED IN TWO DIFFERENT PLACES IN THE FILM.

(2) SHOT 101 - LAZERS ARE TO BE OPAQUED OUT OF TAIL OF
MOST RECENT COMP (TEMP ON 4/7) ALSO, JD IS GOING
TO CHECK AND SEE IF ANY OTHER TAKES ON STARS FOR 101
ARE BETTER THAN SELECTED TAKE.   JD MARKED ON PRINT
WHERE LAZERS ARE TO STOP FOR FINAL COMP (3 FRAMES BEFORE
KEY # D6X89474)

(3) CRAWL TO BE RESHOT. PARAGRAPHS SHOULD BE SEPARATED BY
ONE ADDITIONAL LINE. STRETCH OUT CRAW TO 2025 FRAMES,
SHOULD MOVE APPROXIMATELY 25% SLOWER THAN IN MOST RECENT LY
SHOT CRAWL. (SPEED SHOULD BE CLOSER TO THAT IN THE TEMP
OF 101 (4/7). SLIGHT ANGLE IS OK FOR RESHOOT, TILT DOWN,
APPROXIMATELY HALF A FIELD.

(4) SANDCRAWLER - RESHOOT. LOOK AT WHAT IS CUT INTO PICTURE
WITH SANDCRAWLER (NO LIGHTS) INCLUDING VISTA. GL WANTS
VISTA. HE WILL FOREGO CLOSEUP TO GET VISTA.

(5) POWER TRACTOR BEAM - RESHOOT. FOCUS SOFT. SHOULD BE
TIGHTER SHOT. BRING EXPOSURE DOWN ON FOREGROUND. SHOOT
SEVERAL WAYS AND DIFFERENT ANGLES, OK TO CUT OFF EDGES IF
NECESSARY. GET DARKER BLUE GEL - REVERSE COLORS. FAT
PART SHOULD BE RED AND THIN PART DARKER BLUE. MORE LIGHT
ON BACK, SHOULD BE TWO STOPS HOTTER THAN FOREGROUND.
DENSITY SHOULD BE DARKER OF TWO VERSIONS. (RED IS THE ACTIVE
AND BLUE IS NOT ACTIVE)

ON COMPS SEEN THURSDAY NIGHT:

(1) SHOT 199 - FINAL BUT PUT ON LOW PRIORITY, IF POSSIBLE LIST
TO HAVE LASERS CORRECTED. LASER DENSITY TOO HIGH, TOO SATURATED

(2) SHOT 391EP - CONSIDERED TEMP. MATTE PROBLEM TO BE SCRUTINIZED
BY ROTO DEPT. AND OPTICAL.

(3) SHOT 251AP - CONSIDER FINAL. CHECK WITH PAUL HIRSH IF LENGTH
OF SHOT IS OK AS IS - TWO FRAMES SHORT ON TAIL BECAUSE TRENCH
IS SLIGHTLY SHORT FOR SHOT.

(4) SHOT 110P - CONSIDER TEMP. CONTRAST PROBLEM TO BE HANDLED
BY OPTICAL. BLACK NOT DENSE ENOUGH. JD TO SEE IF ANY OTHER
TAKES ON STARS WILL WORK BETTER.

(5) SHOT 108P - TEMP. JD TO CHANGEPOD SYNC, PXXXXBKY SO GUN
AT HEAD OF SHOT FOLLOWS ACTION OF POD.

(6) SHOT 245 - TEMP. OPTICAL TO DARKEN BACKGROUND.

(7) SANDCRAWLER DUPE NEEDS TO BE CLEANED.

1.167

1.166 Pese a la tensión y la presión, el equipo técnico de ILM se divierte mientras visiona los copiones. George Lucas está sentado en la mesa del fondo, a la derecha.

1.167 Nota interna de ILM: 8 de abril de 1977. Cuando apenas faltaba un mes para el estreno, Lucas descartó muchos planos, que hubo que rehacer, y otros solo recibieron su aprobación provisional.

1.168

de ello, porque ya habían hecho algo imposible. Tenía que asumir que no sería una película perfecta. Sencillamente, no fue posible hacerla. No me enfadé con nadie por eso.

Lo primero que se hizo fue una mezcla de sonido estéreo.

Ben Burtt George, Paul Hirsch y el equipo técnico al completo nos sentamos y elaboramos

1.168 *John Solie propuso un diseño de póster (hacia 1976) al estilo de Frank Frazetta, evocador de la serie John Carter of Mars escrita por Edgar Rice Burroughs.*
1.169 *Howard Chaykin dibujó este póster inspirado en los diseños de Ralph McQuarrie a tiempo para la Convención del Cómic de San Diego, el 21 de julio de 1976. Chaykin estaba dibujando el cómic de Star Wars, una adaptación de la película escrita por Roy Thomas, que Marvel publicó con carácter mensual a partir del 12 de abril de 1977.*

una lista de lo que no nos gustaba en aquella mezcla estéreo. Luego intentamos conseguir aquellas cosas en el equipo mono. Y lo hicimos: voces distintas para algunos de los soldados de asalto, algunas frases de Luke dobladas y pequeños cambios.

En Los Ángeles, Lucas trabajó hasta el amanecer en la mezcla monoaural para un estreno de la película con más público, y luego durmió durante el día, antes de quedar con Marcia.
George Lucas Marcia estaba trabajando en *New York, New York*. Al final de su día y al principio de mi noche (mi desayuno era su cena) decidimos ir a comer a Hamburger Hamlet, en Hollywood Boulevard.
Marcia Lucas Estábamos sentados comiéndonos una hamburguesa. Al otro lado de la calle, frente al Mann's Chinese Theatre, había alineadas un montón de limusinas. «¡¿A qué vienen tantas limusinas?!» George no lo sabía, y yo tampoco.
George Lucas Supusimos que habría algún estreno. Al acabar de cenar, salimos. Alcé la vista hacia la marquesina.
Marcia Lucas Y ponía: «*Star Wars*». *(Risas).* ¡*Star Wars*!
George Lucas «¡Que me aspen!», exclamé. Ni se me había pasado por la cabeza que la película pudiera estar en los cines porque yo seguía trabajando en ella. Pero eran las seis y tenía que regresar al estudio para acabar la mezcla.

Star Wars se estrenó en cines el miércoles 25 de mayo de 1977, en 32 salas de todo el país. Lucas telefoneó a Alan Ladd Jr. para averiguar qué tal estaba yendo.
George Lucas Laddie empezó a gritar: «¡Es un éxito sensacional en todas partes! ¡Nos está yendo de fábula!». «Espera, calma —le dije—. Recuerda que las películas de ciencia ficción siempre funcionan bien la primera semana y luego caen en el más absoluto olvido. Es buena señal, pero solo hace cinco horas que se ha

estrenado. No lancemos las campanas al vuelo.» A lo largo de la noche me telefoneó varias veces para contarme las novedades.

El 24 de junio, Star Wars se proyectaba en 213 salas de cine estadounidenses. El 27 de agosto, en 451, y el 23 de septiembre, en 900. Star Wars generó una recaudación bruta de 775,4 millones de dólares en todo el mundo y se convirtió en un fenómeno.

George Lucas Mi idea era hacer una película más tosca, como una película del Oeste, más realista de lo que era. No sé qué me llevó a apostar más por la fantasía. Supongo que fue el instinto.

Cuando haces una película, una fuerza se apodera de ti y la dirige. No puedes evitarlo. Cobra su propia forma, porque entra en juego la química de todo, como las reacciones químicas entre las personas, el guion, la producción y el clima. Todo influye y tiene vida propia. De manera consciente intentas encauzar la película en una dirección. Pero, sin que te des cuenta, el inconsciente toma decisiones en otro sentido. Tu personalidad deja su impronta en la película.

Luke Skywalker © Star Wars Corporation 1976

1.169

Responsabilidad generacional

Paul Duncan ¿Con qué grado de conciencia aplicaste las ideas de Joseph Campbell relativas al viaje del héroe al crear los primeros guiones?
George Lucas Era consciente del aspecto mitológico, pero yo escribo del modo siguiente: conservo las cosas que me gustan y descarto las que no me gustan. Reviso el guion otra vez y sigo adelante. Así es como me enseñó a hacerlo Francis. A veces escribo un guion y luego descubro que está conectado con un tema mitológico: la psicología de los hermanos, por ejemplo.

A medida que lo leía, cambiaba de orden las cosas para alinearlas con arreglo a ese aspecto mitológico. Sin embargo, aunque resulte difícil explicarlo, lo relevante no son los mitos en sí, sino lo que representan, la base psicológica de esos mitos y lo que tratamos de comunicar.

Paul Duncan Entonces, tu intención es crear una dinámica psicológica entre los personajes.
George Lucas Exacto. Y apuesto por lo sensacional: «Amo a mi madre y quiero matar a mi padre». *(Risas)* Gran parte de los conocimientos psicológicos se remontan a hace más de tres mil años. Los creadores de mitos y leyendas conocían bien la naturaleza humana. Lo que sentimos por nuestro padre, por nuestra madre y por nuestros hermanos y hermanas permea la Biblia y todo lo demás.

Paul Duncan El primer borrador del guion nos habla de dos hermanos y un padre: la familia Starkiller. A uno de los hermanos lo asesinan al principio y hay que sacrificar al padre porque tiene más de máquina que de humano, por decirlo de algún modo. Esa dinámica específica se eliminó en guiones posteriores, pero la idea del sacrificio vuelve a aflorar con Obi-Wan en

Star Wars, Han en *El Imperio contraataca* y luego Vader en *El retorno del jedi*.

George Lucas Tengo ideas. Algunas funcionan y otras no. Entonces empiezo otra vez y hago algo distinto. Las saco, las machaco, les doy forma como si fueran de arcilla y lo que permanece son las temáticas: la relación entre padre e hijo, las diferencias generacionales y si corresponde a la siguiente generación corregir los errores de la última.

Paul Duncan Leia y Luke son muy jóvenes en la película.

George Lucas En un principio eran dos muchachos. Luego un muchacho y una muchacha. Es una dinámica de familia, de amistad. No se puede ser un solitario, como Han Solo, no se puede fingir que no existe nadie más en el mundo. La empatía es el ejemplo que se da en esta película: cómo uno, a través de sus sentimientos, se da cuenta de que debe sumarse a una causa y ayudar, porque entiende el dolor y el sufrimiento que padecen otras personas para alcanzar un ideal.

Hay tres fases. Luke es «virgen», una pizarra por escribir, por decirlo de algún modo. Ha estado en el desierto solo. Su tío tiene una granja de agua. Ni siquiera van a la ciudad, de manera que tienen una visión ingenua de cómo funciona el mundo.

Por su parte, la princesa Leia se ha criado en una familia política. Es hija de un líder del Senado, Bail Organa, y ha seguido sus pasos, se ha hecho senadora, se ha licenciado en una escuela de primer orden. Con 18 o 19 años ya tiene una carrera profesional, es una líder y está implicada en la rebelión siguiendo la estela de su padre adoptivo, por influencia de este. En las precuelas vemos cómo Bail Organa interactuaba con todo el mundo, con la madre de Leia, que también participaba en la revolución… y en política. Ella toca el asunto de la responsabilidad generacional.

En cambio, la postura de Han Solo es: «Yo no tengo ninguna responsabilidad. Rechazo todo esto». Se encuentra en el lado opuesto de Leia en lo relativo a este asunto. Si se suma a su misión es porque siente algo por ella. Al principio

1.170

1.170 *John Berkey, cuyas portadas de libros de ciencia ficción habían figurado entre las múltiples inspiraciones para la película, creó una nueva ilustración para la portada de la reedición de la novela de 1977. La pintura se invirtió en la publicación para que los personajes sostuvieran los sables de luz en la mano derecha.*
1.171 *McQuarrie pintó esta ilustración para la portada de la primera edición novelada entre el 19 y el 22 de julio de 1976, justo después de concluir el rodaje de la película, antes de que se aplicaran los efectos especiales. McQuarrie modificó el casco y la máscara de Vader. McQuarrie: «¡George comentó que había quedado mejor que nunca!».*

R. McQUARRIE

no lo hace a nivel personal, pero al final adopta la decisión de hacerlo. Conoce la responsabilidad mediante la acción.

Así que tenemos a Leia, que lo ha aceptado todo; a Han, que lo ha rechazado todo, y a Luke, que al principio no sabe nada y luego se sentirá impresionado por todas las ideas nuevas y tendrá que escoger. Sus amigos, su pandilla, son Ben y Yoda, sus mentores. La princesa Leia es un ejemplo para él, porque ella ya participa en una misión, ya es una líder rebelde. Luke y Han la siguen y, en el proceso, aprenden a asumir responsabilidades. A Luke le resulta más fácil, porque tiene mentores a quienes escucha. Pero ¿y Han?

En ningún momento sabemos qué sucederá con Han. Juego con esa idea en las tres películas. ¿Por qué sigue con ellos? ¿Por el dinero? ¿Por la chica? Hay un momento en el planeta nevado en que Han dice: «Yo me largo». Pero luego se produce el ataque y permanece con sus amigos. En *El retorno del jedi* ya está comprometido. Sigue fingiendo que no le importa, pero no es cierto.

Paul Duncan De modo que prefieres el bien al mal.

George Lucas Desde luego que prefiero el bien al mal. Creo que hay que actuar en defensa propia, pero no apruebo ni apoyo la tortura. Y como narrador no me parece adecuado matar a nadie solo para convertir su muerte en un espectáculo. Me gustan los conflictos morales. En la Segunda Guerra Mundial había claridad. Podía decidirse quiénes eran los malos y no apetecía vivir en su mundo. Como es lógico, la realidad era que los malos creían ser buenos, pero cada cual era libre de asumir su responsabilidad y decir: «He tomado esta decisión».

Paul Duncan Creciste en la década de 1960, durante la guerra de Vietnam, el conflicto moral por excelencia.

George Lucas Fue entonces cuando empezó a infiltrarse en mi conciencia. Digo «infiltrarse» cuando debería afirmar que me hizo estallar el

cerebro. Cobré conciencia de que los 20 años de propaganda transcurridos desde los días de la Segunda Guerra Mundial, el «somos un pueblo maravilloso», «nos preocupamos por la gente» y «amamos a la gente» no eran necesariamente verdad. Mi Gobierno tal vez no fuera el ente extraordinario que yo había creído. Nos decían: «Tomad un arma, salid a luchar y matad a esa gente a quien no conocéis y que no nos ha hecho nada, a esos campesinos». ¿Cómo puedes racionalizar eso?

Paul Duncan Como bien dices, ¿dónde está la responsabilidad generacional?

絵・生頼範義

1.172

1.172 **Vehículos, cartel de Noriyoshi Ohrai de 1978. El póster japonés muestra un espléndido mural de un mundo (la Estrella de la Muerte), su señor de la guerra (Darth Vader) y multitud de armas. En la parte inferior capta la mirada un llamativo conjunto de personajes atractivos y simpáticos (uno de los cuales luce un casco de soldado de las tropas de asalto a modo de trofeo). Apréciese que la burladora de bloqueos rebelde recuerda al rediseño de Johnston de la nave pirata original.**

El Imperio contraataca

Episodio V: El Imperio contraataca (1980)

Sinopsis

Tres años después de la destrucción de la Estrella de la Muerte, las fuerzas imperiales siguen acosando a los rebeldes, que son derrotados en el planeta Hoth. Tras eso, Luke viaja a Dagobah para convertirse en alumno del maestro Yoda, que vive apartado desde la caída de la República. En un intento por arrastrar a Luke al lado oscuro, Darth Vader le tiende una trampa en Ciudad Nube, en Bespin. En pleno duelo de espadas láser, Luke descubre que el malvado Vader es en realidad su padre, Anakin Skywalker.

FECHA DE ESTRENO 17 de mayo de 1980 (EE.UU.)

DURACIÓN 124 minutos

Reparto

LUKE SKYWALKER MARK HAMILL

HAN SOLO HARRISON FORD

PRINCESA LEIA CARRIE FISHER

LANDO CALRISSIAN BILLY DEE WILLIAMS

C-3PO ANTHONY DANIELS

DARTH VADER DAVID PROWSE

CHEWBACCA PETER MAYHEW

R2-D2 KENNY BAKER

YODA (VOZ) FRANK OZ

BEN (OBI-WAN) KENOBI ALEC GUINNESS

BOBA FETT JEREMY BULLOCH

DARTH VADER (VOZ) JAMES EARL JONES

2.1

Equipo
DIRECTOR IRVIN KERSHNER
PRODUCTOR GARY KURTZ
GUIONISTAS LEIGH BRACKETT,
LAWRENCE KASDAN
ARGUMENTO GEORGE LUCAS
PRODUCTOR EJECUTIVO GEORGE LUCAS
DISEÑADOR DE PRODUCCIÓN
NORMAN REYNOLDS
DIRECTOR DE FOTOGRAFÍA
PETER SUSCHITZKY
MONTADOR PAUL HIRSCH
EFECTOS ESPECIALES VISUALES
BRIAN JOHNSON, RICHARD EDLUND
BANDA SONORA JOHN WILLIAMS
PRODUCTORES ASOCIADOS ROBERT WATTS,
JAMES BLOOM

ASESOR DE DISEÑO Y ARTISTA CONCEPTUAL
RALPH MCQUARRIE
DISEÑADOR DE VESTUARIO JOHN MOLLO
**MAQUILLADOR Y DISEÑADOR DE CRIATURAS
ESPECIALES** STUART FREEBORN
DISEÑADOR DE SONIDO BEN BURTT

Juego profesional

Por Paul Duncan y F. X. Feeney

Paul Duncan Siempre has querido superar las barreras que te encontrabas. ¿Por qué?

George Lucas No hay alternativa.

Paul Duncan Existe una alternativa.

George Lucas Bueno, podía optar por no rodar, claro. *(Risas)*

Estás contando una historia y descubres que no existe ningún método para hacer ciertas cosas. Entonces tienes que encontrarlo tú. Hay que resolverlo de alguna manera.

Volvamos a los viejos estudios de Hollywood: si querías que un incendio arrasara Chicago, como en *In Old Chicago* (Henry King, 1938), tu única opción era construir un Chicago en miniatura y prenderle fuego, pero no podía ser demasiado pequeño porque el tamaño de las llamas tenía que estar en consonancia con la escala de los edificios. Tienes que lidiar con ese tipo de problemas técnicos, y a cada estudio, a cada encargado de efectos especiales, le corresponde encontrar una solución.

Le pasó lo mismo a Filippo Brunelleschi, que tuvo que idear un modo de construir con ladrillos la cúpula de Santa María del Fiore, en Florencia. Hay que inventar algo para que las cosas funcionen.

O piensa en Leonardo da Vinci y su caballo de bronce. En aquellos tiempos nadie había forjado algo tan grande. Inventó una forma diferente de fraguar el bronce para hacer esa figura. Depende del artista descubrir cómo hacer estas cosas. No es algo nuevo.

El arte impulsa la tecnología. No utilizas la tecnología para contar una historia, simplemente piensas: «Quiero que sea así». Y descubres que tendrás que ser tú quien dé con la manera de hacerlo.

Si en *Star Wars* no hubiéramos contado con el sistema Dykstraflex, las naves se habrían movido muy lentamente. El ritmo de la película habría sido muy distinto, se habría parecido a *2001*, y no es lo que estaba buscando. Quería una película muy cinematográfica que avanzara muy rápido, pero eso no estaba al alcance. No podías hacer un barrido panorámico mientras seguías a una nave espacial.

Paul Duncan Entonces, lo primero es la imagen que tienes en mente.

George Lucas Sí. Nunca he trabajado en función de la tecnología. No te dices: «Me inventaré algo y escribiré una película basándome en eso». Es todo lo contrario: «Quiero que esto sea así, pero ¿cómo lo voy a hacer?».

Casi siempre estás bordeando los límites de la tecnología. A medida que los ensanchas, puedes hacer otras cosas. Desarrollar tecnología

2.1 *La ilustración de Tom Jung para el segundo póster recoge el momento en que Vader tienta a Luke para que se pase al lado oscuro.*

2.2–5 *Desde el primer borrador de The Star Wars de mayo de 1974, Lucas quería incluir un planeta wookiee. McQuarrie elaboró muchos diseños conceptuales de su superficie (con árboles de copas tan espesas que se puede caminar por encima y hay una base imperial construida en ellas), las viviendas wookiee (reutilizadas en The Star Wars Holiday Special) y las bestias de carga. Al final, esa línea del argumento fue adaptada para los ewoks en El retorno del jedi.*

2.2

2.3

2.4

2.5

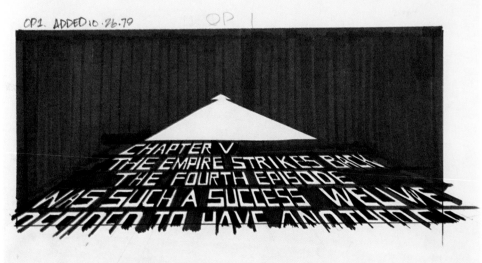

2.6

2.6 *Guion gráfico de los primeros títulos iniciales de Joe Johnston, que quiso divertirse durante su redacción.*

digital fue lo mismo. Había tantas cosas que no podías hacer… En el futuro, cuando echen la vista atrás para analizar esta época, todo se dividirá entre antes y después de la era digital. La calidad actual de las películas, el hecho de que podamos contar historias tan complejas que van tan lejos, era simplemente imposible antes de la llegada de la tecnología digital.

Paul Duncan Pero es solo una herramienta. Todavía son necesarias personas visionarias capaces de sacarle partido a esa herramienta, porque un martillo no es más que un martillo.

George Lucas Exacto. Un martillo no es más que un martillo.

Puedes enseñarle a un mono a hacer un dibujo (no demasiado bueno), pero un mono, por sí solo, no puede pensar en una emoción y usar la tecnología (un pincel o un palo) para crear una imagen que comunique esa emoción a otras personas. Solo los humanos podemos hacer eso. Es una de las cosas que nos diferencia de los animales.

Paul Duncan Cuando tienes la visión de lo que quieres, ¿buscas que llegue al público más amplio posible? Por más que me guste *THX 1138*, la verdad es que no la vio mucha gente y perdió dinero.

George Lucas Recuerda que, antes y durante la producción de *Star Wars* y *Graffiti*, estas películas fueron tan populares y comerciales como *THX 1138*. No había diferencia entre ellas.

Paul Duncan Pero conectaron con el público.

George Lucas Eran más accesibles. Si quería que mis ideas llegaran a la gente, *THX* no era la vía. Por supuesto, era muy joven, y no me di cuenta hasta más tarde de que todos los veinteañeros quieren hacer la misma película sobre lo terrible que es el mundo. ¡Como si nadie lo supiera!

Pero *Graffiti* tuvo un gran efecto sobre gran cantidad de chicos. Muchos me escribieron para decirme: «Me has ayudado mucho a encarar la vida», y pensé: «Esto tiene mucho más sentido».

Después de eso iba a hacer *Apocalypse Now*, pero cambié de planes y decidí ponerme con una idea que tenía para niños de 12 años. Todos mis amigos me preguntaban: «¿Por qué haces una película para niños?». Y yo decía:

CHAPTER II - "THE EMPIRE STRIKES BACK"

Love story - Leia to fall in love with Han - Luke losing out.
"Gone with the Wind" tradition. Draw thin line between love
story/confrontation of characters and comraderie between the
three of them. Develop in a way to see two guys as buddies,
partially from her point of view - understanding her love or
anguish-feelings for Luke.

First act - love story/conflict for Han coming to grip with
accepting responsibility of situation. When he runs away
it's on some kind of mission - he's misunderstood by other
characters - not like in original, this parting is sad/wishing
him good luck/others still like him -- he just goes off and we
don't know what happens to him after that.

Wookie problem - if we send Han off - Wookie will probably also
have to go. Have a Wookie planet - can bring more wookies in
even if Chewbacca is lost in this one with Han Solo - can bring
back couple of other Wookies.Sequel novel has Yezum - big fury
ball with long legs. Third creature drawn by Ron Cobb. May or
may not use Wookie planet in this one.

List of planets - sets and locations - reference to Bible.

Bring back Ben. May bring back Ben eventually -- will have to
bring back voice. May also bring back the ghost of Ben, not the
person of Ben. Luke learning the force through combination of
things, rituals. Some of the force came from "Tales of Power",
Carlos Castaneda. Most interesting to have him train in same
way - be at one with nature. Getting yourself down to a state
where you can feel the force and understand it. Want to get
Luke into being a better fighter - a real fighter. Leigh wanted
to know if he has someone to play off of - will use voice and
may even use Ben's ghost. Also want to use another person.
Original idea was to have that person be an alien, not being
human/some sort of creature not in monster mode -- strange
and bizarre, but old Indian in the desert type. Lord of the
Rings type, at first repulsive and slimy, but after you get
to know them - kind and wise. Alien desert rat kind of idea
which is what Ben started out as. Crazy old man out in the
desert -- decided to keep him very noble after working with
Alex Guiness. Intrigued with idea of not taking something on
surface value -- something switching. Instead of withered
old man, using a withered old space creature. The way to
think of it is as Golem which is this crazy little knitwit that
goes around scurrying around like a rat that in the end teaches
Luke a lot of stuff about the Force. Very hard to be completely
inventive - best to take good ideas and express them in a different
way. If there is a good point to be made then it's worth making
again so that more people are exposed to it -- take the goodness
and say it again for people.

2.7

2.7 *Durante los cinco días de reunión preparatoria del argumento, que comenzó el 28 de noviembre de 1977, Lucas discutió las ideas clare de la serie y distintas posibilidades para la trama con Leigh*

Brackett, una experimentada escritora de novelas de ciencia ficción y fantasía y coguionista de las películas de Howard Hawks El sueño eterno (1946) y Río Bravo (1959).

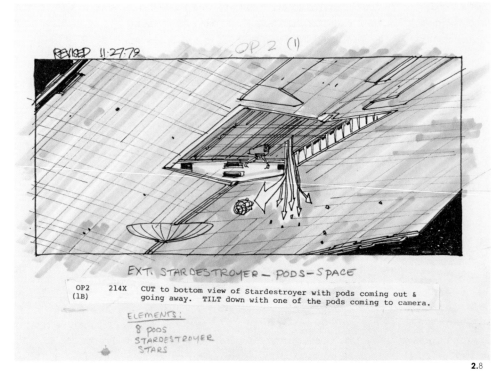

REVISED 11·27·79

OP 2 (1)

EXT. STARDESTROYER — PODS — SPACE

| OP2 (1B) | 214X | CUT to bottom view of Stardestroyer with pods coming out & going away. TILT down with one of the pods coming to camera. |

ELEMENTS:
8 PODS
STARDESTROYER
STARS

2.8

«¿Sabéis qué? Creo que puedo tener más impacto en los niños que en los adultos. Creo que la diferencia puede ser realmente enorme».

Si quieres que la gente te vea, debes hacerlo de otra manera. Y si no tienes eso en cuenta, haces tu película, la exhibes una o dos veces y termina en un almacén. Y entonces te preguntas: «¿Quiero que pase esto?».

Además, si vas a hacer una película tienes ciertas obligaciones con quien pone el dinero: hay que recuperar la inversión. He hecho muchas películas que no lo han conseguido, más que las que han dado beneficios, pero si las analizamos en conjunto, entonces las cuentas cuadran. Lo que sucede es que no hay forma de saber cuál será un éxito y cuál no.

Paul Duncan ¿En qué momento decidiste encargarte tú mismo de la financiación? ¿Cómo tomaste esa decisión?

George Lucas Durante la producción de THX y American Graffiti, los estudios intervinieron,

cambiaron cosas y echaron las películas a perder. En comparación, Star Wars fue una experiencia bastante positiva. Me había pasado del presupuesto y no iban a dejarme filmar ciertas cosas. Por suerte, Laddie estaba por allí y me permitió hacer lo que necesitaba para que la película saliera bien. Muchas ideas se quedaron fuera, pero pude hacer lo suficiente como para rodar una película decente que funcionara.

2.8 *En un primer momento, el plano inicial mostraba una elaborada panorámica de la superficie de Hoth y desde ahí se descendía para seguir a Luke subido a lomos de un tauntaun. Durante la posproducción, Lucas decidió cambiar y mostrar el momento del lanzamiento de un enjambre de sondas imperiales que se dispersan para encontrar la base rebelde.*
2.9 *Joe Johnston y el constructor de maquetas Ease Owyeung preparan la sonda para el rodaje de la escena en la que esta sale de su cápsula en busca de la base rebelde.*

Después de eso, me dije que nunca volvería a pasar por lo mismo. Nadie me diría: «Bueno, tendremos que cortar el final de la película» o «La batalla de la primera secuencia, ¿de verdad la necesitamos? ¿No puedes cortar cuando están atacando la nave y pasar de las explosiones en pantalla al momento en que Leia introduce la información en el robot?». Y yo no tendría que replicar: «No. Eso no funcionará. La idea es establecer un vínculo con los robots y saber qué está pasando de un modo más impactante. Con un decorado diminuto y una explosión al fondo no lo conseguiremos. ¿Y prescindir de Darth Vader? Tenemos que presentarlo: ese es el propósito. No se trata solo del dinero que se gasta, sino de contar una historia que funcione, que la gente se implique y todas esas cosas». Me di cuenta de que al final no podría proteger mis películas de los directivos.

Quería ejercer el control de lo que hacía para que gente que no tenía ni idea de cómo se hace una película no pudiera decirme que cambiara esto o aquello. Quería hacer lo que quisiera cuando quisiera.

Estaba decidido, incluso durante el rodaje de *Star Wars*, a rodar los dos capítulos siguientes. «Si lo hago, pondré mi propio dinero y tendré la última palabra», pensé. En ese momento no sabía si iba a poder hacerlo, pero esa era la idea. Si yo ponía el dinero, no podrían hacer nada, así que opté por autofinanciarme.

Paul Duncan Con *Star Wars* habías negociado un acuerdo por el que Lucasfilm obtenía el 40 por ciento de los beneficios netos.

George Lucas Nadie ganaba nunca dinero con los beneficios netos porque el estudio se sacaba costes de la manga que redundaban en tu contra.

Estaba sentado en el despacho de Laddie, y le dije: «Yo sé lo que hago por mi 40 por ciento. He puesto mi corazón y mi alma en esto. Toda mi carrera está en juego. Tengo que salir y hacer la película. Tengo que enfrentarme a todo esto por mi 40 por ciento. ¿Qué haces tú por tu 60 por

2.9

2.10

George Lucas No estaba muy contento.

Paul Duncan ¿Intentó disuadirte?

George Lucas No. Dijo todas las cosas que ya sabía: «Es muy peligroso. ¿Qué pasa si no ganas dinero con las películas? Podrías arruinarte. Esto no es un juego».

Paul Duncan No pareces alguien fácil de convencer una vez has tomado una decisión.

George Lucas No. Soy muy, muy terco, y esa es una de las razones por las que estoy aquí. Si tomo una decisión, estoy dispuesto a llegar hasta el final. En muchas películas tienes que hacer eso. Si crees en algo con todas tus fuerzas, tienes que ponerlo todo, corazón, alma, finanzas, todo lo que tengas, para sacarlo adelante.

Y eso fue lo que hice con *El Imperio contraataca*. No quería tener que explicar que no había rodado una buena película por no haber luchado lo suficiente contra el estudio para hacerla como yo quería.

Paul, tú eres escritor. ¿Cómo te sentaría que un contable te dijera: «No, no me gusta esta palabra aquí, vamos a ponerla ahí. Yo me encargo de reescribir esto». En teoría, un montador es una persona formada que conoce el medio; en muchos casos, su consejo es muy valioso. Un ejecutivo de estudio no es eso, pero así es como funciona en Hollywood, donde hay personas que no saben prácticamente nada de cómo se hace una película. Ni siquiera saben cuál es el método de trabajo, pero son los que mandan y creen que son ellos quienes las hacen. Y su

ciento?». Y Laddie respondió: «Pongo el dinero». «No lo haces —repliqué—. Vas a un banco con una carta de crédito y ellos ponen el dinero.» Se llevan el 60 por ciento de la película sin hacer nada.

Paul Duncan Entonces, una vez que *Star Wars* se convirtió en un éxito económico, disponías de un poco de dinero y tú mismo podías encargarte de reunir el capital necesario para la segunda película…

George Lucas Bueno, no reúnes el dinero tú mismo. Consigues una carta de crédito del Bank of America y eso es todo lo que necesitas. Tuve que negociar las tasas de interés y ese tipo de cosas. No tuve ningún tipo de respaldo, ni del estudio ni de nadie.

Fui a ver a Laddie, y esa vez fui yo quien presentó el contrato estándar. «Estos son los términos del acuerdo», le dije.

Paul Duncan El acuerdo de distribución establecía diferentes porcentajes en función de los ingresos brutos. Si estos superaban los 100 millones de dólares, tú te llevabas el 77,5 por ciento y la Fox, el 22,5 restante. También obtuviste el control sobre el montaje final de la película. ¿Cuál fue la actitud de Laddie, ahora que habías conseguido el dinero y llevabas las riendas del proyecto?

2.10 *Un primer esbozo del tauntaun de Joe Johnston, que surgió de las reuniones preparatorias con Lucas, para quien «el arranque de* La isla misteriosa *[1961], de Ray Harryhausen, donde aparece un pollo gigantesco, era lo más parecido al tipo de apertura que queríamos ver en nuestra película».*
2.11 *El tauntaun de tamaño real no se movía, pero los actores podían sentarse en él. Se hicieron una cabeza y un cuello móviles para las escenas en las que era necesario animarlo.*

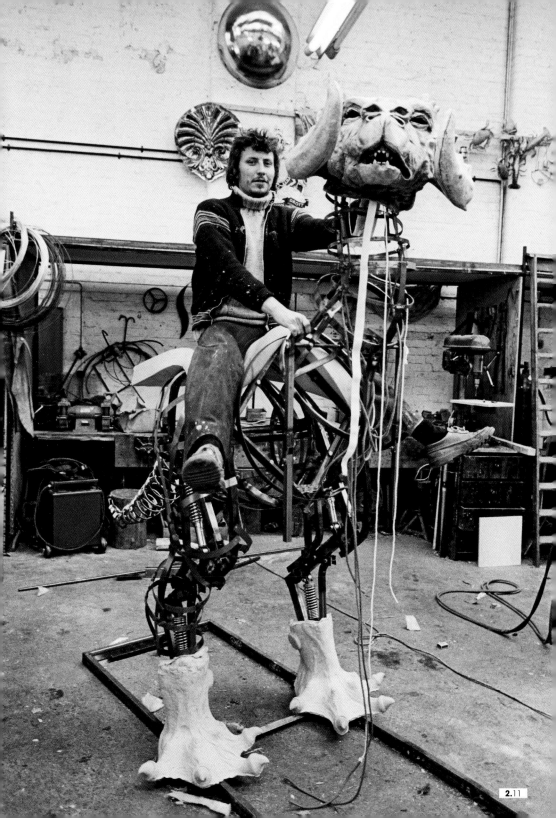

única función es dirigir el estudio y conseguir la carta de crédito del banco. Les encanta hacerse ver y fingir que están muy ocupados, pero en realidad solo sirven para causar problemas.

Hacer cine es un juego profesional. Es como contratar a un jugador de póker profesional. Vas a Las Vegas y le dices: «Aquí tienes 200 millones de dólares. Vuelve con 500». Y para eso hace

*2.*12 *La imagen icónica de Luke Skywalker (Mark Hamill) a horcajadas sobre un tauntaun en el desolado paisaje nevado de Hoth.*
*2.*13 *Un marionetista mueve la cabeza y el cuello del tauntaun*
*2.*14 *En primer plano, la figura completa del tauntaun. Al fondo, Mark Hamill durante una toma con la cabeza móvil del tauntaun en el centro. En el extremo izquierdo, el brazo del wampa a la espera de ser utilizado.*

falta talento. Algunas personas pueden hacerlo y otras no. De modo que contratan a uno de los mejores del mundo, se sientan, y luego el ejecutivo de estudio se sienta detrás de él y dice: «Mmm, eso no lo veo muy claro».

Paul Duncan «¿Estás seguro de que quieres jugar esa carta?»

George Lucas ¡Exacto! «¿De qué me estás hablando? ¡Déjame hacer mi trabajo. Me pagas para eso!» Pero no lo hacen.

Paul Duncan Y así te convertiste en ejecutivo de estudio…

George Lucas Me convertí en ese tipo. Trabajaba para mí, y me sentía muy satisfecho por ello. Luego, cuando sale la película y a todos les parece terrible y te preguntan: «¿Por qué has hecho esto? ¡Es la peor película de la historia!», puedo decir: «Es la película que quería hacer». No tengo que dar explicaciones, y esa es la mejor sensación del mundo. Así pude soportar toda esa locura.

En el mundo creativo haces lo que tienes que hacer para que las cosas salgan bien y funcionen. Si eso significa gastar más dinero de lo que tenías presupuestado, lo gastas. Lo hice en todas mis películas, incluso en las que pagué de mi bolsillo.

La primera regla de las personas creativas es que no trabajan por más razones que las suyas. Tienen el impulso de hacer algo. Pueden ser dirigidas hasta cierto punto: «Quiero una pintura sobre esto», pero la forma en que lo hacen y lo que convierte su obra en algo especial dependen de su talento. Si permites que se expresen (y eso es lo que ellas quieren), entonces la cosa funciona.

He estado más de un vez rodando en medio de la nada con un frío helador, con gente que decidía marcharse en pleno caos, y me he dicho: «No podrían pagarme lo bastante por hacer esto. No importa el qué, nunca aceptaría un trabajo como este. Es demasiado duro».

2.13

2.14

2.15

2.15 **Joe Johnston dibujó varias versiones del monstruo de las nieves en enero de 1978. En ese momento se barajaba la posibilidad de que un ejército de wampas intentara recuperar su territorio y** atacara a los rebeldes usando una red de galerías en el hielo.
2.16 **Luke es atacado por un wampa gigantesco que lo deja inconsciente y lo arrastra hasta su cueva.**

Pero como quiero que mi visión se convierta en realidad, soportaré lo que me echen. Voy a sacrificar mi vida, si es necesario. Esa es la diferencia. Ningún cineasta de verdad hace eso porque otro se lo encargue, lo hace porque tiene que hacerlo, por su propio impulso creativo, y sé que suena algo pretencioso, pero no lo es. Hay personas así de verdad.

Paul Duncan Como dijiste al principio, no tienes elección.

George Lucas No, no tienes elección.

Un tratamiento algo vago

George Lucas Una forma de hacer una secuela que sea un gran éxito es copiar la película original punto por punto. Pero yo no podía hacer eso, aunque hubiera sabido que *El Imperio contraataca* no iba a tener el éxito de *Star Wars*. Lo que de verdad me importaba era completar la trilogía. Solo entonces el público se daría cuenta del verdadero alcance de la serie. *Star Wars* era solo una pequeña parte del conjunto. Ahí estaba el riesgo. Las películas no iban a ser iguales, no estaban hechas con base en una misma fórmula. Cada una es un episodio de una larga epopeya de ciencia ficción fantástica, y aquellos que esperasen ver una repetición de la primera entrega iban a sentirse decepcionados.

Era una gran oportunidad, pero no sé trabajar de otra forma.

Escribir el guion de *Star Wars* fue toda una tortura, un verdadero suplicio. Me llevó dos años. La mayor parte de ese tiempo lo dediqué a encontrar el camino hasta ese mundo. Ahora estaba mucho más inmerso en él. Escribir el segundo episodio fue más fácil porque desarrollaba la historia del primero.

Idear el argumento no me costó tanto, el problema era dar con escenas que funcionasen. A veces, lo que tenía en mente no era efectivo desde el punto de vista dramático.

2.16

R. McQUARRIE

2.17 **Cueva de hielo, de Ralph McQuarrie,** **pintado del 24 al 26 de abril de 1978. La** **obra muestra el Halcón, los cazas Ala-X,** **los quitanieves y un diseño inicial del** **tauntaun al fondo. McQuarrie: «Cuando** **George vio la pintura, le dijo [al** **responsable de producción]: "Hazlo así"».** **2.**18 **Construcción del hangar principal** **de la base rebelde en Hoth en el decorado** **n.° 6. Además de los cazas Ala-X y los** **speeders, esta vez se construyó un** **Halcón Milenario a tamaño real.**

Ahí empezaron las verdaderas dificultades. Contraté a Leigh Brackett para que se encargara de escribir el guion. El que otra persona se sumergiera en la historia e hiciera un guion para que lo rodáramos fue más fácil de lo que esperaba, casi agradable. Aun así, necesité cuatro meses para escribir el tratamiento de la historia con el que ella tenía que trabajar, pero eso es muy distinto a dos años.

Mientras Lucas escribía el tratamiento de la historia, le pidió a Ralph McQuarrie que trabajara en la secuela de Star Wars. *McQuarrie estaba ocupado con la serie de televisión* Battlestar

2.17

Galactica, estrella de combate, *y no se puso en marcha hasta principios de octubre.*

Ralph McQuarrie / Asesor de diseño y artista conceptual En ese momento, George tenía una idea de la trama bastante incompleta: un planeta helado y un ejército; Imperio, tropas, tanques. Pensó que podríamos poner una fortaleza metálica en mitad de la nieve. Hice varios dibujos, fueron los primeros que preparé para la película. En ellos, una gran parte de la estructura estaba bajo la nieve y no se podía ver. Las formas de sus interiores tenían un significado religioso para la sociedad que la construyó. Eso le gustó.

Joe Johnston se sumó al equipo en noviembre. Al igual que McQuarrie, sus primeros trabajos fueron diseños conceptuales de los tanques y soldados de asalto imperiales.

Joe Johnston / Director artístico y efectos visuales George podía venir y decir: «Oye, vamos a rodar una batalla a gran escala. Comienza a hacer guiones gráficos». ¡Pero si no teníamos guion! «No te preocupes por eso —decía George—: ¡tú solo haz el guion gráfico!» El proceso consistía entonces en preparar tomas al azar y elegir algunas que pudieran funcionar. Mientras yo dibujaba, George escribía el guion en su casa. Cuando nos reuníamos,

2.18

MIDNIGHT SPEEDER supply
OP.15

2.19

seleccionaba las propuestas que le parecían más sugerentes y las escribía. Era un método muy poco habitual.

Lucas completó un tratamiento de nueve páginas para la secuela, que lleva por título El Imperio contraataca, *el 28 de noviembre de 1977.*

George Lucas Era un tratamiento algo vago.

El Imperio contraataca / **Tratamiento del argumento / 28 de noviembre de 1977**

Apertura en el inhóspito planeta blanco de Hoth. Luke cabalga a lomos de un gran lagarto de las nieves (tauntaun) por una ladera helada azotada por el viento. Ve algo en el horizonte y tira de las riendas de la criatura peluda de dos patas.

La princesa Leia, que «no tiene tiempo para enamorarse», discute con Han Solo en los pasillos helados de la base de Hoth. Leia rechaza al sinvergüenza de Han, pero lo hace con «un destello en sus ojos». Un monstruo de las nieves casi termina con la vida de Luke, pero este logra salvarse gracias a sus incipientes habilidades con la Fuerza, que había comenzado a dominar al final de Star Wars. *Un talismán que lleva colgado del cuello, obsequio del difunto Obi-Wan (Ben) Kenobi, le ayuda a salir del*

2.19 *El equipo de Peter Kuran preparó pequeños guiones gráficos animados que sirvieron de referencia durante el montaje hasta que se terminó de trabajar en los efectos. Esto le permitió a Lucas programar las tomas con base en un número específico de fotogramas, ya que cada fotograma adicional de efectos visuales era un trabajo extremadamente caro y largo. En la imagen, efectos para la toma OP15, llamada en broma «servicio especial de medianoche».*

2.20 *Rodaje de la llegada de Han al hangar principal a lomos de su tauntaun después de un frío día de patrullaje. Para transmitir la sensación de movimiento, se hizo girar la cámara alrededor de la figura inmóvil del tauntaun.*
2.21 *Cubierta del hangar principal de Hoth: el wookiee Chewbacca (Peter Mayhew) se tapa los ojos mientras intenta reparar el Halcón Milenario para marcharse. Han (Harrison Ford) le dice: «¡De acuerdo, no pierdas la paciencia! Volveré y te echaré una mano».*

2.20

2.21

apuro y le hace sentir que tiene un deber que cumplir: «Ir al planeta descrito en el talismán de Ben». Leia atiende sus heridas cuando llega arrastrándose a la base, completamente ensangrentado. Han le hace pasar un mal rato por no ir con cuidado. El triángulo amoroso se pone en marcha. Entonces, Darth Vader y sus fuerzas atacan por sorpresa.

Tratamiento del argumento /
28 de noviembre de 1977

En la gran batalla en la nieve de Hoth participan deslizadores blindados (con forma de helicóptero) y gigantescos caballos mecánicos (tanques). Estas enormes y torpes máquinas andantes transportan tropas imperiales y disparan a discreción contra los rebeldes.

Vader aterriza en el planeta y supervisa la batalla, pero nunca entra en contacto con Luke, Han o Leia. Han se ve obligado a llevarse a la princesa con él. El *Halcón* despega, y un Vader enfurecido ordena que varios destructores estelares los persigan.

En este momento la trama se desdobla. Por un lado, Han y la princesa saltan al hiperespacio en el *Halcón* y buscan la protección de un campo de asteroides para evitar que los capturen. Ocultos en una cueva en un asteroide, «intercambian diálogos ágiles» y «él la besa por primera vez». Luke va al planeta pantanoso descrito en el talismán de Ben en busca de Yoda, el gran maestro jedi.

George Lucas Se suponía que Obi-Wan Kenobi formaría a Luke como jedi, pero por desgracia lo maté, así que tuve que crear a Yoda. No quería otro Obi-Wan Kenobi, prefería algo distinto. La única función de Yoda era guiar los pasos de Luke hasta que se convirtiese en jedi, y eso eran

2.23

muchas charlas que podían ser tremendamente aburridas. Me dije: «Necesito algo que un niño de 12 años quiera ver». Y lo hice bajito y divertido, como un bebé.

Yoda usa la espada láser de Luke para defenderse de un monstruo que los ataca y demuestra el gran guerrero que es. Le dice a Luke que él puede ser igual de bueno si se serena y practica. Tiene que concentrarse para aprender los caminos de la Fuerza.

Mientras tanto, tras escapar del Imperio, Leia, Han y Chewie se dirigen a un sistema cercano donde un amigo de Han puede ofrecerles un lugar seguro donde esconderse.

Han y Leia llegan a un planeta gaseoso y aterrizan en las ruinas de una antigua ciudad flotante. Cuando salen del *Halcón*, descubren que allí no hay nadie. Está desierto. Leia hace un comentario sobre el amigo de Han, que parece necesitar más ayuda que ellos mismos. De

repente, los ataca un grupo de extrañas criaturas alienígenas. Chewie suelta un aullido, luchan para regresar a la nave y despegan.

Se dirigen a una segunda ciudad, más nueva, que flota entre las nubes.

2.22 *Ralph McQuarrie pintó el centro de mando rebelde los días 18, 19 y 22 de mayo de 1978. McQuarrie: «George dijo: "Quiero una sala de radar con pequeñas consolas y un túnel de hielo". La pintura muestra el cuartel general, el centro neurálgico de la base rebelde en la cueva de hielo, con equipos portátiles».*
2.23 *Han Solo a la princesa Leia (Carrie Fisher): «Vamos, quieres que me quede por lo que sientes por mí». Carrie Fisher: «Era como en las películas de la década de 1930 con Fred Astaire y Ginger Rogers peleando hasta la última bobina. Son Bogart y Bacall, Tracy y Hepburn. Son dos personas independientes que discuten y se pelean y luego se besuquean. Eso es lo que es: un romance de película».*

Unas naves de reconocimiento salen al encuentro del *Halcón*. Al verlas, Han no sabe si son amigas o enemigas. Atraviesan un campo de fuerza y aterrizan en la ciudad. Han saluda a su viejo amigo Lando y ambos intercambian pullas amistosas. Valiéndose de las propiedades telepáticas de la Fuerza, Yoda levanta el caza Ala-X de su pupilo, que ha quedado medio hundido en el pantano, y lo deposita en tierra. Luke está impresionado; R2, asustado. Luke prosigue con sus lecciones, en las que hace gala de una gran destreza física: da saltos poderosos, corre a gran velocidad, etc. Utiliza la Fuerza para levantar objetos y moverlos, y tiene otros poderes de percepción extrasensorial. Practica con la espada y bolas buscadoras, y se defiende de una docena de rayos láser: su habilidad es asombrosa. Yoda se siente alentado por todo esto, pero le dice a Luke que tiene todavía un largo camino por recorrer antes de convertirse en jedi.

Obi-Wan aparece como si se tratara de un fantasma y habla con Luke de la Fuerza. Yoda le habla del lado oscuro y de las posibilidades de que Darth Vader lo tiente. Luke sueña con Vader y Ben le dice que ha llegado el momento de irse. Luke aterriza en la vieja ciudad en las nubes y es atacado por los alienígenas.

Luke no se defiende del ataque, sino que se acerca con valentía al alienígena más grande, que parece el cabecilla de la banda. Desconcertados por su valor, el resto de alienígenas retroceden. Luke y el cabecilla pelean con armas parecidas a hachas. Luke gana, pero le perdona la vida a su contrincante. Los dos congenian. El joven jedi le cuenta que está buscando a sus amigos y le muestra los restos de la escaramuza anterior. El jefe alienígena le habla de la otra ciudad y dice que lo llevará hasta allí.

Esta escena se hace eco de una situación que ya aparece en el tratamiento de 1973 de

2.24

Star Wars, *que a su vez se remonta al primer encuentro de John Carter con los tharks en la novela fantástica espacial de Edgar Rice Burroughs* Una princesa de Marte *(1912).*
Luke llega a la ciudad en las nubes acompañado por varios alienígenas. Van subidos en unas grandes criaturas voladoras parecidas a mantas. Las enormes bestias descienden y se posan en una de las plataformas de la ciudad.

Darth Vader lo está esperando. Para capturar a Luke ha tomado como rehenes a Leia, Han, Chewie y C-3PO. Ha contado con la ayuda de Lando, quien se ha visto obligado a traicionarlos. Cuando Luke llega, exhorta a sus amigos a que huyan mientras él se enfrenta a lord Vader.
Vader y Luke pelean con espadas láser. Durante el combate, suben y bajan por unas escaleras y usan sus poderes de percepción extrasensorial.

Las espadas centellean por toda la sala mientras se lanzan objetos el uno al otro.

Existen dos lados de la Fuerza: el lado oscuro es agresivo; el lado luminoso es pasivo. Durante la lucha, Vader busca que Luke se deje llevar por la cólera y caiga en el lado oscuro. Al final, decide acabar con él y lo desarma. Luke escapa escalando hasta una estrecha cornisa bajo la que se cierne un pozo profundísimo. Está atrapado.

Entonces Vader intenta convencer a Luke de que se una a él. En el esfuerzo de Vader por

2.24 *Varias cámaras capturan el momento en que Han Solo se da cuenta de que Luke puede estar en grave peligro en el glaciar.*
2.25 *C-3PO: «Disculpe, señor, yo quisiera…». Han lo hace callar con una mano. Está alarmado por lo que acaba de oírle decir al oficial de cubierta. Le pregunta: «¿Sabes dónde está el comandante Skywalker?». Luke y su tauntaun están perdidos en la nieve.*

2.26 ***Ralph McQuarrie pintó la entrada de
la base rebelde durante los días 26, 29 y
30 de mayo de 1978. McQuarrie: «Una
gran losa de hielo que puede haber caído
por la ladera de la montaña esconde la
gran entrada al sistema de galerías
subterráneas». En un primer momento, los
rebeldes disponían de tanques con torretas
armadas que más adelante se convirtieron
en torretas independientes instaladas en
mitad de la nieve.***

Vader se dispone a ejecutar el golpe de gracia,
pero Luke salta de la estrecha cornisa y cae por
el pozo sin fin. Lo succiona una de las rampas
de evacuación de desperdicios y se desliza por
ella a gran velocidad hasta quedar atrapado
en una antena que cuelga bajo la salida del
conducto de evacuación.

*Leia y Han rescatan a Luke y vuelan a un planeta
selvático para preparar un nuevo día de lucha.*
Han, Chewie y Lando se preparan para marcharse. Han le da a Leia un beso muy prolon-
gado. Luke abraza a su viejo amigo. Han y su

someter a Luke hay algo más de lo que parece.
Por alguna razón, se resiste a matarlo: prefiere
que se pase al lado oscuro de la Fuerza. Al final,

2.26

grupo suben al *Halcón*, que despega y sobre-vuela la selva llena de flores. Cae la tarde. En el horizonte, se posan dos soles gemelos. El *Halcón* se convierte en una mancha diminuta y desaparece detrás del grupo de Luke, Leia y los robots, cuya silueta se recorta sobre el paisaje.

Escena tras escena, en ritmo y detalle, estas nueve páginas anticipan con considerable precisión el resultado final de la película.

El tratamiento fue la base del borrador que Lucas le entregó a la novelista Leigh Brackett para que escribiera el guion. Brackett era conocida por sus ingeniosas novelas de ciencia ficción (*La espada de Rhiannon, 1949*; *The Long Tomorrow, 1955*), a menudo en la línea de Edgar Rice Burroughs; sus descarnadas novelas policiales (*No Good from a Corpse, 1944*; *The Tiger Among Us, 1957*); y sus guiones para Howard Hawks (*El sueño eterno, 1945*; *Río Bravo, 1959*) y Robert Altman (*Un largo adiós, 1973*). Durante cinco días, Lucas le explicó las ideas que había detrás de su tratamiento.

George Lucas / Reunión preparatoria del argumento / 28 de noviembre – 2 de diciembre de 1977

Se puede entender la Fuerza como el común denominador de las religiones. Una de las principales fuentes de inspiración para la Fuerza fueron los libros de Castaneda.

Con Las enseñanzas de Don Juan *(1968), el antropólogo Carlos Castaneda empezó una serie de libros sobre su iniciación en el chamanismo bajo la dirección del hechicero indio yaqui don Juan Matus. En* Una realidad aparte *(1971), aprende a percibir «la energía directamente mientras fluye por el universo».*

La idea es que el acto de vivir genera un campo de fuerza, genera energía. Esa energía te envuelve, y cuando mueres se suma al resto de la energía existente. En el universo hay una bola gigante de energía que tiene un lado bueno y otro malo. Tú eres parte de esa fuerza porque en realidad generas la energía que hace que la fuerza exista. Cuando vives dispones de una parte de la energía, y cuando mueres te vuelves parte de esa fuerza mayor. De hecho, nunca mueres, solo continúas como parte de ese campo de fuerza que tiene su propia mente, que puede ser Dios o cualquier otra cosa.

El segundo acto de la película tratará sobre el entrenamiento de Luke. En paralelo, se intercalarán escenas sobre lo que sucede con Leia, Han y los robots que ayudarán a mantener el ritmo, pero lo importante es el entrenamiento de Luke.

El elemento central es la idea clásica de la venganza. Luke tiene que pasar necesariamente

2.28

2.27 *Luke cuelga cabeza abajo, cautivo en la cueva del* wampa. *El productor Gary Kurtz (derecha) dirige la segunda unidad. En segundo plano puede verse a Des Webb disfrazado de* wampa.
2.28 *El director Kershner trabajó en el desarrollo de guiones gráficos con Ivor Beddoes y Ralph McQuarrie para que la historia de Luke se contara de manera clara y precisa. McQuarrie representa en estos dibujos el intento desesperado de Luke por dominar la Fuerza y recuperar su espada láser.*

por este proceso de formación debido a algo que sucede en la primera mitad. El objetivo final es vengarse de las fuerzas de Darth Vader. En apariencia, esa es la historia, pero en realidad todo es una gran trampa que Vader le tiende a Luke para enfrentarse a él. No lo dejaremos claro desde el principio, sino que jugaremos con el hecho de que Vader está preparando una especie de trampa, que no será el enfrentamiento final entre ambos en el que uno de los dos tiene que morir.

La película marca un camino: esta trilogía terminará con la muerte de Vader. Aquí sentaremos las bases del combate final.

Vamos a convertir a Luke en Ben. Será Merlín, Gandalf, padre, mago, Superman, pero en su juventud no será tan sabio como podría. A medida que la serie evoluciona, su ímpetu disminuye, pero su mente y su lado místico crecen y lo llevarán más lejos que a Ben.

2.29

Necesitamos algo que humille a Luke y lo debilite por completo. Al principio, tenemos que hundirlo. Puede estar relacionado con una historia de amor en la que pierde a una chica y se siente muy poca cosa. En algún momento de la primera película debemos llevarlo a su punto más bajo para que pueda rehacerse a lo grande.

Luke tiene un accidentado aterrizaje en el planeta pantanoso, donde conoce a una pequeña criatura.

¿Qué es esa criatura pequeña y extraña? Debe parecer casi chiflada, un personaje muy divertido tipo Walter Brennan que no deja de burlarse de Luke. Tiene que combinar el cliché del viejo malhumorado con el cliché del personaje alocado y divertido que dice las cosas y las verdades más elementales, casi como un niño. Podría ser muy infantil a pesar de ser un anciano. Hagámoslo pequeño, de unos 70 centímetros de alto. Que recuerde tal vez a una rana. Piel lisa, boca ancha, sin nariz, con ojos saltones que observan en todas direcciones. Se sienta en cuclillas. Es posible que Jim Henson, de *Los teleñecos*, trabaje con nosotros. Le interesa y nos podría ayudar con esto. Algo viscoso con mucha personalidad. Debería ser como la rana Gustavo, pero en extraterrestre, con brazos de marioneta muy delgados: brazos de araña con manitas finas. Tal vez un cuerpo bulboso con patas cortas pero muy grandes, con los pies palmeados, casi como aletas de natación en una pequeña criatura. Una boca grande y dos pequeñas fosas nasales. Tendría la personalidad de un teleñeco, aunque lo bastante realista como para resultar creíble.

Lucas tuvo que encontrar un motivo para que Luke se enfrentara a Darth Vader.

Tal vez algo en la Fuerza le dice que vaya (al planeta gaseoso) para salvar a sus amigos, pero la criatura le pregunta cómo sabe que se lo dice el lado bueno de la Fuerza. Él siente que la Fuerza le marca el camino, pero uno no sabe si detrás de eso está su deseo de encontrar a sus amigos o las maniobras de Vader. Podemos preparar algo antes, después del primer acto con el emperador, una escena dialogada en la que este diga: «Captura a Luke». Es mejor tener a alguien peor que Vader. El lado oscuro de la Fuerza tiene que personificarse, y como mejor lo podemos hacer es presentando al emperador como la maldad en estado puro.

2.29 **Phil Tippett prepara la animación de la figura de Han y el tauntaun, que contaba con una suspensión motorizada.** 2.30 **Han Solo busca a Luke subido en un tauntaun.**

Hay que darle a Vader otro entorno, ya sea otra Estrella de la Muerte tipo Ciudad Imperial o algún tipo de cueva con criaturas demoniacas. Lo podríamos mostrar en una torre alta y oscura, muy estrecha, en medio de un oscuro río de lava roja y ardiente, casi como el infierno. Estaría en la torre rodeado de diablillos y trasgos parecidos a gárgolas: sus mascotas diabólicas. Podemos elegir entre presentar a Vader como un agente del Imperio, y entonces tendrá que tratar con alguien, por ejemplo el emperador, o actuando por propia iniciativa, y entonces esto es un asunto íntimo. Esté cumpliendo una misión o ejecutando una venganza personal, ¿cuál es su relación con el Imperio? ¿Cuál es su relación con el emperador?

El emperador es incluso más poderoso que Vader. También participa de la Fuerza y es el clásico personaje satánico, una figura encapuchada y siniestra: ni siquiera puedes ver quién es. Vader camina por el pasillo del planeta imperial. Tenemos esos pasillos de acero gris oscuro, estrechos y enormes. Hagamos que Vader camine por uno de esos pasillos grises y entre en una sala

2.30

2.31

EXT. SNOW DRIFT — HOTH — DUSK

Luke looks up and sees BEN KENOBI standing not ten
feet away. Luke strains to lift himself up. He is
speechless. The blowing snow almost obscures Ben at times.
It is hard to tell if he is real or a hallucination.

SR4 ADDED 10·26·79 YEAR OF THE LORD (T31)

Elements:
Norway Plate
Ben - Supered

See notes proc. plate #

2.32

gris. Todo está hecho de acero y al fondo de la sala encontramos al emperador en un trono de acero gris, frío y macabro. Un interior absolutamente frío, estéril y gris. El emperador le dice a Vader que le pare los pies a Luke y que lo capture: es el último jedi y hay que detenerlo. Vader le dice que todavía no es jedi.

La pregunta es con qué frecuencia le damos protagonismo al emperador, que es incluso más poderoso que Vader y tiene que aparecer en otros tres episodios: durará mucho más que Vader. Si te deshaces de este, a continuación viene alguien peor. No es igual de dramático, pero sí más siniestro. Vader es solo uno de sus esbirros. ¿Mostramos ya al emperador o esperamos hasta la próxima película, en la que nos enfrentaremos a él?

Una vez has visto al emperador, no puedes olvidarlo. Ahora pensamos que es mejor no verlo y solo oír hablar de él. No vemos su cara. Es una figura encapuchada. Es una reminiscencia de Ben. Al final, el emperador hace exactamente lo mismo que hizo Ben: también puede transformarse. Del mismo modo que Ben se convierte en la personificación del lado luminoso de la Fuerza, el emperador lo es del lado oscuro. Otra forma de presentarlo sería como un burócrata

2.33

con una actitud nixoniana, una especie de mago de Oz.

Quizás sea buena idea hablar de la terrible fuerza del emperador y del miedo que Vader le tiene. Es lo único a lo que Vader teme.

La mejor forma de crear un supervillano es tomar al villano más grande que tengas y hacer que tema al supervillano. Tendremos que preparar algo que muestre este miedo de Vader al emperador.

El emperador lo tenemos que reservar para el final. Cuando te deshaces de él, todo termina. El episodio final es la restauración de la República.

Darth Vader: su plan ahora es seducir a Luke. Necesitamos una amenaza inminente para comenzar.

Me gustaría hacer algo poético con su personaje. La idea en la que estamos trabajando es que Vader y el padre de Luke eran amigos. Ben Kenobi los está entrenando a ambos para

2.31 *El mal tiempo imposibilitó llegar hasta las localizaciones en los glaciares que se habían previsto, por lo que muchas de las escenas clave de Luke que debían rodarse en exteriores al final se filmaron junto al hotel. En la imagen, Han coloca a Luke dentro de un tauntaun muerto para mantenerlo en calor. A la derecha, con los brazos levantados, Kershner le da ánimos.*
2.32 *Justo antes de perder el conocimiento, Luke ve la forma fantasmal de Obi-Wan Kenobi, que lo insta a ir al planeta Dagobah para encontrar al maestro jedi, Yoda. Este guion gráfico de Joe Johnston está fechado el 26 de octubre de 1979, coincidiendo con un periodo en el que George Lucas realizó muchos cambios en el montaje de la película.*
2.33 *Han encuentra a Luke inconsciente.*

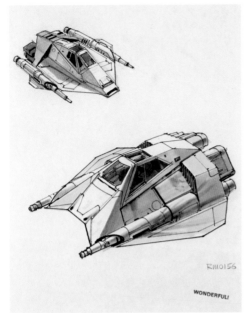

RM0156

WONDERFUL!

2.34

él como un personaje monolítico, parecido a una momia: la mente todavía está viva, pero el cuerpo ha sido destruido. Está completamente consumido por el lado oscuro de la Fuerza. Es un instrumento de la Fuerza sin capacidad de decidir sobre sus actos. Realmente lo mueve la Fuerza.

Todavía es un ser humano, un supermutante con un brazo mecánico. Cuando lo matemos en la próxima película, revelaremos quién es de verdad. Él quiere ser humano, posiblemente profundizar más en su personalidad, sus pasiones y su lucha. Está en constante confusión: a su manera, todavía pelea contra el lado oscuro de la Fuerza. No quiere ser un mal hombre, pero lo es. No puede resistirse. Lucha como puede para dejar de ser lo que es... Lucha con su lado humano.

También quiero desarrollar el personaje de la hermana de Luke, la idea de que su padre tuvo dos hijos gemelos, niño y niña. Para ponerlos a salvo, se llevó al niño a un extremo del universo para que lo criara su tío y a la niña, al extremo opuesto. De esa forma, si uno es asesinado, el otro ni siquiera sabrá que existe. Ella también se convierte en jedi: hace lo mismo que Luke al mismo tiempo. Al final, en algún episodio, pero no en este ni en el próximo, podríamos compaginar los papeles de Luke y su hermana, ella como la jedi femenina y él como el jedi masculino.

convertirse en jedi. Vader comenzó a sentirse atraído por el lado oscuro de la Fuerza y terminó absorbido por ella. No se lo dijo a nadie porque se convirtió en una persona malvada. La fuerza del mal comenzaba a apoderarse de la galaxia, que estaba bajo el control del emperador/presidente. Este tenía cada vez más poder, y el Senado, menos.

Vader estaba bajo el influjo de la Fuerza. Cuando se convirtió en jedi, nadie sabía que esta lo había seducido. Asesinó a un gran número de jedi. Mató a un grupo y tendió una trampa que terminó con las vidas de muchos otros. Solo unos pocos escaparon: uno de ellos era el padre de Luke y el otro, Ben.

En la batalla en la que todos estos muchachos quedaron atrapados, el padre de Luke escapa y Vader lo persigue. Tienen un duelo y Vader mata al padre de Luke. Ben, que también está allí, toma el relevo en la pelea. Ben y Vader luchan, y Vader cae por un reactor nuclear o un pozo térmico y se quema. Pierde un brazo y todos piensan que ha muerto, pero sobrevive. Se construye un pulmón de hierro portátil. Pensamos en

2.35

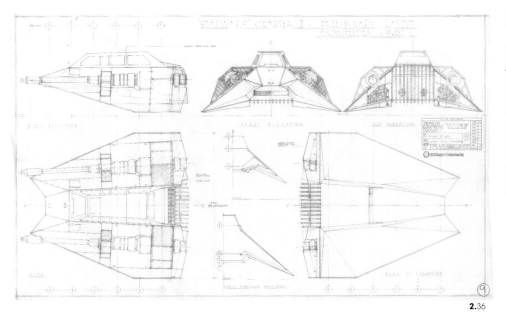

2.36

No mostraremos a la hermana en las siguientes tres películas. La idea es plantar semillas que crezcan y florezcan más tarde, anunciar historias que podamos recuperar llegado el momento. Sería bueno que las chicas tuvieran ese tipo de héroe: de la princesa se van a cansar al cabo de un tiempo. Es bueno tener un personaje orientado a la acción y que no sea simplemente una princesa.

La hermana perdida: Luke se entera de la existencia de su hermana durante su entrenamiento para convertirse en jedi. Podemos idear algunos antecedentes interesantes.

Paul Duncan De tus charlas con Leigh Brackett se desprende la idea de que la hermana de Luke iba a ser otra persona, no Leia, que sería una especie de guerrera jedi que en algún momento presentarías. Aunque tenías un esquema general, parece que ciertos detalles los descubrías a medida que avanzabas.

George Lucas Hay directores como Alfred Hitchcock que trabajan con un guionista muy bueno y dibujantes que preparan guiones gráficos. Lo disponen todo y lo filman como tienen planeado.

Después hay directores como yo, documentalistas que vamos dando forma a las películas a medida que avanzamos. Escribo mucho en la sala de montaje. Siempre estoy reescribiendo el guion.

Durante tres años, no hago más que reescribir el guion.

2.34 *Diseños de Ralph McQuarrie: «Estábamos buscando vehículos que los rebeldes pudieran usar contra los caminantes. Primero pensamos en tanques, pero luego se me ocurrió que estos speeders serían más interesantes si podían volar. Me acordé del avión bimotor antitanques Henschel que los alemanes usaron durante la Segunda Guerra Mundial, que tenía una cabina pequeña y estrecha y cuatro grandes cañones de 20 milímetros que disparaban hacia delante. Pensé en adaptar el speeder que Luke usó en Tatooine para hacer algo parecido: un speeder blindado. A George le gustó la idea y nos pusimos manos a la obra».*
2.35 *Maqueta del speeder vista del revés.*
2.36 *Planos del diseño preliminar del speeder dibujados por Alan Tomkins el 18 de agosto de 1978.*

Tomo un fragmento de la película, lo miro y me digo: «Muy bien, ¿qué necesito? ¿Cómo está funcionando la historia? ¿Cómo puedo moldearla?».

Trabajo más como un escultor: moldeas, das un paso atrás, miras, cambias, retocas y vuelves a dar un paso atrás. No es solo planear y seguir con lo programado.

No es mi carácter. Todo lo hago así. Además, tampoco lo contaba todo en las reuniones preparatorias porque sabía que la gente rebuscaba en los contenedores de basura para enterarse de los planes que tenía, y quería que ciertas cosas fueran una sorpresa.

Hubo un problema que a Lucas le costó resolver.

Reunión preparatoria del argumento / 28 de noviembre – 2 de diciembre de 1977

Han Solo: necesitamos un dilema al que tenga que enfrentarse.

Han entra corriendo después de que en la primera escena el monstruo de las nieves se haya llevado a Luke a rastras, se acerca a Leia y esta le dice: «Hemos establecido contacto con tu padrastro, lo hemos encontrado y hemos conseguido contactar con él. Te ha concedido una audiencia. Todo depende de que podamos establecer una alianza con el gremio del transporte», o lo que sea.

2.37

Sería como el jefe del sindicato de transportistas, lo que significa que controla a todos los pilotos, todos los navegantes y todos los envíos de la galaxia. Si se cortan las rutas comerciales en la galaxia, se estrangulará al Imperio, y el Imperio lo sabe.

Hay una parte que trata del origen de la estrecha relación entre Han y Chewie. Tiene que ver con que Han llegó al planeta wookiee después de quedar huérfano y los wookiees lo criaron. Más adelante se marchó y dejó la academia espacial sin sacarse el título.

Creo que eso lo podemos dejar ahí. Este chico es como un personaje de Hemingway. Su padre

era comerciante y el padre de su padre era comerciante. Entre ambos desarrollaron un imperio comercial que pronto se convirtió en una cosa

2.37 *Han, Leia y el droide médico observan a Luke, que recibe tratamiento en la enfermería de Hoth. McQuarrie pintó la imagen los días 19 y 20 de abril de 1978. McQuarrie: «George veía estas pinturas como un punto de partida. A continuación, alguien las desarrollaba y si conseguíamos la atmósfera y la iluminación adecuadas y teníamos la sensación general de que eran buenas pasábamos a lo siguiente. Podríamos haberlas perfeccionado, pero simplemente no teníamos tanto tiempo».*

gigantesca, en este momento la más grande de la galaxia. En uno de sus viajes de negocios, este hombre se cruzó con Han y lo acogió bajo su ala. Han fue como su hijo durante ocho o nueve años hasta que al final tuvieron un encontronazo y una lucha encarnizada por algún motivo que no tiene por qué especificarse. Juró que nunca más volvería a hablar con él.

Leia puede decir: «Es tu padrastro». Y Han puede responder: «Él no es mi padrastro, no tiene nada que ver conmigo. Juré que nunca volvería a hablar con él». Leia: «Es nuestra única esperanza. No hablará con los rebeldes ni con ninguno de los embajadores, pero tú quizás puedas convencerlo».

Podemos decir que el viaje será muy peligroso porque hay que ir hasta la otra punta de la galaxia. También podríamos decir que este tipo está en un lugar muy escondido que nadie conoce realmente. Ni siquiera el Imperio puede encontrarlo, pero Han sí. Él sabe adónde ir a buscarlo, pero nadie puede acompañarlo. Le

concederá una audiencia a Han pero no hablará con nadie más.

Su conflicto consiste en el intento de convencerlo para ir a hablar con su padre y que este se una a la rebelión. Podría ceder en el asteroide, cuando están atrapados y se enamoran.

En la misma longitud de onda

Paul Duncan Preferiste no dirigir. ¿Qué te llevó a esa decisión?

George Lucas La verdad es que nunca me ha gustado. Me hice director porque no me gustaban los directores que me decían cómo tenía que montar, y me convertí en guionista para tener algo que dirigir. Lo hice todo por necesidad, pero lo que me gusta es el montaje.

Tuve una experiencia muy negativa con *Star Wars*. El equipo estaba en mi contra y era muy, muy difícil hacer nada.

Detesto el trato constante con personas de carácter volátil. Dirigir significa frustración

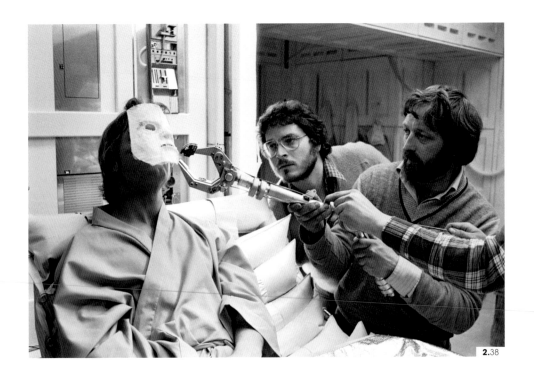

2.38

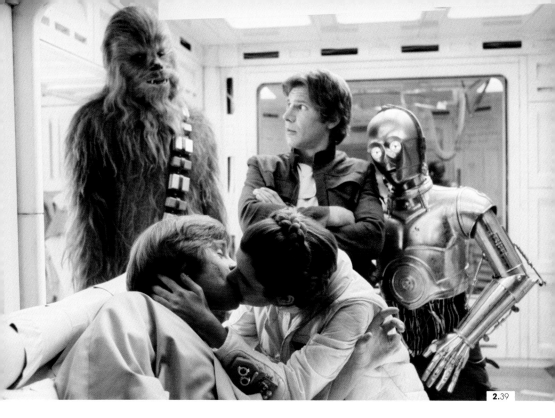

emocional, ira y unas condiciones de trabajo terriblemente duras: siete días a la semana, de 12 a 15 horas diarias.

Es como pelear en un combate de peso pesado a 15 asaltos contra un oponente nuevo todos los días. Vas al trabajo sabiendo cómo quieres que sea una escena, pero al terminar la jornada te sientes deprimido porque no lo has hecho lo bastante bien.

Durante años, mi mujer me preguntó por qué no podíamos salir a cenar como hacían otras personas. Pero yo no era capaz de desconectar. Nunca había hecho una película fácil porque las ideas que me interesan no son fáciles. Al final, me di cuenta de que dirigir no era bueno para mi salud.

Tuve la oportunidad de fundar una empresa que me dio más libertad financiera para hacer más películas. Nadie gana dinero con las películas, necesitas otras fuentes de ingresos, así que me dije: «Voy a ascenderme a productor ejecutivo y me encargaré de supervisarlo todo, pero no quiero meterme en harina». Aunque terminé metiéndome…

Paul Duncan ¿Y en qué consiste ese trabajo? Interviniste mucho en las películas anteriores…

George Lucas Básicamente es la forma en que funciona la televisión, donde el productor ejecutivo deja su huella en todo. Nadie puede hacer nada sin su aprobación.

Paul Duncan Entonces, estás haciendo películas para la televisión, ¿eso es lo que dices?

2.38 *Se filmó un inserto en el que el droide médico retira una gasa de la cara de Luke. El guionista Lawrence Kasdan aparece en el centro de la imagen.*
2.39 *Tras una discusión con Han, Leia besa a Luke a modo de represalia. Carrie Fisher: «No creo que la princesa Leia hubiera tenido muchas parejas. Estaba acostumbrada a luchar junto a los hombres, no a citarse con ellos».*

2.40

George Lucas *(Risas)* Exacto. Es una estructura diferente. Si te asocias con la persona
adecuada, no es difícil. Francis me enseñó a
hacerlo, él fue mi mentor, y eso que no estamos
de acuerdo en nada. Sus gustos y los míos son
diametralmente opuestos. Yo no podría hacer ni
El padrino ni las películas de Marty Scorsese aunque mi vida dependiera de ello. Pero descubrí
que hay ciertas personas, como Steve Spielberg
o Ron Howard, que piensan como yo. Cuando
trabajas con alguien con quien sintonizas, no es
tan difícil. Solo tienes que encontrar personas
que estén en la misma longitud de onda.

2.40 *Chewbacca juega al escondite con*
la sonda imperial.
2.41 *Chewbacca en la nieve. Peter Mayhew:*
«Podía identificarme con Chewie en
que ambos tenemos un aspecto diferente
del común, así que modelé ligeramente
la personalidad del wookie a partir de la
mía. Soy tranquilo durante la mayor parte
del tiempo, pero cuando me enfado,
¡cuidado!».

Paul Duncan Tan sencillo como eso. Joe
Johnston, Ralph McQuarrie y todas esas personas
tan creativas con las que has colaborado dicen
que el trabajo contigo es un proceso iterativo.
George Lucas Tienen talento y estamos en la
misma longitud de onda. Si digo: «Haz que mida
60 centímetros de alto y que parezca un enanito
de jardín», responden: «Vale, haré algo así». No
dicen: «Voy a hacer una serpiente».
Paul Duncan *(Risas)*
George Lucas A veces decía: «Haz lo que te
parezca», pero muchas veces describía algo.
Es como Darth Vader y Ralph. Dije: «Vader tiene
que ser un caballero oscuro». Creo que Ralph
estaba trabajando en un personaje más tradicional que llevaba algo parecido a un casco
de fútbol, y yo dije: «No, que recuerde más a un
samurái». Y él simplemente *(chasquea los dedos)*
dibujó un cruce entre un nazi y un samurái. Lo
hizo porque sabía a qué me refería. No dijo: «No,
no, quiero mi casco». No hubo nada de eso. Si
todo el mundo trabaja en la misma dirección y
coopera, y trata de ofrecerme el mejor trabajo

REVISED 1/18/79

DESCRIPTION:		ELEMENTS:
	FULL SHOT – Vader's Imperial Stardestroyer floats against a vast sea of stars.	Vader's Stardestroyer Tie No. 1 Tie No. 2 Tie No. 3 Asteroid cluster Stars
DIALOGUE:		

ENGLISH SLATE:			
SHOT NO. 293	NOTES:		FRAME COUNT
OF	ANIMATION:	PROC. PLATE NO.	ASTEROIDS PAGE 69

2.42

que sabe hacer, las cosas salen bien. Si uno quiere ir por su cuenta, de acuerdo, pero entonces no hay forma de colaborar.

A finales de 1977 y principios de 1978, el productor Gary Kurtz habló con los directores John Badham (Fiebre del sábado noche, 1977) y Alan Parker (Bugsy Malone, nieto de Al Capone, 1976), pero puso más empeño con Irvin Kershner. **George Lucas** Tenía reputación de ser un director muy bueno, rápido y capaz.

Lucas y Kurtz lo habían tratado por separado y de modo intermitente a lo largo de la década de 1960 en la USC, donde Kershner había sido profesor. Nacido en 1923, Kersh comenzó su carrera profesional en documentales y series de televisión, y dejó su impronta como director de Un loco maravilloso *(1966) y* Un fabuloso bribón *(1967), dramas con núcleo emocional. Asimismo, dirigió la exitosa secuela* El regreso de un hombre llamado Caballo *(1976).*

Irvin Kershner George me preguntó si me gustaría hacer la siguiente película de *Star Wars*. Me dijo que era el segundo acto de una trilogía y una película muy difícil de hacer. También que era muy importante para él porque si funcionaba preveía una serie completa que duraría años. Todo lo que podía pensar era: «¿Quieres que haga una secuela de la película más exitosa de todos los tiempos, George? ¡No se me ocurre un segundo acto más difícil!».

Solo me interesaba la tarea de mostrar emociones, contar la historia.

El 15 de febrero de 1978, Kershner recibió un memorándum de entendimiento. Se había llegado a un acuerdo.

Rumbo a peligros desconocidos

El 21 de febrero de 1978, Leigh Brackett entregó el primer borrador del guion de Star Wars Sequel. *Como el texto incluía anotaciones manuscritas, fue mecanografiado y fechado a 23 de febrero. Ocupaba 132 páginas y era fiel al tratamiento.*

La princesa Leia y Han Solo están enfrentados desde el principio, envueltos en una lucha por el poder que trasciende los objetivos bélicos. En su intensidad hay implícito un fuerte sentimiento de atracción. Ella le pide a Han que vaya a ver a su padrastro, pero él se niega.

Secuela de *Star Wars* / Primer borrador del guion / 23 de febrero de 1978

LEIA No sé por qué discutiste y te alejaste de él. No me importa. Todo lo que importa es que Ovan Marekal es el hombre más poderoso de la galaxia junto con el emperador y Darth Vader. A través de su Gremio del Transporte…

HAN *(Con impaciencia)* … controla a todos los pilotos y navegantes que operan en las rutas comerciales, y las guerras no se ganan solo con armas. Eso ya lo sé. También sé que Ovan Marekal siempre va con el ganador, y ese es el Imperio. No es que le entusiasme, pero el poder está ahí.

LEIA Si el emperador aplasta la rebelión y alcanza el poder absoluto, ¿cuánto tiempo piensa Ovan Marekal que durará su precioso gremio?

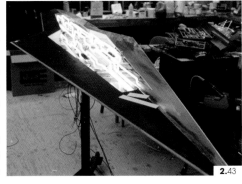

2.43

2.42 **Este guion gráfico, fechado el 18 de enero de 1979, muestra el primer diseño del destructor estelar imperial de Darth Vader, que parece tener un motor al rojo vivo en popa.**
2.43 **El diseño final de la nave de Vader, llamada Ejecutor, se inspiró en una punta de flecha y contenía tubos de neón para que la luz brillara en su interior. La maqueta, de 1,8 metros de eslora, se empleó en el rodaje el 16 de julio.**
2.44 **Para filmar el Ejecutor se optó por una exposición prolongada. En ese momento, ILM estaba en construcción. Ken Ralston: «Al día siguiente, al revisar lo filmado pudimos ver el serrín flotando en el aire debido al tipo de iluminación. "¡Maldita sea!", pensé. Tuve que volver a rodarlo todo».**

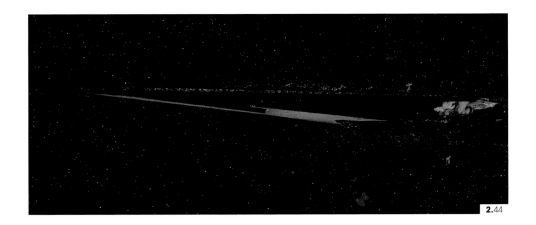

2.44

2.45 *Darth Vader en el puente de mando del Ejecutor. Ralph McQuarrie pintó esta imagen entre el 18 y el 20 de julio de 1978.*

Han, debemos tenerlo a nuestro lado. Intenta atraerlo.

Han coloca delicadamente sus manos sobre las mejillas de Leia para acercar sus labios. Se inclina sobre ella.

HAN Leia... Por ti... lo intentaría.

LEIA ¿Lo harías? ¿Por mí?

Ella sonríe. Ahora sus brazos la rodean. Él la atrae hacia sí y por un momento parece que Leia se esté derritiendo en sus brazos, lista para su beso. Al fondo, casi desapercibidas, unas vagas formas blancas se mueven y observan. En el último instante, Leia le da una sonora bofetada y Han la suelta y retrocede sorprendido. Con ira contenida, la princesa se encara con él.

LEIA Capitán Solo, hay una gran guerra en ciernes. Lo que tú harías por mí o yo por ti no tiene importancia. ¿Aceptas o no aceptas la misión?

HAN *(Con sequedad)* Lo pensaré, su alteza.

Las «formas blancas» que acechan al fondo del palacio son un ejército de criaturas de las nieves que se han infiltrado en la base rebelde para atacarla. Su asalto coordinado inutiliza las instalaciones coincidiendo con la llegada de Darth Vader y las fuerzas imperiales.

Las naves imperiales aterrizan en la llanura cubierta de nieve que se extiende frente al castillo de hielo. De los transportes salen vehículos parecidos a tanques e infantería acorazada. Los cañones emplazados en lo alto de la fortaleza abren fuego. Los tanques responden. Infantería y blindados atacan.

R.M'QUARRIE

El grupo se divide para evitar ser capturado. El Halcón salta al hiperespacio y se adentra en un cinturón de asteroides, mientras que R2-D2 guía el caza Ala-X de Luke, que está inconsciente, hacia el planeta pantanoso para encontrar al maestro jedi. Verde y parecido a un gnomo, Minch (Yoda) habla un inglés anticuado propio de Samuel Johnson y se divierte con los peculiares sonidos que R2-D2 emite.

MINCH Siempre he sido feo, pero no siempre he sido viejo... Come, Skywalker. Come y sueña. Y cuando te sientas lo bastante fuerte, será mejor que salgas y encuentres una lata de aceite para tu malhumorado amigo.

Mientras tanto, el Halcón *se esconde del Imperio dentro de una cueva en un planetoide.*
En la cabina, Han y Leia están fundidos en un abrazo apasionado. Él la sujeta con fuerza mientras la besa. Ella, a su vez, le corresponde. Entonces, como si volviera en sí, Leia retrocede y levanta una mano a media altura.

HAN Somos dos personas solas en la inmensidad del espacio... *(Se detiene, después sacude la cabeza.)* No, no, espera un momento, esto es demasiado, incluso para mí.
Leia suelta una carcajada.
LEIA Es una gran frase, Han, perfeccionada con el uso.
HAN No. Eres la única mujer que ha volado en el *Halcón*, pero parece que no puedo decir nada que suene convincente. Leia...

Las escenas del entrenamiento jedi de Luke en el planeta pantanoso muestran lo paradójico de su don: aquello que lo hace extraordinario es también lo que atrae el lado oscuro de la Fuerza.

2.46 *Batalla de Hoth: los rebeldes suben a los speeders cuando su base es atacada.* **2.**47 *La segunda unidad usa una carretilla elevadora para levantar la maqueta del speeder y emular su despegue, idea que ya aparece sugerida en los guiones gráficos* *de Ivor Beddoes. John Barry (de pie, a la derecha del equipo de cámara) ganó un premio Óscar por su trabajo en el diseño de producción de Star Wars. En El Imperio contraataca participó como director de la segunda unidad.*

MINCH Luke, estás en un peligro mayor de lo que creía. Incluso sin entrenamiento eres más poderoso que yo.

Ben Kenobi aparece en forma fantasmal. Luke se sobresalta.

LUKE Darth Vader no te mató…

BEN Era el momento de irme.

LUKE ¿De irte adónde?

BEN A una parte distinta del universo. Todo él es uno, si conoces el camino; mejor dicho: si entiendes las leyes que rigen el camino. Algún día tú también lo harás. Luke, alguien me acompaña.

Otra forma medio fantasmal emerge de entre las brumas, un hombre alto y bien parecido que se acerca lentamente a Luke.

BEN Tu padre.

LUKE Mi padre.

Pese a su recién adquirida madurez, para Luke es un momento muy impactante, por no decir sobrecogedor. Se miran el uno al otro.

SKYWALKER Te has hecho todo un hombre, Luke. Estoy orgulloso de ti. *(Luke, que no sabe qué decir, no dice nada.)* ¿Alguna vez tu tío te habló de tu hermana?

LUKE ¿Mi hermana? ¿Tengo una hermana? Pero ¿por qué el tío Owen no…?

SKYWALKER Yo se lo pedí. Cuando vi que el Imperio se acercaba, os separé por vuestro propio bien. Os envié muy lejos al uno del otro.

LUKE ¿Dónde está ella? ¿Cuál es su nombre?

SKYWALKER Si te lo dijera, Darth Vader podría extraer esa información de tu mente y usar a tu hermana como rehén. Todavía no, Luke. Cuando llegue el momento… *(Mira a su hijo con gesto grave.)* Luke, ¿tomarás de mí el juramento de los caballeros jedi?

Lentamente, con orgullo, Luke saca su espada láser, la activa y realiza el gesto de saludo. Skywalker hace lo mismo. Ben y Yoda también levantan sus espadas y permanecen de pie como testigos.

SKYWALKER Yo, Luke Skywalker… *(Luke repite a intervalos precisos)*, juro por mi honor y por la fe de la hermandad de los caballeros utilizar la Fuerza solamente para el bien, apartarme siempre del lado oscuro y dedicar mi vida a la causa de la libertad y la justicia. Si no hago honor a este voto, perderé mi vida, aquí y en el más allá.

Las cuatro espadas se tocan en una especie de amén ceremonial.

SKYWALKER Esta es la única protección que puedo proporcionarte, hijo. El resto lo tendrás que hacer tú.

El guion prosigue dedicado al duelo culminante en Ciudad Nube que enfrenta a Vader y Luke. En un gesto inteligente, Luke, que lucha por no dejarse llevar por la tentación, desactiva su espada en el momento decisivo. Vader, que blandía la suya para asestarle un golpe mortal, cae, «pierde el equilibrio por un instante» debido a una «estrategia inesperada y a la falta de oposición». Luke huye, trepa por un poste y se sube al Halcón Milenario, que pasa por allí a toda velocidad, y se reúne con Leia, Han, Chewbacca, R2-D2 y C-3PO. Les cuenta su combate con Vader.

2.47

2.48

2.48 En un primer momento, Joe Johnston imaginó a los soldados de montaña imperiales llegando en tanques inmensos. En la imagen puede verse cómo la torreta trasera del vehículo cubre a los soldados que examinan los restos de una nave.
2.49 Este diseño de Johnston, fechado en enero de 1978, es más pequeño y se parece a un tanque de la Primera Guerra Mundial.

2.50 A finales de 1977, a Johnson también se le ocurrió la idea de un vehículo de dos patas, que más tarde se convirtió en el caminante explorador o «caminante pollo». Al fondo, Johnson añade un detalle del caminante en cuclillas para mostrar cómo los pilotos pueden subir y bajar de él. Lucas calificó el dibujo de «¡Maravilloso!», el mayor reconocimiento que podía hacer. En el último momento, se añadió a la película una toma con un caminante explorador.

2.49

LUKE Casi lo derroto… pero de la manera incorrecta. Cuanto más ganaba, más perdía. Estaba tan lleno de odio, rabia y deseo de venganza… Estaba usando el lado oscuro de la Fuerza sin ni siquiera darme cuenta, y él estaba haciendo que me autodestruyera.
LEIA Pero no lo hiciste.
LUKE No del todo… Todavía tengo muchas cosas que aprender.

Johnston
0034

El borrador de Brackett termina en Besspin Kaalieda, un «planeta extremadamente bello, que se parece a una joya» donde los rebeldes se han refugiado. Leia y Luke, acompañados de R2-D2, C-3PO y su nuevo amigo Lando, observan desde un balcón ajardinado y «bajo lunas brillantes» cómo Han y Chewbacca se alejan en el Halcón Milenario «rumbo a peligros desconocidos».

George Lucas Por desgracia, Leigh murió justo después de completar el primer borrador.

El guion no nos servía. No era lo que yo quería. Tuve que escribir otro completamente nuevo.

Al servicio de un sueño

Paul Duncan Estableciste ILM en Los Ángeles para trabajar en Star Wars, pero cuando ibas a rodar El Imperio contraataca, hacia abril de 1978, te lo llevaste a San Rafael, al norte de San Francisco. Estabas creando una base de operaciones y para tu futuro era importante que esta película fuera un éxito.

George Lucas Cuando comenzamos con Star Wars, en San Francisco carecíamos de muchos servicios relacionados con el cine. Necesitábamos tener un laboratorio al lado para que ILM pudiera realizar una toma, revisarla,

2.51

mandarla al laboratorio, tenerla de vuelta en una o dos horas, trabajar con ella según lo planeado y decir: «Muy bien, es buena. Adelante, rodemos esto». Y rodarlo. Pero no podíamos hacerlo. No había laboratorios en San Francisco.

Cuando nos pusimos con *El Imperio contraataca* y nos trasladamos aquí, ya teníamos un laboratorio. No era tan sofisticado como el de Los Ángeles, pero nos permitió mudarnos a San Francisco y seguir haciendo películas.

Lucas adquirió un almacén que había sido propiedad de Kerner Company en Kerner

Boulevard, en San Rafael. Para mantener en secreto el trabajo de ILM y alejarse de las miradas indiscretas de los fans, se conservó en la fachada el logotipo de Kerner Co.

George Lucas Gran parte de ese esfuerzo cinematográfico estaba al servicio de un

2.51 **Tauntaun y caminantes jorobados, de Ralph McQuarrie, pintado del 9 al 10 y del 13 al 14 de febrero de 1978, muestra un tauntaun más temible y caminantes jorobados con dos grandes cañones en la parte delantera.**

2.52

sueño que tenía desde hacía muchos años: construir un centro de investigación dedicado al cine. La cantidad de dinero necesaria para desarrollar una instalación de ese tipo es tan elevada que mi patrimonio personal equivale a nada. Necesitas millones y millones de dólares para levantarla. Mi única opción era crear una empresa que generase beneficios. Existe una distancia abismal entre la necesidad de ganar dinero de las corporaciones y la de los individuos.

Para una persona, ganar dos o tres millones de dólares es un gran logro; si lo consigue, se sentirá muy rica y segura. Pero la mayoría de corporaciones tienen que ganar 30 o 40 millones anuales para sentirse seguras. Hacer frente a los gastos generales de una empresa y pagar a todos los empleados cuesta varios millones al año. Yo no podía dirigir las suficientes películas lo bastante rápido como para pagar a todas esas personas, de modo que lo que tuve que hacer fue poner en marcha una empresa.

Yo soy tu padre

Lucas completó el segundo guion en seis semanas y lo entregó en abril.

George Lucas De alguna manera, usaba mi punto de vista para escribir, como si fuera yo quien se adentraba en ese mundo. Era más divertido hacerlo así, y eso me ayudó durante todo el proceso. Es imposible separar al autor de los personajes. Lo más difícil es dar vida a personajes genuinos que no sean un reflejo de tu propia mentalidad.

2.53

2.54

El primer gran cambio fue reintegrar, con base en el tratamiento de la historia, el ataque del Imperio a la base rebelde en Hoth.

El Imperio contraataca / Segundo borrador del guion / Abril de 1978

Los soldados rebeldes ocupan posiciones de tiro junto a pequeños cañones instalados en torretas que sobresalen de la nieve. A lo lejos suena un golpeteo estruendoso, regular y rítmico: bum-bum, bum-bum. Los golpes, metálicos y acompasados, se suceden cada vez con más fuerza. A través de unos electrobinoculares se distinguen... cuatro, tal vez cinco enormes máquinas andantes, monstruos mortíferos que emergen lentamente en el horizonte mientras se dirigen hacia las tropas que esperan apostadas. Tras ellos, varios vehículos de transporte blindados se deslizan sobre la nieve congelada. Pequeños destellos envuelven a los gigantes. Alrededor del oficial y sus hombres, las explosiones levantan el hielo y la nieve.

2.52 *Los animadores Phil Tippett y Jon Berg dan forma al glaciar de la batalla de Hoth. A la derecha, un monitor les permitía reproducir el trabajo realizado y planificar con precisión los movimientos siguientes.*
2.53 *El caminante más pequeño empleado durante el rodaje.*
2.54 *Tippett y Berg acceden al escenario a través de unas trampillas para preparar la animación de un plano general.*

El *speeder* de Luke comanda su tropa, formada por una docena de *speeders* blindados. Estos vehículos son más potentes que los que Luke usaba en la granja familiar de Tatooine. Pueden elevarse una veintena de metros y realizar giros más cerrados que un «saltacielos» T-16.

El *speeder* hace varias pasadas entre las patas de un caminante mientras los artilleros imperiales intentan detenerlo sin éxito. Al final, la máquina se enreda en una maraña de cables y se estrella contra el suelo.

En las trincheras suena una gran ovación mientras un escuadrón de tropas rebeldes carga contra el caminante caído. Los soldados de montaña imperiales salen de los restos del caminante y comienzan a disparar contra los rebeldes.

George Lucas Corrí el riesgo de poner la acción y la aventura en primer plano y pasar a una película más personal con personajes con problemas filosóficos y emocionales.

Lucas también ideó el peculiar habla de Yoda.
YODA Tu arma lejos pon. ¡Ah! Sí… Daño no debes sufrir, joven amigo. ¡Lejos! ¡Lejos ponla!

Paul Duncan ¿Cómo se te ocurrió esa forma de hablar de Yoda?

George Lucas Teníamos esos idiomas y acentos extraños que nos habíamos inventado inspirándonos en lenguas extranjeras. No quería que los espectadores se pasaran la película leyendo subtítulos, y Yoda tenía mucho diálogo. Necesitaba un habla chocante pero comprensible, así que decidí poner el idioma patas arriba y diseñar algo que animase al espectador a centrarse en sus aburridas lecciones filosóficas.

Lucas encontró una misión para Han: separarse de los rebeldes para ir a pagar a Jabba el Hutt, que ha puesto precio a su cabeza. Más tarde, Vader encarga a un grupo de cazarrecompensas que persigan a Han y al Halcón Milenario.
De pie frente a Vader puede verse un grupo variopinto de cazafortunas galácticos. Está BOSSK, un monstruo viscoso con tentáculos y dos enormes ojos inyectados en sangre en una cara blanda y abotargada; TUCKUSS y DENGAR, dos humanos de aspecto mugriento llenos de cicatrices; IG-88, un droide de guerra de cromo abollado y sin lustre, y BOBA FETT, un hombre que viste un traje espacial lleno de armas.

Lucas había visto los diseños de soldados que Ralph McQuarrie y Joe Johnston habían

2.55

realizado durante los meses anteriores y les encargó un personaje. Se trataba del enigmático, lacónico e intenso cazarrecompensas Boba Fett, que se inspira en el icónico Hombre sin Nombre de Clint Eastwood (su capa es un eco del sarape de Eastwood y solo tiene cuatro líneas de diálogo). Una versión animada de Boba Fett hizo una breve aparición en Star Wars Holiday Special, que fue emitido por televisión el 17 de noviembre de 1978, y en 1979 el fabricante de juguetes Kenner lanzó una figurilla del personaje como parte de la campaña de promoción de El Imperio contraataca, que iba a estrenarse en 1980.

Lucas también añadió la dramática congelación en carbonita de Han Solo, una trampa de Vader concebida para poner a prueba a Luke, que aumenta el suspense y nos remite a la siguiente entrega.

Han le da a su buen amigo (Chewbacca) un último abrazo y se vuelve hacia la princesa Leia. La toma en sus brazos y le da un beso apasionado.

LEIA Te quiero. Me daba miedo decírtelo antes, pero es la verdad.

HAN Volveré.

Han esboza su sonrisa de pícaro y le da un delicado beso en la frente. Por las mejillas de Leia, que observa al apuesto y joven pirata mientras camina hacia la plataforma hidráulica, caen unas lágrimas.

2.55 *Las tropas rebeldes se ven atrapadas ante la superioridad de las fuerzas del Imperio.*
2.56 *Los aterradores caminantes blindados en la nieve.*

LUKE SIDE VIEW   29 AUG 79

DESCRIPTION:

INT. SPEEDER - LUKE - SIDE
Speeders in formation in background.

LUKE
Echo Station 5-7 we're on our way.

DIALOGUE:

ELEMENTS:

Eng. F.G.
Speeder No. 1
Speeder No. 2
Speeder No. 3
Speeder No. 4
Speeder No. 5
Speeder No. 6
Speeder No. 7

B.G.: (T.B.D.)

ENGLISH SLATE:			
SHOT NO. **M5** OF	NOTES:		FRAME COUNT 58
	ANIMATION:	**PROC. PLATE NO.** 08802018+9 - 022+2	**SNOW BATTLE**

PAGE
68

2.57

REVISED 20 JULY 1979

DESCRIPTION:

INT. WALKER COCKPIT NO. 1. Two speeders race by
R to L. The pilots fire at the gnat-like attackers.
General Veers is standing between the pilots.

DIALOGUE:

ELEMENTS:

Eng. F.G.
Speeder - Luke
Speeder No. 2
B.G.: Matte Painting -
       Power Generators
       Flak

SCENE NO.:			
SHOT NO. **M51** OF	NOTES:		FRAME COUNT 38
	ANIMATION: Flak	**PROC. PLATE NO.** S116B113+6 - 115+10	**SNOW BATTLE**

PAGE
107

2.58

7·20·79   REVISED 8·29·79

DESCRIPTION:
FULL SHOT - Two speeders flying in formation toward oncoming walkers.

DIALOGUE:

ELEMENTS:
Left Speeder - Zev
Right F.G. Speeder - Luke
Lasers - Walkers
Flak

B.G.: (T.B.D.)

ENGLISH SLATE:					
SHOT NO. **M 96** OF	NOTES:		FRAME COUNT **35**		
	ANIMATION: Lasers - Walkers Flak	PROC. PLATE NO.		**SNOW BATTLE**	PAGE **159**

2.59

7·20·79

DESCRIPTION:
Speeder over camera firing lasers at walker. Pulls up and passes over walker head.

DIALOGUE:

ELEMENTS:
Speeder
Walker Head
Lasers - Walker
Lasers - Speeder
Flak

B.G.: (T.B.D.)

ENGLISH SLATE:					
SHOT NO. **M 134** 1 OF 2	NOTES:		FRAME COUNT **40**		
	ANIMATION: Lasers - Walker & Speeder Flak	PROC. PLATE NO.		**SNOW BATTLE**	PAGE **108**

2.60

R. /M QUARRIE

Chewie aúlla cuando introducen a Han en una tina humeante a una temperatura bajo cero. En ella se vierte un líquido ardiente que hace saltar tantas chispas como el horno de una fundición.

Una enorme pinza mecánica eleva la cápsula en la que ha quedado encerrado el pirata espacial y la deja caer ante Vader, Boba y Lando. Varios técnicos inspeccionan la momia con sondas electrónicas.

Después de la agotadora lucha de espadas entre Luke y Darth Vader en Ciudad Nube, se coloca la última pieza del rompecabezas. La página 128 del guion manuscrito de George Lucas permite ver lo que conservó del guion mecanografiado.

VADER El viejo Kenobi nunca te contó lo que le pasó a tu padre, ¿verdad?

LUKE ¡Ya basta! Me dijo que lo mataste.

VADER Yo soy tu padre.

2.57–60 *Estas páginas del guion gráfico recogen el ataque de los speeders contra los caminantes. La «descripción» y el «diálogo» proceden del guion, los «elementos» son todas las maquetas, láseres y fuego antiaéreo necesarios, y el «número de fotogramas» muestra la cantidad requerida de estos, con 24 por cada segundo de película.*

2.61 *Ilustración de Ralph McQuarrie que muestra el dramático duelo entre los pequeños speeders y el gigantesco caminante. Tras la explosión de una de las naves, otra enrolla un cable alrededor de las patas del inmenso vehículo.*

2.62

Ninguno deja de pelear mientras mantienen este diálogo. Luke se resiste a creerlo. Los combatientes se miran el uno al otro, padre e hijo.

LUKE Eso es imposible. No es verdad.
VADER Busca en tus sentimientos. Sabes que es verdad. Únete a mí.
LUKE ¡No! Nunca.

La paternidad de Vader, así como la pérdida del antebrazo de Luke durante el duelo, fue

2.62 *Hamill hace sonar la claqueta para la escena 88B. Al usar el mismo speeder para todos los pilotos, se necesitaron dos días de filmación en lugar de tres.*
2.63 *Irvin Kershner (a la derecha de la cámara, con gorra) dirige a Hamill en la cabina del speeder con una pantalla azul como fondo. La nave estaba montada en un cardán para que pudiera moverse simulando un vuelo. A la derecha puede verse al primer ayudante de dirección, David Tomblin.*

una información que se les ocultó a todos los miembros del equipo que no necesitaban conocerla para hacer su trabajo.

Hacia el horizonte

En agosto de 1978, Lucas disponía de un tercer borrador del guion más conciso, pero sentía que necesitaba pulir el diálogo.

Lawrence Kasdan Trabajé durante seis meses en *En busca del arca perdida* y fui a la oficina de George para entregarle el guion. Lo lanzó sobre la mesa y me preguntó si quería escribir *El Imperio contraataca*. Por aquel entonces yo estaba totalmente volcado en el *Arca*, pero no quería rechazar la segunda película de *Star Wars*. «¡Pero si todavía no has leído el guion del *Arca*!», exclamé.

George Lucas Con la gente me guío por sensaciones. Por supuesto, si el *Arca* no me hubiera gustado, habría retirado la oferta.

Paul Duncan ¿Qué cualidades viste en él o en su trabajo que te hicieron pensar que podrían ayudarte?

George Lucas Escribe mejor que yo. *(Risas)* Y los diálogos se le dan mejor.

Lawrence Kasdan Mis guiones son historias sobre personas. Ese enfoque funcionó en *El Imperio contraataca* porque le quita toda la parafernalia de la ciencia ficción y pone en primer plano un conflicto personal.

George Lucas A Larry se le ocurrieron ideas divertidas desde un punto de vista distinto. Eso resultó muy importante, sobre todo con Yoda. Yo escribía los diálogos de Yoda, pero no quedaban perfectos, y entonces él me decía: «No puedes hacerlo de esta manera. Tienes que hacerlo de esta otra». Pasamos bastante tiempo discutiendo cómo debía hablar Yoda, cómo debía decir las cosas, decidiendo las palabras concretas.

Kasdan entregó el cuarto borrador del guion el 24 de octubre. Cada personaje tiene sus propias motivaciones y se nos invita a leer entre líneas. Un ejemplo es esta escena protagonizada por Luke, Yoda y Ben Kenobi. Llegó prácticamente intacta a la película; solo se pulió lo que Lucas había escrito en el tercer borrador.

El Imperio contraataca / Cuarto borrador del guion / 24 de octubre de 1978

CRIATURA ¿Por qué un jedi quieres ser?

LUKE Por mi padre, creo.

CRIATURA *(A la vez que coloca comida sobre la mesa)* Oh, tu padre. Poderoso jedi fue, poderoso jedi.

LUKE *(Algo enfadado)* ¿Cómo podrías conocer a mi padre? Ni siquiera sabes quién soy. *(Visiblemente harto)* ¿Podemos ponernos ya en marcha?

La criatura se aleja de Luke y habla con un tercero.

2.63

2.64

CRIATURA *(Irritado)* Esto no bueno. No es posible. No puedo enseñarle. ¡El chico no tiene paciencia!

Luke vuelve la cabeza hacia él. Se sorprende al ver la imagen luminosa de Ben Kenobi.

LUKE ¡Ben!

Ben solo habla con la criatura. De momento, ambos hacen caso omiso a Luke. El chico está desconcertado, pero en los siguientes intercambios se da cuenta de que la pequeña criatura es YODA, el maestro jedi.

BEN Aprenderá a tener paciencia.

YODA Mucha ira en él, como en su padre.

BEN Ya hemos hablado de esto.

LUKE Puedo ser un jedi. Estoy preparado.

Yoda se sienta enfrente de Luke, al otro lado de la mesa.

YODA ¿Preparado estás? ¿Qué sabes de estar preparado? He entrenado a jedi durante 800 años. Mi propio consejo seguiré sobre quién debe ser entrenado.

LUKE ¿Por qué no yo?

YODA Convertirse en jedi requiere el compromiso más profundo, la mente más seria.

BEN Puede hacerlo.

YODA *(A Ben, señalando a Luke)* A este mucho hace que lo observo. Toda su vida solo ha querido mirar... hacia el horizonte, hacia el cielo, hacia el futuro. Nunca su mente puso donde estaba él, ni en lo que hacía. Aventura, emoción... *(Girándose hacia Luke.)* ¡No anhela un jedi esas cosas!

Luke baja la mirada: sabe que es verdad.

LUKE He seguido mis sentimientos.

YODA ¡Eres imprudente!

BEN Aprenderá.

YODA Muy viejo es. Sí. Demasiado viejo para comenzar el entrenamiento.

A Luke le parece que está empezando a ceder.

LUKE Pero no ha sido tiempo perdido. Ya he aprendido mucho.

Yoda lanza una mirada penetrante a Luke, como si los enormes ojos del maestro jedi pudieran juzgar lo que el chico ha aprendido. Pasados unos segundos, la pequeña criatura se vuelve hacia Ben, que lo mira con serenidad y casi parece inclinar la cabeza.

YODA ¿Terminará lo que comience?

BEN Hemos llegado hasta aquí... Él es nuestra única esperanza.

2.64 *Luke escapa de su speeder derribado en esta pintura de Ralph McQuarrie. McQuarrie: «Quería mostrar esa fracción de segundo en la que tienes que tomar una decisión a vida o muerte».*
2.65 *Mark Hamill intenta calentarse en el glaciar de Finse.*

Yoda asiente con aspecto de resignación y la imagen de Ben se desvanece. Yoda continúa mirando a ese punto durante mucho tiempo.

LUKE No te fallaré. No tengo miedo.

YODA *(Se vuelve lentamente hacia él)* Lo tendrás, mi joven. Sí, lo tendrás.

La cáustica observación de Yoda de que durante «toda su vida» el joven Skywalker «solo ha querido mirar... hacia el horizonte, hacia el cielo, hacia el futuro» remite a la primera imagen que el espectador tiene del Luke niño en las áridas planicies de Tatooine. Es un detalle especialmente hábil y elegante por parte de Lucas: los anhelos de Luke están envueltos en un aura mítico-heroica que aquí se pone en cuestión. Yoda evoca esa imagen no a modo de aprobación, sino para lanzar una crítica incisiva.

Lawrence Kasdan Estas películas son George cien por cien. No diría lo mismo del *Arca*, pero sí de las películas de *Star Wars*. Él tiene las historias en la cabeza y lo que diferencia una película de otra es cómo se ejecuta.

Yoda adquiere más personalidad

Ahora que Yoda había encontrado su voz, la pregunta técnica era de qué modo la criatura podía cobrar vida en la pantalla. En el fondo, se trata de un elfo. Los bocetos originales de Johnston de febrero de 1978 fueron desarrollados en julio por McQuarrie, que situó a Yoda y Luke en el entorno del planeta pantanoso.

George Lucas De los dibujos de Joe a las pinturas de Ralph, la evolución es palpable. Yoda adquiere más personalidad y mejora su apariencia hasta convertirse en quien queremos que sea. En aquel momento, pensé: «¿Cómo demonios voy a hacer esto?».

Cuando estaba rodando *Star Wars* en los Elstree Studios, Jim Henson y Frank Oz estaban justo al otro lado de la calle grabando *El show*

2.65

2.66 *Durante la producción en los Elstree Studios, en las afueras de Londres, McQuarrie siguió pintando con fines publicitarios o como referencia para ILM. Esta ilustración se basó en una toma que se filmó en Noruega. McQuarrie: «Creo que mi experiencia en la guerra [de Corea] se notó en las ilustraciones que hice, en mi empatía hacia unos hombres que corren el riesgo de morir, ser quemados o cualquier otra cosa».*
2.67 *La retirada.*

de los teleñecos para la BBC. Nos encontrábamos continuamente. Yo era un gran fan de los teleñecos. Los adoraba.

Hablé con Jim sobre mi proyecto: «¿Podríamos hacer un muñeco tan realista que crean que es de verdad, como si fuera un animal extraño o algo así?». «No lo sé, nunca lo hemos intentado», me respondió.

Tenía en mi equipo a Stuart Freeborn, uno de los verdaderos pioneros de la animatrónica. Stuart había hecho las caras de los simios de *2001*, donde se usaron por primera vez mecanismos dentro de máscaras. Nosotros éramos capaces de hacer ojos y tal vez una oreja, pero la idea de fabricar una máscara o una figura y agregarle muchos elementos mecánicos era muy, muy prematura en ese momento. También teníamos grandes marionetistas, Jim Henson y Frank Oz, pero si Yoda no funcionaba y el espectador pensaba que era un muñeco *(levanta una mano para emular una cara y boca)*, entonces por ahí se iba la película, mi dinero y todo lo que más quería.

2.67

2.66

Paul Duncan Ninguna presión, entonces.

Freeborn se basó en los dibujos del personaje para confeccionar una marioneta de Yoda con la que Henson y Oz pudieran trabajar. Hizo un molde de la mano de Frank Oz, que interpretaría a Yoda, para que los mecanismos animatrónicos dentro de la cabeza se adaptaran perfectamente a su forma. Después modeló la cabeza de Yoda con arcilla. Fue durante ese proceso cuando se diseñaron sus líneas y rasgos definitivos.

Al muñeco se le añadió el movimiento del cuello, la boca y las cejas, y un sistema de cables para controlar las orejas, los ojos y los párpados. Para darle vida a Yoda se necesitaba a Frank Oz y otros tres marionetistas.

Comportamiento humano

La secuencia de la batalla en el planeta helado Hoth fue la primera que se filmó. Tuvo como escenario una llanura y una garganta espectaculares cerca de Finse, en Noruega. Del 29 de enero al 10 de febrero de 1979, se llevaron casetas y contenedores de efectos especiales hasta el punto más alto de la zona, donde un equipo de cinco hombres se encargó de montarlos. Una enfermera y un guía de la Cruz Roja los acompañaban. El tiempo demostraría lo necesarios que eran.

Kasdan entregó el guion revisado el 20 de febrero de 1979, dos semanas antes de que se empezara a trabajar en la fotografía principal. El borrador de Lucas de agosto incluía un diálogo encantador entre Han Solo y la princesa Leia, que Kasdan pulió y desarrolló.

***El Imperio contraataca* / Quinto borrador del guion / 20 de febrero de 1979**

La nave da unas violentas sacudidas. Chewie AÚLLA. Leia es lanzada a los brazos de Han. El movimiento se detiene de forma repentina, tal como comenzó. Han y Leia se dan cuenta de que están abrazados.

HAN ¿Por qué? Princesa, esto es tan inesperado.

LEIA Suéltame. Me estoy enfadando.

HAN No tienes aspecto de estar enfadada.

LEIA ¿Qué aspecto tengo?

HAN (Con sentimiento) Hermoso.

Leia se sonroja y aparta la mirada. No puede decirse que luche por liberarse. Pero, por supuesto, Han lo estropea…

HAN Y excitada.

Leia se enfurece.

LEIA Lo siento, capitán, estar en tus brazos no basta para excitarme.

HAN Bueno, espero que no quieras nada más.

LEIA No quiero nada, excepto que me dejes en paz.

HAN Si te quitas de en medio, te dejaré en paz.

Leia se da cuenta de que está obstaculizando el paso y se aparta avergonzada. Chewie ha estado observando su discusión, y también C-3PO.

C-3PO Debo admitir que a veces no entiendo el comportamiento humano.

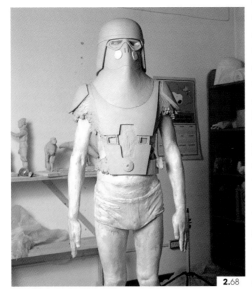

2.68

Esta escena se filmará, pero se acortará en el montaje final.

Lawrence Kasdan Para George, una película trasciende a su guion. Siempre está dándole forma a un esquema que va más allá. Sus personajes representan diferentes planteamientos filosóficos.

Todo en el mismo edificio

En mayo de 1978, Joe Johnston discutió sus guiones gráficos de la batalla en la nieve con Lucas y Kershner. A partir de diciembre de 1978 Johnston, Nilo Rodis-Jamero y Dave Carson los ampliaron hasta casi un total de 500 guiones gráficos numerados. Serían la referencia principal para los efectos visuales de la película.

En julio de 1978, Ivor Beddoes estaba colaborando con Kershner en los Elstree Studios en el desarrollo de los guiones gráficos que muestran las aventuras de Luke a lo largo de la película: Luke es prisionero del monstruoso wampa; Luke lucha contra un caminante en la batalla en la nieve; Luke conoce a Yoda y es entrenado por el maestro jedi; y Luke se bate en duelo contra Darth Vader en Ciudad Nube. McQuarrie y Kershner también intervinieron en la preparación de estos guiones gráficos, cuya función principal era servir de referencia al diseñador de producción Norman Reynolds, al coordinador de peleas Peter Diamond y a otros miembros del equipo. ILM inició su actividad en San Rafael en septiembre de 1978.

Richard Edlund / Supervisor de efectos especiales visuales El estudio necesitaba encontrar jefes de departamento dispuestos a cambiar de vida. Brian Johnson, que supervisó los efectos de suelo de la fotografía principal, vino a Industrial Light & Magic desde Inglaterra para trabajar un año con nosotros. Dennis Muren se convirtió en director de efectos fotográficos. Convencí a Bruce Nicholson para que fuera jefe del departamento de óptica, función que ejerció admirablemente. La animación *stop-motion*

2.69

estuvo a cargo de Jon Berg y Phil Tippett. Harrison Ellenshaw fue el supervisor de *matte painting*. Peter Kuran dirigió el departamento de animación; Lorne Peterson, la Model Shop; Conrad Buff, el departamento editorial; Jerry Jeffress, Sistemas Electrónicos; y el productor asociado James Bloom coordinó el complejo calendario de los equipos de cámara y el flujo de trabajo. Cuando la instalación estuvo construida y equipada, tuvimos que reunir una plantilla de unas 90 personas para la producción de efectos. George Lucas estaba presente en las

2.68 *Un modelo de arcilla de tamaño real de un soldado de montaña muy cerca ya del diseño definitivo.*
2.69 *Uno de los primerísimos bocetos de Joe Johnston muestra a las tropas imperiales alrededor de unas grandes patas mecánicas. Aunque Johnston y McQuarrie buscaban un diseño macizo, al final Johnston añadió detalles a las patas de los caminantes.*

proyecciones diarias del trabajo en curso para tomar decisiones y dar instrucciones. La producción de efectos fue un periodo muy ajetreado.
Brian Johnson El aspecto que más nos distingue es que disponemos del equipo de control de movimiento, las instalaciones de montaje y el departamento óptico todo en el mismo edificio. También tenemos nuestro propio equipo para las separaciones, lo que significa que las cosas se hacen en un plazo mucho más breve. En un proyecto como este siempre hay cosas que no salen del todo bien y hay que repetirlas. En el pasado, eso consumía mucho tiempo, pero aquí podemos ver lo que tenemos y recomponerlo temporalmente de manera mucho más rápida. Este sistema supone un gran ahorro.
George Lucas Tuvimos que inventar 5 000 cosas nuevas, pero también pudimos construir sobre la base de las 5 000 cosas que habíamos ideado para *Star Wars*. No tuvimos que rediseñar los

2.70

2.70 *El primer borrador del guion incluye un ataque contra la base rebelde por parte de las criaturas de las nieves indígenas, que intentan recuperar su territorio. Aunque el ataque imperial se convirtió en el elemento central, el plan de rodaje todavía incluía un ataque wampa que fue filmado en Elstree. En la imagen, un wampa ataca a un soldado de montaña imperial.*
2.71 *A lo largo de la semana, la segunda unidad logró sacar la escena adelante: el wampa se abre paso, ataca a los rebeldes y estos lo abaten con un bazuca. Se necesitaron cinco días de filmación y 15 configuraciones, pero finalmente no se incluyó en la película.*

2.71

cazas Ala-X que usaban los rebeldes ni el *Halcón Milenario.*

Pudimos hacer cosas que solo insinuamos en la primera película. En *Star Wars,* los robots apenas podían caminar; ahora podían recorrer kilómetros.

Un gran lío

Irvin Kershner La clave es que todo parezca fácil, y hecho sin esfuerzo.

Alan Arnold / Departamento de Publicidad / 4 de marzo de 1979 Finse y sus alrededores tienen uno de los climas invernales más traicioneros de Europa. Vientos repentinos de fuerza huracanada pueden convertir la nieve en un polvo cegador que desorienta y hace realmente difícil permanecer con vida durante mucho tiempo. Todo el mundo tiene instrucciones claras y estrictas de no separarse de los caminos marcados con banderas (que ahora están sepultadas bajo la nieve) porque un paso en falso en un ventisquero a gran altura puede significar la muerte.

Estaba programado que la unidad principal rodara durante siete días. Luke (Mark Hamill) es derribado del tauntaun por un wampa (Des Webb). Tras escapar, vaga por una garganta helada antes de que Han (Harrison Ford) regrese para salvarlo. Han y Chewie (Peter Mayhew)

también juegan al escondite con una sonda imperial. Al inicio del rodaje, los equipos trabajaron con aparatos técnicos muy complejos en condiciones climáticas extremas hasta nueve horas diarias.

El lunes 5 de marzo fue el primer día de fotografía principal. Según el programa de rodaje, la película debía filmarse en 78 días y terminar el 22 de junio. Como marca la tradición, la producción comenzó con una toma fácil para animar a los actores y al equipo técnico.

El Imperio contraataca / Quinto borrador del guion / 20 de febrero de 1979
Escena 23: EXTERIOR ENTRADA A LA GARGANTA DE HIELO – HOTH – ANOCHECER

Luke sale tambaleándose de la garganta de hielo y tropieza con un cúmulo de nieve. Nieva y oscurece.

La unidad debía estar preparada a las 7:30 de la mañana. La primera toma de Luke escapando

*del wampa se realizó a las 8:35. La unidad con-
cluyó su jornada a las 5:20 de la tarde, después
de 9 horas y 50 minutos de rodaje con nueve
configuraciones distintas para un total de 1 minuto y 30 segundos de película. La escena 23 no
se terminó; la segunda unidad se encargaría de
completarla al día siguiente.*

Gary Kurtz La mayor parte del tiempo, la primera unidad tuvo que trabajar en medio de la ven-
tisca. El clima era impredecible. Podíamos estar
rodando en lo alto del glaciar con un día relativamente claro, y al cabo de 15 minutos vernos
sorprendidos por una nevada. No se podía distinguir nada a más de tres metros.

2.72 *Han, Leia y C-3PO corren para subir
al Halcón Milenario y escapar de las
garras del Imperio.*
2.73 *Darth Vader llega a la base rebelde.*
2.74 *Soldados imperiales vestidos con
trajes de invierno montan un cañón para
disparar contra el Halcón Milenario.*

Irvin Kershner En esta película todo fueron dificultades. ¿Ir a Noruega a filmar escenas de un
planeta helado en el peor invierno de los últimos
75 años a -32 °C? ¡Difícil! No podías mantener los
objetivos limpios, los actores estaban helados y
tuvimos que rodar mientras nevaba.

George Lucas Este tipo de películas son muy difíciles de hacer. El número de personas implicadas, la cantidad de equipos con los que trabajamos, las decisiones que cuestan dinero… Todo
eso, todos los días. Es horrendo en comparación
con una película normal. Desde los puntos de
vista logístico y técnico es tan complicado que si
no sabes lo que estás haciendo puedes meterte
en un gran lío en muy poco tiempo.

*El 9 de marzo, la nieve y el viento imposibilita-
ron llegar al lugar de rodaje previsto. Kershner
decidió filmar la secuencia del tauntaun en el
campamento base, en los campos nevados
frente al hotel del equipo.*

Irvin Kershner Repasar el guion, sostener un lápiz o mirar a través de un objetivo en plena tormenta de nieve y con tanta ropa encima eran auténticas hazañas.

Gary Kurtz Pero de un modo u otro conseguimos rodar.

Kershner voló a Londres el 12 de marzo. Al día siguiente, Mark Hamill y Des Webb hicieron lo mismo. El director de la segunda unidad, Peter MacDonald, se quedó en Noruega con su equipo así como con un grupo de dobles y especialistas para completar la batalla de Hoth.

Saber lo que hay que hacer

El 24 de enero de 1979, un incendio catastrófico en los Elstree Studios destruyó el escenario más grande («The Colorado Lounge») de la película de Stanley Kubrick El resplandor, *que estaba en pleno rodaje en ese momento. El plan original era que Kubrick terminara y dejara libres las instalaciones antes del 1 de febrero para que el equipo de* El Imperio contraataca *pudiera construir 64 decorados, pero después del incendio no sabían cuándo podrían comenzar.*

Gary Kurtz Stanley estaba filmando las escenas del laberinto. Eso fue dos meses, tal vez tres meses antes. Cada vez que lo veía le decía: «Stanley, tienes que dejar libre el plató. Tengo que construir un decorado». Y él me respondía: «Solo necesito unos días más. Necesito terminar algunas cosas».

El 13 de marzo de 1979, la unidad principal empezó a rodar en el escenario n.º 8 con dos equipos de cámara. Arrancaron con la escena 205, en la que Han, Leia, C-3PO y Chewbacca intentan despegar en el Halcón Milenario *antes de que Vader llegue a la base de los rebeldes. Kershner preparó cuatro configuraciones. Las pizarras estaban rotuladas como 205, 205A, 205B y 205C.*

Diario de rodaje / Primera unidad / 13 de marzo de 1979

INTERIOR BODEGA DE CARGA PRINCIPAL *HALCÓN MILENARIO* – HANGAR PRINCIPAL – HOTH

Toma 205: ESCENA MÁSTER. Han en el panel de control y Chewie en el anexo realizan ajustes observados por Leia. C-3PO entra, se detiene en primer plano a la izquierda. Han sale por la izquierda cerca de la cámara seguido por Leia (dirección a la cabina). C-3PO se vuelve hacia la cámara para cuidar de ellos. (La toma abarca toda la escena, que dura 16 segundos. Se positivan dos de las tres tomas.)

Toma 205A: PRIMER PLANO DE HAN en el panel de control (favoreciendo el perfil izquierdo). Se da la vuelta para hablar con Leia, situada fuera de pantalla, y luego se vuelve hacia la cámara. Mira a C-3PO a la izquierda de la cámara, cerca del objetivo. Camina hacia delante y sale del encuadre en primer plano. (Esta toma abarca la última parte de la escena máster y se positivan dos de las seis tomas.)

Toma 205B: (Comprende el comienzo de la toma maestra con dos cámaras, una para un PRIMER PLANO de LEIA y la otra para un PRIMER PLANO de CHEWIE. Se positivan dos de las seis tomas e incluye algunos diálogos improvisados.)

Toma 205C: (Misma acción que la escena máster pero con dos cámaras, una filma un PRIMER PLANO de HAN y se mueve para incluir a LEIA y la segunda un PRIMERÍSIMO PRIMER PLANO de HAN. Se positivan dos tomas de ambas cámaras.)

El mismo día, Kershner rodó tres configuraciones distintas de la escena 236, que también tenía como escenario la bodega del Halcón. *Asimismo, probó distintos encuadres, movió la cámara y permitió que los actores improvisaran después de que algunas tomas se hubieran dado por buenas. Kershner presentó 11 tomas para el montaje de la escena 205 y cinco para el de la 236.*

Paul Hirsch / Montador *El Imperio contraataca* tiene un mejor acabado que la primera película

2.76

y el estilo de rodaje es bastante diferente. En *Star Wars*, la cámara no se movía casi nunca. Su fuerza se logró en gran medida en la sala de montaje. Esta película tiene más movimientos de cámara y no hizo falta un montaje tan rápido para que tuviera nervio.

El mismo día, la segunda unidad rodó en Noruega siete escenas de la salva inicial de la batalla de Hoth con los especialistas Colin Skeaping y Bob Anderson, además de 43 extras.

Diario de rodaje / Segunda unidad / 13 de marzo de 1979

EXTERIOR LLANURA de HOTH

Toma 73: SILENCIO. Barrido de una esquina de una trinchera. Las tropas se preparan, llevan armas hasta sus posiciones, ocupan la trinchera, colocan tablones de madera, cargan cajas, etc. LA CÁMARA AVANZA y gira para mostrarlo todo.

Toma 74: SILENCIO. Las tropas rebeldes cargan las armas. Cámara A, en tribuna: plano de gran angular con cañón sobre torreta en primer plano y otros dos cañones sobre torretas a lo ancho del encuadre. Trinchera derecha, cámara B: primer plano del cañón de la torreta central,

2.75 *El Halcón Milenario intenta escapar de unos destructores estelares imperiales y un escuadrón de cazas TIE en esta toma compuesta realizada con fines publicitarios.*

2.76 *Harrison Ford se relaja en el Halcón Milenario con la misma actitud relajada que tendría Han Solo. Esta sutil confusión entre uno y otro hizo que el personaje y el actor se ganaran al público. Ford, acerca de Solo: «Es un hot-rodder [aficionado a los coches antiguos modificados] en el espacio exterior».*

2.77 *Mientras intenta escapar de los cazas TIE, Han dice: «Mirad esto», y presiona un interruptor para saltar al hiperespacio. No pasa nada. «¿Mirad qué?», pregunta Leia. La estrafalaria comedia romántica continúa.*

5/6/80

2.78

panorámica de la trinchera y de los puestos de ametralladoras.

Toma 75: SILENCIO. Placa *matte* para los generadores en segundo plano detrás de la actividad general tal como aparece en la escena 74. Dos configuraciones con objetivos de 35 y 50 milímetros.

Toma 77: SILENCIO. Plano de seguimiento. El OFICIAL avanza hacia la trinchera mientras se oye el estruendo de los caminantes, visibles al fondo a la derecha. Panorámica de las tropas que trabajan en la trinchera y plano de seguimiento del OFICIAL mientras se acerca y mira a la derecha hacia el horizonte.

Toma 80: SILENCIO. El OFICIAL sujeta sus binoculares y mira por ellos mientras los ajusta. Las tropas al fondo de la imagen se detienen y miran.

Toma 82: el oficial deja caer los binoculares y habla por el intercomunicador que tiene en el guante.

OFICIAL Base Eco 3-T-8. Hemos detectado avanzadas imperiales.

El diálogo de Luke fuera de pantalla se mezcla con el sonido de una explosión tras la trinchera.

OFICIAL A las trincheras…

Se pone a cubierto a la derecha. Los hombres del fondo se meten en la trinchera.

2.78–79 *El boceto de Joe Johnston de la persecución entre los asteroides se usó como base para una imagen compuesta con fines publicitarios.*

También se rodó un primer plano del oficial sin ninguna explosión y del cañón parabólico

siendo reparado y girando en su plataforma, pero la actuación de los extras fue tan mala que al final no se positivó.

Toma 110: SILENCIO. Cuatro cámaras. Cámara A: plano de gran angular de los generadores perdidos. Primer cañón sobre la torreta a la derecha, otra torreta en el centro y trinchera a la derecha. Tropas y cañones disparando. Explosiones desde el fondo hasta el primer plano. Cámara B: Plano contrapicado de los hombres disparando en la trinchera. Grandes explosiones en primer plano. Cámara C: technirama para *matte*, plano de muy gran angular de los generadores de fondo para la placa *matte*. Cámara D: VistaVision para *matte*, plano de gran angular que incluye dos torretas, trincheras y nidos de ametralladoras.

NOTA: explosiones más pequeñas de lo requerido por el frío. El cañón en primer plano no disparó. ¿Pueden añadirse los efectos?

Peter MacDonald / Director de la segunda unidad Lo más importante de una segunda unidad es que no puedas diferenciar su trabajo del de la primera. Es fundamental que tenga el sello de la primera unidad, tanto en la fotografía como en el estilo de dirección.

Los días 14 y 15 de marzo, todavía en la bodega del Halcón Milenario, *Kershner usó 15 configuraciones para la escena 289, que explora la relación romántica entre Leia y Han y conduce a su primer beso.*

Paul Duncan Kersh se comunica muchísimo con todos los actores. Escucha atentamente sus opiniones y le gusta jugar y probar todo tipo de cosas. Algunas escenas se filmaron de forma

ligeramente diferente de lo que decía el guion; por ejemplo, el beso entre Han y Leia. Aunque la intención es la misma que en el guion, hay algunas líneas de diálogo nuevas, y el final, donde el beso es interrumpido por C-3PO y se pasa de la tensión al humor, fue improvisado por Kersh. ¿Eso fue algo que tú alentaste?

George Lucas Cuando dirijo, animo a los actores a hacer lo que a ellos les resulte más cómodo en todo momento. Tenemos discusiones y de ahí salen distintas ideas y escenas. Yo digo: «No, no vamos a hacer eso» o: «Sí, podemos hacer eso». Recuerda que estuve allí durante prácticamente todo el rodaje. No estuve la primera semana en Noruega, pero estuve allí para esa escena. Cuando se les ocurría algo, me lo comunicaban y yo decía: «Está bien, haced eso» o: «No hagáis eso». Para mí, esa es la mejor forma de hacer una película. Esa es la parte divertida.

Paul Duncan Vas encontrando cosas a medida que la vas haciendo.

George Lucas Sí.

Paul Duncan Por otra parte, eso cuesta dinero. Mientras estás trabajando, vives esa tensión entre la necesidad de ser creativo y…

George Lucas No hay mucha tensión. Puedo decir: «No necesitamos ese decorado, podemos seguir con este. ¿Te parece bien, Kersh? ¿Puedes rodarlo así? Aquí podemos ahorrar

2.80 *Darth Vader recibe un informe del general Veers (Julian Glover). Esta escena fue filmada el 4 y el 8 de mayo de 1979.*
2.81 *Lucas y Kershner, del brazo de su villano favorito.*
2.82 *Vader, despojado de su casco. Su cuero cabelludo quemado, que apenas puede entreverse, da pistas sobre el terrible accidente que lo convirtió en lo que es.*

mucho dinero». O si algo es muy difícil, puedo decir: «Hagámoslo de esta manera, es mucho más fácil». Me implico en ese tipo de cosas. Si fuese algo como: «Queremos que esta escena dure más» o: «Queremos hacer esto», no me costaría mucho saber lo que hay que hacer.

El estilo colaborativo y experimentador de Kershner marcó el tono de la producción.

Mientras tanto, el rodaje en Noruega continuó durante todo el mes de marzo y las durísimas condiciones meteorológicas provocaron accidentes e incluso varios casos de congelación facial.

Alan Arnold Todos los días, dos esquiadoras curtidas e incansables llevaban a las localizaciones termos enormes con los almuerzos, pero estos se congelaban antes de que los miembros del equipo pudieran llevárselos a la boca.

El 30 de marzo se tuvo que interrumpir el rodaje del final de la secuencia de la batalla a causa

2.81

del mal tiempo y la peor visibilidad. Veintiséis soldados iban a ser trasladados en helicóptero a la meseta superior, pero después de tres tentativas de aterrizaje no tuvieron más remedio que dar media vuelta.

Reanudaron el rodaje el fin de semana siguiente y terminaron la parte noruega a las 11:10 del martes 3 de abril. El equipo podía volver a Londres.

2.82

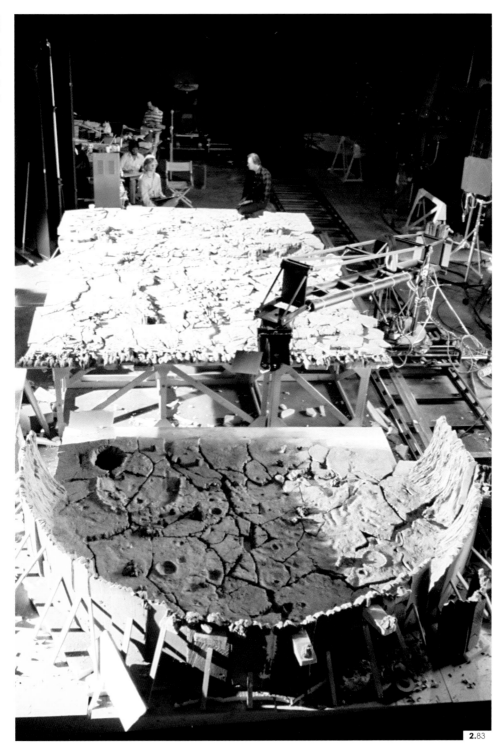

Pura sangre fría

Cuando Lucas volvió a San Francisco el 27 de marzo, la producción llevaba dos días de retraso. Según el plan de rodaje, habían superado en un 10 por ciento el tiempo programado, algo que todavía estaba dentro de lo aceptable.

A partir del 27 de marzo, se rodaron multitud de escenas ambientadas en los pasillos de hielo. La segunda unidad, dirigida por John Barry, tenía que realizar pruebas de iluminación para las escenas siguientes y trabajar con la unidad principal cuando se necesitara una cámara adicional. También rodaron pickups e insertos (a

veces con el reparto principal) de los escenarios que había que desmontar para poder construir los siguientes.

En el borrador original, la principal amenaza para los rebeldes es un ataque coordinado de wampas, que se infiltran por una intrincada red de galerías. El guion técnico redujo la escala del ataque a un par de escenas con R2-D2 y los rebeldes antes de que las fuerzas imperiales marchen sobre la base. Se rodaron en abril durante seis días.

Paul Duncan La secuencia de los wampas en la base rebelde no llegó al montaje final. Parece que os hubierais dicho: «Demos a R2-D2 y C-3PO algo que hacer mientras pasa todo lo demás…».

George Lucas «… o nos olvidaremos de ellos.» Durante el montaje nos dimos cuenta de que sucedían tantas cosas que no la necesitábamos.

2.83 *La cámara con control de movimiento que filmó la superficie del asteroide gigante. Dennis Muren aparece en la parte superior derecha.*
2.84 *Imagen del Halcón perseguido por cazas TIE compuesta con fines publicitarios.*

2.85 *El planeta pantanoso, Dagobah, en construcción. A la izquierda pueden verse unas figuras recortadas de árboles que tenían que colocarse sobre las paredes del estudio para crear el efecto de profundidad. La estructura blanca de la parte inferior izquierda es la casa de Yoda, que se elevó para que Frank Oz y el resto de marionetistas turieran suficiente espacio para actuar.*
2.86 *Luke se estrella en el pantano.*
2.87 *Como el estudio estaba lleno de agua, el decorado se instaló a aproximadamente 1 metro de altura. En la imagen, Kenny Baker dentro del traje de R2-D2 se prepara para darle al droide un verdadero toque humano.*

Sin embargo, los problemas con esa secuencia retrasaron la producción dos días más.

Del 5 al 20 de abril, la unidad principal rodó en los pasillos de Ciudad Nube.

George Lucas Ralph McQuarrie, Joe Johnston y yo trabajamos en los diseños de los decorados y se los entregamos a Kersh, Gary y Norman

Reynolds. Fue toda una experiencia hacer una descripción de lo que quería, explicarle al director cómo debía hacerse, detallarle el ambiente y recibir de vuelta algo completamente distinto a lo que tenía en mente. Ahora entiendo por qué los guionistas se vuelven locos. No hay dos personas iguales, y no hay dos personas con la misma mirada sobre las cosas. Los matices de un guion, sin importar lo articulado que esté, pueden ir en direcciones muy distintas.

En estas escenas se presenta al personaje de Lando Calrissian, interpretado por Billy Dee Williams.

Billy Dee Williams Lando es una figura pop, más grande que la vida, una persona que se presta al humor, y eso me encanta. Tiene un recorrido muy interesante: de seductor y traidor oportunista a alguien a quien terminas adorando: ahí tienes un buen personaje. Interpretarlo fue maravilloso. Una de las cosas que contribuyeron al éxito de *El Imperio contraataca* fue el elemento humano. Todos sus protagonistas tienen algo que la gente ama.

El personaje del cazarrecompensas Boba Fett, que fue interpretado por Jeremy Bulloch, rodó por primera vez el 10 de abril. En la escena conduce a Han, que se encuentra atrapado en carbonita, hasta la plataforma de despegue por los pasillos de Ciudad Nube.

George Lucas Cuando empecé a escribir sobre Darth Vader quería construir un personaje esencialmente malvado que diera mucho miedo. Comenzó siendo un cazarrecompensas intergaláctico, evolucionó hasta convertirse en un caballero grotesco y a medida que me iba adentrando en el espíritu caballeresco se convirtió más en un guerrero oscuro que un mercenario. Al igual que Han y Lando, lo desdoblé y de la idea inicial de Darth Vader como cazarrecompensas surgió Boba Fett.

Jeremy Bulloch Me pidieron que me vistiera con ese traje. Me lo puse y pensé: «Qué raro es esto». Del hombro me colgaba una especie de mechón de pelo wookiee que al principio me puse debajo del casco porque pensaba que era un postizo. Tardé mucho tiempo, pero al final me metí en el traje.

Luego entré en el plató. Todo pareció detenerse. La sensación fue maravillosa. Los miembros del equipo se acercaron para ver de cerca al nuevo personaje.

Boba Fett tenía presencia, estaba claro. Es un superviviente. Hay agujeros de bala por toda su armadura y su capa está hecha trizas. Tiene esos mechones wookiee. Está claro que supo arreglárselas bastante bien a lo largo de los años en la galaxia.

Recuerdo que Kersh me dijo el día antes de comenzar: «Este personaje es pura sangre fría. Imagina que caminas por una calle de una ciudad del Oeste. Es rápido pero sigiloso».

2.87

2.88

El 19 de abril, después de 33 días de rodaje, la producción llevaba 10 días y medio de retraso. A ese ritmo, el calendario de 78 días podía alargarse otros 25.

Los retrasos en Elstree eran cada vez más evidentes, y Lucas estaba decidido a adaptar la historia al presupuesto.

George Lucas / Memorándum / 19 de abril de 1979

Si alguien necesita información respecto a los presupuestos, hago públicas las siguientes cifras de costes directos:
More American Graffiti: 4 500 000 dólares
El Imperio contraataca: 17 000 000 dólares
Gracias,
GL

2.88 *Ilustración realizada por Ralph McQuarrie para el guion gráfico que muestra a Luke nadando hasta el borde del pantano sin saber que un monstruo lo está acechando.*
2.89 *Kershner charla en el pantano con Mark Hamill como Luke y Kenny Baker como R2-D2.*
2.90 *Luke ha llegado a este pantano tan poco atractivo siguiendo las indicaciones de Ben Kenobi, que ahora es uno con la Fuerza. Su objetivo es encontrar al último maestro jedi, Yoda.*

Una sustanciosa recompensa

El 23 de abril, Mark Hamill rodó en el decorado de la garganta de hielo, en el escenario n.° 1, colgado boca abajo como prisionero del wampa. La segunda unidad trabajó con los actores cuatro días más (25, 27, 30 de abril y 1 de mayo) para completar la escena, que resultó más difícil de lo esperado. Fueron necesarias más de 20 configuraciones.

Mark Hamill Tengo buenos recuerdos, con la excepción de los siete días que pasé colgado boca abajo como si fuera un pedazo de carne. Tuve que hacerlo con la primera y la segunda unidad, todo para unos 90 segundos de película.

El 24 de abril comenzó el rodaje en el escenario n.° 5, que recreaba la sala de control principal del destructor estelar de Darth Vader. Dos días después, Kershner filmó la escena 316, en la que los cazarrecompensas aparecen por primera vez, incluido Boba Fett.

Diario de rodaje / Unidad principal / 26 de abril de 1979

INTERIOR DEL DESTRUCTOR DE VADER – SALA DE CONTROL Y PUENTE DE MANDO EN PROA
Toma 316: plano bajo de GRAN ANGULAR con la sala, una hilera de controladores sentados frente a monitores y los cazarrecompensas de

pie al fondo en el puente de mando. Un oficial se acerca y se inclina sobre el monitor del controlador en primer plano para analizar los datos. El ALMIRANTE PIETT aparece por la izquierda en primer plano, cruza la pantalla y se detiene a la derecha del oficial para observar a los cazarrecompensas. Hay un diálogo, durante el cual da media vuelta y se aleja:

PIETT ¡Cazadores de recompensas! No necesitamos esa porquería.

OFICIAL Desde luego, señor.

PIETT *(Mientras se aleja)* Esos rebeldes no escaparán.

El oficial sale de pantalla en primer plano por la derecha.

Desde el comienzo de la escena se puede ver a VADER en el puente de mando en compañía de dos subordinados mientras camina de izquierda a derecha frente a los tres primeros cazarrecompensas: Zuckuss, Droide y Boba Fett. Luego vuelve a moverse de derecha a izquierda. Le dice algo a uno de sus acompañantes, que da media vuelta y DESAPARECE por unas escaleras al fondo.

Se rodaron nueve tomas de este plano de 20 segundos. Se positivaron las tomas 7 y 9.

La toma 316A, de 35 segundos de duración, prosigue con Vader pasando revista a los cazarrecompensas. La cámara lo filma en contrapicado desde la sala de control y su figura resulta imponente. Piett levanta la mirada y observa con disgusto al cazarrecompensas con aspecto de reptil. Vader sigue dando instrucciones.

VADER Habrá una sustanciosa recompensa para quien encuentre el *Halcón Milenario*. Pueden utilizar los métodos que crean convenientes, pero los quiero vivos.

La toma 316B, un inserto, muestra el punto de vista de Piett mientras intercambia una mirada con el cazarrecompensas con aspecto de reptil.

2.89

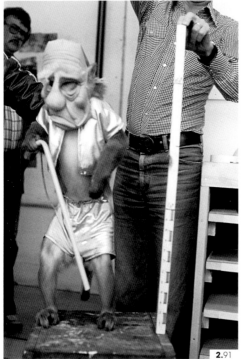

2.91

2.92

Al día siguiente, Kershner siguió trabajando en esta escena. La toma 316C es un plano muy largo de Vader pasando revista a los cazarrecompensas. La 316D comienza con un primer plano de Zuckuss cuando Vader se detiene frente a él para una breve conversación. Termina con Vader abandonando el lugar para recibir noticias de Piett.

2.91 *Una idea para Yoda fue vestir a un mono y ponerle una máscara. Irvin Kershner: «Les pregunté cómo pensaban hacerlo hablar: "¿Podéis enseñar a hablar a un mono?". No, no se puede enseñar a hablar a un mono».*
2.92 *Yoda adquiere vida mecánica en manos del técnico de efectos especiales Dennis Lowe.*
2.93 *Los primeros dibujos que Joe Johnston hizo de Yoda no se apartaron mucho de la descripción de Lucas, que había imaginado un personaje de medio metro de altura, travieso y parecido a un gnomo.*

Después de revisar las imágenes y darse cuenta de que tendría mucho más sentido que Darth Vader pronunciara el diálogo final delante de Boba Fett, la segunda unidad grabó dos tomas adicionales el 16 de mayo en un escenario improvisado. La primera de ellas, 316E, es un plano medio corto de Vader frente a IG-88 y Boba Fett, y la siguiente, 316F, es un contraplano del mismo momento.

Al rodar solo partes de la escena, sin una toma maestra que contuviera todo el diálogo y la acción, Kershner se aseguraba de que solo hubiera una opción de montaje.

Irvin Kershner Las tomas más difíciles salían perfectas muy pocas veces, así que intentaba montar las escenas mentalmente mientras rodaba. En esas tomas de cinco segundos buscaba lo que sabía que necesitaba. Todos los días preparábamos una cinta en blanco y negro con las primeras pruebas y se la mandábamos a George a California.

Diario de rodaje / 8 de mayo de 1979
GEORGE LUCAS llegó a Londres el domingo 6 de mayo de 1979 procedente de San Francisco para una visita de una semana de duración.

George Lucas Habían comenzado a revisar el calendario de trabajo. Había muchas cosas que resolver sobre las que solo yo podía decidir, así que volé hasta allí.

Dinámica

Peter Kuran Un problema con este tipo de películas es que generar los efectos especiales requiere mucho más tiempo que rodar la acción real. Terminas con una película llena de etiquetas y cinta adhesiva amarilla indicando dónde hay que añadirlos.

Para el asalto a la Estrella de la Muerte, Lucas montó un video de combates aéreos de la Segunda Guerra Mundial que sirvió de referencia para los efectos visuales.

Richard Edlund Cuando lidias con cientos de disparos, es fundamental disponer de tanta información como sea posible para entender qué tienes que hacer. No basta con planear una toma basada en naves que vuelan de un modo u otro. Si no vas más allá, tendrás una secuencia de segunda aunque ruedes muy buenas imágenes. Para hacer una secuencia de efectos especiales de primer orden, necesitas entender el desarrollo de la acción y cómo se relaciona cada disparo con los demás.

En el caso de su famosa película en 16 milímetros de un combate aéreo, George trataba de mostrar lo que tenía en mente en términos de dinámica. Por ejemplo: cuando un piloto giraba la cabeza para mirar a la derecha, la toma siguiente tenía que guardar relación con eso. Todo tenía que estar integrado y todo tenía que cumplir una función dramática.

Cualquier cosa que se haga para proporcionarles a los encargados de los efectos una comprensión general de lo que está pasando es más que bienvenida.

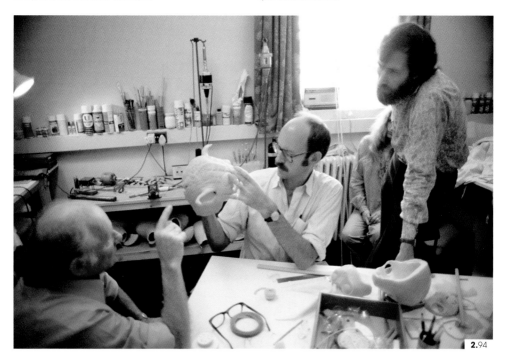

2.94

George Lucas Teníamos una batalla terrestre y no podía usar tanques de la Segunda Guerra Mundial para sustituir a los caminantes, porque la idea era completamente distinta. Tenía que encontrar otra cosa.

Peter Kuran A George se le ocurrió sustituir algunas de las escenas de efectos especiales por animaciones. Eso le permitía decidir el ritmo y el momento del corte, y ver si una toma funcionaba si se rodaba tal como indicaba el guion gráfico. Nuestro departamento se dedica a la animática; básicamente, guiones gráficos animados.

El equipo de Kuran comenzó a hacer animaciones en el mes de mayo, y continuó hasta septiembre a medida que se añadían nuevas tomas o estas se modificaban. La mayoría eran para la batalla en la nieve y para las escenas en Ciudad Nube, que requerían fondos de color claro. Como era más difícil crear mattes con un fondo claro, estas tomas se filmaron los últimos días de rodaje.

2.95

2.94 *El maestro de marionetistas Frank Oz (centro) fue clave para animar la figura de Yoda con su voz y la delicada expresividad de sus dedos. En la imagen, muestra a Stuart Freeborn (izquierda) y al creador de los teleñecos, Jim Henson (derecha), lo que tiene en mente.*
2.95 *El diseñador de criaturas especiales Stuart Freeborn da los toques finales al prototipo de arcilla de Yoda. Frente a él, los bocetos de Joe Johnston le sirven como referencia.*
2.96 *Oz enseña a Kershner y Lucas cómo moverá la cara de Yoda con la mano.*

2.96

Quiero que sea una joya

Cuando Lucas llegó, la producción arrastraba un retraso del 37 por ciento. De seguir así, el rodaje se alargaría 25 días respecto a lo programado. Con un coste de más de 100 000 dólares diarios, eso suponía una cantidad realmente exorbitante.

George Lucas Kersh estaba filmando a la manera de John Ford: «Solo ruedo lo que quiero». Así no hay alternativas para el montaje. Él se sentía orgulloso de proporcionarme un material que yo podía montar directamente. Pero esto no funciona así.

Nos sentamos y tuvimos una charla sobre cuál era el mejor modo de hacer la película.

Yo decía: «Rueda una toma maestra de esto», y Kersh respondía: «Pero no la voy a usar. ¿Para qué hacerla?». «Porque así todo el mundo está alerta. El maquillaje, la iluminación… Todo se hace más rápido y todos saben de qué va el asunto. Verán la escena y pensarán: "Vale, ahora nos toca a nosotros hacer esto".» Soy de la opinión de que si tienes un grupo de personas trabajando en algo creativo, es mejor que todos sepan qué está pasando en cada momento.

Por supuesto, Kersh estaba en desacuerdo: el resultado no sería el que él quería. Pero, además, lograr ese resultado requería mucho más tiempo. Le dije: «Mira, esta es una película de serie B. Esto es televisión. Tenemos que hacerlo así. No es lo que más me gusta, pero esta no es una película de serie A, es una película B, y tenemos que hacerla lo más rápido posible».

Y añadí: «Mira, el problema es que esto lo pago yo». Y Kersh era un buen amigo, y eso lo tenía muy presente. Dijo: «No quiero llevarte a la ruina. No quiero ser quien te hunda». Así pude superar el impulso creativo natural que le hacía decir: «Quiero que quede perfecta. Quiero que sea una joya».

Añadí: «El único modo de enfrentarse a algo así (por supuesto, cada persona tiene sus propios límites) es hacerlo funcionar al 51 por ciento. Entonces habrás hecho tu parte. No tienes que hacerlo funcionar al 90 por ciento, porque no se puede. Nadie puede». Y él: «Bueno, ¿aquí

2.97

quién decide?». «Yo decido —respondí—. Y digo que tenemos que dar marcha atrás y rehacer esto. Tenemos que hacer más, dedicarle más tiempo. Te daré un día extra…»

Paul Duncan Si yo hubiera invertido tanto dinero en un proyecto y el rodaje fuera tan retrasado, estaría muy, muy preocupado y con mucho estrés. ¿Te preocupas y te estresas?

George Lucas Bueno, no hay mucho que puedas hacer. Solo te preocupas por cosas en las que puedes intervenir. Si no puedes hacer nada, entonces no tiene sentido preocuparse.

Lucas regresó a San Francisco el 13 de mayo.

2.97 *Rodaje del primer encuentro entre Luke y Yoda. Los complejos mecanismos del muñeco hicieron necesaria la participación de varios marionetistas.*
2.98 *Para su sorpresa, Luke descubre que el pequeño elfo al que ha tomado por un pelmazo es el maestro jedi que busca.*

Pincelada de pantalla azul

George Lucas Una de mis grandes preocupaciones son los efectos especiales: son la parte más difícil. Ahí es donde creo que mi experiencia con la primera película fue más útil. Además del montaje, es el área a la que más puedo contribuir.

El cámara Ronald C. Goodman rodó en Noruega las imágenes de fondo de los speeders *con el sistema Wesscam, que emplea una cámara con giroestabilizador montada en un helicóptero. Las tomas se combinaron con las maquetas filmadas en ILM y la acción real rodada en Elstree. La cámara VistaVision rodaba a seis fotogramas por segundo, lo que suponía multiplicar por cuatro la velocidad de las imágenes tomadas desde el helicóptero para los* speeders.

Después de rodar unas imágenes de prueba el 8 de marzo, el equipo de la Wesscam regresó

del 20 al 31 de marzo y del 17 al 25 de abril para filmar las tomas para la película. En la primera de ellas, la cámara desciende hasta las laderas nevadas de Hoth mientras sigue a Luke, que va montado en un tauntaun.

Ronald C. Goodman Para esta toma tuvimos que elevarnos hasta 4500 metros y caer en «autorrotación», es decir, sin que el motor mueva los rotores. En una situación así, un helicóptero puede caer a 760 metros por minuto, es decir, aproximadamente 45 kilómetros por hora. Si eso se multiplica por cuatro y se combina con una velocidad de avance de unos 640 kilómetros por hora, el efecto puede ser bastante llamativo

cuando la cámara se pone a ras de suelo, entre 1 y 2 metros de altura.

Resumen / Elementos filmados / 14-18 de mayo de 1979

Recibidas y proyectadas 19 bobinas con lo rodado en Noruega y en Londres, en VistaVision y Panavision y tomas en pantalla azul. El envío incluye un primer montaje en Panavision de las escenas del tauntaun y de la sonda imperial que tenemos que ajustar. George comenzará a montar la secuencia de la batalla de nieve dentro de tres semanas aproximadamente. Entonces sabremos cómo iluminar y rodar las maquetas.

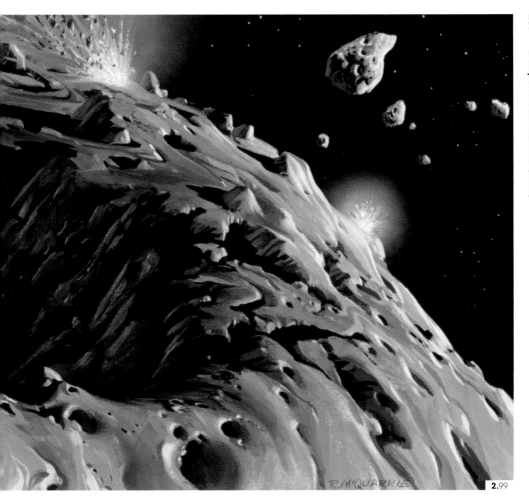

2.99

Lucas analizó más de 500 tomas y las comentó. Se organizaron siguiendo el orden de las escenas: de la batalla en la llanura helada de Hoth a Ciudad Nube y de ahí a la escena final entre Luke y Leia en el hospital del crucero estelar. Algunas no se asignaron a ninguna de las 435 escenas guionizadas y se les adjudicó un número mayor.

Tomas de Noruega / Mayo de 1979

Escena / Toma / Descripción / Comentarios
Toma nubes / 13 / Plano bajo con picos oscuros y nevados, glaciar azul. Movimiento lento y constante sobre montículo de nieve hasta blanco puro y tenue. / Matte fácil para tauntaun.

1 / 5 / Toma aérea con nubes, ras de suelo, sobrevolando la nieve. Ascenso lento y panorámica de derecha a izquierda. / Bonito paisaje alienígena. Insertar desde antes del montículo de nieve hasta el momento en que la cámara apunta al barranco. Animar o placa matte en la ciudad. Probar imagen compuesta con cortinilla hacia arriba al viejo estilo; más lenta, pero no más perfecta que la toma n.º 7.

2.99 El *Halcón milenario* entra en un cráter, de *Ralph McQuarrie* (12 de julio de 1978), muestra al Halcón escondiéndose del Imperio.

2.100

31 / 3C / Nubes de aspecto amenazador. / Para toma con Ben (Obi-Wan Kenobi).

31E / 1C / Muy oscura y con mucha nieve. Luke boca abajo sobre la nieve. Fondo sin definir en el lado derecho. / Nieve en el objetivo.

192E / 1D / Menos bruma en primer plano; colina nevada al fondo. La bruma es de color blanco y se mueve de izquierda a derecha en primer plano. Los hombres corren de derecha a izquierda. Caminante destruido humeando al fondo. Caminantes a medio camino y cruzando.

812 / 2 / Movimiento lento, más nuboso que el anterior. Nube blanca en cielo azul. Plano sugerente.

2000 / 1 / Nieve crujiente y reluciente. / Joe (Johnston): añade toma de cazas Ala-X a toda velocidad cruzando la imagen y alejándose antes de la toma larga. Rodar las nubes para el planeta Bespin con luz del amanecer.

Tomas de Inglaterra

122 / 3B / Justo por encima del hombro, cabina del artillero. El artillero acciona el arpón entre sacudidas y fuego antiaéreo. / Pincelada de pantalla azul para el cañón.

197 / 1 / Por encima del hombro. Dos pilotos y el general Veers en la cabina de un caminante. Destellos y sacudidas. / Rayaduras.

380R / 2B / Ciudad Nube. Luke aparece por la izquierda con una pistola y mira alrededor. / Reducir x 4. Que Ralph (McQuarrie) se encargue de la pintura.

S405B / 5 / (Ciudad Nube) Plano a gran altura. Las tropas imperiales obligan a los habitantes a cambiar de dirección. / Luz violeta en los bordes de la placa *matte*.

432 / 10A / Interior, hospital del crucero estelar (después del duelo culminante entre Luke con Darth Vader). Pantalla azul en el lado derecho. Luke en la camilla. C-3PO, Leia y droide médico esperan. / Puntos en pantalla azul.

Esta pequeña selección muestra cómo Lucas no solamente mantuvo el control de calidad y

2.100 **C-3PO irrumpe en escena exclamando: «¡Señor, señor, he aislado el acoplamiento de energía del flujo inverso!».**
2.101 **Para Lucas era fundamental acertar en el tono del romance entre Leia y Han.**

se aseguró de que se realizara la película tal y como él la imaginaba, sino que también controló cómo se adaptó al material que le suministraron para modificarla.

Habilidades artísticas

El 15 y 16 de mayo, Kershner dirigió en la cabina del Halcón. Los cambios en el guion no redujeron la capacidad de C-3PO de irritar a la tripulación.

Irvin Kershner Quería que Chewie mostrara más emociones y que C-3PO fuera un verdadero incordio. Con Chewie, quería que el público lo viera enfadado y frustrado, que lo escuchara reír y llorar. C-3PO es insufrible cuando lo tienes cerca. Es un buen robot, desde luego, pero quería transmitir la idea de que si conocieras a una persona como él en la vida real, darías media vuelta y saldrías corriendo.

Desde el 22 de mayo, el equipo rodó en la gigantesca cubierta del hangar principal de la base rebelde en Hoth.

Irvin Kershner Construimos 64 decorados. ¿Cuántos se usan en una película estándar? ¿Cuatro, tal vez nueve? Tomemos el gigantesco decorado del hangar. Costó alrededor de medio millón y dedicamos siete días a rodar esa escena. En pantalla aparece unos ocho minutos y medio. No queríamos que los espectadores se sentaran y se limitasen a ver la película. Queríamos que se implicaran.

La unidad principal y la segunda unidad podían coincidir en el mismo escenario mientras trabajaban en diferentes escenas o cuando la segunda unidad tomaba el relevo de la principal. El 30 y 31 de mayo, las tomas 70H (unidad principal), 70K y 70M (segunda unidad) capturaron la despedida entre Han (que planea ir a pagar a Jabba el Hutt) y Luke (que se dispone a entrar en combate). Ambos ignoran que será la última vez que se vean en mucho tiempo.

Por desgracia, a primera hora de la mañana del 31 de mayo, John Barry sufrió un colapso a causa de una meningitis. Murió por la noche.

2.102

KITCHEN AREA.

ALTERNATIVE 'YODA'S' HOUSE

M.R. AUG·8·78

2.103

2.102 **R2-D2 se acerca a la casa de Yoda, construida en mitad de una ciénaga, pero no es invitado a entrar. 8 de agosto de 1978.**

2.103 **En este boceto fechado el 8 de agosto de 1978, el diseñador de producción Norman Reynolds imaginó la casa de Yoda como una cabaña de madera.**

El 11 de junio, el rodaje se detuvo a la hora del almuerzo para que los miembros del equipo asistieran al funeral.

Gary Kurtz Aparte de sus habilidades artísticas, era el más adorable de los hombres. De una manera ligera y encantadora, atesoraba una enorme experiencia y creatividad.

Naves en palos

George Lucas Desde que ILM dio sus primeros pasos, siempre dije: «Mirad, no me importa si tenéis que pinchar las naves en palos y usar una cortina negra de fondo. No me interesa ganar un premio técnico. Lo único que quiero es ver la película terminada, y me da igual cómo la hagamos, siempre y cuando se vea bien».

Richard Edlund El equipo de cámaras de *El Imperio contraataca* estaba compuesto por dos cámaras réflex ligeras nuevas (formato VistaVision), una de las cuales era de alta velocidad, capaz de rodar a 96 fps. También teníamos un sistema portátil de control de movimiento, un dispositivo *pan-tilt* motorizado, que es una rótula sobre la que se instala la cámara que permite tomar panorámicas minimizando las vibraciones, y un *blimp*, la carcasa insonorizada que cubre las cámaras para impedir que se grabe el sonido del motor. Se construyó un soporte Oxberry para hacer animaciones con formato VistaVision y una cámara de proyección frontal y posterior de *matte painting* que permitía hacer movimientos rotatorios, basculantes y de avance.

El proyecto de desarrollo más importante fue el diseño y la fabricación de una positivadora óptica con divisor de haz para imágenes compuestas, la Beam Splitter Composite Optical Printer. Nuestro formato de efectos originales era de doble fotograma, o VistaVision, que filmábamos con objetivos Nikon y después convertíamos en la positivadora al formato anamórfico estándar 2:1, o Panavision. Con cuatro proyectores, este dispositivo permite simultanear la acción en primer plano y el fondo de la pantalla azul. Los objetivos eran de nuevo diseño y nos ofrecieron

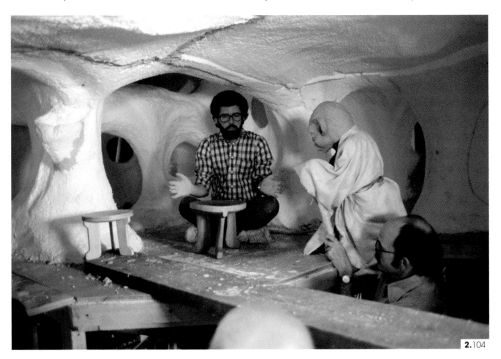

2.104

una calidad de imagen extraordinaria. ¡En cerca del 40 por ciento de las tomas tuvimos que difuminar la imagen para que pudiera quedar integrada en la fotografía principal! Esta positivadora fue muy importante. Todo nuestro trabajo se canalizó a través de ella.

El rodaje de los efectos visuales comenzó el 31 de abril con la toma 234, que muestra cuatro cazas TIE disparando contra el Halcón al inicio de la secuencia de los asteroides. Esta toma se volvería a etiquetar como A1, se le añadirían efectos de rayos láser el 1 de noviembre y Lucas la aprobaría el 5 del mismo mes.

Richard Edlund Una de las tomas clave de la secuencia mostraba al *Halcón* escabulléndose por un campo de asteroides. Para subrayar la dificultad, queríamos que uno de los cazas TIE se estrellara contra una roca. Hay mucho movimiento en la secuencia, y todos los elementos,

incluidos los fragmentos de roca, los tuvimos que filmar uno por uno.

Lo más habitual es programar primero el elemento compositivo más importante de la toma, que en este caso era el asteroide más grande. Filmamos eso y pasamos al *Halcón Milenario* virando bruscamente, sabedores de que más adelante el departamento de animación añadiría una sombra sobre la superficie de la roca para que todo quedara integrado. Luego vinieron los TIE: una vez tuvimos la roca y el *Halcón*, programamos y rodamos los tres cazas imperiales por separado. Queríamos que el último colisionara

2.104 *Frank Oz (derecha) en el mundo en miniatura de cuento de hadas de Yoda, con Lucas en el lugar de Luke.*
2.105 *Luke está lleno de dudas acerca de la pequeña criatura, la Fuerza y la comida. Es como un niño pequeño perdido en un bosque tenebroso.*

2.106 *El maestro de Darth Vader, el emperador (Ian McDiarmid), hace su primera aparición en la serie. McDiarmid fue contratado para El retorno del jedi, y su aparición en esta escena se añadió con motivo del lanzamiento de la película en DVD de 2004, que también incluyó diálogos adicionales.*
2.107 *Rick Baker (derecha) hace una máscara para una actriz que interpretó el papel del emperador moviendo los labios en silencio. Más tarde, Clive Revill la doblaría en la película.*
2.108 *Boceto de Ralph McQuarrie (enero de 1979) que muestra a Vader hablando con un holograma del emperador. Propuso que el emperador cambiara de forma dependiendo de su estado de ánimo y discurso, pero no era lo que Lucas buscaba.*

contra un asteroide. Programamos esa roca y la rodamos.

Cuando cada elemento individual está programado, hacemos una prueba en blanco y negro que podemos procesar en el acto para obtener una vista previa del movimiento. Como se trata de una película en negativo, la imagen se coloca sobre un fondo claro. Podemos juntar hasta seis u ocho de estas pruebas en un visor adaptado a tal efecto, y ver todos los elementos combinados para asegurarnos de que encajan. Si es así, nos ponemos a rellenar la composición.

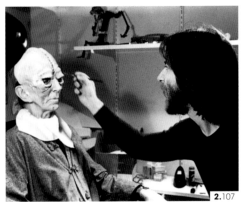

2.107

En este caso, agregamos más rocas para que el campo de asteroides se viera realmente denso. Y para darle un aspecto más peligroso, hicimos que algunas volaran en direcciones distintas. Había también tres pinturas de fondo con más asteroides, que filmamos siguiendo una técnica de múltiples planos, y por supuesto un campo de estrellas.

De modo que cuando has rodado cuatro naves, 10 o 12 rocas distintas, tres pinturas de fondo, un campo de estrellas, además de explosiones de todo tipo y sombras y láseres, terminas con quizás 25 fragmentos de película, cada uno de los cuales se tiene que dividir en separaciones de color y tiene que incluir todos los pasos intermedios de pantalla azul para extraer las *mattes*.

Es decir, en conjunto tienes tal vez 120 fragmentos de película que hay que combinar. Y te diré: espero que al pobre tipo que maneja la positivadora le guste su trabajo, porque tiene que juntarlo todo y asegurarse de que el balance de

2.106

color es el correcto y que todas las líneas *matte* han desaparecido. Esa toma en particular tuvo que montarse unas cuatro veces para que quedara perfecta.

Se estableció un turno de día y otro de noche para las dos cámaras. Las escenas espaciales estaban programadas al principio porque eran *más fáciles y eso daba tiempo a realizar pruebas para las tomas de los asteroides, la batalla en la nieve y Ciudad Nube.*

Richard Edlund Los escenarios elegidos para la secuencia de la batalla no estaban en el espacio profundo, sino en un planeta nevado. Eso significaba que la elaboración de pinturas *matte* para realizar imágenes compuestas

2.108

2.109

2.109 *La babosa espacial, una marioneta de mano, intenta atrapar a su presa.*
2.110 *Chewie, Leia y Han se aventuran en la atmósfera tóxica de la cueva.*
2.111 *La babosa espacial vista por Joe Johnston en una imagen que hace pensar en Moby Dick.*

Las líneas *matte* solo eran una parte del problema. Nuestro procedimiento consistía en filmar cada objeto o actor por separado y después integrarlos en la imagen, por lo que la iluminación y la atmósfera de cada elemento, así como el equilibrio de color, tenían que coincidir. Lo prioritario era no fallarle al director con efectos defectuosos que interrumpieran el desarrollo dramático de la acción.

El ritmo de trabajo era despiadado. Se realizaban las pruebas, se procesaban y se examinaban. Tras ensayar la iluminación, del 14 al 18 de junio se filmó la maqueta de 2,5 metros del destructor estelar, trabajo que prosiguió en semanas posteriores. Los asteroides se rodaron de distintas maneras: en grupo con una pintura y usando una caja en la que estos daban vueltas. La semana del 25 de junio se empezaron a filmar asteroides girando y moviéndose en todas direcciones.

con el proceso de la pantalla azul, de la que dependíamos en gran medida para realizar nuestras tomas, tuvo que ser revisada y perfeccionada, puesto que los fondos ahora serían blancos en lugar de negros y cualquier línea *matte* brillaría.

Ken Ralston Para reírnos un poco, fuimos a la tienda del pueblo a comprar patatas. Les

2.110

2.111

clavamos unas varillas y las filmamos, pero no se lo dijimos a nadie. La verdad es que, si sabes dónde mirar, hacen muchísima gracia. Se parecen mucho a las rocas, aunque son algo más lisas. Pasan volando por delante de la cabina.

Personajes ambiguos

La unidad principal comenzó a trabajar en la escena 379 el 12 de junio. Leia, Chewie y C-3PO, que son rehenes de Darth Vader, se ven obligados a presenciar la congelación de Han Solo en la cámara de carbonita de Ciudad Nube.

Irvin Kershner Esa escena fue uno de nuestros grandes desafíos. Aparecen todos los personajes principales. El decorado estaba suspendido a unos 7,5 metros del suelo. ¡Había tanto vapor y tantas luces! Siempre estábamos rodeados de vapor. Necesitamos cinco días para rodar los cuatro minutos que dura. Tuvimos que correr, correr y correr para filmar ocho horas y media

y conseguir 60 segundos de película. Muchas de las tomas que parecen fáciles en la pantalla nos llevaron mucho tiempo: días de trabajo por unos segundos de filmación. ¡Y quiero decir unos segundos!

El 12 de junio, Kershner aceptó que Alan Arnold le colocara un micrófono durante el rodaje. El resultado da una idea de la forma de trabajar del director y de los actores. Kershner llegó al escenario n.º 4 a las ocho en punto de la mañana. El director de fotografía, Peter Suschitzky, preparaba la iluminación para la toma maestra de la entrada del grupo. Kershner subió por una estrecha escalera para reunirse con él en la plataforma central.

Irvin Kershner Quiero que todo esté lleno de vapor. Me gustaría ver las figuras a través del vapor. Sé que eso complica tu trabajo porque el vapor diluye la luz, pero lo quiero todo brumoso, que todo sean figuras en el espacio.

2.112

2.113

Kershner coloca a los actores.

Irvin Kershner *(Mirando a través de la cámara)* Me pregunto cuál es la mejor toma para la entrada del grupo... ¿Esa rampa es la única opción? *(Repara en un posible ángulo desde lo alto de un tramo de escaleras que empieza en*

2.112 *El diminuto actor Deep Roy se puso la máscara y el traje de Yoda para rodar los planos generales. Durante la toma en que el maestro se aleja de Luke, Roy caminó sobre las rodillas.*
2.113 *Irvin Kershner: «Queríamos que los espectadores estuvieran tan ocupados visual y emocionalmente en la primera parte de la película que creyeran todo lo que sigue, sin ser conscientes de los cortes y de los recursos fotográficos, que la película fuera al inconsciente y se contemplara en un estado de ensueño».*
2.114 *La Fuerza es intensa en Luke, pero la gran frustración de Yoda es que todavía es demasiado joven e impulsivo para ser un jedi.*

la plataforma.) Un momento. Aquí tenemos algo interesante. ¡Un plano picado! Oh, sí, eso funcionará. Nunca había mirado ahí. Ese es el problema de este decorado, que no puedes alejarte para observarlo. ¡Fíjate, Dave!

El ayudante de dirección, David Tomblin, está a punto de caerse de la plataforma. Una hora más tarde se elige el ángulo para la cámara principal y los guardas se colocan en sus respectivas posiciones. Kershner comprueba la configuración a través de diferentes objetivos; se refiere a las distancias focales en milímetros.

Irvin Kershner Oh, chico. Lo tengo. ¡Lo tengo! Espera. He visto algo realmente interesante con el 150. Fíjate en sus pies. Mira lo que pasa.

Peter Suschitzky ¿Lo quieres así de apretado?

Irvin Kershner Sí, sí.

Peter Suschitzky ¿No quieres ver cómo queda con un gran angular?

332   CONTINUED   332

> Artoo turns back to Luke. A small metal electrode
> projects out of Artoo and rests on Luke's chest.
> There is a concerned whistle from the droid, a short
> electronic yap, and Luke jumps awake with a start.
> The young Jedi shakes his head clear and rubs his
> shoulder. He is very angry; his glare moves between
> Yoda and the two glowing balls.

                    YODA
                (jovial)
        Concentration Heh? Concentration.

                    LUKE
                (pissed)
        I thought those seekers were set
        for stun!

                    YODA
        That they are.

                    LUKE
        They're a lot stronger then I'm
        used to.

                    YODA
        That would matter not were The
        Force flowing through you. Higher
        you'd jump! Faster you'd move!
        Open yourself to The Force you
        must.

> Artoo scoots away as the fed-up Luke grabs his laser
> sword from the mud, ignites it and jumps up.

                    LUKE
        I'm open to it now! I feel it.
        Come on you little flying blasters!

> As he moves toward the hovering balls with a poised
> saber and ferocious look, they draw away, retreating
> to the area around Yoda's head.

                    YODA
        No, no. This will not do. Anger
        is what you feel.

                    LUKE
        But I can feel The Force!

                    YODA
        Anger, fear, aggression! The dark
        side of The Force are they. Easily

SWE 5D 2/20/79   CONTINUED

2.115-116 Estas páginas del guion recogen la ira de Luke mientras se entrena con las bolas buscadoras y la charla posterior de Yoda sobre el lado oscuro de la Fuerza.

Más adelante, la escena se replanteó para que Yoda hablara mientras Luke corre por el bosque. Lucas ideó el patrón de discurso entrecortado de Yoda

REVISED 3/19/79

332   CONTINUED   332

                    YODA (Continued)
          they flow ... quick to join you in
          a fight. Beware, beware, beware of
          them. A heavy price is paid for the
          power they bring.

Luke lowers his light saber, confused.

                    LUKE
          Price? What do you mean.

                    YODA
          The dark side beckons. But if
          once start you down the dark path,
          forever will it dominate your
          destiny. Consume you it will ...
          as it did Obi-wan's apprentice.

                    LUKE
          Lord Vader ... Is the dark side
          stronger?

                    YODA
          No, no. Easier, quicker, more
          seductive.

                    LUKE
          But how am I to know the good
          side from the bad?

                    YODA
          You will know. When you are at
          peace ... calm ... passive. A
          Jedi uses The Force for knowledge
          and defense. Never for attack.

                    LUKE
          But tell me why ...

                    YODA
          No! There is no why. Nothing more
          will I tell you now. Clear your mind
          of questions ... Quiet now be ... at peace ...

Luke stops protesting, relaxes his body.

                    YODA
          ... Yes ... calm ...

Luke close his eyes, tries to clear his thoughts.

                    YODA
                    (soothing)
          ... passive ... Let yourself go ...

SWE 5D 2/20/79   CONTINUED

puesto que consideraba que «el público no va a escuchar este diálogo porque es básicamente una conferencia. Tengo que darle una forma de hablar que se entienda pero que obligue a pensar sobre lo que dice».

2.117

Irvin Kershner Así se ve muy bien. Ahora déjame verlo con el 100. Con el 100 también se ve muy bien.

Peter Suschitzky Quizás podamos combinar los dos.

Irvin Kershner Sí, colocaremos un par de cámaras allí arriba.

Llama a los dobles para un ensayo.

Irvin Kershner ¡Acción! Quiero que las cabezas asomen un momento, que aparezcan y desaparezcan. Y que esta pinza mecánica esté

2.117 Cuando Luke no consigue sacar su Ala-X del pantano y pierde la esperanza, Yoda se concentra y lo hace él mismo. No quiere exhibir su poder, sino demostrarle a su pupilo que es posible.
2.118 Ilustración de Joe Johnston del guion gráfico en la que Yoda guía el Ala-X hasta tierra firme. Al final, esta toma se rodó desde un ángulo diferente.

elevándose cuando lleguen: quiero que todo esto esté desenfocado.

Peter Suschitzky Bueno, ya que estás aquí, échale un vistazo a un 50.

Irvin Kershner Con un 50 tendremos una entrada corriente. Con un objetivo largo no es una entrada normal. Quiero que la imagen desconcierte, que no se sepa dónde están, que ellos se detengan y se vea cómo miran a su alrededor. Allí insertaré un par de primeros planos de Vader y Lando. Cuando Vader dice: «Introducidlo en la cámara de congelación de carbonita», ¡pum!, insertamos un primer plano de la reacción. De ahí volvemos al plano general mientras el wookiee se vuelve loco. La acción se pone en marcha. La gente comienza a correr. Entonces, por un momento, puede verse todo. Pero quiero administrarlo. No quiero darlo de una vez.

Harrison Ford se acerca al remolque de Kershner para hablar con él. Son las once de la mañana.

Irvin Kershner Me he dado cuenta de que hay una cosa que nos afecta de manera crucial: no puedes saber que es a ti a quien van a meter en la cámara de congelación de carbonita. Os llevan a los tres, pero tú no sabes nada. La princesa tampoco sabe nada, solo intuye el peligro. Ninguno de vosotros ha estado en ese lugar. Tú no sabes qué es ese lugar. Esa es la situación, así que tenemos que agregar algunas frases.

Harrison Ford Sí, falta algo. Me espera un destino espantoso y, bueno, no es momento para un discurso, pero debería hablar, intentar salir de esta diciendo algo convincente.

Irvin Kershner Estás rodeado de gente armada hasta los dientes. ¿Por qué crees que también han llevado a Chewie y Leia? Yo ya lo sé, se me ocurrió anoche: los llevan para que no causes problemas. Si intentas escapar, si intentas hacer algo para que no te metan en ese agujero, también matarán a Chewie y Leia. Los usan para tenerte bajo control.

Harrison Ford Pero no los usan lo bastante bien, ¿verdad? Chewie intenta enfrentarse a ellos, pero yo no levanto una mano para ayudarlo.

Irvin Kershner No. En realidad, lo detienes para que no lo maten.

Harrison Ford Pero lo detengo antes de saber que si pelea lo matarán. Luchar junto a Chewie forma parte del carácter de Han. La razón por la que podría quedarme quieto es el convencimiento de que Leia está a salvo porque Lando cuidará de ella.

Irvin Kershner Entonces necesitamos otra escena.

Harrison Ford No. Bastará con que le pregunte a Lando: «¿Qué le va a pasar a Leia?».

Irvin Kershner «¿Qué les va a pasar?» A todos.

Harrison Ford No, a ella.

Irvin Kershner Está bien, a ella.

Harrison Ford Y él responde: «Es demasiado hermosa para hacerle daño». Algo de ese estilo. ¿Sabes a lo que me refiero?

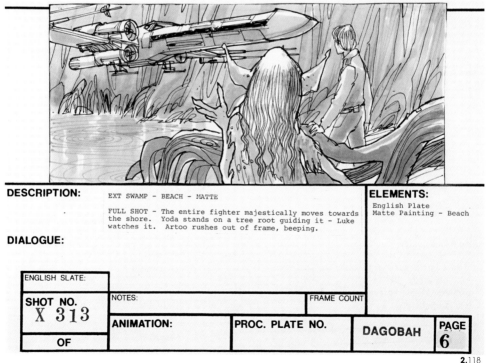

DESCRIPTION: EXT SWAMP - BEACH - MATTE

FULL SHOT - The entire fighter majestically moves towards the shore. Yoda stands on a tree root guiding it - Luke watches it. Artoo rushes out of frame, beeping.

ELEMENTS: English Plate / Matte Painting - Beach

DIALOGUE:

ENGLISH SLATE:

SHOT NO. X 313

OF

NOTES:

ANIMATION:

FRAME COUNT

PROC. PLATE NO.

DAGOBAH

PAGE 6

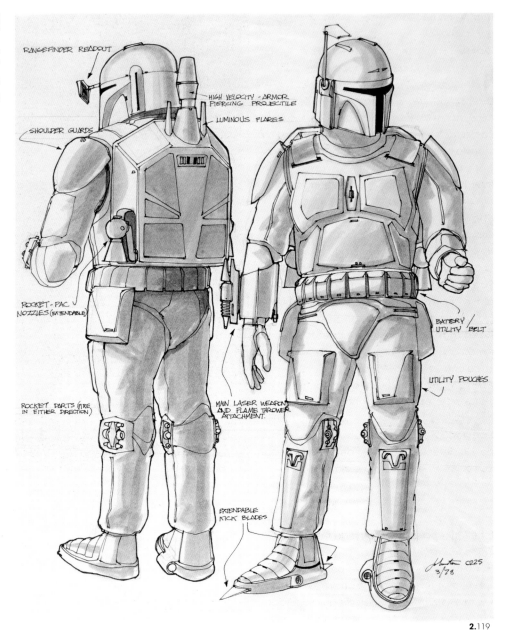

RANGEFINDER READOUT

HIGH VELOCITY - ARMOR PIERCING PROJECTILE

LUMINOUS FLARES

SHOULDER GUARDS

ROCKET - PAC NOZZLES (EXTENDABLE)

ROCKET DARTS (FIRE IN EITHER DIRECTION)

MAIN LASER WEAPON AND FLAME THROWER ATTACHMENT.

BATTERY / UTILITY BELT

UTILITY POUCHES

EXTENDABLE KICK BLADES

Johnston 025
3/78

2.119

2.119 *Ralph McQuarrie y Joe Johnston concibieron el aspecto y los dispositivos de Boba Fett a principios de 1978. Este diseño de Johnston enumera muchos de los artilugios que lleva encima.*

2.120 *Al traje se le añadieron sistemas electrónicos, luces y hasta un lanzallamas. En la imagen, Alan Harris vestido con el último prototipo.*
2.121 *El casco blanco abollado de Boba Fett se fabricó en el Reino Unido y se mandó a ILM, en Estados Unidos.*

Irvin Kershner Podría decir: «Me ocuparé de que esté bien».

Harrison Ford Probemos con esto, a ver qué te parece. Vader dice: «Introducidlo en la cámara de congelación de carbonita», y Boba Fett dice: «¿Qué pasa si no sobrevive?». Se necesita un momento para que todo el mundo se dé cuenta de que es una situación inhumana. Pero todavía hay preguntas por responder. Por ejemplo: ¿qué pasa con Leia?

Irvin Kershner Piensas que también van a hacerle algo, pero el conejillo de Indias eres tú.

Harrison Ford No creo que deba haber ningún tipo de compadreo con Lando.

Irvin Kershner Por supuesto que no. Al fin y al cabo, Lando actúa por conveniencia. Espera. Aquí hay algo interesante: «¿Qué está pasando, amigo?» o «¿Qué está pasando, camarada?». Eso le dices a Lando.

Harrison Ford ¡Pero entro encadenado! Eso ya me da una idea de lo que está pasando. Soy el único que está esposado.

Irvin Kershner Es verdad. Pero creo que no deberías estar esposado cuando te metan en la cámara.

Harrison Ford Creo que debería estar esposado. No detendrá la escena de amor. No tengo que abrazar a Leia para besarla. No se me ocurre que puedan desear algo más que un beso en esas circunstancias. Tiene que ser rápido y realista, y dejarlo ahí.

Irvin Kershner Desde luego. No tengo la intención de entretenerme.

Harrison Ford Cuando paso por su lado, creo que Leia debería limitarse a decir: «Te quiero».

Irvin Kershner *(Lo ensaya)* «Te quiero» Y dices: «Acuérdate de eso, Leia, porque volveré». Tienes que decir: «Volveré». Tienes que hacerlo. ¡Es casi contractual!

Harrison Ford Ella dice: «Te quiero» y yo respondo: «Lo sé». Es hermoso, aceptable y divertido.

La primera toma se realiza a las 13:12 y hacia las 13:45 se habían rodado cuatro tomas.

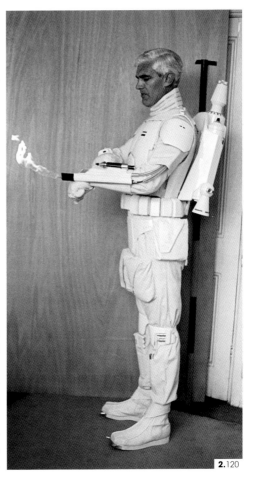
2.120

2.121

2.124

2.122 *Darth Vader encarga a un grupo de cazarrecompensas (Dengar, IG-88, Boba Fett, Bossk, 4-LOM y Zuckuss) que encuentren el Halcón Milenario.*
2.123 *Antes de convertirse en jedi, Luke no solo debe aprender a dominar su yo físico, como hace aquí, sino también los demonios interiores que lo limitan.*
2.124 *Luke se enfrenta a Darth Vader en la gruta de Dagobah, un anuncio de lo que está por venir y un secreto revelado por su inconsciente.*

Irvin Kershner Corta. Boba Fett ha comenzado a caminar demasiado pronto y lo ha fastidiado.
David Tomblin ¿Quieres repetirlo?
Irvin Kershner Ahora mismo.
David Tomblin Una vez más, por favor. Boba, espera a que Vader se detenga antes de cruzar, ¿vale? Bien, allá vamos. ¡ACCIÓN!
Irvin Kershner ¡Corta! Positívala. Positiva las dos últimas tomas.

Kershner se aleja de la cámara seguido por David Tomblin.
David Tomblin ¿Qué te ha parecido la última, Kersh?
Irvin Kershner Ha sido perfecta. De hecho, ¡casi ha estado bien!

Los actores y el equipo técnico pararon para comer a las dos de la tarde y a las 16:38 volvieron a rodar la misma toma. Esta vez, la cámara se centró en seguir a Boba Fett y los prisioneros mientras hacían su entrada.

Al día siguiente se interpretó y rodó el diálogo completo, incluido el divertido y conmovedor «Lo sé» de Han. Los días 22 y 25 de junio, la unidad principal siguió rodando esta complicada escena, y la segunda unidad filmó insertos y primeros planos los días 11, 16, 20, 23, 24 de julio y el 2 de agosto, para un total de 39 configuraciones.

Irvin Kershner Quiero personajes ambiguos que hagan pensar al público.

De OP a ED

Todas las escenas reales de la batalla en la nieve fueron rodadas durante el mes de marzo, y Hirsch y Kershner las montaron en Londres. Ahora Lucas podía trabajar en el condado de Marin añadiendo animaciones para poder tener una versión completa de la secuencia. Durante el proceso fueron surgiendo nuevas ideas.

Miki Herman / Notas de producción / 2 de julio de 1979

Joe y George están rehaciendo las tomas de la batalla de nieve. Necesitaremos más animatrónica.

2.125 *El Halcón Milenario se esconde del Imperio acercándose tanto a un destructor estelar que no lo pueden detectar. Para la filmación de esta escena se fabricó una maqueta de ambas naves de gran tamaño.*
2.126 *El capitán Needa (Michael Culver) asume la responsabilidad de haber dejado escapar al Halcón Milenario. Darth Vader acepta sus disculpas.*

Con todos los cambios, la numeración de los guiones gráficos no se correspondía con lo filmado. En julio de 1979, las tomas se reorganizaron en 13 secciones y se renumeraron para poder trabajar en los efectos visuales con más eficacia.

Tomas de efectos visuales

OP / Apertura (Luke en el tauntaun y sonda imperial) / 18 tomas

SR / Búsqueda y rescate (Han Solo buscando a Luke en la nieve) / 23

VH / Vader-Hoth (llegada de Darth Vader al campo de batalla) / 18

RH / Rebeldes-Hoth (Leia y su grupo defendiendo la fortaleza) / 12

M / Batalla en la nieve (incluye caminantes y *speeders*) / 165

HE / Huida de Hoth / 18

VE / Vader-emperador / 6

A / Asteroides / 65

LD / Luke-Dagobah / 17

SP / Persecución espacial / 11

CC / Ciudad Nube / 77
CE / Huida de Ciudad Nube / 28
ED / Final / 9

Los guiones gráficos volvieron a dibujarse con los últimos diseños, la numeración de los fotogramas y los distintos elementos a incluir. Por ejemplo, la toma 196, que muestra el speeder de Rogue Junior cuando está a punto de chocar de frente contra el caminante de Veers, fue renombrada como toma M152 (número de fotogramas: 41; elementos: speeder-Hobbie-accidente; caminante n.° 1; fuego antiaéreo; fondo (TBD)). En ese momento, había planeadas 467 tomas con efectos visuales.

2.127 **McQuarrie pintó Ciudad Nube del 16 al 18 de julio de 1978. Dijo de ella que evoca un tiempo pasado más ilustrado: «Un lugar en el que la gente conserva la capacidad de maravillarse».**

En una fracción de segundo

El 25 de junio, Mark Hamill sufrió una lesión en la base del pulgar izquierdo mientras ensayaba la secuencia del duelo con espada contra

2.127

Vader. Le ordenaron descansar, y la unidad principal no pudo trabajar el 26 de junio ni los cuatro días siguientes. Después de rodar con la segunda unidad, Harrison Ford completó su papel el 29 de junio.

El 27 de junio se supo que Alan Ladd Jr. iba a dejar Twentieth Century Fox, aunque su renuncia no tendría efecto hasta el invierno.

George Lucas Laddie era nuestro mentor y quien salía en nuestra defensa. Sabíamos que no teníamos muchos partidarios en el estudio y que el consejo no estaba contento con nosotros. Entonces, el Bank of America dijo: «Vamos a cancelar tu préstamo. Devuélvenos el dinero ahora». Fue un poco surrealista.

La consecuencia inmediata fue que no había efectivo para pagar las nóminas.

George Lucas Todo el dinero que había ganado con *Star Wars* (y más) lo había invertido en esta película, pero no quería cedérsela a la Fox porque entonces se quedarían con los derechos. Tenía que mantener la película en marcha, cualquier cosa que no significara volver atrás y demorarnos con una larga negociación con la Fox. Quería ser independiente a toda costa.

Para ganar tiempo, Lucasfilm empezó a pagar las nóminas con carácter quincenal, y para hacerles frente tomó 525 000 dólares de las cuentas de Black Falcon, su empresa de promoción comercial y cesión de marcas.

Aun así, tuvo que negociar un nuevo préstamo de 25 millones de dólares con el First National Bank of Boston.

George Lucas Estaba claro que *El Imperio contraataca* iba a superar ese presupuesto. No iban a ser 25 millones de dólares, sino cerca de 30. Fuimos al banco y el banco dijo: «No, no te daremos ni un centavo más». De modo que no podía terminar la película. Nos faltaba por rodar un 30 por ciento y temía tener que volver a la Fox y pedir perdón. Tendría que darles la película y perdería mi libertad.

2.128 **Bienvenida al amanecer,** *que fue pintada entre el 31 de julio y el 1 de agosto de 1978, era la imagen favorita de Ralph McQuarrie para El Imperio contraataca.*
2.129 *Después de terminar el rodaje en el plató del hangar principal, el decorado se desmontó y solo se dejó la maqueta del Halcón Milenario de tamaño real. Esta se giró y a su alrededor se construyó una plataforma de aterrizaje. Para la filmación de la última toma se empleó una matte painting de McQuarrie.*

Mark Hamill llevaba desde marzo practicando esgrima con Peter Diamond para el cara a cara de Luke con Darth Vader.

Mark Hamill Bob Anderson, que interpretó a Darth Vader, fue esgrimista olímpico: con él no se puede fingir un duelo. El combate fue coreografiado igual que un baile, cada movimiento planeado, y aunque solo dura unos pocos minutos en la pantalla, tardamos ocho semanas en completarlo. El escenario era la cámara de congelación de carbonita, donde en realidad hacía tanto calor como en una sauna.

La primera parte del duelo, la escena 384, se filmó los días 2 y 3 de julio. Aunque los actores habían ensayado, las condiciones fueron difíciles.

Mark Hamill En ningún momento rodamos una toma lo bastante larga como para tener que recordar todos los movimientos: establecíamos lo que íbamos a hacer y lo realizábamos. Pero me tranquilizaba saber que si nos lo hubieran pedido, habríamos podido representar la lucha de espadas de principio a fin.

Peter Diamond Había vapor y superficies resbaladizas, y los actores podían sufrir caídas muy peligrosas si no adoptábamos medidas de seguridad adicionales.

Bob Anderson Mi traje era terrible. Mido 1,85 metros, y el casco y las botas añadían 7,5 y 5 centímetros, respectivamente. Llevaba encima un

2.128

par de capas. Muy a menudo, solo podía verle los pies a Mark. Era casi como actuar con los ojos vendados.

Los ánimos se caldearon.
Gary Kurtz Mark y Kersh se enfadaron. Estaban trabajando en circunstancias muy difíciles. Creo que Kersh pensó que Mark no escuchaba sus instrucciones, y que a Mark le pareció que Kersh lo usaba para desahogarse, y eso le sentó mal. Llegados a ese punto, me aseguré de que hablaran al principio del día y revisaran el material con antelación.

Los días 11 y 12 de julio, Luke, Leia y los droides estaban en el hospital del crucero estelar contemplando la galaxia mientras Lando y Chewie partían con una misión: un final agridulce para la película. El 13 de julio, Billy Dee Williams completó su papel de Lando. En ese momento, el rodaje se había demorado 35 días respecto a lo programado.

George Lucas Me enfrentaba a una situación en la que todo lo que poseía, todo lo que había ganado, estaba comprometido en esta película. Si no era un éxito, no solo podía perderlo todo, sino que además podía terminar con una deuda de millones de dólares muy difícil de saldar. Podía llevarme el resto de mi vida quitármela de encima. Y eso me intranquilizaba.

Todo el mundo me decía: «No te preocupes, la película será un gran éxito». Yo estaba seguro de eso, pero si era solo una de esas secuelas medianamente exitosas, lo perdería todo. Tenía que ser la secuela más taquillera de todos los tiempos para poder cubrir gastos.

Una compañía cinematográfica tiene que reaccionar en una fracción de segundo, como en un partido de fútbol. Si no estás ahí cuando hay que tomar la decisión, el momento pasa

2.130

de largo. Pronto esos momentos suman horas, días, semanas.

Aparecer de vez en cuando ya no servía. Tenía que estar allí todos los días y ayudar a Kersh. Eso supuso mucho trabajo.

Diario de rodaje / 16 de julio de 1979
George y Marcia Lucas llegaron a Londres procedentes de San Francisco el domingo 15 de julio.

Irvin Kershner Un día, George se presentó en Inglaterra con un banquero de Boston. Me dijo que intentaba obtener algo de dinero extra. Les mostramos algunas secuencias y me dieron las gracias. No estaba al corriente de la situación financiera. Nadie me informó. Nadie me preguntó. Nadie habló conmigo. Yo solo hice mi trabajo.

George Lucas Lo primero que hice al llegar fue ponerme al día con el corte de la película. El tiempo apremiaba, y mi principal preocupación en ese momento era ponerme con el segundo corte mientras el montador se dedicaba al primero. De esa manera, al terminar habríamos adelantado seis semanas de trabajo.

Durante tres días, desde el 16 de julio en adelante, siguió el rodaje del duelo entre Luke y

2.130 *Los grandes muros, las calles embaldosadas con fuentes y los lejanos palacios que pueden verse en el boceto de Johnston de marzo de 1978 evocan capitales antiguas como Venecia o Bizancio (hoy Estambul).*
2.131 *Coches y animales voladores en Ciudad Nube, pintado del 12 al 15 de junio de 1978 por McQuarrie, se basa íntegramente en un boceto de Joe Johnston, quien también diseñó los coches voladores. Estos vehículos no tienen alas y de su sistema de vuelo solo se sabe que la energía que los mueve procede de un dispositivo situado entre sus dos cabinas.*

2.132 *Entre las primeras ideas para la película de finales de 1977 y principios de 1978 estaba la de incluir a una noble raza de extraterrestres que montaban bestias similares a mantarrayas. Luke se hacía amigo de ellos y se convertía en miembro de su tribu, que lo ayudaría a rescatar a Leia, Han y Chewie de las garras del Imperio. Al final, se quedaron fuera de la película, pero la idea se adaptó en El retorno del jedi con la introducción de los ewoks.*

Vader en la cámara de congelación de carbonita, el momento en que Luke es desarmado e introducido a la fuerza en la cámara pero consigue escapar gracias a lo aprendido durante su entrenamiento. Mientras tanto, después de rodar algunas escenas con la segunda unidad el 17 de julio, Carrie Fisher completó su papel y regresó a Estados Unidos.

A partir del 19 de julio y durante cuatro días, Mark Hamill y David Prowse, así como sus dobles, Colin Skeaping y Bob Anderson, continuaron con el agotador combate en la sala de control del reactor en el escenario n.º 1. Vader usa aquí la Fuerza para levantar objetos y arrojarlos contra Luke, quien, sobrepasado, intenta desviarlos con su espada láser. Esta escena aparece por primera vez en el segundo borrador de Star Wars de Lucas, en el que Darth Vader se enfrenta a Deak Starkiller en el arranque de la película

George Lucas / *Adventures of the Starkiller* / Segundo borrador / 28 de enero de 1975
VADER ¡Por fin nos encontramos!
DEAK Con tanta conmoción esperaba a tu maestro, no a un mero sirviente.

Esta observación provoca la ira de Vader, que respira hondo y levanta los brazos: una fuerza invisible envuelve los objetos que no están atornillados a ninguna parte y los arroja contra el

2.131

2.132

2.133

joven jedi, pero cuando llegan a unos 60 centímetros de Deak los desvía el escudo invisible que lo protege.

DEAK El Bogan es fuerte en ti, pero no lo suficiente. ¡Temo que tendrás que usar tu arma, si eres capaz!

VADER Soy lord Darth Vader, primer caballero de los Sith y mano derecha de su eminencia el príncipe Espaa Valorum, el maestro Bogan. No te burlarás de mí ni de mi maestro porque el Ashla es débil y la FUERZA DE LOS DEMÁS ahora no puede salvarte…

Lucas intentó incluir una versión de esta escena en la película original, pero no lo consiguió. Ahora pudo rodarla en el escenario n.º 1, no sin ciertas dificultades.

Diario de rodaje / 23 de julio de 1979
Nota: Durante unas tomas peligrosas, Colin Skeaping se ha hecho daño en el tobillo y Bob

Anderson ha recibido un golpe en la cabeza. Ambos pueden continuar trabajando.

El 24 de julio, el First National Bank of Boston acordó refinanciar el préstamo original hasta llegar a 31 millones de dólares. Twentieth Century Fox garantizó los tres millones de sobrecoste a cambio de un porcentaje mayor en el acuerdo de distribución.

George Lucas Nos las arreglamos para tener que pagarle a la Fox solo un poco más de dinero. No obtuvieron ninguna de las licencias ni de las secuelas.

Si tenía que pagar un porcentaje mayor, podía hacerlo. Creo que a la Fox le interesaba tanto como a nosotros que termináramos la película.

2.134

Meramente orientativas

El 25 de julio, Mark Hamill y David Prowse roda-
ron la escena en la que Luke entra en la gruta
de Dagobah, donde se enfrenta a Darth Vader,
lo decapita y descubre su propio rostro bajo la
máscara de Vader.

Hamill, Prowse y Bob Anderson dedicaron seis
días (26, 27 y 31 de julio, 1 y 3 de julio) a rodar el
duelo culminante con su sobrecogedor desenlace en el pozo y la antena. El 27 de julio se filmó
la toma de la mano derecha de Luke tres veces con dos cámaras. Se repitió con diferentes
objetivos, encuadres y ángulos. Kershner sabía
que era la escena clave de la película y quería
capturar todos los detalles.

Mark Hamill Todos tenían un guion falso.
Kershner nos decía que memorizáramos nuestro
texto y nos comiéramos el guion. También se fil-
traron guiones falsos a la prensa. El más popular
incluía una escena en la que las cabezas de

Han Solo y Darth Vader se fusionaban en una
sola como Ray Milland y «Rosey» Greer en aquella vieja película de ciencia ficción, *The Thing*
with Two Heads (1972), así que no podías matar
a uno sin acabar con el otro.

2.133 *Luke ha progresado gracias al*
entrenamiento, pero está decidido a irse a
pesar de las protestas de Yoda. «Si ahora
te vas ayudarlos podrías, pero destruirías
todo aquello por lo que han luchado y
sufrido», le advierte el maestro.
2.134 *Para enfatizar la soledad de Luke,*
esta toma lo muestra a media distancia
mientras se despide de un ser querido,
Yoda, que da la espalda al espectador.
El recurso trae a la memoria películas
de John Ford como La diligencia (1939),
Pasión de los fuertes (1946) o Centauros
del desierto (1956). Lucas compara a
menudo las películas de Star Wars con los
wésterns clásicos.

S368   EXT BOG - X WING FIGHTER CLEARING - DUSK - DEGOBAH   S368

The fighter's lights come on. Luke is in the process of
lifting a heavy case into the belly of the ship. Artoo
is on top of the ship settling down into his place. Yoda
stands nearby on a log.

> YODA
> Luke, you must not go.

> LUKE
> (to Yoda)
> I can't keep the vision out of my
> head ... My friends ... they're in
> trouble ... and I feel that ...

> YODA
> ... You must not go!

> LUKE
> But Han and Leia will die if I don't.

> BEN (OS)
> You don't know that.

Luke looks over in amazement. Ben has materialized as
a shimmering image near Yoda.

> BEN (Continued)
> Even I cannot see their fate.

> LUKE
> But, I can help them!

> BEN
> You're not ready yet. You still
> have much to learn. The training
> has just started.

> LUKE
> I feel The Force.

> BEN
> But you cannot control it. This
> is a dangerous stage for you, Luke.
> You are now most susceptible to
> the temptations of the dark side.

> YODA
> Yes, yes. To Obi-wan you listen
> young one. The tree. Remember
> your failure at the tree! Eeh?

> LUKE
> I've learned much since then. And
> I'll return to finish ... I promise
> that, master.

> BEN
> You underestimate the Emperor.
> It is you he wants ... that is why
> your friends suffer.

> LUKE
> And that is why I must go

2.135

2.135 *Esta página del guion llena de
anotaciones da una idea del meticuloso
trabajo de revisión y replanteamiento
del viaje interior de Luke que realizaron
Lucas y sus colaboradores.*

2.136

2.136–137 *Han intenta reanudar su beso interrumpido con Leia, pero cuando los actores filmaron la escena los días 6 y 9 de abril de 1979, la situación parecía demasiado obvia y se reescribió. En la nueva versión, Leia pone freno al ardor de Han al señalar que tiene pensado dejarla y su relación no tiene futuro. Las nuevas tomas se rodaron el 17 de abril.*

Irvin Kershner Sabía que Luke tenía un padre y era Darth Vader, pero eso no estaba en el guion, en el que se había incluido una página falsa. Era alto secreto.

Kershner le contó la verdad a Mark Hamill para que pudiera preparar mejor las reacciones de Luke. David Prowse no lo sabía y no pronunció la famosa frase. De todos modos, si hubieran intercambiado el diálogo real, no habría sido un problema.

Diario de rodaje / Unidad principal / 26 de julio de 1979

No se pudo grabar el sonido por las máquinas de viento, por lo que no sé qué decían los actores. Las notas anteriores son meramente orientativas.

La segunda unidad rodó otros cinco días con un total de 38 configuraciones y 116 tomas para esta escena.

2.137

2.138

Irvin Kershner A George se le ocurrió una idea para una secuencia puente de unos 15 segundos: Luke poniéndose el equipo de vuelo mientras habla con un robot. «Adelante, ruédala», dije. Le llevó una hora y realizó ¡28 tomas! Es una secuencia breve y encantadora que lleva a otra más importante.

Lucas dirigió la escena S60, en la que Luke se enfunda su traje de vuelo mientras habla con el robot médico, el 30 de julio.

Tras unas tomas en la cámara de congelación de carbonita el 2 de agosto, Peter Mayhew completó su papel en la película. David Prowse terminó el día siguiente.

2.138 **Comedor de Vader, pintado por Ralph McQuarrie, muestra el primer y único encuentro de lord Vader con Han Solo en toda la saga. Nótese el sarape que cubre el hombro de Boba Fett en homenaje al Hombre sin Nombre, personaje que Clint Eastwood interpreta en Por un puñado de dólares.**
2.139–140 **Han desenfunda rápido, pero Vader usa la Fuerza para detener sus disparos y desarmarlo.**

Un mundo más amable

Frank Oz Mi trabajo es que un personaje cobre vida haciéndolo diverso, contradictorio y complejo a distintos niveles. Para el personaje de Yoda además de mí hicieron falta tres personas más. Mi pulgar era su boca, mi dedo corazón estaba en su frente y el índice y el anular eran su paladar. De modo que faltaba una segunda persona que manejara las orejas, una tercera que moviera los ojos y todavía una cuarta que se encargara de la mano.

Esos marionetistas eran Kathryn Mullen, Wendy Midener Froud y, si era necesario, David Barclay.
George Lucas Fue un gran riesgo. Si la marioneta no funcionaba, la película sería un fracaso.
Frank Oz Escribí una biografía de Yoda que ocupa varias páginas, con muchos detalles sobre aspectos como lo que le gustaba comer y la edad que tenía. Lo que más me influyó fue la sensación de que venía de un tiempo más formal. Yoda tiene 800 años y de alguna manera terminó en Dagobah, un planeta en el que vivía solo a causa de todos los problemas que había en el universo. Su tiempo había pasado. Venía de un mundo más amable.

Para preparar la voz de Yoda, Oz grabó a ancianos hablando en la calle.

2.139

2.140

Frank Oz Necesitaba escuchar la estructura vocal, el ritmo y el patrón de respiración de un anciano. Aunque al final, cuando estaba en el plató trabajando con Yoda, la voz ya estaba allí. Era la voz que había sentido en mi corazón todo el tiempo.

Irvin Kershner Necesitábamos acortar el guion; en particular, las escenas del encuentro de Luke con Yoda en el planeta pantanoso. Es mejor tener la previsión de acortar las piezas que rodar luego más de lo que se necesita. George tomó el guion, lo analizó y lo sintetizó.

Las correcciones de Lucas se añadieron al guion el 23 de julio y el 24 de agosto. La unidad principal comenzó a filmar las escenas de Dagobah el día 6 de agosto, con Luke en casa de Yoda.

Alan Arnold La casa de Yoda era el decorado más pequeño de la película, pero también uno de los más interesantes. Era como una madriguera donde las cámaras escudriñan en busca de alguna improbable forma de vida mientras los técnicos observan unos monitores desde algún lugar cercano.

Irvin Kershner Estaba delante de un televisor con unos auriculares sobre las orejas y decía: «Yoda, ponte de pie». Y entonces Yoda se ponía de pie. «Estás muy erguido. Quiero que te encorves un poquito. Demasiado. Así, así está bien… Levánta un poco el hombro izquierdo. Bien. Mientras estás hablando, quiero que des un pasito. No, un paso pequeño. Eso es. Te cuesta dar ese paso porque eres muy viejo. Suspira mientras das ese paso. Ahora, mira a Mark.» Pero los ojos parecían observar algo cercano, de modo que teníamos que redirigirlos. Entonces decía: «El ojo

2.141 *Han Solo es torturado por Vader.*
2.142 *Ante la consternación de Lando (Billy Dee Williams), Darth Vader acepta entregar a Han a Boba Fett para que este pueda cobrar la recompensa de Jabba el Hutt.*

izquierdo está más enfocado que el derecho». Y el pequeño párpado se levantaba. «Ahora, inclina la cabeza ligeramente hacia la derecha y luego baja un poco la oreja derecha. Así está bien, perfecto. Ahora, empieza a decir el texto, das un paso y suspiras. Bien, vuelve a intentarlo». Finalmente, después de horas y horas de trabajo, comenzó a cobrar vida.

La unidad principal rodó otros dos días en la casa de Yoda, y luego se trasladó al escenario del claro en el bosque para filmar la escena 283, la del primer encuentro de Luke con Yoda, durante tres días más.
Mark Hamill Durante un mes y medio, fui el único ser humano que aparecía en la orden de rodaje. Había cuatro personas, que no iban a verse en pantalla, manipulando a Yoda. Había títeres, máquinas, pájaros, serpientes, lagartos, depósitos de agua y monstruos: amigos y vecinos verdaderamente encantadores. A Yoda

querían mantenerlo en secreto, así que lo escondieron cuando rodaron mis primeros planos, en los que yo dirigía mis réplicas a una vara de medir que habían puesto en su lugar. Mientras tanto, Kershner estaba preocupado por que las serpientes y las iguanas no aparecieran en pantalla cuando no era el momento. Desde luego, yo era la última cosa que tenía en mente.

Se necesitaron tres días para rodar la escena 368 en el escenario del claro en el bosque en la que Luke abandona Dagobah. Oz tardó otros tres días más en completar su actuación como Yoda. Trabajó del 6 al 18 de agosto y solamente disfrutó de un día libre.
Frank Oz Durante las dos semanas de rodaje de las escenas de Yoda, nuestra principal preocupación era que la compleja mecánica del personaje funcionara correctamente; una vez conseguido eso, yo ya podía actuar. Fue un trabajo de precisión realmente muy difícil y exigente.

2.142

Yoda no es un teleñeco. Estamos hablando de mover un globo ocular medio centímetro. Todos sus movimientos tenían que darse en la secuencia correcta y en armonía entre sí. Creo que es lo más difícil que he hecho.

El dilema moral

Lo que quedaba de agosto y parte de septiembre se dedicó a Luke en Dagobah. Se rodaron su entrenamiento y su aterrizaje, es decir, todas aquellas tomas que requerían de la actuación de Frank Oz como Yoda.

Alec Guinness llegó a los estudios el 5 de septiembre para un día de trabajo en el que grabó su texto en off y rodó su aparición como espíritu de la Fuerza.

Alan Arnold Una hora después de llegar, sir Alec ya estaba preparado en el plató, con aspecto benigno bajo una capa con capucha de estilo franciscano, la esencia misma del amor y la fortaleza paternos. Cuando Mark Hamill llegó,

charlaron amigablemente durante un par de minutos y luego fueron a ensayar. Kersh tenía dos cámaras enfocando a un fondo de terciopelo antes de que Ben le diera sus sabios consejos a Luke Skywalker. Durante el ensayo, Guinness alzó una mano para protegerse los ojos de la potencia de la luz, se equivocó un par de veces y esbozó una mueca de disgusto cuando un equipo de cámara patinó ruidosamente. Pero durante las tomas su mirada era resuelta, sus ojos firmes y poderosos, y envolvió su texto, sin gran profundidad, en un aura de sabiduría.

Irvin Kershner Ahí es donde está precisamente la magia. Se llama autoridad. Analizó cada palabra y cada gesto como solo lo saben hacer los grandes actores. Son el timbre y los movimientos sutiles los que marcan la diferencia. Eso es lo que define a los grandes actores. Sí, podríamos haber prescindido de él, pero este hombre se apropió del personaje. Nunca será lo mismo si pones a otro actor a interpretar un papel creado por alguien así.

2.143

2.143 *Han se enfrenta a su posible muerte. Como le dijo Ford a Kershner, en este momento su objetivo principal es proteger a Leia, lo que implica la difícil tarea de mantener a Chewie bajo control para que él y la princesa sobrevivan y puedan reanudar la lucha en otro momento.*
2.144 *El doble sentido de descenso a los infiernos y heroico altar de sacrificio no es accidental, sino el resultado de un diseño muy meditado.*

Alec Guinness Creo que no aparezco en la película más de 10 segundos. Cuando me preguntaron si lo haría, puse como condición que no me dieran protagonismo en los títulos de crédito. Me parecía un engaño que mi nombre apareciera escrito junto al título. Algunos niños a los que les gustó *Star Wars* podrían haber pensado: «¡Qué bien! Veremos otra vez a Obi-como-se-llame», y después sentirse defraudados.

De modo que acepté hacerlo si no anunciaban mi presencia. No digo más de tres frases en la película.

Lucas regresó a su casa de San Francisco el 25 de agosto. El último día de Kershner en el plató fue el 7 de septiembre, cuando rodó la escena 359.

El Imperio contraataca / Quinto borrador del guion / 20 de febrero de 1979
EXTERIOR PANTANO – CASA DE YODA – DÍA – DAGOBAH

En el claro que hay detrás de la casa de Yoda, Luke vuelve a estar boca abajo sobre una sola mano. Su expresión es ahora de menor tensión y mayor concentración. Yoda, sentado frente al joven guerrero, lo mira fijamente a la cara. A un lado del claro, dos cajas con equipos empiezan a elevarse. R2-D2 observa y parece murmurar; de repente, él mismo empieza a ascender. Sus

pequeñas patas se mueven desesperadamente y su cabeza gira con frenesí en busca de ayuda. En ese momento, Luke levanta cuatro dedos y se balancea sobre el dedo pulgar. Por primera vez podemos ver a Yoda reír.

YODA Bien, bien, ahora cálmate. A través de la Fuerza, cosas tú verás: otros lugares, otros pensamientos, el futuro, el pasado, viejos amigos que desaparecieron hace tiempo.

De pronto, Luke parece angustiarse.

LUKE ¡No, Han! ¡Leia!

Las dos cajas de equipos y R2-D2 caen con gran estrépito, seguidos por Luke.

En el siguiente diálogo, Luke resuelve interrumpir su entrenamiento para intentar salvar a sus amigos. Pero si se queda para completar la formación planeada por Kenobi y Yoda, podría salvar la galaxia.

Irvin Kershner Esta decisión es el elemento de ambigüedad que hace que el contenido de la película sea tan rico. Puede verse como la fuerza del personaje o su debilidad, depende de cómo lo mires. ¿Qué es más ético, intentar salvar el mundo o rescatar a tus amigos más cercanos? Ese es el dilema moral que está en la raíz del asunto.

Lo único que quedaba por hacer eran tomas de acrobacias, insertos y efectos especiales. Mark Hamill completó su papel el 11 de septiembre después de 103 días de trabajo. Kenny Baker terminó su trabajo como R2-D2 el 15 de septiembre.

2.145 *Lando, arrepentido, se asegura de que Han siga vivo dentro de la carbonita. Traicionó a su amigo para salvar su ciudad, y se compromete a proteger a Leia.*
2.146 *Leia y Chewie, impresionados al ver a Han en carbonita.*

2.146

Diario de rodaje / 24 de septiembre de 1979
FIN DE LA FOTOGRAFÍA EN EL REINO UNIDO. EL
EQUIPO SE HA IDO A LAS 16:40

*En total, se celebraron 144 días de rodaje, 66
más de lo previsto; se completaron 264 de las
468 escenas que aparecían en el guion, y se
crearon 21 escenas nuevas durante la filmación.
Solo quedaba que ILM completara las escenas y
los efectos visuales más espectaculares.*

*«En esta historia he tenido muchas
más alternativas. Es una tragedia,
un segundo acto tradicional.
En el segundo acto siempre les das
a tus personajes un problema que
resolver. En El Imperio contraataca
no hay verdaderos ganadores,
como sí los hubo en la primera
película, y para los personajes es
una tragedia emocional.»*
George Lucas

Ilusión de movimiento

*Los transportes acorazados todoterreno o ca-
minantes AT-AT son los vehículos de ataque de
cuatro patas que Darth Vader despliega en la
batalla en la nieve de Hoth.*
Dennis Muren Cuando George Lucas dijo que
habría un departamento de *stop-motion* al completo, los caminantes ya habían sido diseñados.

Eran divertidos, y la animación podía potenciar lo
extraño de su apariencia.

*El 5 de febrero, Muren filmó a la elefanta Mardji
en el parque temático Marine World/Africa USA
para estudiar sus movimientos, que serían la
base de la animación de los caminantes.*

2.147

2.148

George Lucas Filmaron animales caminando, los estudiaron con cuadrículas y pasaron meses haciendo pruebas.

A finales de mayo se realizaron ensayos que permitieron reunir información para el diseño, la ingeniería y la fabricación de las maquetas.

Joe Johnston Jon Berg era la persona responsable de llevar a los caminantes a la pantalla. Desarrolló toda la armadura a partir de un par

2.147 *Luke, que ha logrado introducirse en Ciudad Nube, acecha a Darth Vader como un James Bond de la era espacial.*
2.148 *Boba Fett acompaña a Han Solo a Esclavo I y pronto irá a encontrarse con Jabba el Hutt.*
2.149 *Colocado entre dos cámaras, Irvin Kershner (izquierda) dirige la escena en la que Lando libera a Chewie y Leia; como recompensa, el wookiee lo estrangula. Anthony Daniels (centro, con traje marrón) pronuncia su frase como C-3PO: «¡Confía en él, confía en él!».*

de bocetos muy esquemáticos que yo había dibujado. A veces trabajaba 14 horas diarias en el prototipo de caminante. La única vez que modificó algo de mis bocetos fue debido a un problema mecánico, cambios menores para poder articularlo.

Phil Tippett Fue un pequeño milagro de la ingeniería.

Jon Berg La animación *stop-motion* comparte los principios de los dibujos animados: cada fotograma recoge un movimiento distinto. La diferencia es que aquí se trabaja con una figura tridimensional. Cuando esas imágenes se proyectan a 24 fotogramas por segundo, se obtiene la misma ilusión de movimiento que en los dibujos animados.

Tenemos que sujetar la maqueta a la mesa para conseguir generar la ilusión de que es capaz de mantener el equilibrio sea cual sea su posición. Si una pata avanza o la cabeza gira hacia un lado, movemos esos elementos un par

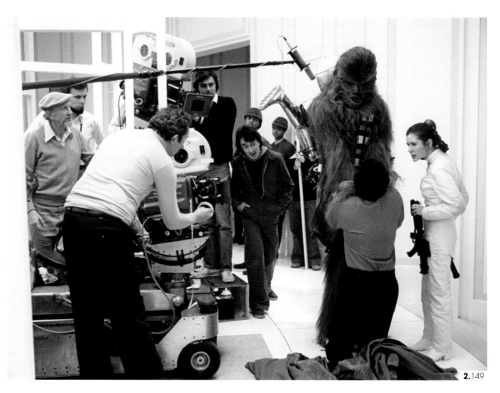

2.149

2.150

de milímetros o medio centímetro, todo dependerá de la velocidad que necesitemos, y entonces tomamos una fotografía. Después, volvemos
a mover la figura y repetimos el proceso hasta
que hemos acumulado suficientes imágenes
para simular la acción que queremos crear.

Hay ciertos requisitos básicos: la figura tiene
que ser estable, debe mantener su postura en
todas las posiciones sin resbalar ni deslizarse y ser
fácil de articular. El movimiento tiene que ser lo
más limpio y preciso posible, sin mucha resisten-
cia mecánica. Contábamos con un equipo muy
bueno. Tom St. Amand tomó mi prototipo y lo
construyó. Trabajó muchos meses en la fabricación de las piezas: tres caminantes *stop-motion*
de unos 49 centímetros de largo.

A lo largo del mes de agosto, se realizaron prue-
bas con maquetas grandes y pequeñas de los
caminantes, con los decorados y los fondos.

2.150 *Luke se enfrenta a Darth Vader:*
«La Fuerza está contigo, joven Skywalker,
pero todavía no eres un jedi».
2.151 *Esta pintura de McQuarrie, de*
finales de 1978 o principios de 1979, se
basa en el diseño del escenario de Norman
Reynolds. McQuarrie: «Creo que Norman
concibió la red de tuberías como un
decorado teatral que hiciera pensar en
una telaraña. Luke es la mosca y aquí
viene la araña: Vader».
2.152 *Espadas láser en alto. El recuerdo*
del destino de Obi-Wan está muy presente,
en los personajes y en los espectadores.

Phil Tippett Por lo general, todo funcionó a la
primera. Las pruebas que hicimos los meses anteriores durante la fabricación y experimenta-
ción con los movimientos dieron resultado.

El 17 de septiembre, Phil Tippett y Jon Berg co-
menzaron a hacer animaciones con los cami-
nantes y completaron tres tomas (M137, M50,

M133) en el primer decorado. Durante los siguientes dos meses, realizaron 41 tomas en ocho decorados distintos. Terminaron su trabajo el 21 de noviembre.

Las tomas de los speeders de la batalla en la nieve, algunas de las cuales también incluían a los caminantes, se rodaron en septiembre y octubre. El equipo de stop-motion podía pasar ahora a animar al tauntaun para la escena de apertura de la película. Habían fotografiado a un jinete y su caballo en Stinson Beach como referencia para los movimientos del tauntaun y del modo en que una persona rebota en una silla de montar.

Phil Tippett En una película, un caballo parece real porque la cámara no puede capturar su trote con total definición y este aparece movido.

El equipo instaló una suspensión motorizada en la figura del tauntaun que la hacía oscilar durante el rodaje y proporcionaba a la toma un efecto de desenfoque. El proceso recibió el nombre de go-motion.

Todo es provisional

Lucas trabajó en el primer montaje de la película en octubre, y lo proyectó tres veces, los días 15, 25 y 31 de ese mes. Tomó notas detalladas sobre los cambios a realizar, en especial para añadir insertos de la segunda unidad que ayudaran a dar claridad a la narración: los pies de Luke metidos en hielo en la cueva del wampa, R2-D2 sumergido en el agua en el planeta Dagobah... Ordenó acelerar el disparo que

2.151

2.152

salía de la panza del Halcón con la elimina-
ción de un fotograma de cada dos. También
pidió que cada fotograma de la secuencia de
Luke en la gruta de Dagobah se positivara dos
y tres veces, lo que la ralentizó y dotó de cierto
tono onírico.

Eliminó algunas tomas incidentales, como
la de la sonda imperial disparando contra un
animal en Hoth, y tomas importantes, como la
de Hobbie estrellando a propósito su speeder
contra el caminante del general Veers, cuyo
estallido se reasignó al momento en que Luke
destruye uno de estos vehículos

George Lucas Estábamos montando las tomas con efectos animatrónicos y nos dijimos:
«Tenemos que usarlas donde mejor funcionen».

2.153 *Luke al ataque. Vader: «Ahora, libera
tu ira. Solo tu ira puede destruirme».*
2.154 *Los colores saturados del decorado
mezclan tonos fríos y cálidos.*

Eso significa descartar unas cosas y cambiar
otras. ¿Cuánto tiempo pueden aparecer en
pantalla esas figuras animadas antes de que la
gente se canse?

En noviembre, Lucas trabajó con Johnston en
el guion gráfico de una nueva secuencia de
apertura en la que varias sondas imperiales salen de un destructor estelar y se dispersan por
el espacio.

Según el guion gráfico original, al final de la
película Luke queda colgando de una antena
bajo Ciudad Nube, se precipita al vacío y el
Halcón se zambulle tras él, iguala su velocidad y
lo recoge. Al final, Lucas decidió que el Halcón
se colocara debajo de Luke y que este se limitara a dejarse caer.

El compositor John Williams y su arreglista se
reunieron con Lucas, Kershner y Kurtz el 3 de noviembre. Vieron la película para ubicar y discutir
la música.

2.153

2.155

John Williams *El Imperio contraataca* necesitaba 107 minutos de música, aunque en parte iba a incluir alusiones a la banda sonora de *Star Wars*. Queríamos repetir el «Star Wars Theme», por ejemplo. Pero todavía había que componer 102 minutos de música original entre noviembre y mediados de enero.

Hay un nuevo tema para Yoda que empieza de un modo animado y evoluciona a una música más profunda y noble. También hay una nueva pieza, el «tema amoroso», que se desarrolla con base en la relación de la princesa Leia y Han. En *Star Wars*, Darth Vader tuvo lo que podría llamarse un fragmento musical, pero en esta película desempeña un papel más importante y le dedicamos una gran marcha imperial.

Son películas heroicas y era necesario que la música reflejara el aspecto heroico, que subyaciera el contenido emocional y tuviera alcance épico. Estos no son meros elementos de apoyo, sino los pilares de las películas de este tipo, y es muy estimulante trabajar en ellos. Si algo sale muy bien (y no me refiero a que sea memorable o perdure en el tiempo), si funciona, es un pequeño milagro.

A medida que la posproducción iba avanzando, Lucas supervisaba de cerca el montaje final de los 12 rollos, que modificó repetidas veces a partir del 7 de noviembre de 1979. Muchos de los primeros cambios consistieron en mejorar los efectos especiales y la animatrónica. Las nuevas imágenes tenían que sincronizarse con los efectos de sonido, los diálogos o la música que ya se habían añadido, o el sonido tenía que ser adaptado o reeditado.

Durante una sesión de revisión con Lucas se establecía el «estado óptico» de cada toma de efectos. Cuando se aprobaba una, se añadía a

2.155 **East Landing Platform, de McQuarrie, elaborada del 25 al 28 de septiembre de 1978. Leia, Chewie y Lando corren para salvar a Han, pero es tarde. La imagen muestra el diseño circular original de Nilo Rodis-Jamero para el Esclavo I.**
2.156 *Leia y Chewie corren para salvar a Han en la película. Aunque todas las ilustraciones de McQuarrie muestran una ciudad llena de ventanales que enmarcan las nubes del exterior, lo cierto es que mostrar algo así habría supuesto demasiado trabajo. Con motivo de la edición especial de El Imperio contraataca se añadieron algunas imágenes de fondo generadas por ordenador que recuperan lo que había imaginado McQuarrie y muestran la llegada de la noche.*

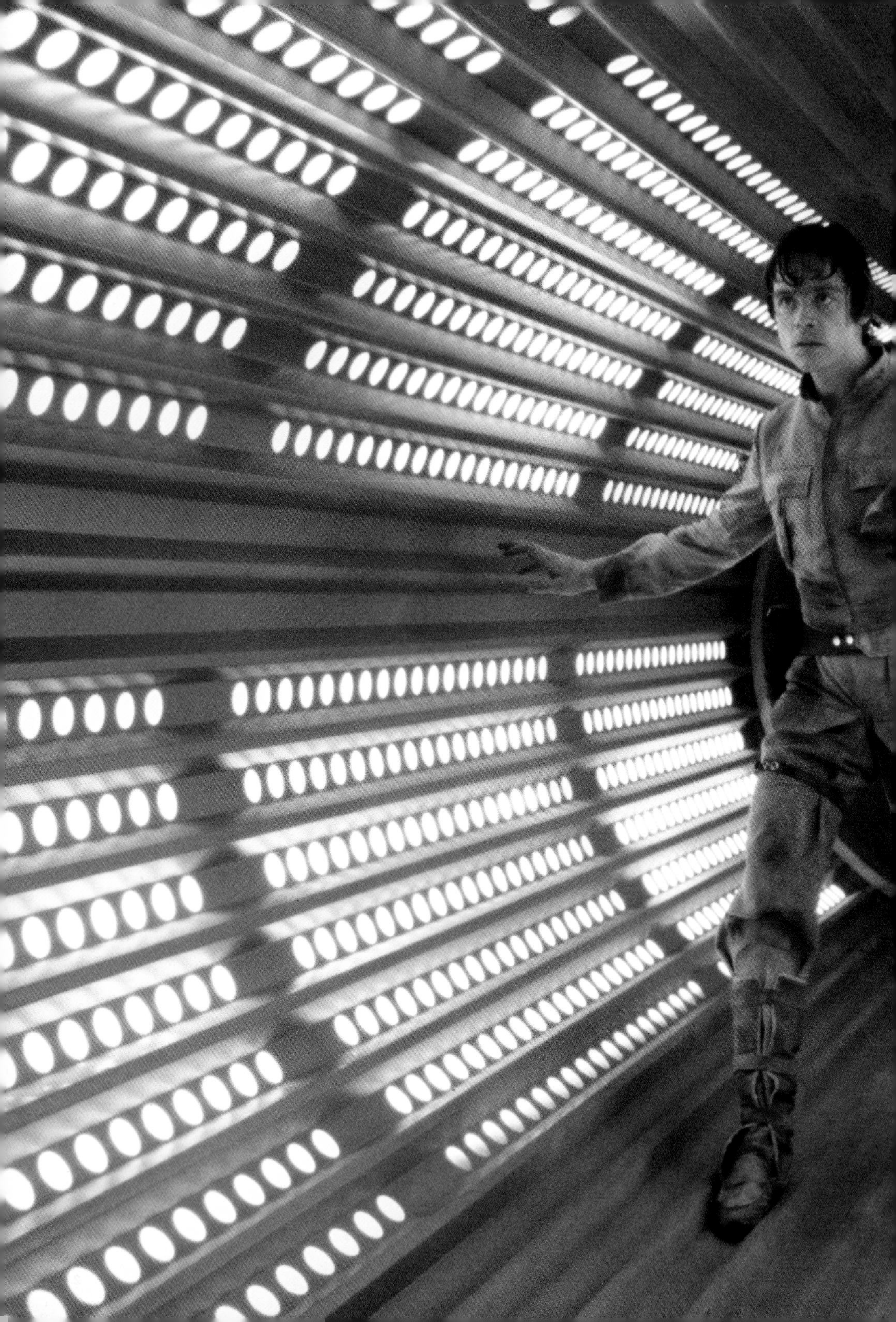

«*Estás derrotado. Es inútil resistir. No te dejes destruir como hizo Obi-Wan.*»
Darth Vader

un rollo y se registraba en el documento de cambios de la película.
Estado óptico / Notas de la sala de montaje / 18 de diciembre de 1979
CC19 / Final 1. Las estrellas no se mueven lo bastante rápido. Doblar la velocidad.
A51 / Mike Kelly, añade cuatro o seis láseres más. El que hay ahora está bien. Consulta A52 para los láseres.
M112 / Final
VH14 / Añadir otra salva de rayos de energía rojos. Podría ser la misma repetida. Debe sincronizarse cuatro fotogramas por detrás del transporte rebelde cuando la nave sale de cuadro. El primer rayo (segunda salva) sale de cuadro cuatro fotogramas después del transporte rebelde.

A principios de enero de 1980, John Williams y la Orquesta Sinfónica de Londres grabaron la banda sonora en el Reino Unido, en los Anvil Studios en Denham y en los de EMI en Abbey Road.

John Williams Realizamos 18 sesiones de tres horas repartidas en dos semanas. Eso es bastante tiempo, pero teníamos mucha música. Con una composición sinfónica normal no necesitas 18 sesiones para grabar un disco que tiene una pieza de una hora en cada cara, pero al tratarse de una banda sonora hay problemas de sincronización que ralentizan el proceso.

Alan Arnold Ben Burtt, supervisor de efectos de sonido de Lucasfilm, sabía que Williams tenía que componer casi dos horas de música para la película, lo que dejaba poco espacio para los efectos de sonido no musicales que había estado ideando con tanta dedicación.

Ben Burtt En mi opinión, la banda sonora ideal debería integrar la música y los efectos de sonido, pero en el cine los editores de sonido y los compositores trabajan por separado. El sonido viene al final. Si el proyecto acumula retrasos, será el área a la que se dedique menos tiempo y esfuerzo: «Solo piensa algo y hazlo». Cuando te pones con la banda sonora siempre hay prisas… Intentas ofrecer al público algunos estímulos que le provoquen un sentimiento; se hace con las imágenes y la iluminación, y sucede lo mismo con el sonido. El oído puede percibir cierto espectro de frecuencias. El sonido es un elemento que matiza y debe usarse de una manera sutil.

2.158

George Lucas Un efecto especial sin historia es algo bastante aburrido. Me preocupa cómo se ven los disparos y también qué sentido tienen. ¿Ayudan a contar la historia?

Lucas quiso añadir momentos para cada uno de los personajes, incluido R2-D2. Dirigió una toma del robot mientras se lo comía un monstruo de una ciénaga y luego lo escupía con fuerza.

Cambio en la película / Rollo 5 / 13 de febrero de 1980

Omitir SF4 y reemplazar con una nueva toma de la segunda unidad con un monstruo detrás de R2 (a seguir). Añadir dos metros, cinco fotogramas.

A continuación, Luke sube a la orilla.

A continuación, nueva toma de la segunda unidad de R2 devorado por el monstruo (a seguir). Añadir 16 fotogramas.

A continuación, Luke desenvaina su espada.

Estado óptico / Notas de la sala de montaje / 26 de marzo de 1980

Nota: todo es provisional hasta que George Lucas proyecte las tomas.

Aunque el montaje se completó el 8 de abril, Lucas continuó revisando los efectos visuales. El último rollo se le entregó a la Fox el 16 de abril,

2.157 *Parece que Luke ha derribado a Darth Vader, pero no está seguro de su victoria.*
2.158 *El duelo continúa en los álabes del reactor de Ciudad Nube en esta pintura de Ralph McQuarrie, que más tarde usaría la imagen como base para su matte. McQuarrie: «George seguía diciendo: "Haz que el lugar se vea más grande"».*
2.159 *Luke se enfrenta a una derrota segura, arrinconado en la pasarela. Vader aprovecha la situación para intentar atraerlo al lado oscuro.*

y Lucas preestrenó la película en el Northpoint Theatre de San Francisco.

Sin embargo, ILM todavía tenía que terminar muchas tomas con efectos. Algunas de las marcadas como «finales» no eran perfectas, y Lucas las rehízo y comparó con tomas «finales» anteriores. La lista ocupa 30 páginas.

Tras el preestreno, Lucas se dio cuenta de que, al final, no estaba claro qué posición ocupaba el Halcón respecto al crucero rebelde, por lo que pidió que se insertaran tres efectos: ED1A, ED1B, ED1C. Tras una primera revisión el 2 de mayo, estas y otras tomas se completaron el 5 de mayo. Las nuevas imágenes se añadieron al rollo 12, y con ello se dio por finalizado el montaje.

Cambio en la película / Rollo 12 / 5 de mayo de 1980

Insertar nueva toma: ED1A-1 (longitud total: 3,9 metros, 9 fotogramas).

Insertar nueva toma: ED1B-1 (longitud total: 2,7 metros, 12 fotogramas).

Dos tomas de Lando y Chewie. Sin cambios de duración.

Insertar nueva toma: ED1C-2 (longitud total: 2,1 metros, 7 fotogramas) final.

Plano general de Leia, Luke, C-3PO y R2-D2. Continuar hasta el último fotograma de la película sin cambios.

Cambio total del metraje: 9,1 metros y 14 fotogramas añadidos.

Richard Edlund Para producir los 440 efectos de la película, se filmaron más de 1 891 elementos distintos, 2 000 elementos animados, 50 tomas *matte* y 75 maquetas. En el departamento óptico se elaboraron 8 370 fragmentos de película que generaron 407 imágenes compuestas.

George Lucas En ese momento, me sentía muy satisfecho y pensaba que era una película genial, pero no tenía ni idea de lo que opinaría el resto del mundo. Es posible que se trate de la película más promocionada de la historia, pero eso no significaba que al público le fuera a gustar.

2.160

2.161

Una tragedia

George Lucas Como suele suceder en los segundos actos, *El Imperio contraataca* aborda
los problemas de los personajes. Desde *Star Wars*
estos han cambiado, crecido y evolucionado, y
las cosas no les van muy bien. La historia no termina, no alcanza su clímax. La segunda parte es
emocionante y divertida, pero también es triste:
más una tragedia que un triunfo.

*El Imperio contraataca se proyectó al públi-
co por primera vez el 17 de mayo de 1980 en
Washington, D. C. El 21 de mayo tuvo un estreno
limitado en formato de 70 milímetros en 127 salas*

2.160 *Mark Hamill y el especialista Bob
Anderson (como Vader, derecha) observan
el brazo sospechosamente largo de Hamill,
que sujeta una mano falsa.*
2.161 *El impactante momento en el que
Luke pierde la mano. Mark Hamill: «Cosas
como esa no suelen sucederle a un héroe».*

*de cine de Estados Unidos. Batió récords de asis-
tencia en 125.*

Tom Finn / Ayudante Si vas los primeros días, la
copia está en mejores condiciones. Más tarde,
cuando ya se ha proyectado cuatro o cinco veces diarias... se llena de rayaduras.

*La película fue lanzada en 35 milímetros en
115 salas el 18 de junio, y en otras 116 salas
dos días después; finalmente, se proyectó en
1400 pantallas. Al final de su primer periodo en
cartel había recaudado 209 millones de dólares
en Estados Unidos y 243 en el resto del mundo;
es decir, un total de 452 millones con un presupuesto final de 32.*

Irvin Kershner No creo que los cineastas sean
artistas del mismo modo que un escritor o un pin-
tor, que comienzan con una página o un lienzo
en blanco, pero creo que George Lucas es un
artista, que es único en lo que hace. La saga de
Star Wars es su vida.

2.163

2.162 *Vader desvela la verdadera razón por la que no ha matado a Luke: no porque sea su hijo, sino por su poder: «Luke, tú puedes destruir al emperador. Él se ha percatado de eso. Es tu destino. Únete a mí y juntos dominaremos la galaxia como padre e hijo».*
2.163 *Luke colgando de una veleta, de Ralph McQuarrie. El Halcón acude a rescatarlo.*
2.164 *En su desesperación, Luke salta y termina debajo de la ciudad colgando de una antena.*

Una historia que le trasciende

George Lucas Luke es parte de una historia que le trasciende y él ni siquiera lo sabe. Empieza siendo un chico de campo ingenuo y desubicado, lo que influye mucho en su personaje. Leia es una persona resuelta que ha ido a la universidad, ha sido senadora por un tiempo y cuyo padrastro, también senador, dirige la rebelión: proviene del ámbito del poder. Han es básicamente un sinvergüenza al que no le importa nada ni nadie, un tipo listo que cree que puede con todo aunque no es así en realidad.

Luke es solo un chico perdido que trata de encontrarse a sí mismo. A medida que progresa, aprende. Lo cierto es que no entiende la situación en conjunto hasta la tercera película.

Paul Duncan A todos ellos se los pone a prueba en la segunda película y eso los obliga a cambiar. Leia tiene que librarse de su coraza y aceptar la posibilidad de una relación. Han es, como dices, un caradura que lentamente asume responsabilidades.

George Lucas Sí. Al principio, Han se limita a jugar. A medida que la película avanza, empieza a enamorarse de verdad.

Paul Duncan Al aprender a usar la Fuerza, Luke también cambia. Al principio, lo vemos en la cueva del wampa usando la Fuerza para recuperar su espada láser.

George Lucas En *El Imperio contraataca*, Luke aprende a ser un jedi, pero eso no se hace en 10 minutos. La idea es que es muy difícil llegar a ser un jedi. Mucha gente se confunde con la Fuerza. La ven como una cosa especial que puedes encontrar, recoger, metértela en la cabeza y poseerla, cuando siempre ha sido inherente a cada ser humano.

La cantidad de Fuerza es como el talento o inteligencia, diferente en cada persona. Parte de ella se hereda, pero no es más que un talento. No es algo que se pueda adquirir: es algo que se puede aprender a usar. Tengo la capacidad de levantar esa taza que hay encima de la mesa usando la Fuerza, pero tengo que entrenar para ello, como esos monjes budistas que caminan sobre trozos de carbón, que realmente pueden hacerlo sin quemarse los pies. Así es como entrenando la mente puedes desarrollar tus habilidades.

2.165

El elemento central es que si entrenas puedes hacer algo con eso, cosas que son útiles: pelear, ver cosas antes de que sucedan, atraer objetos que están lejos... Todo el mundo piensa que es una especie de magia, pero no lo es. Es algo que cualquiera puede hacer.

Luke nació con más talento que una persona normal, con más midiclorianos. Eso tiene más peso en la historia de lo que se cuenta. Hay mucha gente que quiere que sea algo místico, pero la verdad es que no lo es. De alguna manera, es místico porque no lo entendemos, y todo lo que no entendemos se convierte en místico, pero en realidad es lógico y las diferentes partes encajan.

Los midiclorianos son como las mitocondrias, generan la energía que permite que las células se dividan. Una vez que se dividen, podemos tener animales pluricelulares. Y una vez que tenemos animales pluricelulares, podemos generar más Fuerza porque hay más vida y la Fuerza se crea a partir de la vida.

2.165 *Rodaje en la cabina del Halcón Milenario, con Leia, Luke y Lando. Mientras escapan de Ciudad Nube, Luke puede sentir la presencia de Vader en el Ejecutor.*
2.166 *Chewie no está contento con Lando, cuya gente debería haber reparado el hiperimpulsor.*
2.167 *Cuando la princesa Leia «oye» misteriosamente la llamada de socorro de Luke, regresan a Ciudad Nube. Lando ayuda a Luke a entrar por la escotilla.*

Paul Duncan La historia también trata de Luke como joven perdido. Es huérfano, lo han abandonado, e intenta labrarse un futuro, una vida. Está perdido en la selva, y entonces conoce a Yoda.

George Lucas Yoda se basa en un personaje muy estereotípico de la mitología: el hombrecillo al borde del camino que pasa desapercibido

2.166

2.167

«*La ventaja de esta película respecto a la anterior era que los miembros del equipo entendían qué tipo de historia estábamos contando. Muchos habían trabajado en Star Wars, en la que no dejamos de experimentar, y ahora sabían lo que tenían por delante y cómo hacer las cosas.*»

George Lucas

para todo el mundo excepto para el héroe, que dice: «¿Necesitas ayuda?». «Sí, me he hecho daño en un pie», responde, y él, por supuesto, le echa una mano. El hombrecillo vuelve a aparecer o le da un consejo. Pasado un tiempo, te das cuenta de que desde el principio Yoda solo actuaba: aparentaba ser una criatura de pocas luces a la que nadie presta atención, pero en realidad es el hombre más sabio, el mejor de todos los jedi. Y, por supuesto, sigue midiendo 60 centímetros de alto.

Paul Duncan Durante su entrenamiento, Luke no solo tiene que adquirir habilidades físicas, sino también…

George Lucas … autoconocimiento: «¿Quién soy?».

Paul Duncan Y al final de la película descubre que es hijo de Darth Vader.

George Lucas Sí. Eso lo perturba de verdad. Quiero decir, en términos de: «Pero ¿qué me estás contando?».

Paul Duncan (*Risas*) Previamente, ya has dado una pista.

George Lucas Quería que se convirtiera en Darth Vader. En *Star Wars* comienza vestido con ropas de colores terrosos de tonos suaves.

Paul Duncan En *El Imperio contraataca* va casi siempre vestido de gris.

2.168

2.169

2.168 *Boceto de la fragata hospital de Nilo Rodis-Jamero. La nave fue necesaria en la última secuencia, en la que Luke se recupera, pero no se añadió a la agenda del taller de maquetas hasta el 1 de octubre.*
2.169 *La forma de la fragata parece responder a una curiosa fusión de muchas naves y hace pensar en un gigantesco motor fueraborda.*
2.170 *George Lucas explica en el taller de maquetas las configuraciones de cámara para las tomas de la fragata médica. Lo escuchan con gran atención los miembros de su equipo en ILM, con Steve Gawley, Richard Edlund y Nilo Rodis-Jamero entre ellos.*

2.170

George Lucas Y en la última viste de negro. Eso lo hicimos para que el público tuviera la sensación de que podía pasarse al lado oscuro.

Paul Duncan Y también cuando Luke entra en la gruta de Dagobah y ve su rostro bajo la máscara de Darth Vader. Ese es su inconsciente que le advierte, ¿verdad?

George Lucas Está planteando la posibilidad muy real de que se convierta en su padre. El público piensa: «¿Se convertirá en su padre?». Porque ese es un posible desenlace. El público siempre está anticipando el desenlace: «¿Cómo van a hacer que esto funcione? ¿Lo van a matar?». Por eso Obi-Wan y Yoda mencionan «al otro», lo que se traduce en: «Ah, sí, lo pueden matar, aquí hay otro de recambio».

Todo esto se hace de manera sutil convirtiendo a Luke, física y metafóricamente, en su padre. Una vez que sabes que Darth es su padre, se convierte en un problema real para la última parte de *El Imperio contraataca* y *El retorno del jedi*.

Paul Duncan También muestras lo vulnerable que es. Cae herido dos veces: primero, golpeado por el wampa; luego, en Ciudad Nube Vader le corta la mano derecha. Al final, la mano de Luke se convierte en…

George Lucas … una mano de metal, como la de Vader, porque a Vader le cortaron la mano. Jugábamos con eso. Hay un primer plano de la mano de Vader y del metal para recordar que su mano no es real. Más tarde, eso mismo

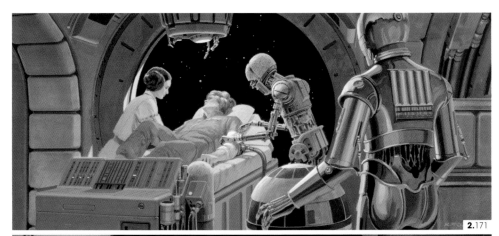

2.171

2.172

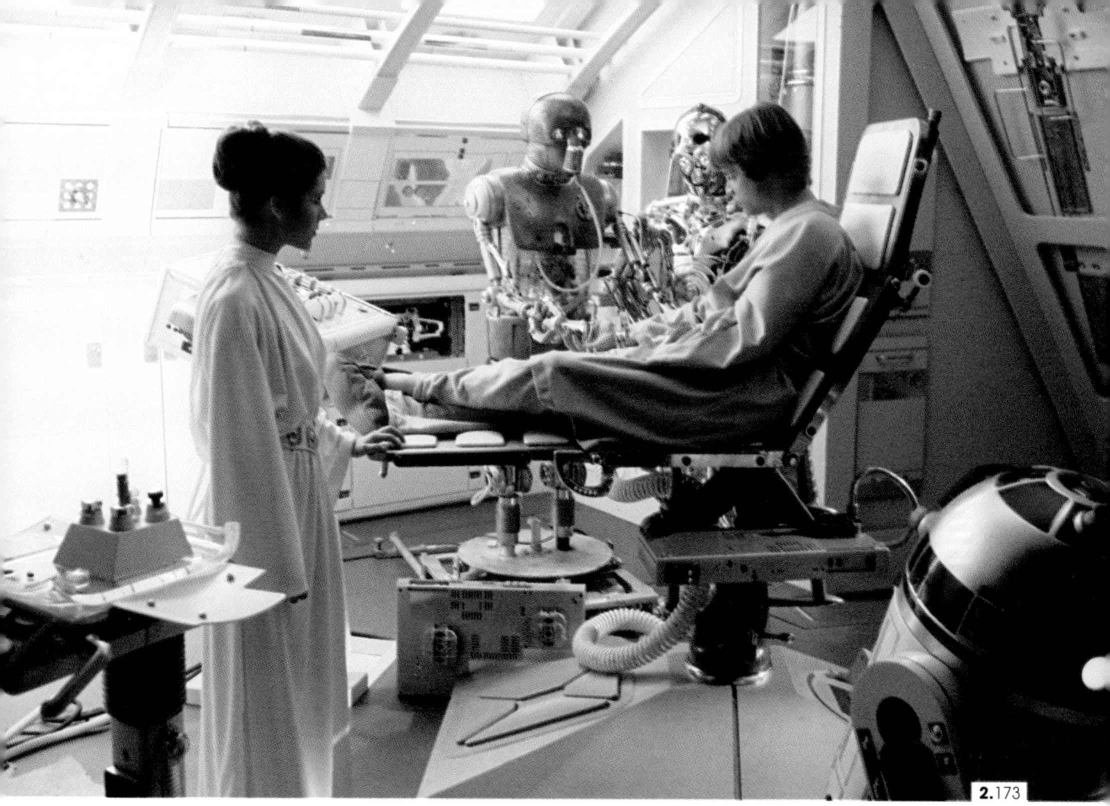
2.173

le sucede a Luke. Obi-Wan tiene una frase en la que dice de Vader: «Ahora es más una máquina que un hombre». Más un ente frío que una persona de sangre caliente.

Paul Duncan Está estrechando la distancia entre los egoístas y los desinteresados.

George Lucas Sí, lo hace de manera imperceptible. Descubres que Obi-Wan y Yoda están guiando a Luke. Hay un plan en marcha.

Paul Duncan Pero él no sabe en qué consiste.

George Lucas Y es un poco malvado, porque creen que él es el único que tiene el poder de matar a Vader. Su misión es matar a Vader y dejar al emperador sin su mano derecha.

Paul Duncan Metafóricamente.

George Lucas Metafóricamente, sí.

Paul Duncan Eso me gusta. Podrías ser escritor, ¿lo sabes?

George Lucas *(Risas)*

2.171 **Luke en el hospital del crucero estelar,** ***de Ralph McQuarrie, muestra a Luke con el brazo izquierdo vendado.***
2.172 ***Luke y Leia miran por el ventanal mientras el*** **Halcón Milenario** ***se aleja, con Lando a sus mandos, en busca de Han Solo.***
2.173 ***La enfermería de la película una vez terminada, con C-3PO vuelto a montar y Luke a su lado con una nueva mano derecha.***

2.174

2.174 **Ilustración definitiva de Tom Jung para el póster del reestreno de la película en 1982 en Estados Unidos.**

2.175 **Ilustración original de Roger Kastel para el póster estadounidense de estilo «A», en 1980. Nótese que el póster definitivo no incluyó Ciudad Nube, ni el cañón de Hoth ni a Lando y Boba Fett.**

El retorno del jedi

Episodio VI: El retorno del jedi (1983)

Sinopsis

El Imperio se prepara para aplastar la rebelión con una Estrella de la Muerte más poderosa, mientras que la flota rebelde planea un ataque a gran escala contra la estación espacial. Luke Skywalker se bate en un duelo culminante con su padre, Darth Vader, en presencia del emperador. En el último segundo, Vader toma una decisión trascendental: terminar con la vida del emperador y salvar a su hijo. Al final, los rebeldes derrotan al Imperio, destruyen a los Sith y Anakin Skywalker alcanza la redención. Tras una larga espera, la libertad ha vuelto a la galaxia.

FECHA DE ESTRENO 25 de mayo de 1983 (EE.UU.)
DURACIÓN 131 minutos

Reparto
LUKE SKYWALKER MARK HAMILL
HAN SOLO HARRISON FORD
PRINCESA LEIA CARRIE FISHER
LANDO CALRISSIAN BILLY DEE WILLIAMS
C-3PO ANTHONY DANIELS
CHEWBACCA PETER MAYHEW
ANAKIN SKYWALKER SEBASTIAN SHAW
EMPERADOR IAN MCDIARMID
YODA (VOZ) FRANK OZ
DARTH VADER (VOZ) JAMES EARL JONES
DARTH VADER DAVID PROWSE
BEN (OBI-WAN) KENOBI ALEC GUINNESS
R2-D2 KENNY BAKER

Equipo
DIRECTOR RICHARD MARQUAND
GUIONISTAS LAWRENCE KASDAN,
GEORGE LUCAS
ARGUMENTO GEORGE LUCAS
PRODUCTOR HOWARD KAZANJIAN
PRODUCTOR EJECUTIVO GEORGE LUCAS
COPRODUCTORES ROBERT WATTS,
JIM BLOOM
DISEÑADOR DE PRODUCCIÓN
NORMAN REYNOLDS
DIRECTOR DE FOTOGRAFÍA ALAN HUME
MONTADORES SEAN BARTON, MARCIA LUCAS,
DUWAYNE DUNHAM
EFECTOS VISUALES RICHARD EDLUND,
DENNIS MUREN, KEN RALSTON
DISEÑADORES DE VESTUARIO
AGGIE GUERARD RODGERS, NILO RODIS-JAMERO

SUPERVISOR DE EFECTOS MECÁNICOS
KIT WEST
MAQUILLADORES Y DISEÑADORES DE
CRIATURAS ESPECIALES PHIL TIPPETT,
STUART FREEBORN
DISEÑADOR DE SONIDO BEN BURTT
BANDA SONORA JOHN WILLIAMS

Unidad

Por Paul Duncan y F. X. Feeney

George Lucas Después de empezar mis estudios en la escuela de cine en 1965, mi vida pasó a ser como empujar un tren de 147 vagones por una pendiente. Todo consistía en empujar. Con *Star Wars* alcancé la cima, entonces me subí al tren y comencé a bajar por el otro lado. Desde entonces no he soltado los frenos. He intentado detener la máquina tirando de todas las palancas pero no hay forma de que reduzca su velocidad y todo es trabajo.

Es difícil contar en detalle todo el esfuerzo necesario para acometer un proyecto como este. A lo largo de un periodo de tres años, me pasé dos ocupado con jornadas diarias de 10 a 12 horas, seis días a la semana. Durante ese tiempo, hubo dos periodos de cuatro o cinco meses muy duros en los que trabajaba de 16 a 18 horas, y no dormía mucho más de cinco. Al llegar el domingo estaba fundido, pero seguía pensando en la película.

La gente no suele darse cuenta de las implicaciones de todo eso, de qué significa vivir así todos los días. Lo puedes sobrellevar un par de meses, pero un año tras otro te acaba minando la moral. Cada vez hay más presión y cada vez te sientes más infeliz, cansado y agotado, y vuelves a casa cargado con una lista interminable de problemas pendientes de resolver.

3.2

No se puede subestimar hasta qué punto sacrificas tu vida personal. Trabajar así ha perturbado mi vida familiar y me ha hecho menos feliz de lo que podría haber sido. Tengo una esposa y una hija de dos años, que son lo más importante en mi vida. Mi familia lo es todo para mí.

Todo o nada

Howard Kazanjian, con quien Lucas entabló amistad en la USC, había producido More American Graffiti *(1979), y desde septiembre de 1979 ayudó a terminar la producción de* El Imperio contraataca.

Howard Kazanjian / Productor Fui a Inglaterra las dos últimas semanas de rodaje. Nos habíamos pasado del presupuesto y el banco estaba molesto: apartaron a Gary (Kurtz) de la película, aunque siguió rondando por allí. Tenía que pasar

un informe al banco todos los días. También rehice el presupuesto, fue muy fácil: sabía cuánto habíamos gastado y que nos quedaba un año de posproducción por delante, y lo que eso

3.1 *El póster de El retorno del jedi para el Reino Unido (1983), ilustrado por Josh Kirby, con el grupo protagonista y sus aliados en el centro. Al fondo, la Estrella de la Muerte y Darth Vader, amenazantes.*
3.2 *La maquetista Randy Ottenberg trabaja en las capas de la Estrella de la Muerte, cuya reconstrucción, como cuenta la película, está a punto de completarse. El nivel de detalle de esta pieza era tan elevado que los maquetistas tenían que dedicarle todo su tiempo disponible.*
3.3 *La Estrella de la Muerte «en construcción» pero operativa. Lorne Peterson: «La Estrella de la Muerte en El retorno del jedi es en realidad la imagen reflejada de la maqueta. Lucas la inclinó durante la posproducción para ofrecer una composición más atractiva».*

3.4 *Esta pintura de McQuarrie de 1981 muestra la lanzadera imperial del Gran Moff Jerjerrod pasando entre dos Estrellas de la Muerte en construcción. La nave lleva a Vader al planeta Had Abbadon, capital del Imperio galáctico, que ocupa el fondo de la imagen.*

iba a costar. Pero todos los días del primer mes tuve que descolgar el teléfono, llamar al Bank of Boston y decir: «Hemos cumplido con el calendario de rodaje y estamos dentro del presupuesto».

George Lucas Bob Watts y Howard Kazanjian se encargaron de casi todo ese trabajo. Era todo o nada. Tenía que hacer la película, y en ese momento solo me importaba que el resultado fuera el mejor posible.

El Imperio contraataca *se estrenó el 17 de mayo de 1980 en Washington, D. C.*

El Sindicato de Directores de Estados Unidos (DGA) envió una carta a Lucasfilm el 28 de mayo en la que describía todas las infracciones cometidas en los títulos de crédito según los acuerdos básicos del DGA. Por ejemplo, los contratos del sindicato establecían que el nombre del director debía aparecer al inicio de las películas, pero Lucas colocó el suyo como director

3.4

de Star Wars *justo después de su clímax, y, con la aprobación de Kershner, hizo lo mismo en* El Imperio contraataca.

George Lucas Dijeron que «Lucasfilm» era un título de crédito personal, no corporativo. Yo no me llamo George Lucasfilm, del mismo modo que William Fox no se llamaba Twentieth Century Fox. Por ese tecnicismo me demandaron por 250 000 dólares. Si contaminas los Grandes Lagos no te ponen una multa como esa.

La demanda del DGA no prosperó porque la película la había hecho la productora inglesa de Lucas y los títulos de crédito cumplían con las normas sindicales del Reino Unido, pero sí sancionaron a Kershner, miembro del DGA, con 25 000 dólares.

George Lucas Pagamos su multa. Lo considero una forma de extorsión. El día después de poner las cosas en orden con el Sindicato de Directores, el Sindicato de Guionistas de Estados Unidos (WGA) entró en escena.

Lucas abandonó el DGA y el WGA, aunque Lucasfilm siguió como signataria en ambos gremios. Kazanjian pasó a ser productor ejecutivo

de *En busca del arca perdida* *y más adelante productor de la tercera entrega de* Star Wars.

Circunstancias extenuantes

George Lucas Mi intención era hacer *Star Wars* y actuar como un mercenario: entregársela a una empresa como la Fox y llevarme un gran porcentaje de los ingresos brutos. A partir de ahí, solo tendría que ponerme cómodo e ir al cine a ver cada nueva entrega. Pero cuando llegó el momento, me enamoré del proyecto.

Después de terminar *Star Wars*, solía decir que la película era tan solo el 25 por ciento de lo que había imaginado. En las entregas siguientes, muchas de esas fantasías se hicieron realidad, pero durante su rodaje también aprendí dos cosas: la primera, que no importa lo mucho que te esfuerces, y la segunda, que nadie

controla por completo ninguna situación. No se trata de lo bien que puedes hacer una película, sino de lo bien que puedes hacerla teniendo en cuenta las circunstancias: ese es el desafío.

Siempre tienes que bregar con unos recursos limitados y hacer frente a unas circunstancias extenuantes: actos de Dios en los que se encuentran la alegría y el dolor. A veces, la falta de control mejora las películas; otras, las empeora. Al final, debes aceptar que la película no será tan buena como te gustaría.

Cuanto más grande es una película, menos control tienes sobre ella y más obligado estás a adaptarte a las circunstancias, a lo que sea que suceda.

3.5–6 *La llegada de Darth Vader a la Estrella de la Muerte en un boceto de Joe Johnston y tal como se ve en la película.*

que tenía que terminar esta película y trabajar con estos actores por última vez.

Paul Duncan Lucasfilm ya se había consolidado. Habías hecho *El Imperio contraataca*.

George Lucas En ese momento habíamos dejado atrás los préstamos bancarios y trabajábamos con nuestro propio dinero. La diferencia era enorme.

Paul Duncan Era la primera vez que te encontrabas en esa situación. Habías tenido dos éxitos espectaculares, y estabas terminando *En busca del arca perdida* (1981), en cuyo guion participaste y de la que también fuiste productor ejecutivo. Además, ILM se había consolidado y trabajaba en diferentes proyectos, como *El dragón del lago de fuego* (1981), *Star Trek II: La ira de Khan* (1982), *Poltergeist* (1982) y *E. T., el extraterrestre* (1982).

Habías alcanzado tu plenitud creativa. ¿Tenías la sensación de que podías usar tu capacidad e influencia para hacer lo que querías?

George Lucas Bueno, no. Sabía que aún tenía límites y que trabajar así tenía un precio. Estaba usando mi dinero, y había puesto prácticamente todo lo que gané con *El Imperio contraataca*. Soy una persona que se arriesga, me he arriesgado mucho a lo largo de mi vida, pero no corro ningún riesgo si no sé que voy a ganar. *(Risas)*

Por muy capaz que te sientas, en realidad no tienes ni idea de lo que va a pasar: solo puedes volver al campo de batalla y seguir luchando.

3.5

Quería que estas tres películas mantuvieran la unidad porque cuentan una misma historia. Sabía que tenía que estar allí para mantener la homogeneidad formal, de la dirección de arte y también de los aspectos tecnológicos. Sabía

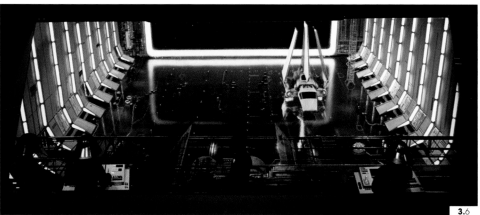

3.6

R.M'QUARRIE.

3.7 *Ilustración de Ralph McQuarrie que muestra la llegada de C-3PO y R2-D2 al palacio de Jabba el Hutt en Tatooine, el planeta en el que Luke se crio. Lucas: «Me hacía gracia la idea de que dos droides solitarios se acercaran a un castillo por un camino de tierra mientras no dejaban de quejarse: "¿Cómo me he metido en este lío? ¿Pero qué estamos haciendo?"».*

Apenas el 10 por ciento de las películas recuperan el dinero invertido, por lo que las probabilidades de éxito son pocas. Soy muy consciente de ello, y nunca he dado por hecho que podía hacer lo que quisiera, porque no puedo.

Evolucionar

Ralph McQuarrie comenzó a trabajar en el diseño de la película el verano de 1980. Joe Johnston y Nilo Rodis-Jamero se sumaron al proyecto en septiembre.

Nilo Rodis-Jamero / Diseñador de vestuario El coproductor Jim Bloom se reunió con nosotros y dijo: «Mañana a las nueve necesito que estéis aquí». Llevábamos un par de años sin trabajar juntos, y cuando nos encontramos al día siguiente, recuerdo haber pensado: «Esto irá para largo». Me levanté, me serví un café y preparé mis notas. Todavía estaba removiendo la taza cuando George entró en el departamento de arte con Jim y, sin soltar el pomo de la puerta, dijo: «Hay siete aspectos destacados en esta historia: rescatan a Han, la alianza rebelde se reagrupa…», y así sucesivamente. Terminó y se fue. «Muy bien, chicos, os veo mañana», dijo Ralph. «Sí, nos vemos mañana, Nilo», añadió Joe. Y eso fue todo. Yo seguía removiendo mi taza de café.

Joe Johnston / Director de arte y efectos visuales En los primeros compases del proyecto, teníamos total libertad para hacer lo que quisiéramos durante el diseño de los vehículos. No nos

al trabajo todos los días y ver cómo han evolucionado los personajes. Analizo las diferentes ideas que me proponen y digo qué me gusta y qué no, y qué dirección quiero que tomemos. Y así, las ideas se desarrollan hasta que damos con el personaje que necesitamos.

Nilo Rodis-Jamero George se reunía con nosotros cada dos semanas. Nunca nos encargó nada muy específico: trabajábamos en lo que nos apetecía dentro de las líneas maestras que nos proporcionaba. Cooperábamos analizando el trabajo de los demás y lo que George nos comentaba. No había formalidades, corsés o instrucciones precisas. Todo se basaba en la creatividad.

Identidad

George Lucas Desde el primer momento, las tres películas tenían que contar la misma idea, la misma gran historia, el mismo guion. La primera de ellas es una presentación muy elaborada de los personajes, la segunda desarrolla el argumento y en la tercera es donde se establece el desenlace. Siempre supe que tendría problemas con *El Imperio contraataca*, puesto que era una película amarga con un final abierto: tenía que encontrar la manera de pasar de la primera a la tercera parte; sabía que en la segunda sería suficiente con hacer avanzar la historia.

En *El Imperio contraataca* presentamos al «otro» y generamos incertidumbre y tensión en torno a la posible muerte de Luke. Si muere, podemos sustituirlo: hay otro. Esa idea tiene mucha fuerza. Es solamente una frase muy breve que Yoda le dirige a Obi-Wan Kenobi, pero genera ansiedad de inmediato: Luke puede morir. En la segunda película, también está presente la pregunta: «¿Será como su padre?». Ahí es donde está el verdadero conflicto.

Escribir me exige mucho tiempo y esfuerzo. No es cuestión de sentarse y esperar a que las ideas empiecen a brotar: hay que sacarlas a rastras entre pataleos y gritos de protesta.

3.7

preocupaba cómo iban a funcionar, o cómo se iban a construir y fotografiar, simplemente hacíamos lo que creíamos que se vería mejor en la pantalla. Después, la mayoría de las veces tuvimos que dar marcha atrás, ser un poco menos ambiciosos y encontrar una solución intermedia que funcionara mejor en la práctica, pero intentábamos comenzar con el mejor diseño, el más creativo y singular. Trabajábamos al revés: solo al final nos preocupábamos de las limitaciones.

George Lucas Cuando escribo un guion, siempre parto de una idea: Yoda es un hombrecillo verde, o Jabba el Hutt es una gran babosa que recuerda a un sultán. Ese es el tipo de instrucciones que les doy a los diseñadores, que empiezan a trabajar con eso. Es una sorpresa constante ver las cosas que se les ocurren: es lo más divertido de hacer este tipo de películas. Cierta forma de energía toma el control, y las criaturas salen de la nada. Es realmente emocionante ir

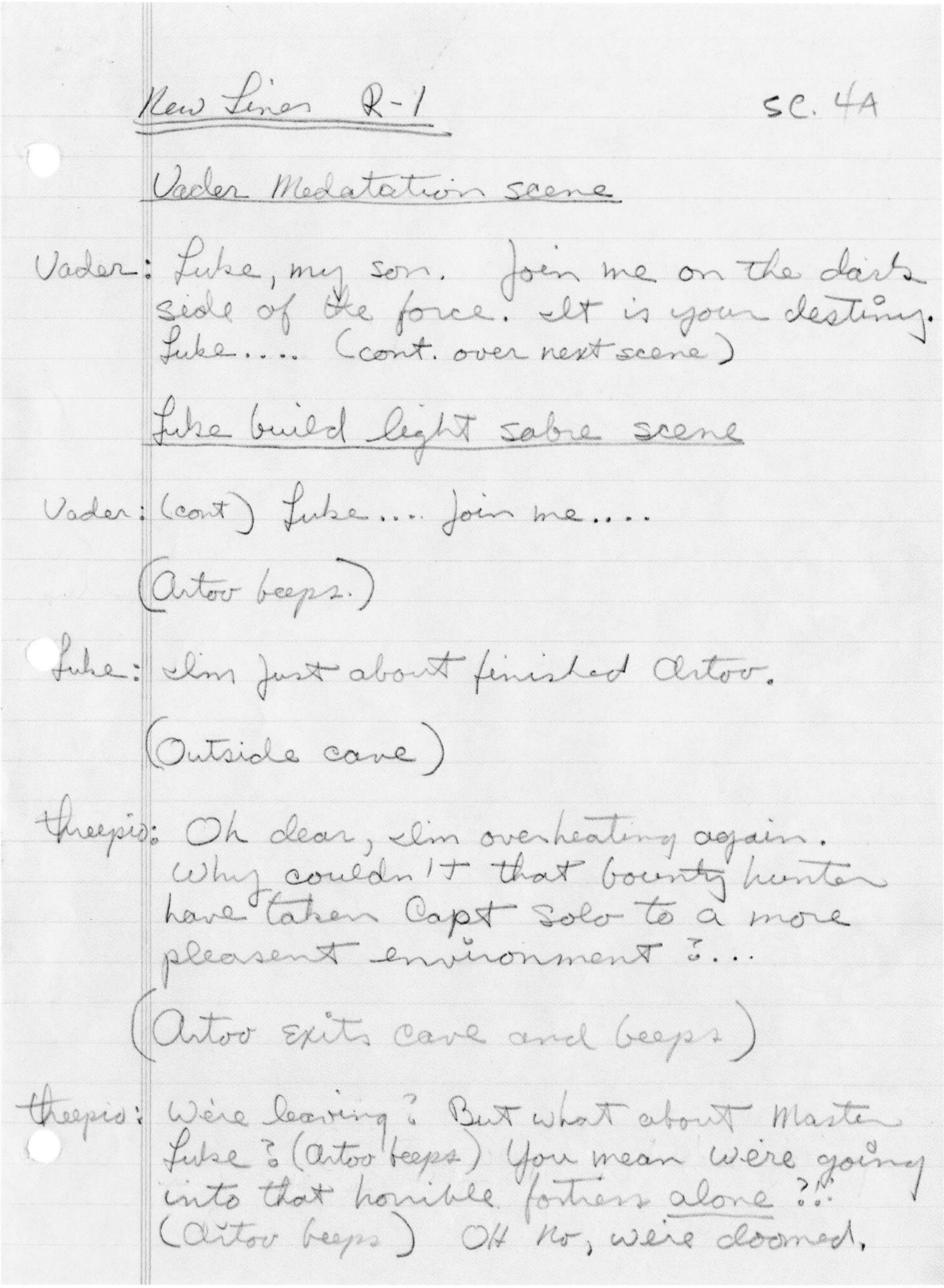

New Lines R-1   SC. 4A

<u>Vader Meditation scene</u>

Vader: Luke, my son.   Join me on the dark
side of the force.   It is your destiny.
Luke.... (cont. over next scene)

<u>Luke build light sabre scene</u>

Vader: (cont) Luke.... Join me....

(Artoo beeps.)

Luke: I'm just about finished Artoo.

(Outside cave)

threepio: Oh dear, I'm overheating again.
Why couldn't that bounty hunter
have taken Capt Solo to a more
pleasant environment ?...

(Artoo exits cave and beeps)

threepio: We're leaving? But what about Master
Luke? (Artoo beeps) You mean we're going
into that horrible fortress <u>alone</u> ?!
(Artoo beeps) Oh No, we're doomed.

3.8

Lucas entregó el borrador del guion, titulado Revenge of the Jedi, *el 24 de febrero de 1981. Constaba de 139 escenas contadas en 98 páginas.*

Revenge of the Jedi / Borrador del guion / 24 de febrero de 1981

La rebelión parece condenada al fracaso. Espías leales a la antigua República informan de

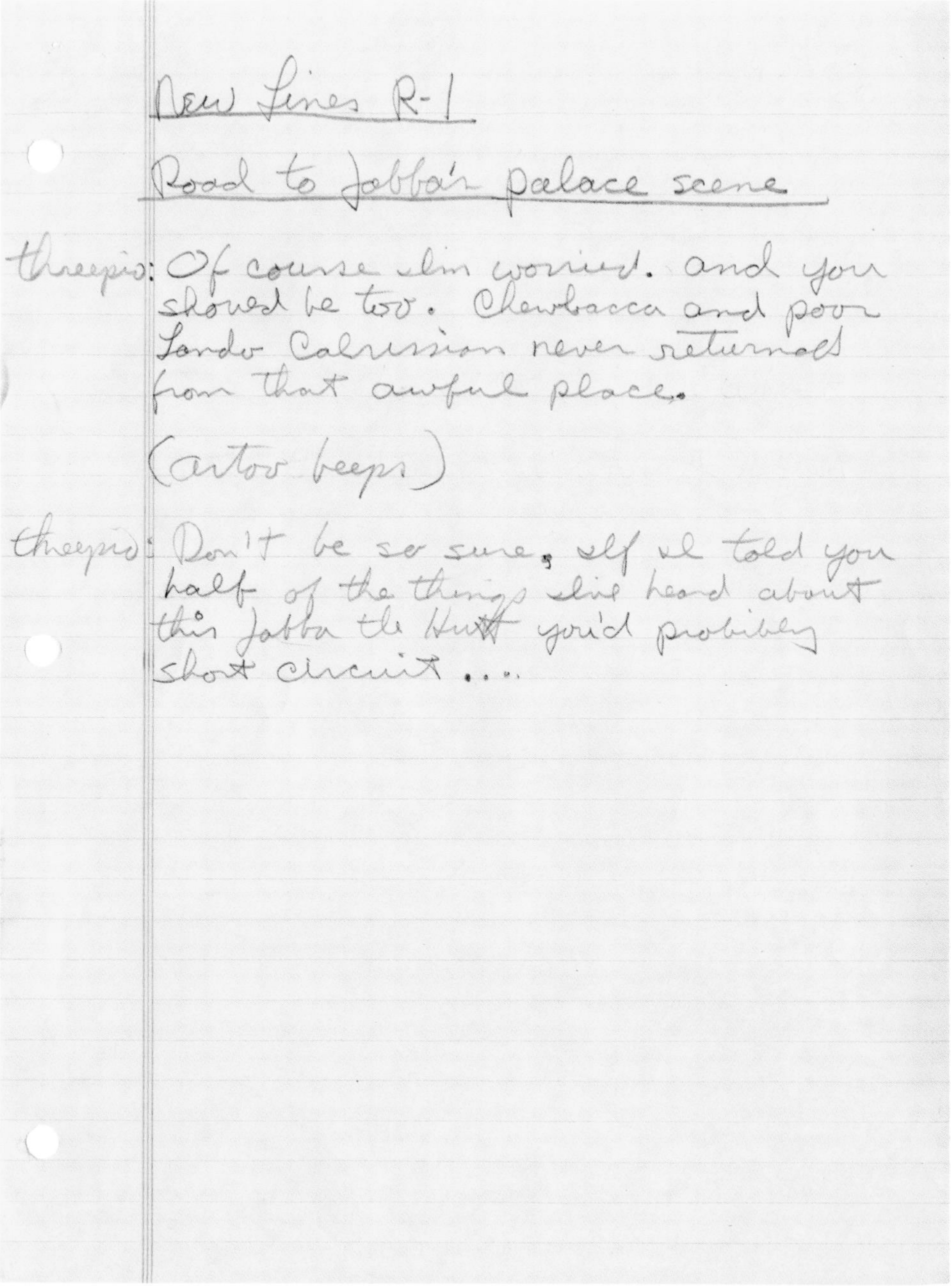

New lines R-1

Road to Jabba's palace scene

threepio: Of course I'm worried. and you should be too. Chewbacca and poor Lando Calrissian never returned from that awful place.

(artoo beeps)

threepio: Don't be so sure. If I told you half of the things I've heard about this Jabba the Hutt you'd probably short circuit ....

3.9

3.8–9 *Notas de Lucas sobre el diálogo de la escena 4a. Vader y Luke se comunican por vía telepática mientras el segundo construye una espada láser y la esconde en R2-D2 antes de mandarlo al palacio de Jabba. La escena se filmó y proyectó en el preestreno de la película, pero la conversación entre padre e hijo se eliminó justo antes del lanzamiento definitivo.*

3.10 *Uno de los primeros diseños de Jabba el Hutt de Ralph McQuarrie, hacia 1981. McQuarrie: «George quería un ser indolente, pero cuando yo pienso en alguien poderoso y amenazador, imagino a un personaje que puede moverse con rapidez. Incluso con [el actor] Sydney Greenstreet, tienes la sensación de que, si se enfadara, podría abalanzarse sobre ti desde el otro lado de la habitación y aplastarte como a un insecto. Jabba es poderoso porque es como Hitler: puede dar órdenes a los guardias que tiene alrededor. Pero a mí me parece que el césar debería ser tan fuerte como cualquier otra persona y que el poder debería emanar de él».*
3.11 *El Salón del Trono de Jabba, imaginado por Joe Johnston. R2-D2 proyecta el mensaje de Luke.*
3.12 *El repugnante Jabba el Hutt con parte de su séquito sentado a sus pies: Oola (Femi Taylor) y Salaz B. Crumb. Marquand descubrió a la bailarina Taylor en la producción londinense de Cats, y el papel de Oola se concibió pensando en ella. Marquand: «Quería conservar el color de su piel y añadirle un halo purpúreo, pero George dijo: "No, no… ¡Es verde!". Me pareció buena idea».*

3.10

la construcción de nuevas estaciones espaciales acorazadas. A la desesperada, se pone en marcha un plan para destruir las temidas Estrellas de la Muerte y poner fin a la tiranía del Imperio.

Un grupo de comandos, liderado por la princesa Leia, se adentra hasta el corazón del Imperio galáctico con el objetivo de aterrizar en una luna que orbita alrededor del temible Capitolio Imperial de Had Abbadon…

Panorámica del planeta Had Abbadon, capital del Imperio galáctico. Su superficie está cubierta de ciudades y envuelta en una bruma marrón.

3.11

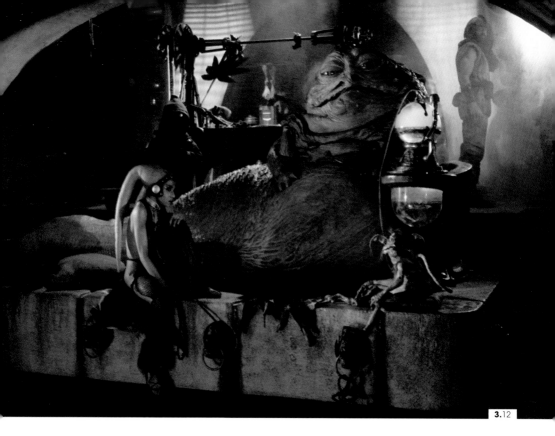

La escena de apertura, en la que la lanzadera del Gran Moff Jerjerrod aterriza en el superdestructor estelar, presenta a la clase política del Imperio.

Mientras tanto, Leia intenta llegar de forma clandestina a Tarasand, la luna verde de Had Abbadon, donde se está arrasando la vegetación y expulsando a especies autóctonas, como los ewaks (más adelante, ewoks), para construir una nueva ciudad.

Cuando el transbordador se dirige de vuelta a Had Abbadon, Jerjerrod le dice a Vader: «Un día toda la luna estará cubierta de ciudades, como una miniatura del planeta madre. Convertiremos ese páramo en un paraíso».

Jerjerrod y Vader aterrizan en la superficie de Had Abbadon y se ponen en camino.
Entran en una cámara con un techo muy bajo que conduce hasta un lago de lava candente. Es una visión del infierno. Recorren un camino estrecho y se acercan a una figura pequeña cubierta con una prenda larga y suelta que está sentada en una isla en medio del lago. Es el EMPERADOR, gobernante supremo del Imperio galáctico y señor del lado oscuro de la Fuerza.

EMPERADOR El joven Skywalker es más poderoso ahora que antes de tus débiles intentos por convertirlo. Tiene que ser destruido, ¿lo oyes?

VADER Señor, debe darme…

El emperador levanta la mano y la respiración de Vader se detiene de repente. El Señor Oscuro lucha con los controles para recuperar el suministro de aire. Se asfixia.

EMPERADOR Eres débil, más máquina que hombre. Deberías agredecernos que no te destruyamos junto con tu problemática descendencia.

Vader cae al suelo y el emperador baja la mano.

EMPERADOR Como habíamos previsto, gracias a la Fuerza tu hijo ya es más poderoso que tú. Hay que destruirlo ahora que todavía podemos.

J 057

3.13

Vader vuelve a respirar. Moff Jerjerrod parece muy nervioso. Vader se lleva la mano a la garganta y se pone de rodillas mientras hace verdaderos esfuerzos por recuperar el aliento.

EMPERADOR Se acabaron las discusiones al respecto. El chico es nuestro.

VADER Sí, sí… Discúlpeme, señor.

Vader sale y el emperador le lanza una orden a Jerjerrod: «Vigílalo de cerca». Mientras tanto, en sus aposentos, Vader se comunica telepáticamente con su hijo.

3.13 *Lucas pidió un «droide asesino».
Una de las propuestas de Joe Johnston
fue esta máquina con forma de araña,
que llegó a construirse.*
3.14 *El fabricante de utilería Bill
Hargreaves y su ayudante construyen
los droides BG-J38 y EV-9D9 a tamaño
natural para el palacio de Jabba.*
3.15 *R2-D2 y C-3PO son evaluados por
EV-9D9. Al principio, Marquand
pensaba que la escena no funcionaría:
«Estaba muy equivocado. Es una escena
profundamente psicológica interpretada
solo por robots. No aparece ni un solo
ser humano, y eso la hace aterradora».*

VADER Luke… Luke, debes escucharme. Él te destruirá. El emperador es más poderoso que tú y yo. Únete a mí, Luke. Juntos somos más fuertes, hijo.

Mientras Vader le implora a Luke que se una a él, Yoda, que está enfermo y tumbado en su cama en Dagobah, le aconseja precaución, y Ben le dice que no está preparado para escuchar la verdad. Esta secuencia onírica muestra a Luke conectando con la Fuerza. Posteriormente despierta en una casucha en Tatooine.
Dos criaturas gordas de aspecto extraño llamadas Del Andues lo observan desde el otro lado de la habitación. Sacuden las cabezas y siguen cocinando un guiso de fuerte olor.

Con la ayuda de Lando, Chewie y los droides, Luke se dispone a ejecutar un plan para rescatar a Han (que ha sido descongelado) antes de que Jabba el Hutt acabe con su vida: primero, envía a C-3PO y R2-D2 a Jabba con un mensaje y le ofrece los droides como regalo; luego, Chewie y Lando le hacen obsequio de un extractor de especias durellianas, pero los toman como rehenes y los encierran en la celda de Han.
Tras eso, Luke hace aparición. Durante su audiencia con Jabba lo arrojan a un pozo en el que tiene que luchar contra una gran bestia llamada rancor, a la que derrota. Enfurecido por la muerte del rancor, Jabba, acompañado de su séquito, se lleva a los prisioneros en esquifes y grandes barcazas a vela a la «boca del perezoso», en el mar de las Dunas.
Los prisioneros bajan la mirada para ver el interior del foso y ven un desagradable orificio lleno de mocos. Del borde de la cavidad sobresalen miles de dientes afilados como agujas y cuatro tentáculos delgados, de tres metros de largo, que peinan la arena en busca de víctimas.

Luke salta desde la pasarela, pero en lugar de caer en el foso llega hasta el esquife dando una voltereta en el aire. Allí, libera a Lando, Han y Chewbacca y lucha contra los guardianes.

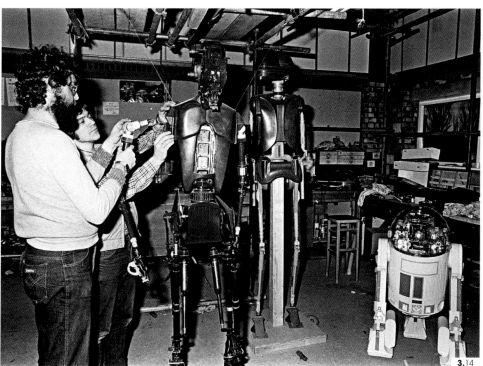

3.14

3.15

Nuestros héroes salen victoriosos después de que R2-D2 sobrecargue la barcaza a vela y la haga estallar, lo que proyecta a Jabba, Bib Fortuna y otras criaturas hasta la boca del monstruo.

Mientras tanto, en la luna verde, Leia planea destruir la antena de comunicaciones y el generador del escudo de Had Abbadon disparando contra ellos con dos cañones de iones. Vader sabe que los rebeldes están ahí, y quiere que Luke acuda a salvarlos. Luke sueña con Vader y luego con Yoda y Ben Kenobi.

YODA Destruirlo debes.

3.16 Oola está sujeta a los caprichos y fantasías de Jabba, que la arrastra con una cuerda desde fuera de plano. La corte de villanos que la rodean se recrea en su dolor, en especial Gargan (a la derecha, Claire Davenport).
3.17 Jett dirige a su banda: Max Rebo al órgano circular, Droopy McCool a la flauta y la cantante Sy Snootles (derecha).

LUKE ¡No, no!

YODA Él te destruirá, como a sí mismo se destruyó.

BEN Entonces, deberá hacerlo tu hermana.

De pronto, Luke está sentado en casa de Yoda.

LUKE ¿¡Hermana!? Yo no tengo ninguna hermana.

YODA Tu hermana gemela. La Fuerza es poderosa en ella, pero no está entrenada. Si fracasas, nuestra única esperanza es ella.

La habitación en la que están Luke y Yoda se hace enorme.

LUKE Mi hermana.

YODA Tu madre la llevó a Alderaan. Más seguro era mantenerte separado.

LUKE ¡Leia!

Luke despierta sobresaltado en el Halcón Milenario, que aterriza en Sice. Los rebeldes, que tienen su base en Sicemon, una ciudad con forma de montículo, planean un ataque contra

Had Abbadon porque el Imperio está construyendo más Estrellas de la Muerte.

En la luna verde, Leia trata de dejar atrás a unos exploradores imperiales que pilotan motos a reacción (Lucas había hecho mención a unos jet-sticks de aspecto similar en su sinopsis de The Star Wars de mayo de 1973), pero en la huida choca contra una red y queda inconsciente.

Luke se construye su propia espada láser y después viaja a la luna verde con Han, Chewie y los droides.

Leia despierta.

La cámara enfoca un rostro pequeño, extraño y peludo con ojos amarillos. La criatura es un ewak llamado Wicket, que contempla el despertar de la princesa con cierta perplejidad. Leia lanza un grito que asusta a la bola de pelo, que cae hacia atrás sobre su cola mientras lanza un fuerte chillido. La princesa se sienta y observa a esa criatura de un metro de alto mientras intenta descubrir dónde se encuentra y qué ha pasado.

Leia reduce a algunos exploradores imperiales después de que Wicket los distraiga, y sigue al pequeño ewak hasta su aldea de las cuevas, donde es presentada a la tribu.

En una maniobra arriesgada, Han abandona el hiperespacio cerca de la luna, donde aterriza el Halcón. Cuando se encuentran con exploradores imperiales, Luke se encarga de los caminantes, y Han y Chewie se las arreglan para quedar atrapados en una red ewak. Cuando los ewaks ven a C-3PO, se emocionan y se inclinan ante él, convencidos de que es un dios. Los ewaks conducen al grupo hasta su aldea, donde se reúnen con Leia. C-3PO convence a la tribu para que los lleven hasta los cañones de iones rebeldes que pueden destruir el generador del escudo.

Por su parte, Ben convence a Luke de que ha llegado el momento de que se enfrente a su padre, y Luke decide entregarse a Vader.

En el superdestructor estelar, Vader despacha al Gran Moff Jerjerrod.

VADER Se ha exagerado mucho tu importancia.

3.17

El guion se precipita hacia el desenlace de la historia en tres frentes: Han y Leia, con la ayuda de los ewaks, deben usar el cañón de iones para destruir la antena de comunicaciones de Had Abbadon y el generador del escudo; Lando y la flota rebelde atacan a las dos Estrellas de la Muerte; y Luke debe salir triunfante de un enfrentamiento a tres bandas con Vader y el emperador.

Después de la captura del búnker imperial que hay en el bosque y de la destrucción del escudo de Had Abbadon, Darth Vader y Luke Skywalker se baten en duelo en el Salón del Trono del emperador saltando de piedra en piedra por el lago de lava.

Aunque Luke derrota a Vader (corta la mano con que este empuña su espada, que cae en el lago en llamas), se niega a matar a su padre e insiste en que todavía hay algo bueno en él. Cuando Vader también se niega a matar a su hijo, el emperador lanza rayos mortíferos contra Luke. Al principio, Ben y Yoda protegen a Luke desde el inframundo (sus imágenes destellan momentáneamente cuando los rayos lo alcanzan) pero Luke, arrodillado, no tarda en retorcerse de dolor. El emperador se da la vuelta y se encuentra con Vader, quien se abalanza contra él: los dos se sumergen en el lago de lava y mueren. Mientras los ewaks y los rebeldes celebran su victoria, Luke se marcha para estar solo.

Luke levanta la mirada y ve a Ben, que emerge de la oscuridad y se sitúa a la luz de la luna. No es una imagen resplandeciente, sino un hombre de carne y hueso. Luke está sorprendido.

LUKE ¡Ben, has vuelto!

BEN Ya no es necesario que me quede en el inframundo. Tu padre regresó al lado luminoso y pude interrumpir su viaje.

Luke se da media vuelta y ve a un anciano que surge desde la oscuridad del bosque.

BEN Aquí está el buen Skywalker. Mi viejo amigo y tu padre.

Luke corre hacia su padre y lo abraza. Yoda camina hacia la cañada y levanta la vista para observarlos.

YODA Un motivo de celebración esto es.

Combinar formas

Mientras se escribía el guion, los diseñadores daban forma a los escenarios y artilugios tecnológicos.

Ralph McQuarrie Las barcazas a vela de Tatooine son como zepelines gigantes que se deslizan por el desierto a unos seis metros de altura. El diseño original era una enorme embarcación de madera de aspecto pesado impulsada por unas grandes velas con forma

PRINCESS LEIA'S DISGUISE

3.18

3.18 Vestido de la princesa Leia, *dibujo conceptual del disfraz de la princesa Leia realizado por Joe Johnston.*
3.19 *Richard Marquand (izquierda) lee el guion mientras se ruedan unos primeros planos de Chewbacca y Boushh con dos cámaras. En el casco de Boushh se puede leer la cifra 1138, un homenaje al primer largometraje de Lucas, THX 1138.*

de cono truncado, como las de los juncos chinos. Su arboladura constaba de varios niveles, y tenía muchos mástiles, vergas, cables y cabos. Las velas también servían para dar sombra a los pasajeros. La idea era crear algo avanzado, pero con un aire de grandeza a la antigua usanza. Dado que no hay mucha madera en un mundo desértico, se decidió utilizar un metal ligero como el aluminio, pero entonces la simplicidad primitiva de las velas chocaba con el aspecto sofisticado del casco de las naves. En consecuencia, las velas se hicieron cada vez más pequeñas en cada uno de los dibujos hasta convertirse en toldos, que es la versión que puede verse en mis pinturas.

Joe Johnston Es probable que hiciéramos 200 dibujos de la moto *speeder*, pero lo que más me divertía era combinar formas. Diseñé nuestro prototipo de moto mezclando piezas sueltas de otras maquetas de plástico.

Es como hacer un boceto tridimensional. En mi opinión, si trabajas en tres dimensiones das con un diseño mucho antes. Cuando Phil Tippett diseña criaturas, no hace bocetos: moldea. Es un muy buen sistema de trabajo. Por supuesto, en ningún momento dejé de dibujar inspirándome en los diseños de Ralph, Nilo y también en los míos: lo aproveché todo.

Enviamos la maqueta a Inglaterra, donde construyeron los *speeders* de tamaño real, que medían unos tres metros de largo. Mike Fulmer construyó las maquetas en miniatura, de aproximadamente 45 centímetros, sobre la base de los *speeders* de tamaño real. A estas pequeñas maquetas se les añadieron unas figurillas de Luke y Leia construidas bajo la supervisión de Phil Tippett; Dave Carson se encargó de moldearlas y Tom St. Amand hizo sus armaduras. Las formas cambiaron muy poco durante todo el proceso.

3.20 *Boushh, oculto entre las sombras, se prepara para liberar a Han, congelado en carbonita.*
3.21 *Jabba captura a Han y Leia y planea su venganza. Leia es conducida a rastras en presencia de Jabba. LEIA: «Te arrepentirás de esto». JABBA (sacando la lengua): «Estoy seguro».*
3.22 *Leia espera su momento con C-3PO al fondo y Salaz B. Crumb a su derecha mientras Jabba el Hutt conversa con el cortesano Bib Fortuna (Michael Carter).*

Valor emocional

George Lucas Después de *American Graffiti*, le dije a todo el mundo que quería hacer *Star Wars*. Mis amigos pensaban que estaba loco. Decían que ahora que había tenido un gran éxito podía hacer *Apocalypse Now* o algo esotérico… Pero yo quería hacer una película para niños.

Me resulta muy complicado encontrar directores para las películas de *Star Wars*. Si son lo bastante inteligentes como para hacerlas,

entonces creen que deberían estar ocupados en algo mejor.

Howard Kazanjian Teníamos muy presentes los problemas de George con el sindicato, y una de nuestras prioridades era encontrar directores no sindicados o que no perteneciesen al DGA.

No buscábamos a Stanley Kubrick. No buscábamos a Robert Wise. Buscábamos a un director que fuera flexible y más bien joven, que siguiera la tradición de *Star Wars* y que aceptara que George interviniera en el proyecto en el grado que él decidiese. Queríamos a alguien que creyera en *Star Wars*, que realmente creyera que los wookiees y Darth Vader existen, que pensara con rapidez y fuera capaz de tomar una decisión y seguir adelante si algo no funcionaba. Empezamos con una lista de 60 directores.

Entre los candidatos se encontraban Richard Attenborough, Bruce Beresford, John Boorman, John Carpenter, Richard Donner, Stephen Frears,

3.21

Hugh Hudson, David Lynch, Alan Parker, Peter Weir y Peter Yates.

George Lucas Redujimos la lista a dos personas. Una era Richard Marquand.

Al igual que Lucas, Marquand tenía experiencia en el cine documental.

Richard Marquand Cuando hablo de películas documentales, me refiero a historias sobre personas reales a las que sigues cámara en mano y en cuyas vidas realmente consigues entrar. En ellas ves cómo se comportan las personas, el lado antipático de la vida, no actuaciones medidas hasta el último detalle.

Richard Marquand acababa de dirigir El ojo de la aguja *(1981), protagonizada por Kate Nelligan y Donald Sutherland.*

George Lucas Vi muchísimas películas, y (*El ojo de la aguja*) destacó entre todas ellas. Quedé muy, muy impresionado con la dirección. Es una película tensa, limpia y fuerte que destaca por su narrativa, tiene carácter y saca el máximo partido emocional de las ideas que contiene.

En El ojo de la aguja, *el protagonista es Henry Faber, un espía nazi alemán infiltrado en Inglaterra que descubre información militar trascendental.*

3.23 *Han: «Estoy bien, amigo. Estoy bien».*
3.24 *Luke entra en liza encapuchado y con el rostro oculto. Su aspecto oscuro y amenazador recuerda al del emperador. Luke iba vestido de blanco en* Star Wars *y de gris en* El Imperio contraataca. *En* El retorno del jedi *se enfrenta al lado oscuro de la Fuerza, que lo tienta de principio a fin, de ahí que vista de negro.*
3.25 *El informe diario de producción del 18 de febrero de 1982 recoge la escena en la que Chewbacca intenta hacer entrar en calor a Han Solo, a quien acaban de descongelar. Hubo que rodar nueve tomas antes de obtener una que Marquand pudiera usar.*

3.23

3.24

DAILY CONTINUITY REPORT

Production: "REVENGE OF THE JEDI"	Date: ~~Wed-18~~ Thursday 18th February 1982.
Cameras & Set Ups:	Set: INT. DUNGEON
40mm. t.4.	Time Shot:
OSF. 9' – 10' – 8'6	Screentime:
	Weather:

SCENE NO.	14
SLATE NO.	14

ACTION & DIALOGUE

                              WIDE SHOT. HAN IS PUSHED INTO CELL R/L
                              CAMERA ON BOOTS AND WATER – PAN UP AS
                              HE BANGS AGAINST WALL – TURNS AND LOOKS
                              FEELS WAY FWD. REACTS TO O.S. CHINK
                              CHEWIE IN FROM R. TO EMBRACE HIM –
                              HAN PARTS TO R. OF MED. TWO SHOT.
                              toHUG AT END.

Shooting down on floor of cell as door slides up and HAN'S
FEET are pushed across puddle of water – CAMERA PANS UP TO
HANxxxxxxx reveal HANwho feels wall, then turns and puts
hands up feeling open shaft in ceiling – he shivers and bows
his head, then looks up first to C.L. and then to C.R. at
sound of o.s. CHINK ... CHEWIE ENTERS FROM R. AND WRAPS HAN
IN AN EMBRACE – HAN turns fighting Chewie off...

         HAN: HEY! HEY – CHEWIE, CHEWIE ...
                     HEY PAL ... I'M ALL RIGHT – he pulls
away to c.r. of Chewie... CHEWIE barks...
         T.9.   I'VE GOT HIBERNATION SICKNESS ... I'LL
                     BE ALL RIGHT
      (T.11) HOW ARE YOU – I'M ALL RIGHT – I JUST GOT
                     HIBERNATION SICKNESS – I'LL BE O.K.

CHEWIE barks ...

         T9. HAN: LANDO – WHAT'S HE DOING HERE?... LANDO'S
                     PLAN?
      (T.11) "   LANDO ... LANDO'S PLAN – WHAT'S HE DOING HERE?
CHEWIE barks again...
         HAN: LUKE – LUKE'S CRAZY. HE COULDN'T TAKE
                     CARE OF HIMSELF MUCH LESS RESCUE SOMEONE...
CHEWIE barks again...
         HAN: A JEDI KNIGHT... I'M OUT OF IT FOR A LITTLE
                     WHILE AND EVERYBODY GETS DELUSIONS OF GRANDEUR.
CHEWIE barks   HAN turns after line back to CHEWIE who hugs him...
         HAN: A JEDI KNIGHT ... I'LL BELIEVE IT WHEN I
                     SEE IT... YOU SHOULD EXCUSE THE EXPRESSION...
CHEWIE barks.
         HAN: I'M ALL RIGHT ...

T.1 – 3 NsgA.
T.4. End line NG but a HOLD PRINT.
T.5. NicexendingxxxHonk.Cut at"AJedi Knight?"
T.6. PRINT NsgA.
T.7. & 8 NsgA.   T.9 PRINT. T.10 NsgA. T.11 PRINT.

© LFL 1980

3.27

3.26 *Luke (Mark Hamill) amenaza a Jabba el Hutt delante de sus secuaces: «No subestimes mis poderes».*
3.27 *Al principio se pensó en dar vida al rancor mediante un disfraz, como se había hecho con Godzilla. Este diseño de Johnston responde a ese planteamiento.*
3.28 *El ingeniero mecánico Eben Strom-quist, el técnico de criaturas Randy Dutra y el escultor Tony McVey ayudan al técnico Dan Howard a ponerse el traje de rancor. Se hicieron varias pruebas, pero la idea se descartó.*
3.29 *Al final, el rancor fue un títere de raras que requería de la participación de varios marionetistas. Dennis Muren, supervisor de efectos visuales (derecha), examina la cámara de alta velocidad con la que se rodaron las escenas del rancor.*

Richard Marquand En mi opinión, disponer de un problema moral complicado enriquece una historia. Al final de *Macbeth*, sientes pena por Macbeth: nunca es un héroe, pero por un breve instante, después de la escena de la tormenta

y antes de que mate al marido de Lucy, es un hombre por el que al menos puedes sentir simpatía. Veía a Faber como a un samurái, alguien capaz de empuñar su espada y cortar por la mitad a un enemigo y después recoger una flor y escribir un poema sobre ella. Me interesaba trabajar en un personaje así de complejo. Quería hacer lo mismo con Darth Vader porque creo que la vida es así.

***The Los Angeles Times* / 27 de mayo de 1981**
Ayer se confirmó que Richard Marquand, que solo ha dirigido dos largometrajes, será el director de *Revenge of the Jedi*, cuya producción comenzará en enero.

Howard Kazanjian Tenía pensado seguir el mismo sistema para la selección del guionista, pero entonces Larry Kasdan estuvo disponible. Larry había trabajado con nosotros en *El Imperio contraataca*, y también había escrito *En busca del arca perdida*, así que no tardamos mucho en decidirnos.

3.28

3.29

3.30

Un taller de monstruos

George Lucas Jabba se basa en el personaje del sultán malvado: Sydney Greenstreet (en
El halcón maltés) sería un buen ejemplo; Marlon
Brando en *El padrino*, otro. Siempre ha habido
sultanes gordos y malvados que se ponen có-
modos en sus tumbonas mientras torturan a alguien ante sus ojos.

Phil Tippett / Maquillaje y diseño de criaturas
Siempre quisimos algo obeso e inmenso, así que

3.30 *Luke atrapado en una garra del*
rancor, el único elemento de la criatura
de tamaño natural que se empleó durante
la producción. Tony McVey la maneja
mientras Richard Marquand dirige.
3.31 *El títere del rancor, con el brazo de*
un guardia gamorreano asomando por
su boca, se vuelve para terminar de
engullir a su pobre víctima. A Lucas le
preocupaba que la película recibiera la
clasificación de PG [los menores tienen
que ir acompañados de un adulto].

diseñé una gran criatura con forma de babosa. George la examinó y dijo: «Demasiado terrible». Elaboramos una versión con antebrazos:
«Demasiado humana. Vuelve a intentarlo», dic-
taminó esta vez. Con Jabba siempre tuvimos
la intención de que fuera más ridículo que horrible, más una criatura de *Alicia en el País de*
las Maravillas que un monstruo repulsivo al estilo
de *Alien*.

Ralph McQuarrie Phil Tippett ideó una criatura
con aspecto de gusano feísima y George se decidió por ella. Así era como trabajábamos: construyendo sobre las ideas de los demás.

Lucas, Kazanjian y Bloom redactaron una lista
provisional de criaturas para la película.

Phil Tippett George me dijo que buscara a un
par de personas y organizara un taller de monstruos porque en la película iban a salir muchos
monstruos y alienígenas. Tanto él como yo

sabíamos que desarrollar una criatura suponía meses de trabajo, y teníamos que comenzar antes de disponer de un guion.

El 22 de junio de 1981, Tippett recibió el encargo de trabajar en 56 monstruos, pertenecientes sobre todo al entorno de Jabba.

El taller de Stuart Freeborn en el Reino Unido se encargaría de 47 criaturas, incluidos los ewoks (anteriormente ewaks), pero la prioridad era Jabba. La fecha límite de entrega era mediados de enero de 1982.

Robert Watts Idear una criatura es terriblemente difícil porque significa adentrarse en un territorio desconocido. Nunca sabes cuándo estará terminada o si, una vez lista, va a funcionar.

Jabba el Hutt fue moldeado por John Coppinger bajo la dirección de Stuart Freeborn en los Elstree Studios.

Stuart Freeborn / Maquillador Jabba era enorme, uno de los personajes más difíciles. Necesitamos cuatro toneladas de barro. Los carpinteros construyeron una estructura de madera para poder modelar encima. Tenía que parecer de gelatina. Medía 5,5 metros desde la cabeza hasta la punta de la cola y debía poder articularse. Su rostro tenía que ser expresivo y capaz de hacer casi todo lo que un humano hace con la boca, como besar y comer. Tendría que sacar la lengua, necesitábamos que tuviera movilidad.

Una sociedad primitiva

Paul Duncan En la sinopsis de *The Star Wars* de mayo de 1973 aparecen unos alienígenas primitivos. Al final del borrador del guion de mayo de 1974 lo hacen los wookies de los árboles, que los rebeldes entrenan para que aprendan a

pilotar naves y los ayuden a destruir la gigantesca fortaleza espacial.

George Lucas Al principio, manejábamos la idea de que los wookiees no disponían de ningún tipo de tecnología.

Paul Duncan Después convertiste la historia en una trilogía, por lo que los wookiees habrían aparecido en la tercera película.

George Lucas No sabía qué hacer con el copiloto de Han, así que me dije: «Que el copiloto sea un wookiee». Luego pensé: «Que se le dé bien la tecnología, que sea como un piloto».

Paul Duncan Además, mientras estabas dando forma a *El Imperio contraataca*, pensaste en incluir una tribu de buenos salvajes que montaban criaturas parecidas a mantarrayas, y que vivían en una ciudad en las nubes. Después se quedaron fuera de la película.

George Lucas Uno de los ingredientes más importantes de la historia era esa sociedad primitiva, que todavía emplea arcos y flechas y entra en guerra con una civilización altamente tecnológica con todos los recursos posibles, y la derrota. Ahí arrancó todo, y estaba intentando llevar eso a *El retorno del jedi*.

No quise que Endor fuera el planeta wookiee porque Chewbacca era alguien tecnológicamente avanzado. Quería que los personajes que participaran en la batalla fueran primitivos, así que opté por los ewoks.

Paul Duncan Wook-iee. Ee-wok.

George Lucas Sí. Desarmé y mezclé un poco las cosas. Básicamente, corté a los wookiees por la mitad y los llamé ewoks.

Howard Kazanjian Los dos primeros tipos de criaturas de los que George y yo hablamos fueron los yuzzums y los ewoks. Los ewoks eran seres peludos y bajitos, y los yuzzums eran muy altos, con piernas largas y delgadas. A los yuzzums les enseñamos muy pronto la puerta de

3.33

salida. Teníamos un par de buenas razones para tomar esa decisión: la primera, la dificultad de trabajar con actores sobre zancos; y la segunda, que cuando los yuzzums y los ewoks aparecieran juntos en la misma escena sería muy difícil encuadrarlos en una pantalla anamórfica. En este último caso, o bien tendríamos que cortar las rodillas de los yuzzums para mostrar a los ewoks, o bien la cámara tendría que estar muy lejos para tomar planos generales.

3.32 *Han, Luke y Chewbacca rodeados de guardias gamorreanos. Al fondo, un hombre cruza la escena con un traje con luces para servir de referencia a los encargados de efectos ópticos durante la inclusión del hombre de lava, que al final no apareció en la película.*
3.33 *Harrison Ford consulta a Marquand y el resto de actores se relajan libres de sus máscaras.*

George Lucas Cuando Joe Johnson estaba diseñando los ewoks, le dije: «Que sean más pequeños y una ricura. Atrévete a ser una monada». Ese era el lema en aquellos días. La gracia de todo el asunto era que estos encantadores conejitos peludos iban a destruir el Imperio. Irónicamente, eso fue lo que pasó en Vietnam, pero en nuestra película superamos de largo a los vietnamitas. Los ewoks también luchan por algo, mientras que el Imperio solo lucha por tener más poder.

Era muy difícil hacer que los ewoks parecieran amenazadores. Los concebimos como unos seres encantadores y alocados, pero también eran los que tenían que salvar la situación: debían integrar esa dualidad.

Paul Duncan En la primera escena, cuando llega la lanzadera de Vader, se presenta el asunto del generador del escudo. Luego, cuando los rebeldes son capturados en el búnker, los ewoks acuden al rescate.

George Lucas Tenía que pensar en algo que pudieran hacer.

Un buen lugar para rodar

Miki Herman, jefe de la unidad de producción de Lucasfilm, fue el encargado de encontrar un hogar en el bosque para los ewoks.

Miki Herman Me daban una fotografía o un guion gráfico y mi trabajo consistía en encontrar localizaciones que se adecuaran a lo que tenían en mente. En un solo día, podía subirme a un avión, un hidroavión, un transbordador y un helicóptero.

Jim Bloom Tuvimos que encontrar un bosque primario de secuoyas donde fuera posible filmar una batalla. No podíamos hacerlo en un parque nacional porque íbamos a usar explosivos.

A finales de abril, Robert Watts, Jim Bloom, Miki Herman y el diseñador de producción Norman Reynolds viajaron a Crescent City y Eureka, en California, y luego a Vancouver. Desde un helicóptero, Herman divisó un bosque de secuoyas lo bastante cerca de Crescent City y Smith River. Con la ayuda de un lugareño, Lennie Fike, Herman obtuvo el permiso para rodar en los terrenos de la Miller-Rellim Redwood Company.

Miki Herman Nos abrimos paso a través de la maleza y llegamos a un promontorio. Delante de nosotros había una extensión de unas 16 hectáreas relativamente plana que adquiría un aspecto magnífico cuando la invadía la niebla. Decidimos que aquel sería un buen lugar para rodar.

Para despistar a los fans y los periodistas, mantuvieron en secreto la ubicación de las localizaciones en Estados Unidos y le dieron un título falso a la producción: Blue Harvest.

Howard Kazanjian ¿Te imaginas lo que nos habrían cobrado por un vaso de agua si nos

hubiéramos presentado diciendo: «Hola, estamos trabajando con George Lucas en el rodaje de la última película de *Star Wars*»? Era una cuestión de necesidad.

3.34 *El primer dibujo conceptual de Johnston de la barcaza de Jabba hace pensar en un templo azteca flotante.*
3.35 *Peter Mayhew, Harrison Ford y Mark Hamill de pie en la proa del esquife rodeados por los guardias de Jabba (incluido Billy Dee Williams disfrazado) ante una pantalla azul en ILM. La embarcación se mecía y los ventiladores estaban en marcha para dar sensación de movimiento y velocidad.*
3.36 *Se construyó un gran decorado elevado en el valle de Buttercup, cerca de Yuma, Arizona, para la escena del foso del sarlacc. Las oficinas, los almacenes de utilería, el taller de ILM y el economato se situaron bajo la estructura y ocultos detrás de las dunas falsas (derecha de la imagen) para disponer de una vista despejada del desierto desde lo alto del escenario.*

Se creó material promocional inexistente para la película, e incluso se pensó en un eslogan: «El horror supera lo imaginable», y una fecha de lanzamiento: el día de Halloween de 1983. Se pagaron 5000 dólares por usar la parte de Morrison Creek perteneciente a la Miller-Rellim Redwood Company, que se donaron a las piscifactorías de Rowdy Creek en nombre de Miller-Rellim.

Más orgánico

Lucas entregó las 96 páginas del borrador del guion revisado el 1 de junio de 1981. En él, la dinámica entre los personajes imperiales cambia, y ahora Vader solo puede comunicarse con el emperador a través del Gran Moff Jerjerrod. Jerjerrod visita el superdestructor estelar de Vader para trasladarle unas órdenes. Vader advierte a Luke por medio de la telepatía: «Luke, ten cuidado, ahora eres el objetivo

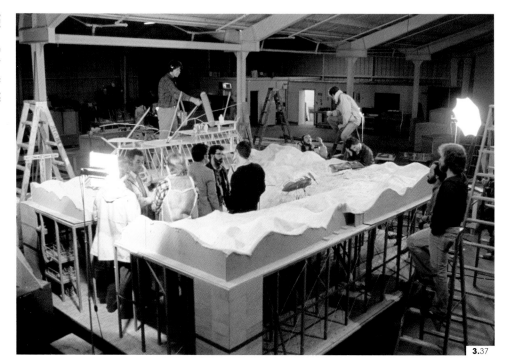

3.37

3.37 *Fue necesario hacer una maqueta de gran tamaño del decorado del foso del sarlacc para estudiar el funcionamiento del conjunto y coordinar la acción y la logística. En la imagen, Lucas conversa con Marquand.*
3.38 *Preparativos para el rodaje en el foso del sarlacc. Como puede observarse, la barcaza a vela de Jabba ya cuenta con todo el aparejo (izquierda), mientras que unas vigas de hierro sostienen el esquife (derecha). En el foso se instaló un cono de seis metros de ancho por cuatro metros de profundidad. La construcción comenzó el 13 de diciembre de 1981 y el rodaje, el 12 de abril de 1982.*

del emperador». Luke se despierta en una posada de Tatooine, donde Ateto y Tweeto, «dos jawas pequeños sucios y desaliñados», le preparan un guiso. A continuación, el nuevo borrador aborda el rescate de Han con pocos cambios respecto a la versión anterior. Esta vez, la «boca del perezoso» en la que Jabba y sus secuaces caen después de que Luke los derrote recibe el nombre de «nido de sarlacc».

En la luna verde, Leia tiene que hacerse con el control de un solo cañón de iones, que los rebeldes usarán para destruir el generador del escudo de Had Abbadon.

Después de escapar de Jabba el Hutt, Lando guía a Luke, Han, Chewie y los droides a través de una tormenta de arena hasta llegar al Halcón Milenario, *que está estacionado en un puerto espacial subterráneo. Han busca un momento para darle las gracias a Luke y hablar con él sobre su rivalidad respecto a Leia.*

Revenge of the Jedi / Borrador del guion revisado / 1 de junio de 1981

LUKE Lo sé todo. Ella te ama, Han. Mis sentimientos por ella son diferentes a los tuyos. No me voy a interponer en tu camino.

Dos hombres del emperador les tienden una trampa y secuestran a Luke usando una jaula electrificada. Han, Chewie y Lando suben al Halcón y persiguen al transbordador imperial que se lleva a Luke, pero se les escapa y deciden cambiar de rumbo e ir al encuentro de la flota rebelde.

Mientras Luke está preso en el transbordador imperial, y luego en Had Abbadon, habla telepáticamente con Yoda y le pide ayuda. Luke no obtendrá auxilio hasta que supere el sentimiento de ira hacia su padre; solo entonces Yoda y Ben podrán intervenir: así lo establece su filosofía. A menudo, al final de estas discusiones el guion incluía unas páginas en blanco que mantenían en secreto parte del contenido y permitían a Lucas añadir nuevos diálogos. En Had Abbadon, Luke es llevado al Salón del Trono. Al pie de unas escaleras, intenta distinguir la figura encapuchada del emperador, que se recorta ante la enorme ventana que tiene a su espalda.

EMPERADOR Sí, te pareces mucho a tu padre. La Fuerza es muy intensa en ti. Serás un aliado poderoso.

LUKE No podrás llevarme al lado oscuro, como hiciste con mi padre.

EMPERADOR No lo llevé al lado oscuro, acudió él solo… Y tú también lo harás.

LUKE ¡Nunca!

Mientras Luke es conducido al lugar de su encierro, Vader, a quien el emperador ha decidido dejar al margen, entra en cólera cuando percibe la presencia de su hijo en el palacio imperial, y mata a Jerjerrod. Más tarde, Luke se encuentra en una pequeña isla en medio de un lago de lava candente, y es despertado por Obi-Wan Kenobi, que se le aparece en carne y hueso. «Ya no podía quedarme en el inframundo», le dice.

BEN Estoy aquí… para ayudarte a destruir al emperador y… a tu padre.

LUKE No puedo hacer eso.

De repente, Yoda aparece junto a Ben.

YODA Puedes y lo harás… Yo en el inframundo y Obi-Wan a tu lado te ayudaremos.

3.38

Vader se enfrenta al emperador, pero lo asfixia la Fuerza. A pesar de esta humillación, Vader lo sigue en secreto cuando toma un ascensor hasta el lugar del encierro de Luke en el lago de lava. A partir de aquí, los acontecimientos se desarrollan igual que en el borrador anterior.

Paul Duncan En estos primeros borradores, se percibe que sabes exactamente lo que tiene que suceder: Luke rescata a Han, Leia actúa como guerrera, Han deja de ser tan arrogante, Luke salva a su padre…, pero todavía no está todo en su sitio.

George Lucas Cuando haces algo así, tienes que combinar muchos elementos diferentes. No corto meticulosamente todas las piezas del rompecabezas y luego las junto y listo. Parto de una idea general. Voy haciendo piezas, pero no sé exactamente cómo encajarán. A veces, algunas no lo hacen, o simplemente son demasiado grandes y si las eliminas todo fluye mucho mejor. Es doloroso, pero entiendes por qué tienes que hacerlo.

Paul Duncan Como en el caso del lago de lava. Es una imagen muy evocadora, pero finalmente se quedó fuera de la película.

George Lucas El público se habría dado cuenta de que la única razón por la que el lago estaba allí era porque alguien iba a caerse en él.

3.39

Eso sería anticipar el desenlace de la película. También se habría preguntado: «¿Por qué han bajado ahí?». Las cosas tienen que ser un poco más orgánicas.

Un ser luminoso

Richard Marquand George es la clase de persona a la que le interesa el trabajo en equipo. Picotea de las ideas de todos: no hay jerarquías. Me di cuenta durante las charlas preparatorias del guion, que fueron muy estimulantes. Cada uno de nosotros veía de un modo distinto cómo se podía estructurar la historia, y entre todos le

fuimos dando forma poco a poco. Compartimos ideas como si fueran monedas de oro que metíamos en una hucha común.

George Lucas organizó un encuentro de cinco días de duración que dio comienzo el 13 de

3.39 *Esta pintura conceptual de McQuarrie muestra a Luke caminando por la tabla del esquife sobre el foso del sarlacc, que reclama ansioso su premio con los tentáculos levantados. En un primer momento, el borrador del guion recogía la existencia de dos barcazas.*

3.40 *Luke contempla el foso del sarlacc. El pico y los tentáculos se añadieron a la toma con motivo de la edición especial de la película.*

3.41 *Mark Hamill salta de la tabla el 12 de abril de 1982, el primer día de filmación en Yuma. El actor se afilió al sindicato británico de especialistas. Hamill: «Para mí es un honor y me siento muy orgulloso; los británicos son más conservadores en estos asuntos. Rodé todas mis escenas de acción en El retorno del jedi y en El Imperio contraataca, excepto la toma en la que Luke atraviesa la ventana».*

3.42 *Al igual que Irvin Kershner, Marquand introdujo en el guion gráfico muchas secuencias que no habían pasado por ILM para discutir sus ideas con el diseñador de producción y el coordinador de especialistas. Esta página, de autor desconocido, recoge las acrobacias de Luke en la tabla.*

julio de 1981 y en el que estuvieron presentes Richard Marquand, Lawrence Kasdan y Howard Kazanjian.

Richard Marquand ¿Yoda volverá al final en forma fantasmal?

Lawrence Kasdan Si lo dejamos vivo, no tiene por qué.

George Lucas Quizá tendría que morir.

Lawrence Kasdan ¿Quieres decir en compañía de Luke?

George Lucas Sí, algo a la antigua usanza, en plan: «Ahora te toca a ti, chico. Eres el último jedi: ese es tu diploma. Yo tengo que irme. Ben ya se ha marchado. Quedais tú y tu hermana».

Richard Marquand Eso está bien. Me gusta.

Lawrence Kasdan ¿Qué pasa con el «otro» (Leia)? ¿Cómo se entrenará? ¿Será Luke su maestro?

George Lucas Ahora no hay nadie que pueda enseñarle.

Lawrence Kasdan Excepto Luke.

Richard Marquand Según el esquema de la historia, Luke es el equivalente de Ben, ¿no?

Lawrence Kasdan Cuando vuelve con Yoda, ¿siguen con el entrenamiento o solo conversan?

George Lucas Podría volver para completar su formación y encontrar a Yoda agonizando. Yoda podría decirle: «Ahora eres un jedi, ya has terminado tu entrenamiento. Yo estoy a punto

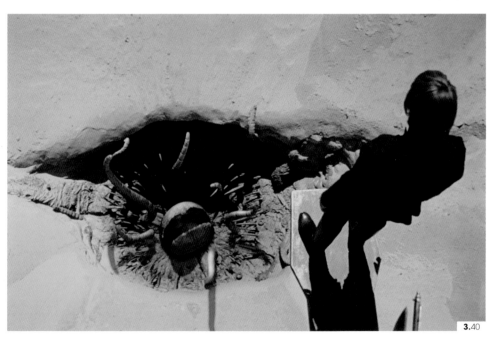

3.40

3.41

de palmarla y ya sabes todo lo que podía enseñarte».

Richard Marquand ¿No estaríamos anticipando la escena final con Vader y Luke? Serían dos escenas con alguien en el lecho de muerte.

George Lucas No. Creo que la forma más sutil e interesante de hacerlo es que esté muriendo, pero que nunca lo veamos morir. Se está muriendo, muriendo, muriendo… y Luke se va y al final Yoda se convierte en un ser luminoso, lo que implica que ya murió. Yoda y Ben pueden volver.

Lawrence Kasdan Yoda es una fuerza que mientras muere afirma la vida.

George Lucas Una de las lecciones que hay que aprender es que la muerte no es algo terrible u horrible: es dolorosa y desoladora, pero hay que ir mucho más allá de eso. De lo contrario, tan pronto como alguien muriera, todos sus allegados se suicidarían.

LUKE'S ACROBATICS.

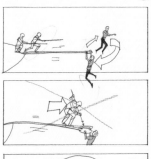

3.42

Peligros reales

George Lucas No haremos que Vader mate al emperador sin provocar también su propia muerte. Tal vez podamos hacerlos combatir cuerpo a cuerpo: Vader lo asfixia y el emperador hace lo mismo con él.

Richard Marquand Tiene que ser algo enorme y sorprendente.

George Lucas Una de las razones por las que puede funcionar es el elemento sorpresa. Nadie espera que suceda, y menos el emperador, pero es difícil preparar el terreno sin dejar entrever lo que va a pasar.

Lawrence Kasdan Creo que deberías matar a Luke y que Leia tome las riendas.

George Lucas No vamos a matar a Luke.

Lawrence Kasdan Está bien, entonces mata a Yoda.

George Lucas No quiero «matar» a Yoda. No hay por qué «matar» a nadie. Estamos en la década de 1980 y no vamos por ahí matando a la gente. Eso no está bien.

Lawrence Kasdan No tengo interés en matar a nadie. Intento dotar la historia de algunas aristas.

George Lucas Sé que buscas el modo de hacerla más realista: es lo que yo hice cuando quise matar a Ben, aunque al final me las arreglé para evitarlo, y también cuando congelé a Han. Pero este es el final de la trilogía y ya se sabe que existen peligros reales. No creo que tengamos que matar a nadie para demostrarlo.

Lawrence Kasdan Nadie ha resultado herido.

George Lucas Ben y Han, sí... Y a Luke le cortamos la mano.

Lawrence Kasdan Ben y Han están perfectamente. Luke consigue una mano nueva dos planos después.

3.44

George Lucas Creo que el público no se tomará bien que matemos a alguien.

Lawrence Kasdan Lo que digo es que la película tiene más carga emocional si alguien que te gusta se queda en el camino: el viaje tiene más impacto.

George Lucas No me gusta eso, y no estoy de acuerdo. Siempre me ha repateado que un protagonista muera. Ya me molestaba de niño: veía una película y allí estaban esos cinco chicos, uno de los cuales era el más gracioso. Entonces, a mitad de la historia, muere. ¿Por qué? ¡Si era el mejor de todos!

Richard Marquand Tuve la misma sensación con Ben la primera vez que vi *Star Wars*.

Lawrence Kasdan Pero funcionó increíblemente bien.

George Lucas Sí, lo sé. Pero eso ya lo hemos hecho. El objetivo principal de esta película es que sea entretenida.

Lawrence Kasdan Tenemos muchas cosas terribles aquí.

3.43 Luke se guarda un as en la manga: R2-D2 abre un compartimento situado en su cúpula y dispara una espada láser para que Luke la atrape en el aire.
3.44 Página del guion gráfico que muestra a Luke dando la señal y a R2-D2 disparando la espada láser.

George Lucas La película tiene tres ejes: Jabba, los ewoks y Luke y el emperador. Luke y el emperador no son entretenidos; el resto, sí. Creo que podemos imprimirle agilidad a la historia con las partes entretenidas y, de forma subyacente, mantener esa línea argumental bastante seria sobre la relación entre padre e hijo y sobre el bien y el mal. La idea central de la película original era que Luke redime a su padre, que es el clásico cuento de hadas: un padre bueno y malo al mismo tiempo que gracias al buen hijo volverá a ser un padre bueno. Podemos conservar una línea seria y al mismo tiempo hacer una película bastante ligera.

El objetivo de la película, la reacción que quiero que provoque cuando termine, es que uno se sienta realmente inspirado, en términos emocionales y espirituales, y en perfecta sintonía con la vida. Es lo mejor que podríamos hacer.

3.45

Ciego

Richard Marquand Howard sugirió que Han podría quedarse ciego después de que lo descongelasen.

Lawrence Kasdan Una ceguera temporal que lentamente desaparezca.

George Lucas Pero que durante el combate en el esquife esté ciego.

Lawrence Kasdan En el esquife, sería genial que estuviera a punto de caerse en el foso del sarlacc porque no puede ver. Luke los protege a todos, y Han va por ahí dando vueltas. Para Harrison puede ser algo interesante; nunca ha interpretado a un ciego. Que esté ciego también podría ayudar a la escena en la que vuelve a la vida y abraza a Leia, y solo puede sentir su rostro.

Richard Marquand No quedará ni un ojo seco en toda la sala.

Lawrence Kasdan No podrá ver a Jabba dándole a Leia un lametón.

George Lucas En el esquife, Han podría tener agarrado un bate e ir lanzando golpes al aire.

Podría subirse a algún sitio cuando Luke entra en acción y gritar: «¡A por ellos!». Da media vuelta y no encuentra a nadie. Vuelve a girar sobre sí mismo y tampoco hay nadie por allí. Luke está distraído cuando Boba (Fett) se levanta, y entonces Han le da un porrazo y lo manda directo al foso. Sería como uno de esos espadachines o samuráis asesinos ciegos.

Multicapa

Richard Marquand Lando podría usar un disfraz para infiltrarse en la fortaleza de Jabba.

Lawrence Kasdan El problema es elaborar un plan. Si tenemos un plan, podemos poner a los personajes donde queramos.

Richard Marquand ¿Y si el próximo en aparecer es Chewie encadenado, a quien lleva hasta allí un «cazarrecompensas» que, en realidad, es Leia disfrazada? Luke todavía no habría hecho su aparición.

George Lucas Eso podría estar bien.

Richard Marquand Si seguimos por ahí, entonces

3.45 *Esta página del guion gráfico recoge una situación que al final no se incluyó en la película: Chewbacca estrangula a un guardia, lo levanta y lo lanza contra el esquife que tienen al lado.*
3.46 *Harrison Ford toma el sol en la tabla del esquife ante la mirada de Hamill y Marquand.*

podrían descubrirla y convertirla en una bailarina. Tendría gracia.

George Lucas Hasta que no se descubre que Leia es la cazarrecompensas, nadie sabe que se trata de un engaño. Lo único que no me convence es que para sacar a Leia de la Estrella de la Muerte recurren a la misma treta: vestir a Chewie como a un prisionero.

Lawrence Kasdan ¿Leia hablará en una lengua extraterrestre?

George Lucas Puede hablar un idioma extraterrestre, si lo consideras necesario.

Lawrence Kasdan Entonces es una gran escena cortesana al estilo de Shakespeare: una chica vestida como un chico. Si hacemos eso, tendríamos que replantearnos la escena en el foso del sarlacc.

George Lucas Luke quiere subir a esa barcaza y la única forma de hacerlo es que él mismo sea un prisionero. Chewie y él tienen que convertirse en prisioneros. Tienen que descongelar a Han y todos tienen que estar juntos el día de la ejecución: ese es su plan. Luke intuye que, si mata al rancor, irán todos al foso. El plan es: «Tiro a todo el mundo por la borda dentro del foso y salimos de aquí volando», pero las cosas salen un poco mal porque Boba Fett se lo pone difícil y de repente están en un lío y tienen que pelear.

Lawrence Kasdan Es de suponer que el plan de Luke contempla varias posibilidades y que el último recurso es que lo lleven al foso del sarlacc, donde estarán todos. Pero cuando entra y

3.46

3.47 **Pintura de McQuarrie de la pelea en el esquife. McQuarrie: «Suelo comenzar con pequeños esbozos de formas y piezas. Muchos de los primeros bocetos fueron los que a la postre llegaron a la película. Me enfrento al trabajo con la intención de dar suficiente información para que las cosas parezcan reales, pero no busco realismo. Me preocupa la luz, pero no quiero que parezca una fotografía. Por un lado, busco los aspectos más románticos y atractivos; por el otro, lo que es más efectivo. Intento imaginar lo que el público quiere, pero prima cómo me siento yo».**

dice: «Quiero negociar con Han», espera que eso funcione.

George Lucas Sí.

Un igual

George Lucas Cuando descubren a Han y Leia, solo se puede ver una multitud de monstruos que va de una pared a la contraria y del suelo al techo. Jabba está sentado al fondo y dice: «¿De modo que te gusta besar? A mí también me gusta besar».

Lawrence Kasdan Me encanta.

3.47

George Lucas Jabba sabe que (Leia) puede intentar matarlo, pero eso le gusta. Quiere tenerla a su lado cuando arrojen a su novio a los leones, así puede sobarle la oreja mientras oye a Han lanzando alaridos porque están haciendo una carnicería con él.

Richard Marquand Podría tenerla encadenada por un tobillo, y sujeta con una correa que Luke podría usar.

Lawrence Kasdan ¿Qué te parece si es ella la que provoca la muerte de Jabba?

George Lucas Podría estar bien. Podría estrangularlo.

Richard Marquand Con la cadena.

George Lucas Ella salta, le pasa la cadena alrededor del cuello y lo estrangula. Jabba es un personaje que parece de goma. Podríamos hacer que saque la lengua grande y fea…, como en *El padrino*.

Lawrence Kasdan ¿Por qué los guardias no disparan a Luke? ¿Cómo lucha contra ellos?

George Lucas Bueno, si dispusiera de la espada láser la cosa se pondría divertida, pero no sé cómo puede tenerla a mano con todo ese lío.

Lawrence Kasdan Podría tenerlo planeado. ¿Y si R2-D2 la tuviera escondida en su…?

3.48 *Cuando un segundo esquife los ataca, Luke salta sobre él y arroja al foso a uno de los hombres de Jabba. Mientras tanto, Han, que sigue ciego como consecuencia del tiempo que ha pasado congelado en carbonita, intenta ayudar a Lando.*
3.49 *Plano general de la acción con Lando colgando del esquife.*

George Lucas Buena idea.

Richard Marquand Genial. Me encanta.

Lawrence Kasdan El plan de Luke sale según lo previsto: R2-D2 está en la cubierta y dispara la espada láser cuando la necesita.

George Lucas Se me ocurre una idea que puedes usar con R2-D2: a Luke están a punto de lanzarlo por la borda, «Bueno, aquí nos despedimos, viejo amigo», y entonces silba, como en esas películas en las que se silba para llamar a un perro. Ahí incluyes una toma de la cubierta

superior de la nave, donde está R2-D2. De su cabeza sale un pequeño lanzador con la espada. Entonces, Luke camina por la tabla, salta, sale proyectado hacia atrás, cae de nuevo sobre la barcaza, recoge la espada y comienza a luchar. Podemos hacer algo acrobático con él. Podría dar una voltereta en el aire.

Howard Kazanjian Mark perdió la espada láser, ¿verdad?

George Lucas La perdió cuando su padre le cortó la mano.

Howard Kazanjian Entonces, ¿de quién es la espada? ¿Lo cuento?

George Lucas Deberías hacerlo, porque todo el mundo se lo preguntará. En los anteriores guiones lo solucioné diciendo que él mismo fabricó otra. Pero va a ser imposible explicar de dónde sale esa espada láser en este momento de la historia.

Richard Marquand Se puede aclarar en una línea de diálogo posterior.

3.48

George Lucas No sé si es necesario. Lo peor que puede pasar es que lo saquen a relucir en la revista *Starlog*. No debería quitarnos el sueño.

Lawrence Kasdan Quizá tendríamos que cambiarle el color.

George Lucas Sí, podría ser completamente distinto. Eso lo podemos ver. Pero la idea que recorre toda la trilogía es que Luke primero tuvo la espada de su padre, que este perdió en la pelea con Ben Kenobi: Ben le cortó la mano y Vader cayó en el volcán, y entonces Ben recuperó la espada de la mano de Vader y la guardó para el hijo. Después, el padre cortó la mano con la que su hijo sujetaba la espada, lo que era una manera de cortar la relación entre ellos: Luke no solo perdió su arma y fue castrado, sino que, al mismo tiempo, su padre rompió su relación. Luke llevaba esa espada por su padre. Ahora ya no lo hace: ha construido su propia espada láser y es dueño de sí mismo. Ya no es un hijo: es un igual.

Un buen momento para reunirse

Richard Marquand Durante la tormenta de arena, (el emperador) no captura a Luke. Hemos dejado el combate atrás y es un buen momento para reunirse antes de reemprender la marcha.

George Lucas Llegan hasta el *Halcón*, cuya silueta se distingue vagamente. Tal vez se entrevea también un Ala-X en medio de una gran tormenta. La rampa del *Halcón* se abre y todos entran.

Lawrence Kasdan Chewie está herido.

George Lucas No, no quiero hacer eso. Me he implicado en todos los borradores porque quería evitar un momento así.

Richard Marquand Tampoco nos convienen tres páginas de diálogos.

George Lucas Tenemos que darnos cuenta de que ahí necesitamos un momento de calma. Sucede lo mismo en *En busca del arca perdida*: arranca con una secuencia de acción

3.50

fantástica y luego te da la oportunidad de descansar un segundo. Todo se ralentiza.

Richard Marquand No volveremos a tener un descanso así de largo.

George Lucas En la escena con Yoda, sí. En el *Halcón*, no dirán nada importante para nadie, pero cuando lleguemos a Yoda, este dirá cosas que la gente querrá escuchar: que si esta persona es el otro y que si esta otra, tu padre.

Lawrence Kasdan Déjame intentar escribir una cosa para la escena del *Halcón*: tenemos muy pocos momentos de camaradería. Aquí, Han, Luke y Leia vuelven a estar juntos, y no lo habían estado desde el principio de *El Imperio contraataca*.

George Lucas Ese es el tipo de escena que el guion tiene que hacer funcionar: una reunión tierna, a poder ser con un diálogo ágil y divertido en el que se intercambien bromas.

Lawrence Kasdan De acuerdo, intentaré escribir algo así. El problema es que aquí hay que

abordar muchas cosas, aunque sea de manera indirecta: Luke se da cuenta de que Han y Leia son pareja, y Han ha visto que Luke es un tipo bastante sorprendente.

Se llamaba Richard M. Nixon

George Lucas Anakin Skywalker comenzó a relacionarse con el emperador, de quien nadie sabía en ese momento que era tan malo porque era un funcionario electo.

Lawrence Kasdan ¿Era un jedi?

George Lucas No, era un político. Se llamaba Richard M. Nixon. Desestabilizó el Senado hasta hacerse con el control y se convirtió en un señor malvadísimo, aunque fingía ser un tipo muy agradable. El emperador corrompe al padre de Luke, cuya actitud en casa es extraña: su esposa se da cuenta de que algo no marcha y se lo cuenta a Ben, que es el mentor de su marido.

En sus misiones a lo largo y ancho de las galaxias, Anakin ha dejado de asumir sus tareas como jedi, por eso otros muchos jedi le dan la espalda y él los asesina. El presidente se está convirtiendo en emperador, y la madre de Luke, que está embarazada, sospecha que a su esposo le ha pasado algo. Anakin va de mal en peor, y al final Ben tiene que luchar contra él. Lo lanza dentro de un volcán cuando ya está malherido.

En el volcán, pierde una pierna y el otro brazo, y ya casi no queda nada de él cuando las tropas del emperador lo sacan de allí. Cuando Ben descubre que han pescado a Vader y está en manos del Imperio, se preocupa. Va a ver a

3.50 *Las chispas saltan cuando Luke corta el bláster de Fett con su espada láser.*
3.51 *Después de que Han golpee por accidente la mochila propulsora de Fett, este sale disparado (como se muestra en esta viñeta del guion gráfico de Joe Johnston), golpea la barcaza y cae rodando al foso, donde el monstruo dará cuenta de él.*

la esposa de Vader y le explica que Anakin es el malo que mata a todos los jedi.

La señora Skywalker ha dado a luz a gemelos, dos bebés que en ese momento tienen unos seis meses. La Fuerza es muy intensa en los Skywalker, por lo que Ben dice: «Creo que debemos proteger a los niños: pueden ayudarnos a corregir el mal que tu esposo ha provocado en el universo». Ben se lleva a uno y se lo da a una pareja de Tatooine mientras él se instala en un pequeño escondrijo en las colinas y lo ve crecer. Ben no puede criar a Luke porque lo buscan. Leia y la madre de Luke van a Alderaan, cuyo rey, que es amigo de Ben, se hace cargo de ellas. Poco después, la madre muere y a Leia la crían sus padres adoptivos, pero sabe que su verdadera madre murió.

Lawrence Kasdan ¿Lo sabe?

George Lucas Sí, así podemos destacarlo cuando Luke hable con ella. Leia puede decir que su madre murió «cuando yo tenía dos años».

Carga

George Lucas Ben podría asumir la culpa de Vader: «Debería haberle enseñado mejor. Debería haberlo puesto en manos de Yoda, pero pensé que podía hacerlo yo mismo. El orgullo me hizo pensar que podía ser tan buen maestro como Yoda. Desearía poder detener el mal que se ha desatado en la galaxia». Su carga es que se siente responsable de todo lo que Vader ha hecho.

Richard Marquand Estuve pensando en estas Estrellas de la Muerte, que a Larry no le gustan. Me pregunto si para el emperador es muy importante «saber» que realmente funcionan y están terminadas.

George Lucas Lo único que hacen las Estrellas de la Muerte, que a mí sí me gustan, es crear un límite temporal: los rebeldes tienen que atacar antes de que se termine su construcción. No pueden esperar al año siguiente. Tienen que atacar Had Abbadon. Una cosa que también

© L.F.L. 1982
STORYBOARD NOV 22 1982 REVISED DEC - 6 1982

J

DESCRIPTION: EXT. DESERT - LUKE FIGHTING - SKIFF #2

4-PERF SHOT. Behind the fight on Skiff #2, Boba Fett is wearing his rocket pack & flying totally out of control. Boba enters frame upper right corner & heads R to L. He tumbles end over end & peters out 1/2 way through shot. (He will hit side of Barge in next cut.) Lasersword action between Luke & guards on Skiff.

NOTES:

Boba should be 1/2 size of Luke in plate.

We must match rocket pack efx from 4-perf shot that cuts with this shot.

ELEMENTS:	STAGE	ANIM	PLATE	MATTE	NON-ILM	ELEMENTS:	STAGE	ANIM	PLATE	MATTE	NON-ILM
4-Perf Plate			x								
Boba Fett	x										
Lasersword		x									

SHOT # / SEQUENCE

JB 19

FRM COUNT	PAGE #
	3.51

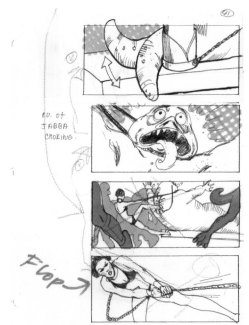

3.52

me gusta en el aspecto visual es que si son cosas intrincadas y están construidas a medias, los rebeldes pueden meterse dentro y volar a través de ellas.

Richard Marquand Exacto.

George Lucas De algún modo, descubrimos que las Estrellas de la Muerte están orientadas hacia Had Abbadon. Sus funciones son: en primer lugar, establecer un límite temporal; y en segundo lugar, ser las armas que destruyen la capital y provocan la caída del emperador, cuya suerte está unida a ellas.

3.52 *Este guion gráfico que muestra a Leia estrangulando a Jabba hasta la muerte propone diferentes alternativas, incluida una en la que la princesa camina descalza por el cuerpo de su víctima. Dos detalles muy eficaces que sí se incluyeron en la película son Jabba coleando y sacando la lengua.*
3.53 *Leia le da las gracias a Jabba por su hospitalidad, pero matar a un hutt es una tarea tan larga y difícil como la muerte de Luca Brasi en El padrino (1972).*

Lawrence Kasdan ¿Por qué quieres dos?

George Lucas No tienen por qué ser dos, también puede ser una.

Lawrence Kasdan Mi problema es que esto lo complica todo. Me gusta la idea de que sea una estratagema, me gusta mucho: la Estrella de la Muerte se ve medio terminada, pero no lo está. La idea es fantástica, pero debería ser solo una porque estamos concentrando muchos asuntos aquí.

Poderes místicos

Lawrence Kasdan ¿Qué quiere Vader?

George Lucas El plan de Vader es arrastrar a Luke al lado oscuro, convertirlo en su aliado y luego derrocar al emperador. No creo que a Vader le importe si es el emperador o él mismo quien lo arrastra al lado oscuro, porque está convencido de que, cuando eso suceda, Luke puede convertirse en su aliado. El emperador y Vader están de acuerdo en ese punto: los dos quieren ponerse en contacto con Luke y que este se pase al lado oscuro, el emperador para reemplazar a Vader y Vader para reemplazar al emperador.

Howard Kazanjian Por ese mismo motivo, Vader querrá llegar a Luke antes de que lo haga el emperador y se deshaga de él.

George Lucas Luke podría presentarse ante el emperador fingiendo haberse pasado al lado oscuro. Otra forma de sortearlo es dar a entender que Ben puede nublar la mente del emperador. Lo que me gusta de esta opción es que se cumple lo que Ben dijo antes de sacrificarse: «Me volveré más poderoso de lo que eres capaz de imaginar». Y eso ocurre porque se convierte en parte de la Fuerza, lo que le permite cortocircuitar sus visiones: ya no alcanzan a entender lo que está sucediendo con la misma claridad con que solían hacerlo.

Richard Marquand Pero creen que lo hacen.

George Lucas Por eso es más poderoso. Puede distorsionar su visión del futuro.

Richard Marquand El emperador no tiene poderes jedi, ¿no?

George Lucas Bueno, él es como Yoda: ninguno de los dos es un jedi. Yoda tiene poderes místicos y sucede lo mismo con el emperador: es como el sumo sacerdote, pero no es el jefe de la tribu. Los jedi son los guerreros que salen a pelear con sus espadas. El emperador y Yoda son los sacerdotes y jefes espirituales: sus poderes son mucho mayores.

Sentimientos

George Lucas El plan de Luke es colarse en el transbordador disfrazado de soldado de asalto u oficial imperial, llegar a Had Abbadon y matar al emperador. Podemos seguirle los pasos mientras se acerca a él y desenvaina su espada láser; entonces, el emperador se gira, se ríe y le dice: «Conmigo eso no te servirá. Me alegro de que ya estés aquí». El emperador lo captura y a continuación Luke aparece sentado en una jaula pequeña.

Lawrence Kasdan Bueno, a mí no me acaba de convencer...

George Lucas También hemos pensado que podríamos seguir a Luke, al emperador y a todos los demás hasta la Estrella de la Muerte y resolverlo allí.

Lawrence Kasdan Podríamos mostrar la escena de Luke con Leia. Después, Luke se dirige al transbordador imperial y dice: «Llevadme allí abajo». Hacemos una transición de cortinilla y Luke aparece ante el emperador con un: «He vuelto».

George Lucas ¿Y si Vader dice: «Voy a ir a la luna», y el emperador responde: «Está bien, tráelo de vuelta»? Luke percibe que Vader ha llegado a la luna, y se lo comunica a Leia: «Está aquí, viene a por nosotros, así que voy a ir a su encuentro porque es a mí a quien quiere». Luke se va y pasamos a una de esas pequeñas bases para transbordadores imperiales, donde se enfrenta a Vader, e intenta que se pase a su lado: «Esta es tu oportunidad, papá: ven, libérate de tus ataduras con el emperador y únete a mí. Sé que está en ti». A lo que Vader responde: «No me uniré a ti. Te llevaré ante el emperador».

Lawrence Kasdan «Toda mi ropa es negra...»

George Lucas «Tendré que comprarme un conjunto de vestuario nuevo.» No, pero si lo incluimos, Luke puede hacer una declaración de principios bastante convincente.

Lawrence Kasdan Eso está muy bien.

George Lucas Vader no es más que un juguete del emperador. Luke intenta salvar a su padre, pero todo lo que consigue es que lo capturen y que Vader se lo lleve al emperador. Y aquí tenemos que resolver algunos asuntos: el emperador podría querer algún tipo de prueba, podría tener algún tipo de tentación.

Lawrence Kasdan Bueno, ya sabes lo que sería perfecto.

Howard Kazanjian ¿Matar a Vader?

Lawrence Kasdan Sí, eso sería lo perfecto. El asunto es cómo lo planteamos.

George Lucas «Sé que hay odio en ti y que puedes aprender a odiar.» El emperador comienza a predicarle el estilo de Jim Jones: «Odias a tu padre y quieres matarlo». ¿Qué pasa si decimos que Luke se siente cada vez más tentado de matar al emperador? ¿Queremos que al mismo tiempo la Estrella de la Muerte esté cargándose a la flota?

Lawrence Kasdan Eso es exactamente lo que me preocupa.

George Lucas ¿Sabes lo que sería genial? Luke puede decir al principio: «Nunca me llevarás al lado oscuro». Y el emperador responde: «Eso no es cierto, y lo sabes. Me odias y odias a tu padre: odias a tu padre por ser tan débil». Solivianta a Luke hasta que este está dispuesto a matar, y entonces el emperador dice: «¿Ves? Está en ti. Toma esta espada y mata a tu padre». En ese momento, Luke siente tanto odio que ataca a su padre. Tienen un breve duelo de espadas. Luke está exaltado, y usa el lado oscuro mientras el emperador prosigue: «Siente lo fuerte que eres ahora. ¡Ódialo más!».

Es lo mismo que hicimos en *El Imperio contraataca*, pero a mayor escala. Y cuando piensas que Luke matará a Vader, el emperador dice: «Termina con él». Ahora tenemos a Luke a punto de matar a un hombre desarmado y sin posibilidad de defenderse. Es la primera vez que

3.54 *Preparativos del rodaje del rescate de Lando, que está a punto de caer en el foso. Nótese que el esquife está muy escorado y que el sarlacc sujeta una pierna de Lando con uno de sus tentáculos.*
3.55 *Aunque Han sigue estando ciego, consigue salvar a Lando. Williams: «Tal como yo lo veo, El retorno del jedi tiene un carácter triple: es filosófica, realista y caricaturesca. Y fue genial explorar todas esas facetas».*

3.54

3.56

hacemos eso. Si mata a un hombre indefenso, en especial a su padre indefenso, entonces se ha pasado al lado oscuro. Pero Luke apaga la espada láser y se la arroja al emperador: «He controlado mi odio. No odio a mi padre. Si tanto poder te otorga el lado oscuro, mátame: te desafío».

El emperador, que tiene su carácter, enfurece. Es una persona que odia y que está rabiosa, y comienza a disparar rayos contra Luke, que jadea porque se asfixia. Luke está a punto de morir, y entonces Vader mata al emperador.

No me gusta la idea de que Vader le diga a Luke: «Ven a nuestro lado». No olvidemos que la verdadera intención de Vader es matar al emperador.

Lawrence Kasdan ¿Qué le pasa por la cabeza a Vader cuando conduce a Luke ante el emperador?

George Lucas Lo que le pasa por la cabeza es: «El emperador atraerá a Luke al lado oscuro, algo que yo no puedo hacer porque no soy lo bastante fuerte. Él atraerá a Luke y entonces podré…».

Richard Marquand «… unirme a Luke y destruir al emperador.»

George Lucas «Unirme a Luke y convencerlo para que destruyamos al emperador. Una vez se haya pasado al lado oscuro, será fácil: primero seremos un equipo y luego padre e hijo.»

Richard Marquand Pero eso no se dice en ningún momento.

George Lucas Vader no se da cuenta de que el emperador quiere sustituirlo.

Lawrence Kasdan ¿Qué pistas vamos a dar para que el público sepa que Darth se ha convertido y no se limita a hacer lo que dijo que

3.56 Leia lucha por liberar a su amor.
Fisher: «Es una sabelotodo. Las personas
desarrollan ese rasgo de carácter cuando
son atacadas. Y bueno, a ella siempre la
han asediado».
3.57 Luke y Leia sobrevuelan el foso,
sujetos a una cuerda, como ya hicieron en
la Estrella de la Muerte. Esta vez, Luke no
necesita un beso de buena suerte de Leia.

3.58 *Pintura de McQuarrie que muestra el estallido de la barcaza a vela y la huida de nuestros héroes a bordo del esquife. Nótese que en los primeros guiones Leia lideraba un comando rebelde y no participaba en el rescate.*

haría en *El Imperio contraataca*; esto es, matar al emperador y tomar el poder?

George Lucas Pues lo puede decir. Ahora tenemos la escena de muerte en la que él puede decir…

Lawrence Kasdan «Qué a gusto me he quedado.»

George Lucas Sí. No dice: «Luke, ahora mandas en el Imperio», sino algo como: «Oye, esto lo podía haber hecho hace años».

Lawrence Kasdan Entonces, no sabremos que se ha pasado al lado luminoso hasta después de que lo haya hecho.

George Lucas La mejor manera de contarlo es que él lo diga.

Richard Marquand Se habrá quitado el casco, ¿verdad?

George Lucas Quitarle la máscara es algo muy dramático, porque todo el mundo quiere saber qué aspecto tiene.

Richard Marquand Eso me encanta.

George Lucas Guardemos lo de la máscara para el final.

Lawrence Kasdan ¿No tiene que morir antes?

Richard Marquand No, tiene que decir algunas palabras sin eso puesto.

George Lucas Vader puede decir: «Quítame la máscara».

Lawrence Kasdan «Me estoy muriendo.»

George Lucas «Quiero verte una vez antes de irme.» Y Luke dice: «No, eso te matará. No puedo quitarte la máscara». «Me estoy muriendo de todos modos; quítamela, por favor. Quiero verte sin la ayuda de esta máquina. No quiero saber nada de esta máquina.»

Cuando le quitemos la máscara, cambiaremos su voz a una versión mucho más débil, aunque seguirá siendo reconocible. Sonará mucho más vieja.

Richard Marquand Es tan viejo como Alec, ¿verdad?

George Lucas No tanto.

Richard Marquand Visualmente, quiero decir.

George Lucas Visualmente está cerca.

Lawrence Kasdan Yo no lo suavizaría demasiado. No voy a influir en absoluto en el resultado final, solo quería decirte que no lo dulcifiques demasiado. Si cuando le quitas la máscara no tiene cara de malo, será una verdadera estafa.

George Lucas Tiene que ser un padre de verdad. Cuando se quita la máscara, tiene que ser como tu padre. De lo contrario, no funcionará. Lo relevante aquí es que podría haber vivido sin todas esas cosas, pero entonces habría sido un don nadie. Estaba en el lado oscuro, era codicioso, confiaba en la máquina. La máquina se convierte en una metáfora parcial del lado oscuro de la Fuerza, porque las máquinas no tienen sentimientos.

Howard Kazanjian ¿Hay algún dispositivo electrónico o cableado justo debajo de la máscara? ¿Tenemos que trabajar en eso?

George Lucas Bueno, sí, pero de un modo que un niño de siete u ocho años diga: «Eh, este hombre no es del todo malo». Tenemos que provocar cierto sentimiento de lástima, no repulsión. La verdad es que nos excedimos en la última película: no tendría que haber sido tan grotesco; de hecho, se suponía que no se iba a ver nada, que solo iba a ser una silueta.

3.59 *El equipo se prepara para rodar el momento en que Luke, situado entre el Halcón Milenario y un Ala-X, examina los daños que ha sufrido en la mano. En primer plano a la derecha, pueden verse los ventiladores que generarán la tormenta. Los miembros del equipo están protegidos de la arena y el ruido, pero la visibilidad es tan baja que cada uno lleva su nombre escrito en la espalda.*
3.60 *Luke examina su mano derecha y se la protege con un guante. Después de que la escena de la tormenta de arena se eliminara, se rodó una toma similar en la cabina del Ala-X cuando Luke y R2-D2 se dirigen a Dagobah.*
3.61 *Luke se despide mientras Lando, Chewbacca, Leia y Han suben a bordo del Halcón Milenario. R2-D2 y C-3PO cierran el grupo. Nótese que Chewbacca tiene una pierna vendada: estaba previsto que sufriera una herida durante la huida.*

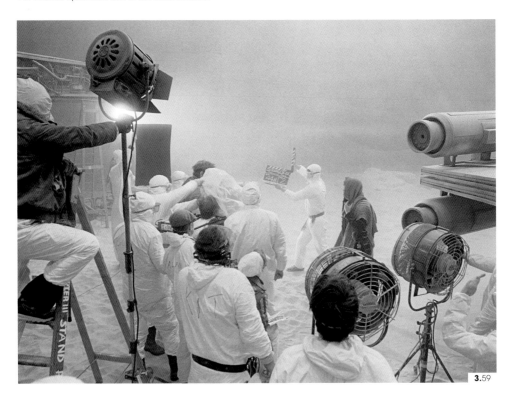

3.59

3.60

3.61

3.62 *Propuesta inicial de Joe Johnston para la escena 46: «Un superdestructor estelar y varias naves de la flota imperial están estacionados por encima de la Estrella de la Muerte a medio terminar en la órbita de Endor, el planeta verde. Cuatro escuadrones de cazas TIE escoltan a una lanzadera imperial hacia la Estrella de la Muerte».*
3.63 *Las tropas imperiales forman en el hangar de la Estrella de la Muerte cuando llega la lanzadera del emperador.*

Demasiado grande para ser manejable

George Lucas Uno de los problemas en el aspecto práctico es la destrucción del planeta por la flota rebelde. ¿Cómo diablos lo van a hacer? Puedes bombardear una ciudad y hacerla saltar por los aires, pero no puedes destruir todo un planeta. Lo que le diga al público: «Chicos, hemos destruido el Imperio» tiene que ser algo que explote: que se vea que el universo se ha librado de esa cosa malvada.

En la primera película hicimos estallar la Estrella de la Muerte, que era el símbolo del Imperio, así que ahora nos vendrá muy bien que sea la Estrella de la Muerte la que destruya el planeta, y que la flota rebelde vuelva a cargarse la Estrella de la Muerte. Creo que aquí tenemos una solución.

Richard Marquand Lo que tenéis que decidir es si la fuerza aérea rebelde destruye Had Abbadon o no.

George Lucas ¿Qué os parece si el plan rebelde es capturar la Estrella de la Muerte a medio construir y hacerla girar para que apunte al planeta, los chicos que hay por allí intentan activar el escudo protector y para terminar destruimos el planeta?

Lawrence Kasdan No me creo que tomar el control de una Estrella de la Muerte sea tan sencillo.

George Lucas En eso estoy de acuerdo.

Más tarde…

George Lucas Si nos quedamos solo con la luna y la Estrella de la Muerte, y descartamos Had Abbadon, entonces tenemos ahí afuera la flota de Vader, compuesta por un número limitado de naves estelares en medio de la nada. Eso le da más sentido a una luna primitiva. Ahora mismo, Had Abbadon se interpone en todo esto: es un engorro. Y, además, me gusta la idea de que los rebeldes crean que están luchando contra una Estrella de la Muerte que en realidad está a medio terminar.

Richard Marquand Eso es fantástico.

3.63

Lawrence Kasdan Vale la pena salvar Had Abbadon y destruir el centro del Imperio. Olvidémonos de la Estrella de la Muerte.

George Lucas Pero entonces volvemos a la pregunta de para qué tenemos ahí una flota. Lo bueno de la Estrella de la Muerte es que es muy manejable, y un planeta no lo es en absoluto: es demasiado grande para ser manejable.

Lawrence Kasdan Pero es mucho más interesante y es algo novedoso. Su aspecto es novedoso y el hecho de que sea más grande que una Estrella de la Muerte resulta interesante.

George Lucas Aquí hay algo que no funciona y que tenemos que resolver. No sé ubicarlo, pero tiene que ver con cómo se relacionan todas las cosas que suceden. Estamos atrapados en esta luna.

Progreso

Lawrence Kasdan Me gusta la idea de Had Abbadon.

Howard Kazanjian A mí también.

Lawrence Kasdan Creo que es un escenario sugerente y que el Imperio debería tener una base de operaciones.

Howard Kazanjian Estoy de acuerdo.

Richard Marquand Pero si lo conviertes en algo más parecido a una base de operaciones que a un planeta, entonces es algo que se puede destruir y logras lo que George quiere.

Lawrence Kasdan ¿Te refieres a volarlo?

Richard Marquand Sí.

George Lucas Dejadme que os dé mi opinión: lo he meditado todo, lo he descartado todo y he hecho limpieza hasta el punto de prescindir del emperador. He repasado toda la historia y no he dado con el modo de cerrarla y, al mismo tiempo, conservar a los ewoks. He vuelto a caer

3.64

continuamente en lo que ya hemos pensado: deshacernos de Had Abbadon, etc. Olvidemos todo eso.

El Imperio dispone de unas instalaciones secretas para construir esta Estrella de la Muerte, todavía a medio hacer. La idea es que al comienzo de la película el emperador la visite y Vader esté allí para recibirlo. Los rebeldes tienen espías en el ejército imperial y han descubierto que el emperador se encuentra en esta base secreta donde se construye una Estrella de la Muerte, que está inacabada y, por lo tanto, es muy vulnerable. Es su oportunidad de destruirla antes de que la usen contra ellos: «Con un ataque sorpresa también podemos acabar con el emperador».

Lawrence Kasdan ¿No es un poco raro que el emperador visite una Estrella de la Muerte indefensa?

Richard Marquand Podría estar ahí para una ceremonia de inauguración que se celebrará al cabo de tres días, cuando entre en funcionamiento.

George Lucas Va a inspeccionarla.

Lawrence Kasdan Va a comprobar la evolución de las obras. Eso sería perfecto.

George Lucas Está descontento con su progreso y va a echar un vistazo.

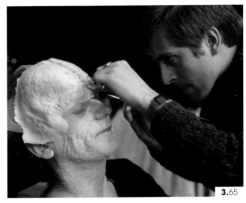

3.65

Lawrence Kasdan Les está llevando más tiempo de lo previsto.

Howard Kazanjian Casi se usa a sí mismo como señuelo.

Lawrence Kasdan Si el emperador llega a la Estrella de la Muerte al principio de la película, ¿qué hace luego? ¿Pasar el rato? ¿Por qué se queda dando vueltas por esta Estrella de la

3.66

3.64 *El emperador, una presencia espectral en las películas anteriores, protagoniza en El retorno del jedi una gran entrada y se convierte en la figura a derrotar. En la imagen, McDiarmid camina junto a Marquand, que lleva los zapatos cubiertos con fundas para mantener el suelo brillante.*
3.65 *McDiarmid: «George Lucas me aseguró que no retocarían mi boca ni mi nariz. Son rasgos muy distintivos, y quedé conforme con eso. También me dijo que no me tocarían los ojos, pero que les cambiarían el color. Todas esas cosas me ayudaron a crear un personaje que no se limitara a ser el mandamás».*
3.66 *El emperador (Ian McDiarmid) hace su entrada.*

Muerte a medio terminar después de hacer lo que tiene que hacer?

George Lucas Bueno, la alternativa es que aparezca después de la secuencia de Jabba el Hutt.

Richard Marquand Podríamos hacer que Darth llegue al principio.

Lawrence Kasdan El emperador llega a media película.

George Lucas ¿Qué os parece si Vader llega y dice: «El emperador está muy descontento con la evolución de las obras y estará aquí muy pronto».

Transferencia de poder

Lawrence Kasdan Creo que tenemos que salir de aquí de alguna manera y pensar en algo más sencillo. Tal vez tendríamos que deshacernos de los ewoks.

George Lucas Sé que son la fuente de nuestros problemas.

Howard Kazanjian Déjame hacerte una pregunta. Imagina que los ewoks no existiesen. ¿Qué conseguiríamos?

George Lucas Tendríamos un vacío gigantesco en el guion que habría que llenar con nuevas ideas.

Lawrence Kasdan Os diré por qué los ewoks son un problema: son un tercer elemento en discordia. En lugar de pasar de Jabba a la confrontación final, hay que encajarlos en la historia y eso

no lo podremos hacer con limpieza, a menos que vayamos a volar su planeta.

Howard Kazanjian ¿Volar su planeta?

Lawrence Kasdan Que es algo que nunca vamos a hacer. En mi opinión, la clave es conectar a Luke con todo lo que ocurre de manera efectiva, de modo que, al cumplir su destino, ayude a la rebelión a derrotar al Imperio. Y eso es lo que

3.68

3.69

no estamos haciendo. Tiene que haber alguna transferencia de poder del emperador a Luke, lo que sería muy poético en el contexto general de la historia. Si hubiera un momento en el que todos estos tipos del Imperio vieran que Luke toma el mando, sería absolutamente perfecto. Para mí, eso cerraría la trilogía a lo grande.

George Lucas Desarróllalo un poco más.

Lawrence Kasdan Luke se hace con todo el poder del emperador tras el combate final y lo reconocen como la máxima autoridad de la galaxia.

George Lucas Luke no puede gobernar el universo: si destruye al emperador y, en consecuencia, al Imperio, entonces vuelve a haber una república y, con ella, un senado. Elegirán a sus propios representantes. Luke es un guerrero, un caballero jedi, no quiere ser ni alcalde ni presidente. Luke ha jurado ser agente de policía y eso es lo que quiere hacer.

Más tarde…

Lawrence Kasdan Me parece un final titubeante.

George Lucas Larry, si optamos por lo que habíamos planteado esta mañana, la idea de la trampa, entonces tenemos una Estrella de la Muerte supuestamente inactiva que en realidad

3.67 *El escenario de la tormenta de arena en Tatooine se desmontó para construir el de Dagobah, que incluía la casa de Yoda y tres árboles alrededor del Ala-X de Luke.*
3.68 *Alec Guinness, aquí con Hamill y Marquand, trabajó dos días en el rodaje, el 10 y el 11 de marzo de 1982. El fin de semana anterior, Lucas visitó a Guinness en su casa y juntos pulieron su texto.*
3.69 *Cuando Yoda muere, Luke le agarra la mano izquierda con su mano derecha, que lleva enguantada. Este detalle no se incluyó en la película.*
3.70 *Después de la muerte de Yoda, Obi-Wan Kenobi aparece como un fantasma de la Fuerza para guiar a Luke.*

está muy activa, una flota rebelde que cae en la trampa y una Estrella de la Muerte que dispara contra sus naves y las destruye…

Lawrence Kasdan Y no hay planeta.

George Lucas Y toda la secuencia termina con la Estrella de la Muerte saltando por los aires. Ahora mismo, lo que se me ocurre es que si lo hacemos así el emperador parecerá tonto… Pero preferiría tener un guion en el que todo más o menos funcione y a partir de ahí perfeccionar la historia para que no parezca tan bobo. Todo dependerá de cómo le presentemos al público la información: el modo en que el emperador describe su plan, lo que el público llega a entender…

Imágenes muy precisas

Después de la charla preparatoria del argumento, Richard Marquand trabajó con Johnston y Rodis-Jamero en los guiones gráficos.

Richard Marquand La mayor parte del rodaje con los actores se realizó en Londres, mientras que casi todos los efectos especiales se prepararon en Estados Unidos. La forma de coordinar el trabajo entre ambos lugares era saber con mucha antelación qué íbamos a rodar exactamente. El verano anterior lo dedicamos a analizar cada secuencia y ponerla en imágenes en los guiones gráficos.

Joe Johnston Preparamos guiones gráficos que reunían la acción real y los efectos especiales, lo que suponía mucho más trabajo de lo normal. George nos pasaba un guion bastante avanzado y nos decía que comenzáramos a idear algunas tomas o secuencias.

Si se nos ocurría algo que no estaba en él, una mejora o un nuevo planteamiento de lo que fuera, y a George le gustaba, entonces lo incluía en el guion.

Richard Marquand Durante seis meses, conviví con guionistas gráficos que se dedicaban a preparar dibujos y bocetos de todas las criaturas, los vehículos y demás elementos que iban a aparecer en la película. Hubo un intercambio de ideas sincero y maravilloso, con confianza y lealtad a la película. No sé por qué la lealtad es una cualidad tan rara de encontrar, pero es

3.71

uno de los valores principales en los equipos de Lucas.

Cuando empezamos a rodar la acción real, tenía en la cabeza unas imágenes muy precisas.

Mi familia

Dos meses después de celebrar la charla pre-paratoria del argumento, Lawrence Kasdan presentó un borrador de 109 páginas que de-sarrollaba la trama y las ideas que el equipo había debatido. En él, la historia empieza con Darth Vader, y de ahí se pasa a Tatooine, don-de los droides se presentan en el palacio de Jabba. Un cazarrecompensas negocia una tari-fa por Chewbacca. La fiesta vuelve a animarse: «El cazarrecompensas se apoya contra una co-lumna con la frialdad de un pistolero y observa la escena», escribe Kasdan. Luego, cuando Jabba y sus amigos se quedan profundamente dormi-dos, se infiltra en el Salón del Trono y se acerca al lugar donde Han Solo cuelga congelado dentro de un bloque de carbonita. «Después de una úl-tima mirada, dubitativa y esperanzada», pulsa el botón de descarbonización. El bloque se encien-de y empieza a quemarse. El cazarrecompensas se quita la máscara.

Revenge of the Jedi / Segundo borrador / 21 de septiembre de 1981

Leia, vestida con una armadura, se inclina y besa a Han en los labios. Este parpadea y abre los ojos.

LEIA Mi amor, has vuelto.

Han parece aturdido, y, lo que es más alarman-te, no consigue enfocar la mirada. Está ciego.

HAN ¿Quién…?

Leia vuelve a besarlo con profundo amor. Han sonríe.

HAN ¡Leia!

3.72

Un instante después, Jabba y su cohorte de bestias los descubren y reducen. Kasdan escri-be: «Conducen a Leia en presencia de Jabba, cuyos ojos brillan cuando se lleva a la boca una babosa enorme y viscosa». La próxima vez que veamos a Leia, su situación será mucho más precaria.

El griterío en la corte de Jabba se apaga cuan-do Luke entra en escena. Leia lleva puesto un vestido minúsculo de bailarina y le han coloca-do un collar o un grillete alrededor del cuello. Jabba el Hutt, su nuevo dueño, la sujeta con una cadena. Leia y Luke intercambian unas mi-radas, pero no dicen nada.

Luke es arrojado al cubil del rancor, donde ten-drá que luchar. Posteriormente los llevan a él, Chewbacca y Han Solo, que todavía está cie-go, al foso del sarlacc, en el mar de las Dunas. Allí, Luke consigue darle la vuelta a la situación, y Leia aprovecha la oportunidad para estrangu-lar a Jabba con la misma cadena con la que este la está esclavizando. Después de su huida,

3.71 **ILM filmó la maqueta de la torre del emperador el 21 de enero de 1983.**
3.72 **Dibujo conceptual de Johnston de la torre del emperador, en cuyo punto más alto se encuentra el Salón del Trono.**

Luke vuela a Dagobah, donde visita a Yoda y al espíritu de Obi-Wan Kenobi. En sus primeros borradores, Lucas había confiado en la telepatía para reunir a los tres personajes, pero en la charla preparatoria del argumento sus encuentros son cara a cara.

En la fragata donde los rebeldes tienen instalado su cuartel general, Leia se ofrece como voluntaria para encabezar una misión a Jus-Endor y destruir el generador del escudo protector de la nueva Estrella de la Muerte. Chewbacca, Han y Luke también se presentan voluntarios. En los bosques de Jus-Endor, Luke y Leia montan en una moto a reacción para detener a unos exploradores imperiales que los han descubierto y se disponen a dar la alarma, y se

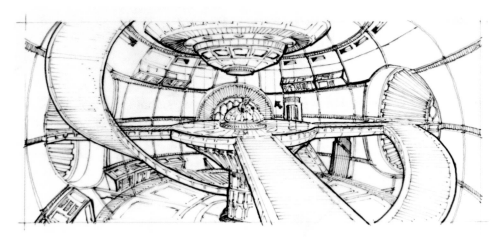

3.75

hacen amigos de los ewoks. Más tarde, Luke y Leia comparten un momento privado en el bosque de Jus-Endor.

LEIA Luke, dime qué te preocupa.

LUKE Tengo que irme y enfrentarme a Vader.

LEIA No lo entiendo, Luke. ¿Por qué?

LUKE Es mi padre.

LEIA ¿Tu padre?

LUKE Leia, he descubierto algo. No será fácil para ti escucharlo, pero es necesario que lo hagas. Tienes que saberlo antes de que yo me vaya, porque puede que no vuelva. Y si yo no lo consigo, tú eres la única esperanza para la alianza.

LEIA No hables así, Luke. Tú tienes un poder que no entiendo… y que nunca podría tener.

LUKE Te equivocas, Leia. Tú también tienes ese poder. La Fuerza está muy presente en ti.

LEIA Luke, ¿qué te ha pasado?

LUKE Leia, la Fuerza es intensa en mi familia: mi padre la tiene, yo la tengo y… mi hermana la tiene.

Leia lo mira fijamente a los ojos. Lo que ve en ellos la asusta, pero no se separa: comienza a entender.

LUKE Sí, sí… *(La acerca hacia él)* Eres tú, Leia.

Leia cierra los ojos al escuchar esas palabras. Cuando los abre, están llenos de lágrimas.

La puesta en escena del enfrentamiento final entre Luke, Vader y el emperador en la Estrella de la Muerte es ahora austera y contundente. Solo están ellos tres, sin rastro del apoyo místico de Yoda o Ben. Tras la derrota del emperador, Vader está herido de muerte.

LUKE Padre.

VADER *(Con un susurro)* Luke, quítame esta máscara.

LUKE Pero morirás.

3.73 *Este boceto de Joe Johnston incluye una escalinata a los pies del trono.*
3.74 *Boceto del Salón del Trono realizado por Norman Reynolds.*
3.75 *Marquand, Lucas y Kazanjian en el decorado definitivo.*

3.76

3.76 **En el borrador del guion de Lucas, Han aterriza con el Halcón Milenario en la base rebelde: «La plataforma de aterrizaje está en una meseta desde la que se domina la ciudad con forma de montículo de SICEMON, que se asienta sobre una vasta llanura de hierba».** La pintura de Ralph McQuarrie que aquí se muestra se basa en un boceto anterior de Nilo Rodis-Jamero.

3.77 **Boceto de Johnston de la base rebelde en las llanuras de Sicemon. Una vez establecida la idea de un montículo, los artistas jugaron con el grado de tecnología que muestran los edificios.**

VADER Nada puede impedir eso ya. Solo por una vez, déjame mirarte sin ella.

Leia, Han y los ewoks destruyen el generador del escudo; Lando está a los mandos del Halcón Milenario *mientras los rebeldes destruyen la* Estrella de la Muerte; *y el Imperio es derrotado.*

Mas allá de las palabras

George Lucas Siempre me ha interesado ir más allá de las palabras y centrarme en el aspecto puramente visual de las películas, en lo que sucede cuando tienes muchas imágenes en movimiento.

Joe Johnston No había guion para la escena (en motos *speeder*). «Esto es lo que lleva hasta la persecución en moto. Después, van y hacen esto... A ver qué se os ocurre», dijo George. Solo teníamos el bosque y las seis motos, el resto corría a nuestro cargo.

George Lucas No tenía ni idea de cómo lo íbamos a hacer... ¿Con miniaturas? En un acto de fe dejé que Dennis se encargara de averiguarlo.

Durante el rodaje de Star Wars, *Lucas reunió y montó fragmentos de largometrajes y material de archivo de la Segunda Guerra Mundial. Joe Johnston y otros artistas realizaron guiones gráficos basados en esas imágenes que recogían hasta el último disparo; de ahí surgieron las secuencias de fuego de artillería desde el* Halcón Milenario *y del ataque a la Estrella de la Muerte. Estas secuencias se montaron en la versión preliminar de la película como referencia para la preparación de los efectos visuales, y luego se sustituyeron por las imágenes definitivas.*

En el caso del El Imperio contraataca, *no se disponía de imágenes reales de vehículos que pudieran asimilarse a los* speeders *y los caminantes AT-AT, y para empezar hubo que preparar unos guiones gráficos. A continuación, Ken Ralston y su equipo se basaron en ese material para realizar guiones gráficos animados.*

Dennis Muren Como regla general, no nos apartábamos mucho de los guiones gráficos sin consultarle primero a George, pero se nos ocurrió la

3.77

idea de hacer toda la secuencia con maquetas pequeñas incluso antes de que los guiones gráficos estuvieran dibujados y animados. Con base en lo que habíamos hablado con George, rodamos un centenar de tomas con una pequeña cámara Hitachi de estado sólido.

El decorado, que medía 1,2 por 2,5 metros, consistía en unos árboles de 60 centímetros de altura que ya se habían utilizado en *E. T., el extraterrestre* y algunos tubos de cartón pintados de color marrón. Lo colocamos todo sobre una tabla de madera contrachapada cubierta con un trozo de alfombra. Con unas piezas sueltas que había por allí, uno de los chicos hizo unas pequeñas motos *speeder* de unos 30 centímetros de largo que rematamos con un par de figurillas; después, las colgamos de unas varillas y con la ayuda de un monitor encontramos algunos ángulos fantásticos. El resultado no es estático como un guion gráfico, te permite mover la cámara y ver cómo cambia la perspectiva.

Joe Johnston y yo dedicamos cerca de una semana a grabar esto en vídeo. Después transferimos las imágenes a celuloide para que George dispusiera de película fotográfica para montar la secuencia.

La secuencia en blanco y negro, que el equipo llamaba telemática o videomática, con la persecución en motos speeder, *se filmó y montó en otoño de 1981.*

Dennis Muren La técnica funcionó tan bien que creamos un departamento de vídeo y rodamos así la escena en la cueva del rancor, de la que hicimos dos versiones muy diferentes antes de dar con la definitiva. Luego empleamos el mismo método para muchas otras escenas de la película. Los mismos operadores de cámara que grabaron los vídeos se encargaron del rodaje de esas tomas. Saber exactamente cuáles eran los problemas que nos íbamos a encontrar y por qué hacíamos lo que hacíamos nos permitió ahorrar mucho dinero.

Un trabajo colosal

Con el inicio de los trabajos de fotografía principal a menos de cinco semanas, el proyecto avanzaba en todos los frentes. Lucas revisó el guion y entregó el tercer borrador el 1 de diciembre. Los diálogos se acortaron para dotarlos

° L. F. L. 1981

° L. F. L. 1981
SKEMON TAKIS

3.78

3.79

3.78 *Algunos dibujos conceptuales de taxis de Johnston fusionaron helicópteros e insectos.*
3.79 *Johnston ideó taxis sicemon con base en animales voladores, como una mantarraya/delfín, un águila o un dinosaurio prehistórico.*
3.80 *Dibujo conceptual de Johnston de los mon calamari.*

Howard Kazanjian Mirabas la maqueta y pensabas que si los actores iban a caminar por un pasillo, podías rodar de cierto modo y luego cambiar para que pareciera otro pasillo. Entonces, George se pasaba por allí y decía: «No necesitamos este pasillo», lo que suponía un ahorro de 70 000 dólares. Reducía de forma sistemática el tamaño de los decorados, pero cuando ves la película, te das cuenta de que seguían siendo gigantescos.

de ritmo, y se reescribieron páginas enteras, algunas de las cuales se añadieron en fechas tan tardías como el 15 de febrero de 1982.

El mes de julio anterior, se encontró la localización para las escenas en el mar de las Dunas en Yuma (Arizona).

Richard Marquand Durante la segunda visita a la localización, descubrí con horror que las dunas se habían movido de sitio. En la tercera visita, examinamos el terreno con detalle y decidimos dónde estaría el foso del sarlacc, qué lugar ocuparían las dunas y dónde se ubicaría la barcaza. Aquello se convirtió en un enorme problema logístico para el departamento de arte y los encargados de levantar el decorado, que no sabían si lo terminarían a tiempo. Fue un trabajo colosal.

El día 13 de diciembre, los operarios empezaron a trabajar en Yuma. Al mismo tiempo, en los Elstree Studios se construían otros decorados.

Marquand pasó meses trabajando con el guionista gráfico Roy Carnon, famoso por su trabajo para Kubrick en 2001: Una odisea del espacio, en las secuencias de acción real, como el duelo culminante en el Salón del Trono del emperador en la Estrella de la Muerte.

° L.F.L 1981

3.80

Richard Marquand Tuve que empezar planeando el duelo para saber qué tipo de decorado necesitaba. Comenzamos diciendo: «Es probable que el emperador tenga a su espalda un gran ventanal, y sería bueno que hubiera escalones y pilares». Norman Reynolds estaba en la sala de al lado, y lo cazábamos al vuelo cada vez que pasaba por allí. Así fue como el Salón del Trono comenzó a tomar forma.

El emperador

Ian McDiarmid Estaban buscando a un actor que pusiera rostro al «emperador del universo». Pensaron en mí porque el director de *casting* me había visto en *Seduced*, una obra de teatro de Sam Shepard en la que interpretaba, debajo de un montón de maquillaje, a un hombre mayor que recordaba a Howard Hughes. Querían a alguien un poco más joven que el personaje del emperador, porque los trabajos de efectos especiales y las sesiones de maquillaje iban a ser agotadores.

A mediados de diciembre, las sesiones de casting *incluyeron las audiciones de Ben Kingsley, quien acababa de rodar* Gandhi, *David Suchet e Ian McDiarmid, de quien se señaló que tenía «buen perfil» y «cabello rojizo».*

Ian McDiarmid Después de que yo entrara en la oficina, apareció alguien con el aspecto perfecto para interpretar a un «emperador del universo». Tenía la edad adecuada y todo eso, aunque no estoy seguro de que tuviera los ojos o los dientes amarillos.

Alan Webb, cuya cara arrugada lo había encasillado en papeles de hombre mayor desde que tenía 30 años, hizo la audición el 15 de diciembre. «Viejo», «buenos párpados… mucha energía para alguien de 90 años», dicen las notas. Tenía 75. Webb fue seleccionado y se sometió a algunas pruebas de maquillaje, pero tuvo que retirarse por problemas de salud. Entonces le ofrecieron el papel a McDiarmid.

El último desafío en los trabajos de casting *fue ponerle rostro al Vader desenmascarado: Anakin Skywalker.*

Richard Marquand Tenía pensado elegir a uno de los grandes actores ingleses. Reuní algunas fotografías, preparé una lista con unos pocos nombres y se lo mandé todo a George. Cuando este volvió, me dijo: «Creo que te equivocas. Si el público ve la cara de Lawrence Olivier o John Gielgud cuando Vader se quite el casco, no se lo tomará en serio. Creo que tiene que ser un rostro desconocido». Me quedé pensando en eso y me di cuenta de que tenía toda la razón: lo importante era dar con una persona corriente con una cara muy común. En una secuencia tan emotiva como esa, solo necesitas a alguien capaz de interpretar el papel. Este es un ejemplo de cómo nos ayudó la excelente colaboración que manteníamos.

Sebastian Shaw, que tuvo que retrasar un poco su audición por una enfermedad, hizo una prueba a las 11:30 del 11 de diciembre. Su personaje era simplemente «el hombre».

Sebastian Shaw Cuando hablé con ellos, me comentaron que les había gustado mi interpretación, pero no entraron en más detalles: iban con mucho cuidado. No me permitieron ver el guion hasta que tuvieron la absoluta certeza de que el papel era mío y yo juré que mantendría mi trabajo en secreto.

George Lucas Lo único que me importa es la calidad de las actuaciones. El valor «estrella» es solo una póliza de seguros para aquellos que no confían en sí mismos cuando hacen una película.

Inclinación por la tecnología

George Lucas Vestimos a Luke de negro en *El retorno del jedi* porque queríamos que recordara a Darth Vader.

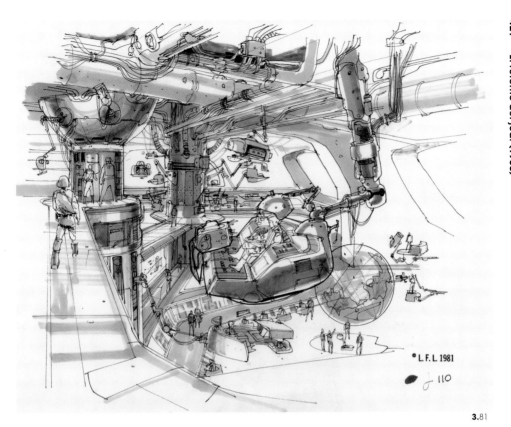

° L. F. L. 1981

3.81

Aggie Guerard Rodgers / Diseñadora de vestuario George me dijo: «Basta con que copies el traje blanco de *Star Wars* y lo hagas en negro».

Paul Duncan En toda la trilogía se busca la pureza de los colores primarios.

George Lucas La paleta de colores se desarrolló antes de *Star Wars*, mientras trabajábamos en la dirección artística, y la mantuvimos en las otras películas.

Cuando mostramos el mundo tecnológico, dominan el blanco y el negro; en el mundo orgánico, el verde y el marrón. Uno representa el lado oscuro de la Fuerza; el otro, el lado luminoso. Es más: el mundo marrón representa la interacción humana, tu psique; el otro representa las máquinas, los robots.

Luke sale de un mundo orgánico hecho de dunas y se adentra en un mundo inanimado.

3.81 *Este dibujo conceptual de Johnston del centro de mando rebelde va mucho más allá de lo que se describe en el guion de Lucas.*

Es un toque de color marrón en un entorno en blanco y negro. A medida que la historia avanza y hasta la muerte de Vader, Luke se convierte en una persona con inclinación por la tecnología; no diría que en «un hombre moderno», pero sí en lo contrario a una persona orgánica.

Los únicos personajes que no entran en esta división son R2-D2 y C-3PO, porque C-3PO es de color dorado y R2-D2 es blanco y azul. El azul no es un color inanimado, sino orgánico: todo estaba pensado. No puedo decir que saliera perfecto, pero lo intentamos. A lo largo de las películas suceden varias cosas al mismo tiempo, algunas son psicológicas y otras metafóricas.

Después de que Jabba capture a Leia, esta aparece vestida con un traje de bailarina.

Aggie Guerard Rodgers George no me dijo: «Frank Frazetta», pero tenía un montón de libros de Frazetta. Fuimos a la casa de Richard Miller y hablamos con él antes de que empezara a diseñar.

Miller era un joyero y un escultor independiente local.

Nilo Rodis-Jamero Miller tenía algunas esculturas muy elegantes e increíblemente sexis. Lo contraté para que hiciera una figura.

Richard Miller / Joyero Hice una escultura de una figura con el traje de esclava y se la llevé a Nilo, que se la pasó a George. Este la examinó con detenimiento y se alejó. Nilo se fue con él. «Bueno, hasta aquí hemos llegado, ¡la odia!», pensé. Cinco minutos después, Nilo volvió y dijo: «A George le encanta. Cuando no dice nada, sabemos que algo le ha gustado».

En el cajón de salida

Robert Watts Examiné el programa de rodaje. Vi que se habían aprobado un par de decorados pequeños y que los grandes decorados de la aldea ewok y del palacio de Jabba, donde se iban a filmar tomas muy complejas que podían llevar una semana, también nos estaban esperando. Está claro que una tormenta de arena es una manera poco agradable de comenzar un rodaje, pero si consigues despacharla en un día, puedes desmontar el decorado y levantar uno nuevo con bastante rapidez.

Richard Marquand Dibujé los ángulos de cámara de las tomas que teníamos que rodar en los cuatro primeros decorados. Gracias a eso, el primer lunes el equipo y yo sabíamos por dónde empezar: es el único modo de abordar algo así. Tienes que poner todo tu empeño y rezar para no equivocarte, porque no puedes llegar al plató a las 8:15 de la mañana, darte una vuelta y decir: «Bueno, ¿qué vamos a hacer?».

3.82

El rodaje comenzó el 11 de enero de 1982 con la presencia de todos los actores principales. Después de su victoria sobre Jabba, Leia, Han, Chewbacca, Lando y C-3PO suben al Halcón Milenario *durante una tormenta de arena, mientras que Luke y R2-D2 montan en un Ala-X. Se habían diseñado 12 configuraciones distintas, a veces con dos cámaras cubriendo la acción.*

3.82 *Luke sorprende a Han y Leia al presentarse en la sesión informativa rebelde. «Yo también estoy contigo», dice. Esta es la primera vez que Han, Leia y Luke están juntos en una escena dialogada desde la enfermería de Hoth.*
3.83 *Lando, que ahora es general, y Han conversan antes de que comience la sesión informativa.*

Mark Hamill Fue muy complicado rodar esa escena. Lanzaban tierra de batán frente a unos grandes ventiladores. Se me metía en los ojos y la nariz. Fue horrible.
Howard Kazanjian Cuando comenzamos a rodar, ya habíamos gastado 1,5 millones de dólares más de lo presupuestado.

El segundo día, se filmó la llegada de C-3PO y R2-D2 a las puertas del palacio de Jabba, la escena en el vestíbulo del edificio y pickups en el escenario de la tormenta de arena. Al mismo tiempo, se ensayaron las escenas en la aldea ewok con la participación de todos los intérpretes.

El tercer día, se desmontaron los decorados del Halcón Milenario y de la tormenta de arena, el Ala-X se conservó y se comenzó a reconstruir el escenario del planeta pantanoso en el que *vive Yoda. El resto de la semana se filmó en el vestíbulo del palacio de Jabba y en la aldea ewok.*

Richard Marquand Siempre me ha gustado empezar un rodaje abordando una semana muy difícil. Si tienes un primer día plácido, entonces cuesta mucho aumentar el ritmo de trabajo, y cuanto más grande es el equipo, más difícil resulta. De modo que estaba muy empeñado en empezar con algo realmente complicado, lo que sorprendió a todos. Después de tres o cuatro días, me di cuenta de que al final de la semana podían pasar dos cosas: que el equipo y yo termináramos hechos polvo, o que cumpliéramos con el programa de rodaje y nos sintiéramos tan satisfechos que no bajáramos el ritmo hasta terminar la película.

Un equipo profesional es como un caballo de carreras: si se lo toma con calma en el cajón de salida, de inmediato se quedará atrás y la prueba habrá terminado para él.

Marquand filmó los ensayos.

Richard Marquand Los actores se comportan de un modo distinto cuando saben que los estamos grabando y que no se trata de un simple ensayo en el que movemos la cámara en busca de ángulos. A menudo descubres que la primera toma es buena: la adrenalina está muy presente y eso se traduce en actuaciones maravillosas. Rodar tanta película como sea posible en un solo día es dinero bien invertido.

El cuarto día se dedicó a la aldea ewok, que constaba de diferentes niveles construidos a entre cinco y seis metros de altura. Cuando los ewoks hacen su aparición, C-3PO va sentado en un trono improvisado y nuestros héroes avanzan tras él atados a estacas.

El taller de Stuart Freeborn se encargó de confeccionar los trajes de los 45 ewoks que aparecen en la película. Se hicieron moldes de las manos y los pies de los actores para que los guantes y las botas de látex que llevaban puestos respondieran con precisión a todos sus movimientos. Durante los ensayos, la coreógrafa Gillian Gregory les enseñó a moverse como ewoks.

Al final de la primera semana, la producción llevaba un día de retraso. La segunda semana se dedicó íntegramente al rodaje en la aldea ewok. Los días 19 y 20 de enero, Anthony Daniels filmó su escena más conmovedora.

***Revenge of the Jedi* / Tercer borrador / 1 de diciembre de 1981**
Escena 79 / INTERIOR CHOZA DEL JEFE – CONSEJO DE ANCIANOS
Un fuego vivo llamea en el centro de una sala de techo bajo y aspecto espartano y proyecta un caleidoscopio de sombras sobre las paredes. Threepio pronuncia un discurso largo y animado en la lengua nativa de los ewoks. Los presentes escuchan con atención. Threepio señala varias veces al grupo de rebeldes y narra con la ayuda de gestos una breve historia de la guerra civil galáctica. Durante su intervención, imita el sonido y las explosiones de los cohetes.

Anthony Daniels Utilicé la mímica para convertirme en un caminante AT-AT, en la Estrella

3.84

de la Muerte o en una espada láser. El traje limitaba mis movimientos. Por supuesto, lo gracioso del asunto era que C-3PO no solo podía hablar «ewokés», sino que también podía reproducir los ruidos de la espada y de las naves espaciales.

Los trajes eran saunas que resultaban asfixiantes bajo los focos. Hubo que darles pastillas de sales minerales a los intérpretes.
Richard Marquand De vez en cuando tenían que quitarse las capuchas para tomar aire.

3.84 *Polaroid de continuidad de los actores a bordo de la lanzadera imperial.*
3.85 *Han, preocupado ante la posibilidad de que los códigos de acceso no les permitan atravesar el escudo que protege a la Estrella de la Muerte, aconseja a Chewbacca: «Vuela de un modo indiferente».*

Parecían extenuados. Casi no me atrevía a pedirles que volvieran al trabajo.

Los ewoks no podían verse en condiciones normales. En todas las escenas en las que aparecen es de noche o atardece.
Warwick Davis Los ewoks encendían muchas fogatas, y el equipo de efectos especiales tuvo que quemar un montón de incienso para crear una humareda espesa. La intención era que no pudiera distinguirse nada.

Warwick Davis tenía 11 años y medía 88,9 centímetros.
Mark Hamill La incorporación de Warwick Davis a *El retorno del jedi* fue un soplo de aire fresco. Era la alegría en persona, siempre tan optimista y positivo… Sacó lo mejor de los tres y evitó que cayéramos en cierta forma de cinismo que parecía andar al acecho.

Páginas azules

El factor sorpresa era decisivo en el capítulo final. Lucas tenía el guion completo y solo compartía las páginas secretas, que estaban impresas en papel azul, con Kazanjian y Marquand. Los actores tenían acceso a ellas en función de lo que necesitaban saber para el rodaje.

Mark Hamill En cuanto me hicieron llegar el guion, me dijeron qué escenas eran falsas. Solo estaban dispuestos a contarme la verdad en persona: no iban a hacerlo por teléfono ni por carta. Trataba de imaginar cómo serían las escenas reales, y eso lo hacía más divertido.

Los días 21 y 22 de enero, Marquand filmó la escena clave en la aldea ewok, en la que Luke le cuenta a Leia que Vader es su padre y que ella es su hermana. El informe diario de continuidad de la escena 80, que detalla cada línea de diálogo que se rodó e incluye notas sobre los cambios realizados en el texto, se mantuvo en secreto.

Informe diario de continuidad / Escena 80 / 21 de enero de 1982

Consultar las páginas azules 77-79A para ver las líneas de diálogo.

Carrie Fisher Los días en que filmábamos las escenas secretas, le pedían al equipo que no escuchara. Aprendimos a asimilar y memorizar rápido todo lo que se quería mantener en secreto. Teníamos que hacerlo así por dos motivos: no íbamos a disponer del guion hasta

3.87

el último momento y no había mucho tiempo para ensayar.

Mark Hamill Me daban unas páginas, me hacían memorizarlas y luego las trituraban. Era como formar parte de la administración Nixon. Pensé que cuando desenmascararan a Fett, él iba a ser mi madre, porque todo parecía muy forzado. Me quejé de eso a George. «Así son los cuentos de hadas», me respondió.

Maniacos, ridículos y grotescos

George Lucas El problema era que Jabba no podía moverse. Tenía que colocarlo en algún lugar y hacer que los acontecimientos se desarrollaran a su alrededor, lo que nos planteó algunas dificultades en la puesta en escena.

Hicieron falta tres marionetistas de la compañía de Jim Henson para animar a Jabba el Hutt. Trabajaron ocho horas diarias metidos dentro de su traje. David Barclay se encargó de

3.86 *Los rebeldes caminan por los bosques de Endor.*
3.87 *Las escenas de Endor se rodaron principalmente en Crescent City, en California, junto a la frontera con Oregón. Se advirtió a Peter Mayhew de que no se alejara del escenario vestido con el disfraz de Chewbacca. Mayhew: «¿Te lo imaginas? Camino por el bosque con el traje puesto y de pronto aparece un tipo con una escopeta y ¡PUM! "¡He cazado a Bigfoot!"».*

3.88

los movimientos del brazo derecho del Hutt y, mediante un sistema de megafonía, de decir el texto en inglés para que los actores supieran cuándo reaccionar. Mike Edmonds era el responsable de la cola, y Toby Philpott manejó el brazo izquierdo y la cabeza. Todos contaban con el apoyo de unos auriculares y un monitor de televisión. Fuera del traje, otros marionetistas controlaban los ojos de Jabba mediante señales de radio, y las fosas nasales, con cables.

Toby Philpott Después de la etapa de ajustes y de unas breves prácticas con el muñeco, un día nos presentamos en el plató, donde había mucho ajetreo, y nos metimos dentro de Jabba por un hueco que había debajo del escenario. A partir de ese momento, estábamos solos y prácticamente aislados del caos circundante, aunque podíamos escuchar perfectamente las instrucciones de Richard Marquand. Hicimos mucho hincapié tanto en la coordinación como en la expresividad: Jabba tenía que verse como un único ser, como un actor. Éramos el personaje principal de esas escenas, así que sentíamos una gran presión por hacerlo bien.

Richard Marquand Me encontré gritándole a esa babosa: «Vamos, parpadea», como si pudiera entenderme.

Revenge of the Jedi / Tercer borrador / 1 de diciembre de 1981

El Salón del Trono está lleno de las criaturas más viles y grotescas jamás concebidas en todo el universo.

El Salón del Trono de Jabba se construyó en altura con paneles desmontables para que los marionetistas tuvieran espacio para trabajar.

3.88 **Soldado imperial en moto** *speeder,* **ilustración de Nilo Rodis-Jamero de octubre de 1981, que adapta el diseño del soldado de asalto imperial.**
3.89 **El equipo de diseño preparó cientos de propuestas para las motos speeder que contemplaban todo tipo de formas y posiciones de conducción. Esta idea de Johnston, de alrededor de septiembre de 1980, se inspira en una moto deportiva.**
3.90 **Moto con asiento bajo al estilo de las chopper, de Rodis-Jamero, enero de 1981.**

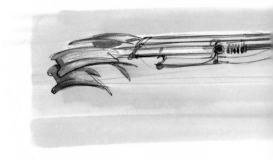

Los personajes de Jabba y del resto de criaturas se ensayaron el fin de semana con la participación de mimos y a partir del 25 de enero el equipo pasó dos semanas filmando las escenas.

El primer día se filmaron ocho configuraciones para la escena 8 con criaturas con nombres como Tres Ojos, Cara de Yak, Cara de Diente, Perro Rana y Salaz B. Crumb.

Richard Marquand Creo que la escena más difícil, en todos los sentidos, fue la del palacio de Jabba. Me levantaba a las cinco y media, iba al gimnasio y llegaba al estudio a las siete de la mañana. A partir de ese momento, trabajábamos sin descanso en la maldita escena hasta las nueve de la noche. Después comía algo y a las diez y media ya estaba metido en la cama. Estás haciendo algo maravilloso, y está claro que disfrutas, pero no es exactamente divertido.

Era una escena muy, muy concurrida, con muchos personajes, y resultaba muy difícil contarle al público dónde estaban todos en cada momento.

El decorado tuvimos que construirlo entero, por lo que hacía muchísimo calor. Además, teníamos a todas esas personas con trajes de goma pasando aún más calor y con dificulta-

J 033
© LFL 1980

3.89

des para moverse. Había un montón de extras y de miembros del equipo técnico, y nadie podía alejarse y estar de vuelta con la suficiente rapidez cuando lo necesitabas para algo. Todo el personal de apoyo, que se encargaba de refrescar y resucitar a los actores, darles de comer y Dios sabe qué más, acababa siempre metido en el plató, así que entre toma y toma el ruido era infernal. Me volvía loco.

Todo eso hizo muy difícil contar la historia: quieres que los actores te ofrezcan una gran actuación y, por otro lado, también quieres grandes interpretaciones de estos personajes maniacos, ridículos y grotescos. Fue, con diferencia, la escena más difícil.

3.90

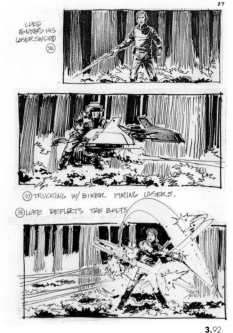

3.92

3.93

3.91 **Mark Hamill y Carrie Fisher sentados a horcajadas en una moto speeder ante una pantalla azul en ILM. Nótese que, con el fin de lograr una matte limpia, otra pantalla azul oculta el brazo que sostiene la moto.**
3.92-93 **Este minucioso guion gráfico de Joe Johnston muestra a Luke, que acaba de saltar de la moto speeder, defendiéndose del explorador imperial que carga contra él. Luke desvía sus disparos con la espada láser.**
3.94 **Luke, listo para el ataque durante el rodaje en Crescent City.**
3.95 **David Prowse: «No tengo que hacer ningún esfuerzo para ponerme en la piel de mi personaje. A medida que me colocan las distintas piezas de la máscara, me siento cada vez más malvado».**

David Tomblin era el primer ayudante de dirección, e iba a ser el director de la segunda unidad en las secuencias de acción en Crescent City, pero estaba claro que habría que rodar muchos pickups. _Roger Christian, que había sido decorador de escenarios en_ Star Wars, _se unió al equipo como director de la segunda unidad el 25 de enero._

Roger Christian Me pusieron a trabajar en la aldea ewok, donde comencé a rodar tomas para la fiesta final. George se había enamorado de los ewoks. Cuanto más rodaba, más cosas me pedía: «Oh, haz bailar a los bebés. Haz esto y haz eso», decía. Pasamos seis días filmando a los ewoks bailando, cayéndose y haciendo monerías para la secuencia final.

Más audaz

George Lucas Esta película fue incluso más complicada que la anterior, y tuve que estar todos los días en el plató y trabajar cerca de Richard. Había muchas cuestiones por resolver sobre las que solo yo podía tomar la decisión definitiva: «¿Cómo caminará este robot?» o: «¿Le colocamos una antena de radio a esta criatura?». Era el único que tenía una visión de conjunto de todos los detalles.

Richard Marquand George era de gran ayuda. Su respuesta para todo era: «Oye, tú eres el director», después se encogía de hombros y se alejaba. La suya me parecía una actitud muy, muy positiva y solidaria.

El 27 de enero, Leia hizo su entrada disfrazada del cazarrecompensas Boushh con Chewbacca como prisionero.

Carrie Fisher Tan solo en una ocasión recibí órdenes contradictorias. Sucedió cuando entré en el Salón del Trono de Jabba disfrazada de hombre y Richard me dijo que me parara como lo haría un guardia inglés. Luego George apareció y dijo: «Carrie, me recuerdas a un guardia inglés. Quiero que parezcas más audaz».

R.M.Q.

R.111 0001

3.96

J 001
© LFL 1980

3.97

El 28 de enero, Marquand tenía que rodar 12 configuraciones. La primera, la toma 11L, muestra el momento en que se llevan a Chewbacca del Salón del Trono. A continuación, un guardia entra en escena y podemos ver que se trata de Lando Calrissian disfrazado. Como si se tratara de una película de atracos, todos los personajes ocupan sus posiciones antes de la jugada final.

Richard Marquand Lando está de pie contra una pared, y la luz que se filtra por una grieta lo ilumina parcialmente. La ubicación de los escalones por los que Chewbacca sube, la grieta y la posición de la pared con respecto al resto de la sala tuvieron que planificarse con ocho meses de antelación. Tenía que saber cómo sería ese momento de la película; de lo contrario, me habría encontrado el día o la semana previos a la filmación diciendo: «Oh, no tenemos escaleras, ni grietas en la pared... ¿Cómo vamos a iluminar todo esto?».

En mi opinión, para hacer una buena película tienes que saber lo harás con mucha antelación. Después de la charla preparatoria del guion, sabía que estos dos personajes iban a coincidir en la sala, y comencé a pensar qué aspecto podría tener.

Al día siguiente, en la toma A16, Luke hace su entrada en el Salón del Trono oculto bajo una capucha.

3.96 ***Dibujo conceptual de Ralph McQuarrie de una criatura del planeta wookiee elaborado para El Imperio contraataca, hacia octubre de 1977. Este fue el punto de partida de los yuzzums, unos seres con unas piernas largas y delgadas.***
3.97 ***Boceto de un ewok a lomos de un yuzzum realizado por Joe Johnston, hacia septiembre de 1981.***
3.98 ***Johnston dio a los ewoks su simpática forma final.***

George Lucas La ventaja de hacer películas así es que se necesitan aproximadamente seis años para terminarlas. Cuando llegamos a *El retorno del jedi*, Mark y Carrie habían madurado, y Mark pudo sacar partido de eso como actor y como persona. Para entonces, toda la ingenuidad juvenil que muestra en *Star Wars* se había desvanecido: era mucho más serio.

La semana siguiente también se dedicó a rodar en el Salón del Trono de Jabba: primero el cara a cara de Luke con Jabba, y luego la sentencia a muerte de Han, Chewbacca y Luke. Leia es testigo, vestida con su traje de bailarina.

3.99 *Joe Johnston realizó una serie de dibujos y pinturas para dar forma al entorno y la cultura de los ewoks, cuyo aspecto de criaturas de cuento de hadas se convirtió en la base para su desarrollo. Aquí, los ewoks viajan con sus bestias de carga.*

Informe diario de producción / 5 de febrero

El doctor Collins ha sido llamado al estudio para que examine a Carrie Fisher, que anoche se sintió mareada y tenía dificultades para respirar, en parte debido a que pasó mucho tiempo vestida de bailarina. El médico le diagnosticó una bronquitis leve y le prescribió unos medicamentos.

George Lucas ha estado hoy en el estudio. Su salud parece haber mejorado mucho.

David Tomlin se ha ido a su casa enfermo de gripe a la hora del almuerzo.

George Lucas Todo el mundo estaba enfermo todo el tiempo, pero siempre es así durante el rodaje de una película. Todos caemos enfermos porque no dejamos de viajar y trabajar duro. Yo solía toser mucho cuando hacía una película.

Más tarde descubrí que padecía asma, pero por aquel entonces todavía no lo sabía, y asociaba la tos al polvo de los platós y al estrés. La llamábamos la «tos del director» porque me daban ataques en todas las películas.

Una atmósfera misteriosa

David Prowse volvió a interpretar a Darth Vader el 8 de febrero. En su primer día de rodaje, completó las escenas 59, 61, 64 y 106 en el puente de mando de un superdestructor estelar. La A127, una escena adicional «no incluida en el guion original para ser usada donde resulte conveniente», muestra la destrucción del puente de mando después de que un Ala-X se estrelle contra la nave. La escena fue filmada con una cámara VistaVision y un fondo de pantalla azul para añadir el caza y otros efectos visuales. Mientras eso sucedía, en el estudio había otro Vader.

Informe diario de producción / 8 de febrero

NOTA: Sebastian Shaw (intérprete de «el hombre») tiene que hacerse un molde de la cara en los estudios EMI de nueve de la mañana a doce del mediodía.

Sebastian Shaw Tuve que hacerme una especie de máscara mortuoria, porque aquella terrible herida, la cabeza calva y todo lo demás tenían que ajustarse a la perfección. Fue como pasar una prueba. En primer lugar prepararon un molde que medía alrededor de medio centímetro de espesor y me cubría la cara y la cabeza, incluidos también los labios. Respiraba a través de dos pequeños orificios, y estuve así unos 20 minutos aproximadamente. No es una experiencia muy agradable, sobre todo si sufres un mínimo de claustrofobia. Cuando terminaron, dividieron el molde en dos partes e hicieron la máscara a partir de él.

El mismo día, el coordinador de peleas, Peter Diamond, comenzó cuatro semanas de ensayos con Mark Hamill y Bob Anderson, el doble de Vader, para coreografiar el duelo culminante de espadas, que combinaría cuatro artes marciales con el manejo de katanas, sables, floretes, espadas y espadas largas. Diamond, que tenía experiencia en más de 275 largometrajes, compuso con sumo cuidado todo el trabajo de pies, como si se tratara de un ballet.

Del 9 al 11 de febrero, se filmaron en el escenario n.º 9 las tomas en la cubierta de la barcaza de Jabba. En ellas puede verse a C-3PO y R2-D2 sirviendo a las criaturas que observan a Luke a punto de caer en el foso del sarlacc, así como el caos que se desencadena a continuación. En el plató hacía un calor infernal.

Richard Marquand Durante un día cualquiera en el desierto de Yuma, la temperatura alcanzaba los 48 °C. Mucho calor, sí, ¡pero no tanto como en el escenario n.º 9 de los Elstree Studios, en Londres, los días que estuvimos rodando dentro de la barcaza! La razón por la que hacía tanto calor era que Alan (Hume, el director de fotografía) tenía que recrear la luz increíblemente intensa del desierto para que contrastara con la atmósfera misteriosa, envuelta en la penumbra y cargada de humo del interior de la barcaza.

En el mismo escenario, Marquand filmó el momento en que Leia estrangula a Jabba el Hutt con la cadena que la mantiene prisionera.

3.99

3.100

Richard Marquand Imaginaba la sala de mando de los rebeldes como un lugar muy castigado, algo así como la última posición de Reino Unido en 1940 antes de que los estadounidenses se sumaran a la guerra. Norman pensó que era una gran idea, pero cuando se la planteamos a George, nos dijo: «No, lo habéis entendido mal. Eso no se parece en nada a lo que tenía en mente. Los rebeldes no ganan como imagináis: ganan porque disponen de los mejores equipos. Ellos mismos se han encargado de reunirlos».

El escenario n.º 5 recreaba la sala de mando de la fragata rebelde. En ella, todo está limpio y reluciente y abundan los aparatos de alta tecnología. Los días 12, 15 y 16 de febrero se rodó allí una escena clave para Han Solo, quien, de

3.101

3.100 *Lucas: «Tuve la suerte de encontrar a ese niño, Warwick Davis. Estaba muy metido en el personaje, y aun con el traje puesto, su expresión corporal y su modo de caminar lo dotaron de una gran personalidad».*
3.101 *Un explorador imperial sorprende a Leia, pero las tornas se volverán muy pronto.*
3.102 *Leia y Wicket se hacen amigos.*

forma humilde y desinteresada, se presenta voluntario para liderar el ataque a Endor. Sus amigos, que ya se habían arriesgado para rescatarlo al comienzo de la película, deciden acompañarlo.

Harrison Ford Los nombres que George les puso a los personajes sugieren ciertas ideas al público. Han Solo, no sé si es necesario decirlo, se siente solo, y se implica en la causa pensando en sí mismo.

El personaje de Solo necesita las tres películas para desarrollarse. En *Star Wars* es un mercenario, un tipo listo y pagado de sí mismo con muy poca inclinación por las sutilezas que cambia algo gracias a la influencia de sus amigos. Tiene una voz propia, cínica, contemporánea y arrogante, pero solo puede expresarla en relación con los otros personajes.

El cambio en la relación entre Solo y la princesa estimula nuevos aspectos de su personalidad. En *El Imperio contraataca*, cuando la princesa le dice: «Te quiero», su respuesta es: «Lo sé». En *El retorno del jedi*, la relación se desarrolla hasta un punto en que le resulta fácil expresar emociones que antes no era capaz de exteriorizar, y le oímos decir: «Te quiero» o «Lo siento».

Una emoción real

Ian McDiarmid Richard Marquand me pasó una cinta de *El Imperio contraataca* para que escuchara la interpretación que Clive Revill había hecho del emperador, y me dijo: «Si puedes acercarte lo bastante a lo que hizo Revill,

George podría conservar tu voz en la película». Me sorprendió escuchar algo así, porque eso significaba que no crearía la voz del emperador yo mismo. Le dije: «Clive Revill es un actor fantástico, pero él no sabía muy bien qué tipo de personaje estaba interpretando. Debió pasar en el estudio una mañana y una tarde, si no menos, y ahora que veo la cara del emperador, mi opinión es que tendría que sonar bastante diferente». «Haz lo que te parezca mejor y lo escuchamos», me dijo Richard.

Cuando me vi en el espejo, pensé: «Dios mío, parezco Somerset Maugham convertido en un sapo», así que la voz que puse para el emperador fue una combinación del deje de la clase alta inglesa y la entonación de un sapo.

El emperador hace su primera aparición en la película después de que su transbordador aterrice, la rampa se abra, su guardia personal forme a la salida y Vader se arrodille ante él. La escena se filmó el 23 de febrero en el escenario n.° 6,

3.102

3.104

que recreaba la plataforma de atraque principal de la Estrella de la Muerte, con la presencia
de 230 extras.

George Lucas Hasta ese momento no se había
visto al emperador, que resulta ser un hombreci-
to de aspecto muy mayor, achacoso.

Paul Duncan Parece un leproso, ¿verdad? O
la bruja de *Blancanieves y los siete enanitos*
(1937).

George Lucas O la cruel bruja de *El mago de
Oz* (1939).

*El mismo día, Sebastian Shaw apareció por
el estudio para las pruebas de vestuario. Ian
McDiarmid le preguntó qué estaba haciendo
por allí.*

Sebastian Shaw No lo sé, mi querido amigo.
Creo que es una historia de ciencia ficción.

*Al día siguiente, Shaw llegó a las siete y media
de la mañana.*

Sebastian Shaw Rodé mis escenas bajo un se-
cretismo extraordinario. Me llevaron a los Elstree
Studios y sin más ceremonias me metieron en
una caravana, donde me maquillaron y me
sirvieron el almuerzo. De ahí pasamos al estudio
sin que nadie me viera.

George Lucas No tenía muy claro cuál iba a ser
el aspecto de Vader sin la máscara. Sabía que
había combatido en muchas batallas, que había
peleado contra Ben y que este lo había lanzado dentro de un volcán. Estaba casi muerto y,
aunque quedaba muy poco de él, consiguieron
reconstruirlo. Es un ser tres cuartas partes mecánico. El traje que usa es como un pulmón andante.

3.103 *Han, Luke, Chewbacca, R2-D2
y C-3PO han caído en una trampa de
los ewoks.*
3.104 *Han discute con sus captores:
«¡Eh, apunta eso hacia otro sitio!». Pero
Luke siente que son buenos y apaga su
espada láser por propia voluntad.*

La conmovedora escena 127 muestra la muerte de Vader, que vuelve a ser Anakin Skywalker y le da las gracias a su hijo por salvarlo.

Sebastian Shaw Richard Marquand dirigió la escena, pero George Lucas estuvo pendiente de todo, porque, a fin de cuentas, *Star Wars* es su criatura. Fueron con mucho cuidado. Despejaron por completo aquel escenario enorme. Solo estaban los miembros del equipo imprescindibles.

Llevaba puestos la máscara y el traje de Darth Vader, e interpreté toda la escena desde

el momento en que este caía al suelo. Usaron la voz de James Earl Jones para una o dos pequeñas intervenciones iniciales, y luego mi voz se fundió con la suya. La escena estaba tan bien escrita que no cambiamos ni una coma, y funcionó muy bien. No necesitamos rodar cientos de tomas ni nada parecido.

Mark Hamill Siempre es muy arriesgado desenmascarar a un personaje, ya se trate del fantasma de la ópera o del doctor Doom: la imaginación del público realmente no tiene límites, y la posibilidad de decepcionarlo es muy

3.105

real. Pero ver a Darth Vader tan vulnerable, tendido en el suelo, calvo y con una cicatriz en la cara, fue muy impactante y conmovedor: aquel era el hombre que se había enfrentado al emperador y había encontrado la redención. Cuando le quito el casco, lo hago con muchísima delicadeza...

Sebastian Shaw Mark casi me arranca las orejas. «¡Guau!», exclamé. Fue un placer trabajar con él. De pronto, la historia entraba en una dimensión impregnada de una emoción real y genuina: Luke se encontraba cara a cara con su padre después de quitarle esa máscara espantosa que los había mantenido separados.

Todas las personas implicadas en el proyecto (directores, productores, etc.) seguían la escena con enorme atención: era absolutamente trascendental.

3.105 *Esta pintura de producción realizada por Ralph McQuarrie muestra cómo transportan a C-3PO a través del bosque como si fuera un semidiós.*

3.106

Compasión

El diseño del Salón del Trono del emperador evolucionó a lo largo del tiempo. En un primer momento, se situó en un palacio en Had Abbadon, en medio de un lago de lava, y de ahí pasó a un lugar elevado con vistas a los dominios imperiales. Al final, se estableció en una torre alta con forma de aguja en la Estrella de la Muerte.

Reg Bream dibujó el proyecto del decorado el 10 de enero. Cuando el rodaje comenzó el 25 de febrero, el escenario n.° 4 ya estaba listo.

3.106 **El pueblo ewok se construyó a unos seis metros de altura en el escenario n.° 3.**
3.107 **Este boceto conceptual de Joe Johnston de las casas en los árboles de los ewoks muestra que se trata de una sociedad artesanal.**
3.108 **Este plano de George Djurkovic del pueblo ewok, fechado en octubre de 1981, se usó para la construcción de los decorados en los Elstree Studios.**

Primero, el emperador tienta a Luke con el poder del mismo modo que el diablo tienta a Jesús en la cima de una montaña; luego, para provocar su ira, lo amenaza con matar a sus amigos y destruir la alianza rebelde. El emperador informa a Luke de que la Estrella de la Muerte está a pleno rendimiento, y Luke es testigo de la destrucción de la flota rebelde, nave a nave. Estas escenas fueron filmadas los primeros tres días de trabajo en el plató.

En las mismas fechas, la segunda unidad se dedicó a filmar algunos pickups. El 2 de marzo, se llamó a Shaw para filmar nuevos pickups en el escenario n.° 5.

Sebastian Shaw George Lucas en persona me dirigió. No sabía el porqué del cambio. Pensaba que tendría que ver con la promoción de la película o algo así. Él solo me dijo: «Sonríe como si fueras feliz».

Se realizaron cuatro tomas para la escena 132 con Sebastian Shaw ante un fondo de terciopelo negro. Las dos primeras lo mostraban con la cabeza llena de cicatrices; las dos últimas lo presentaban como un jedi. Al final, lo incluyeron mediante un efecto visual en la escena que cierra la película, junto con Yoda y Obi-Wan Kenobi.

Howard Kazanjian «¿Por qué? —le pregunté a George—. Este tipo es igual que Hitler. Ha matado. Ha hecho todo tipo de cosas terribles y ahora decimos que es como Yoda y Obi-Wan. Parece que haya ido al cielo o algo así.» George, que estaba muy cerca, me señaló con un dedo, y dijo: «¿Y no trata de eso tu religión?». Oh, muchacho, fue como si me hubieran dado una bofetada en la mejilla, porque sí, de eso se trata mi religión, y obviamente también la suya, pero no había caído en la cuenta.

George Lucas Decidí que la escena pondría más énfasis en la relación de Luke con su padre. Cuando Vader se une a la Fuerza, puede conservar su identidad original gracias a Obi-Wan y la Orden Jedi.

El 1 de marzo empezó a rodarse el gran duelo entre Luke y Vader en el decorado del Salón del Trono del emperador. Tardarían 10 días en completarlo.

Mark Hamill Mi espada láser tenía que llegar volando hasta mi mano. Para conseguir ese efecto, rodamos la toma al revés, empezando la acción allí donde termina en la película.

No podía mostrar cambios en mi estado de ánimo. Después tenía que hacer un movimiento brusco al final del cual debía mostrarme relajado, levantar la mano y lanzar la espada. La coordinación fue muy difícil. Tuve que irme a un rincón y concentrarme, porque no es algo que salga de forma natural. Se parece mucho a la mímica.

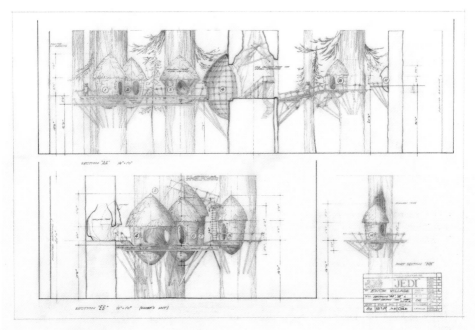

3.109

George Lucas El fondo de la cuestión es que el emperador es el maestro y Vader, el aprendiz. Vader sabe que, si pelea contra el emperador, no ganará, y que su hijo tampoco puede ganar. Ninguno de los dos es capaz de vencer al emperador, su única opción es aliarse: «Juntos dominaremos la galaxia como padre e hijo». Vader también sabe que el emperador está jugando con Luke: «Cuando me ataque, tendrás que quitármelo de encima», le ha ordenado. Vader no es consciente de que el emperador planea que Luke lo elimine y eso le haga caer en el lado oscuro. No entiende que está sentenciado hasta que se mete en la pelea. Cree que su misión es matar a su hijo, pero, por supuesto, no puede hacerlo, y el emperador lo sabe. El emperador los enfrenta para ver quién gana.

Hasta que Luke no le corta la mano a su padre, Vader no se da cuenta de lo que sucede: «Eh, espera un momento, me ha tendido una trampa». Luke se niega a matarlo, y eso supone una revelación para Vader: le recuerda lo que él mismo había sido.

Vader no es lo bastante poderoso como para matar al emperador, pero lo hace de una manera inesperada. No lo hace como resultado de un plan, ni movido por el miedo: lo hace con la fuerza incontenible que le da el querer proteger a su hijo: lo hace por compasión. Al final, Vader siente compasión por su hijo y se da cuenta de que su vida ha sido una farsa.

3.110

3.111

Un momento maravilloso

Se hicieron dos muñecos de Yoda nuevos para la película, pero antes de rodar con Frank Oz y su equipo, formado por Mike Quinn, David Barclay y David Greenaway, se ensayó con un sustituto.

3.109 *Lucas examina la marioneta de un bebé ewok. Quería que en pantalla se viera una comunidad ewok completa, de manera que al final de la película los espectadores comprendieran que estos seres luchaban para proteger a los suyos.*
3.110 *David Tomblin (izquierda), primer ayudante de dirección y director de la segunda unidad, ensaya con los actores que interpretan a los ewoks, que no visten sus trajes ni cargan con los prisioneros, la entrada en la aldea.*
3.111 *Han tiene un mal presentimiento: está bastante seguro de que los ewoks son carnívoros.*

Frank Oz Como actor tenía que interpretar un papel, y como técnico tenía que manejar a Yoda con la ayuda de otras tres personas. Eso significa que no podía actuar de forma espontánea. Al principio, mis compañeros no sabían qué hacer con los ojos cuando yo movía las orejas, pero después de ensayar una y otra vez logramos que el personaje floreciera y cobrara vida. Fue un momento maravilloso.

Luke visita a Yoda en Dagobah para saber toda la verdad sobre su padre. Se lo encuentra enfermo y a las puertas de la muerte.

En una escena conmovedora, el viejo maestro muere.

George Lucas Una película en la que solo aparezcan criaturas no funciona porque la mitad de una criatura es el actor que se pone delante de ella. *E. T.* es es una película fantástica, pero creo que nadie se lo pasaría bien con una película llena de seres así. En *Star Wars*, una escena con dos Yodas frente a frente no funcionaría. Si uno empatiza con Yoda es gracias a Luke, a la actuación de Mark Hamill. La gente olvida eso. La actuación en películas de ciencia ficción siempre ha estado muy desprestigiada, pero creo que el trabajo de los actores es más difícil cuando el entorno es pura fantasía y tienen que contribuir a que parezca real. Es más complicado actuar con un muñeco de goma que con otro actor.

Luke y Yoda rodaron el 8 y el 9 de marzo.

Howard Kazanjian George quería estar allí pero, como no podía ver lo que pasaba en la casa de Yoda, se fue a encargarse de los Ala-X. George era el único que sabía por qué túneles pasarían los cazas, dónde se reflejaría la luz, o si habría una explosión.

Lucas dirigió en el escenario n.º 9 las escenas en las cabinas de los cazas Ala-X, Ala-Y, Ala-A y TIE

con la cámara VistaVision y una pantalla azul de fondo.

Los días 10 y 11 de marzo, Richard Marquand dirigió la escena 51, en la que Obi-Wan Kenobi (Alec Guinness) revela a Luke la verdad sobre su padre y su hermana Leia.

Tras ek interludio en Dagobah, el 11 de marzo la producción regresó al decorado del Salón del Trono del emperador para terminar la pelea culminante entre Lucas, Vader y el emperador. La unidad principal finalizó su trabajo el 16 de marzo, y a partir del día siguiente la segunda unidad, dirigida por Lucas, filmó pickups de los últimos momentos del emperador, cuando Vader lo agarra y lo arroja al abismo.

Ian McDiarmid Lo más difícil de rodar fue el momento preciso en el que aparece un maniquí en mi lugar. Me habían sujetado con un arnés y Darth Vader tenía que levantarme. En uno de los intentos, me soltó y empecé a girar sobre su cabeza: creo que lamentaron mucho no haber

3.112

3.113

filmado ese incidente. La escena nos llevó un tiempo, y George la supervisó en persona al tratarse de una cosa técnica. Se pasaron un par de días zarandeándome mientras colgaba de un cable.

Hasta el 18 y el 19 de marzo se siguieron rodando pickups.

Howard Kazanjian Darth Vader está allí de pie mientras el emperador se dedica a martirizar a su hijo. En una de nuestras proyecciones diarias, le dije a George: «No vemos a Darth Vader en el momento de tomar la decisión. No hay primeros planos de él». Regresamos y George filmó a Darth Vader de pie, mirando a derecha e izquierda antes de agarrar al emperador y lanzarlo al pozo.

Informe diario de continuidad / 22 de marzo de 1982 / Toma S122P

Primer plano de Vader. Gira en el sentido de las agujas del reloj, avanza y se detiene. Mira a la izquierda, fuera de la cámara, a Luke, y a la derecha al emperador. Repite los movimientos. Agarra al emperador fuera de pantalla y final. Efectos de luces centelleantes en toda la escena.

Se filmaron cuatro tomas y se positivaron tres, que duraban entre 30 y 42 segundos. Al día siguiente, Lucas repitió la toma. Empleó el mismo objetivo, pero hizo que la cámara se aproximara a los actores y limitó su duración a entre 20 y 29 segundos. El 23 de marzo finalizó el rodaje en el Salón del Trono del emperador.

3.112 *El peinado de Leia en el bosque, diseñado por Paul Le Blanc.*
3.113 *Carrie Fisher bromea en una sesión de fotos con el traje que viste en Endor, diseñado por Rodis-Jamero en colaboración con Aggie Guerard Rodgers.*
3.114 *Polaroid de continuidad que recoge las posiciones de los ewoks en la cabaña del jefe en la escena 79, en la que C-3PO (Anthony Daniels, a la derecha) les narra sus aventuras junto a Luke, Leia y Han.*

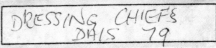

3.114

Un dragón y su verdugo

George Lucas Toda historia necesita un ogro. Se trata del cuento clásico del monstruo que vive en una cueva: un dragón y su verdugo. En *Star Wars* no habíamos hecho nada parecido, pero la trama evolucionó hasta un punto en el que nos venía bien incluir un personaje de este tipo.

Phil Tippett El rancor es un hombre reptil gigantesco de seis metros de altura al que Luke se tiene que enfrentar. Dibujé un par de monstruos que a George no le gustaron. Joe Johnston también lo intentó, pero sus propuestas corrieron la misma suerte.

George Lucas En un primer momento, pensamos en animar la criatura con la técnica de *stop-motion*. Después, me dije que sería más interesante probar el método que los japoneses habían empleado con Godzilla y Rodan, que consiste en disfrazar a un hombre. Quedaba por ver si podríamos hacerlo de una manera más sofisticada y menos obvia que en las películas japonesas.

Phil Tippett Al final, a Joe se le ocurrió un diseño pensado para un hombre con un disfraz. Estudié

3.115

su idea y refiné el diseño hasta convertirlo en algo que se apartaba de las formas humanas: brazos largos de araña, pequeñas patas simiescas y una cabeza más pequeña que la de una persona.

En ILM, Tony McVey, Eben Stromquist y Randy Dutra confeccionaron un traje de rancor. Dan Howard se lo enfundó y los días 2 y 11 de marzo grabaron un par de secuencias en vídeo.

Phil Tippett Grabamos dos versiones completas de la secuencia del rancor. En la segunda, disponíamos del traje casi terminado. Descubrimos que, incluso después de haber adaptado mucho el diseño del monstruo, cuando alguien se ponía el traje apenas podía moverse. George pensó que por ese camino no íbamos a ninguna parte.

Richard Marquand y el artista George Jenson dividieron toda la secuencia en 64 imágenes. Después de que arrojen al pozo a Luke y un guardia gamorreano, el rancor se come al segundo. Luke salta para sujetarse a una rejilla que hay en el techo y quedar fuera del alcance de la criatura, pero Jawas le suelta los dedos. Luke cae sobre la cabeza del rancor, le da una patada en un ojo y escapa. El rancor lo agarra e intenta comérselo, pero Luke lo impide atravesándole un gran hueso en la boca. Entonces, la bestia golpea a Luke y a este le caen unas rocas encima, que el rancor pisa

para aplastarlo. Cuando las aparta, vemos al jedi escondido en un hueco en la pared. Desde ahí, golpea un dedo del rancor con una gran piedra y, mientras el monstruo se duele, corre hacia la entrada de la guarida: la puerta está cerrada y es imposible pasar por allí. El rancor se acerca, y Luke lanza una calavera contra un interruptor: una pesada puerta cae sobre la criatura y la mata.

En Elstree, el 5 de febrero, Marquand usó dos cámaras para filmar a Mark Hamill agarrado a la rejilla y dejándose caer. La película filmada con la cámara VistaVision se proyectaría marcha atrás, mientras que la cámara Arri, que podía filmar en sentido inverso, se empleó para valorar los resultados de la toma durante los visionados diarios.

La mayor parte de las escenas de acción real en el foso del rancor fueron filmadas el 17 de marzo. En el plató, los guiones gráficos estaban a la vista del todo el equipo para que sus miembros pudieran hacerse una idea de lo que se estaba contando.

Richard Marquand ¡El rancor nunca se presentó a trabajar! Tuvimos que hacer tres figuras de madera con la silueta de la bestia: dos a tamaño natural que la mostraban de perfil y una imagen frontal a escala. Gracias a ellas, Mark, el equipo de cámara y yo mismo sabíamos dónde estaba el rancor en cada momento.

3.115 *Durante la conversación con Luke, Leia descubre la verdad sobre su familia biológica y que su hermano se marcha para enfrentarse contra su padre, y que tal vez no regrese. En la imagen, Lucas discute la escena con Fisher.*
3.116 *Leia descubre que ella y Luke son hermanos, y que Darth Vader es su padre. A Fisher le sorprendió tanto la noticia (se mantuvo en secreto hasta el día del rodaje) que más tarde lamentó «no haberle puesto más intensidad a la escena con Mark» para generar más emoción.*

Mark Hamill Las figuras me servían de referencia. Después las quitaron y yo interpreté mis reacciones a los movimientos imaginarios del monstruo. Ellos tenían bastante claro lo que necesitaban, pero rodamos algunas tomas alternativas en caso de que cambiaran de opinión.

Richard Marquand Siempre que hay contacto físico, necesitas un objeto tridimensional para rodarlo. Me parecía muy necesario que Skywalker y el rancor lucharan cuerpo a cuerpo. Lo supliqué. George no quería gastar en eso, cosa que entiendo: suponía mucho dinero.

La garra del rancor se filmó el 18 de marzo.

Mark Hamill Con el rodaje de esa secuencia, uno de mis mayores sueños como actor se hizo realidad: una bestia me agarraba con su gigantesca zarpa de goma. Estaba subido en una plataforma, y una grúa me sostenía. Colocaron la garra alrededor de mi cuerpo y me aparté de la plataforma. Había muchas medidas de seguridad, pero después de todo lo que tuve que hacer en *El Imperio contraataca*, donde estuve colgado a 20 metros de altura con colchones debajo y máquinas de viento soplando, nada me habría puesto nervioso.

El 22 y 23 de marzo se filmaron todas las tomas de la secuencia para la pantalla azul, incluidas las de la garra. El 26 y el 29 de marzo se rodaron algunas tomas adicionales, como las de Luke lanzando el cráneo contra el interruptor y pateando el ojo del rancor.

Richard Marquand Mark se balancea en el techo de la caverna y luego cae encima del ojo del rancor. Hicimos esa pequeña parte de la cabeza de la bestia. Se puede ver a Mark dándole la patada.

Fue una toma complicada porque la patada de Luke y la reacción del ojo tenían que sincronizarse a la perfección. Se rodaron nueve tomas y se positivaron cuatro.

3.117

3.118

Informe diario de producción /
1 de abril de 1982

Hoy ha sido el último día de rodaje en el Reino Unido. La unidad se traslada a Yuma, en Arizona.

3.117 *Dennis Muren y Lorne Peterson examinan la maqueta del generador del escudo antes de hacerlo estallar. Como medida de ahorro, recuperaron un fondo que habían usado en El Imperio contraataca para representar el planeta Hoth, y en lugar de construir un bosque, algo caro de hacer, Chris Evans pintó uno en perspectiva sobre un cristal que se colocó en primer plano. Entre el cristal y la maqueta se colgó un difusor de luz.*
3.118 *El gigantesco generador del escudo deflector que protege a la Estrella de la Muerte que orbita por encima de Endor, imaginado por Johnston. Nótese que se decidió reutilizar el transbordador imperial y el caminante AT-AT en lugar de diseñar nuevos vehículos.*

Yuma, Arizona

Carrie Fisher Durante el rodaje de estas películas, llegamos a saltarnos el orden de los planos que componían las escenas. Eso es algo que sucede pocas veces. Nos tenían que decir: «Recuerda, esta es una escena que rodamos el mes pasado en la que estabas haciendo tal cosa». Entrábamos por una puerta en Inglaterra y salíamos por Yuma.

La construcción de los decorados en Yuma fue difícil. Se temían actos de vandalismo y allanamientos, algo bastante fundado debido a la publicidad no deseada que habían hecho los periódicos de Arizona y a las advertencias de una banda de moteros locales, que amenazaron con incendiar los decorados porque interferían en sus juergas. Todo ello llevó a Lucasfilm a instalar una valla de alambre de espino de

                    Luke
I have accepted the truth that you
were once Annikan Skywalker, my
father.

                    Vader
That name no longer has any
meaning.

        Use production for Luke except as noted.

                    Luke
--- that was why you couldn't
destroy me... That's why you won't
bring me to your Emperor now.

*And Luke: "I know ——>
there is good in you,
the Emperor hasn't
driven it from you
fully."*

                    Vader
I see you have constructed a new
light saber. Your skills are
complete.

Indeed, you are powerful, as The
Emperor has forseen.

Ben once thought as you do. You
don't know the power of the dark
side. I must obey my Master.

If that is your destiny.

It is too late for me, son.

The Emperor will show you the true
nature of The Force. He is your
Master now.

    FRONT DOOR OF CONTROL BUNKER

        ADR Han, Leia, and Threepio:

G WL NOTE: New line TBW for Han (at start of scene?)

                    Leia
The main entrance to the control
bunker's on the far side of that
landing platform. This isn't going
to be easy.

                    Han
Hey, don't worry, Chewie and me got

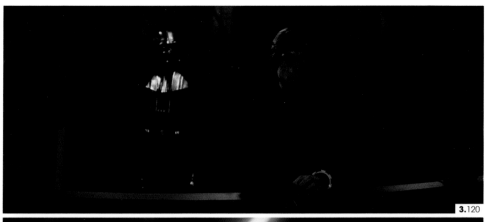

3.120

3.121

120 x 120 metros alrededor del lugar de rodaje, que estuvo vigilado por guardias armados con perros durante las 24 horas del día, los siete días de la semana.

A la localización se llegaba después de dejar atrás la autopista y recorrer más de tres kilómetros por la arena. Para posibilitar el paso de los vehículos, los equipos de construcción trabajaron 12 horas al día, seis días a la semana, durante cinco meses para endurecer el terreno regándolo y secándolo repetidas veces.

El conjunto de decorados incluía la barcaza de Jabba, de 41,3 metros de eslora por 10,5 metros de manga, y el foso en la arena con el monstruo sarlacc. Se construyó a 20 metros de altura, y medía 45 metros de largo por 40 de ancho. La estructura se apoyaba en 130 pilares de

madera, cada uno de 10 metros de altura, que se hundían 2,5 metros en el suelo. Como medida de salvaguarda del medio ambiente, en el trabajo no se empleó cemento, sino agua.

Para abaratar costes, los talleres, las oficinas, los almacenes y el economato se instalaron

3.119 *Estas notas de doblaje muestran cambios sutiles en el diálogo, el ritmo de las palabras y el orden de exposición. Durante el rodaje de una película, se pulen detalles de forma constante.*
3.120 *Fotograma de la película: Luke se entrega a Vader de forma voluntaria, pero la composición lo muestra como la figura más poderosa.*
3.121 *Vader admira el trabajo de Luke con su nueva espada láser. Luke: «He aceptado que una vez fuiste Anakin Skywalker, mi padre».*

3.122

debajo de los decorados, lo que permitía disfrutar desde ellos de una panorámica de 360 grados sin interferencias.

La construcción del decorado, donde se iba a rodar a lo largo de dos semanas a partir del 12 de abril, costó 2,5 millones de dólares. Todos los días hubo que filmar combates y escenas de acción. Glenn Randall, que se encargó de coordinarlos, reclutó a un gran número de especialistas. El equipo trabajó rápido, y gracias a eso se pudieron positivar muchas tomas que contenían muchos fotogramas aprovechables. El 13 de abril se rodaron nueve configuraciones y se positivaron 98 tomas. Mientras Mark Hamill luchaba, los especialistas caían en el foso del sarlacc.

> **3.**122 *Viñeta del guion gráfico que muestra al Halcón Milenario a la cabeza de la flota rebelde cuando esta salta al hiperespacio para lanzar un ataque contra la Estrella de la Muerte. La flota depende de que el comando rebelde en Endor consiga inutilizar el generador del escudo.*
> **3.**123 *Fotograma de la flota rebelde con el Halcón Milenario pilotado por Lando Calrissian y Nien Nunb.*
> **3.**124 *George Lucas muestra a Nilo Rodis-Jamero (primer plano, centro) y Howard Kazanjian (derecha) la posición que debe ocupar el Halcón Milenario en relación con el crucero estelar rebelde.*

**Informe diario de producción /
15 de abril de 1982**

Los especialistas Julius LeFlore y Paul Weston se han lesionado durante la caída en el foso. Parece que el cable del arnés se ha roto. Julius ha sufrido un corte en un dedo que ha requerido de algunos puntos de sutura. Paul se ha fracturado el tobillo derecho y ha tenido que ser atendido en el hospital.

El ayudante de producción Ian Bryce informó al equipo de que había cuatro tipos de serpiente de cascabel en la zona cuyas mordeduras no eran mortales, pero sí muy dolorosas. Todas las mañanas, se comprobaba que no hubiera serpientes bajo la plataforma del decorado.

Lucas decidió en el último momento mostrar el foso del sarlacc, y Phil Tippett tuvo que preparar los tentáculos. Después de que la arena estropeara su mecanismo, el supervisor de efectos mecánicos Kit West y el supervisor de efectos especiales Roy Arbogast prepararon un sistema para animarlos mediante unos postes y cables.

Phil Tippett Trabajamos en la criatura en una hondonada que nos protegía del viento. Estábamos llenísimos de pegamento y la arena no dejaba de caer sobre nosotros. Casi me vengo abajo por eso. Creo que incluso lloré. Fue terrible.

3.123

Informe diario de producción /
20 de abril de 1982

10:30–14:00 Tormenta de arena causada por la intensidad del viento. El rodaje se detiene.

Informe diario de producción /
21 de abril de 1982

Fuertes vientos en el valle de Buttercup entre las 7:30 y las 16:00. Ante la imposibilidad de rodar,

la unidad ha tenido que esperar. Las rachas de viento han llegado a los 75 kilómetros/hora e incluso a los 90 kilómetros/hora, con una media de 45 kilómetros/hora hasta las 16:00.

Después de perder dos días de trabajo, se decidió marcar las escenas 26, 29, 35, 37 y 39 como finalizadas. La unidad principal terminó el 24 de

3.124

abril y se trasladó a Crescent City, mientras que la segunda unidad se quedó dos días más rodando pickups.

Crescent City, California

Morrison Creek, una finca privada de 16 hectáreas de la Miller-Rellim Redwood Company, tenía una zona destinada a la tala, por lo que la producción podía modificar el terreno y provocar explosiones. Los primeros trabajos consistieron en eliminar las ramas más frágiles que podían caer desde las copas de los árboles.

Howard Kazanjian Trabajar en una propiedad privada nos permitía llegar por la mañana, cerrar la cancela y mantener a distancia a todos los que querían saber qué estábamos haciendo, así como no vernos interrumpidos por el ruido de vehículos pesados.

Había dos localizaciones principales. La primera correspondía al lugar donde se encuentra el búnker, que contaba con un camino en la parte trasera que permitía mover equipos y accesorios.

Howard Kazanjian Unos 11 meses antes habíamos ido con buldóceres para nivelar el terreno y plantar helechos y semillas, por lo que disponíamos de un área que parecía natural.

Además de construir el búnker del generador del escudo de protección, se despejaron algunas áreas para disponer de claros y caminos que posibilitaran múltiples configuraciones de cámara.

La segunda localización estaba al final de otro camino que solo se podía recorrer a pie, y eso significaba que había que recorrer el bosque cargando con los equipos. En ese lugar había árboles talados, pendientes y muchos senderos secundarios.

El 26 de abril comenzaron las dos semanas de rodaje previstas para las escenas del búnker. El 27 de abril, el ewok Wicket, interpretado por Kenny Baker, se acerca a una de las motos imperiales, se monta en ella y la roba. Los

3.125

3.126

sorprendidos exploradores imperiales salen detrás de él. Wicket y los exploradores se rodaron por separado, pero en la quinta toma, Wicket es filmado a 20 fotogramas por segundo mientras que los exploradores se filman a velocidad normal, esto es, 24 fotogramas por segundo. Más adelante, este procedimiento permitió acelerar el movimiento de Wicket.

El día 28 de abril se trasladaron a la segunda localización, donde dedicaron varios días a rodar la escena 66. Se trata de la escena en que los rebeldes se encuentran por primera vez con los exploradores.

Richard Marquand El terreno era muy abrupto. Siempre estábamos subiendo o bajando por alguna ladera y estábamos muy dispersos. En un escenario abierto, es fácil que la acción se disgregue. Si tienes secuencias en bosques, campos o colinas, todo fluye fuera de los límites de lo que captura la cámara, y siempre le estás

3.125 *Los ewoks usan su conocimiento del terreno para llevar a los rebeldes a la entrada trasera del generador del escudo, donde la vigilancia es menor. En la imagen, Richard Marquand da instrucciones a Peter Mayhew, Anthony Daniels, Carrie Fisher, Harrison Ford, Warwick Davis y Kenny Baker.*
3.126 *Viñeta del guion gráfico que muestra a Paploo (en un primer momento, Wicket) robando una moto speeder para alejar a las tropas imperiales de la entrada del generador del escudo.*
3.127 *Un explorador imperial cae en la trampa de Paploo y monta en una moto speeder para darle caza.*

3.127

Carrie Fisher Warwick era el niño más encantador y adorable del mundo. Entre toma y toma, se quitaba esa máscara sofocante y, con ese típico acento inglés cantarín, preguntaba: «¿Puedo comerme una galleta y beber un poco de leche?». Tenía un talento natural para la actuación. Lo hizo todo perfectamente desde el primer momento e incluso aprendió la jerga del oficio: «¿Estoy en cuadro? ¿Será esto plano y contraplano?», preguntaba.

Como los trajes estaban hechos a medida de cada uno de los actores, el personaje de Kenny Baker pasó a llamarse Paploo y el de Warwick Davis, Wicket.

El 6 de mayo, la producción comenzó a rodar la escena 115, en la que Han, Leia, Chewbacca y otros rebeldes salen del búnker y se encuentran con los soldados de asalto y los «caminantes pollo». C-3PO grita y los ewoks disparan flechas, lo que desencadena una batalla con disparos de bláster, explosiones y mucho trabajo de especialistas. La primera configuración, una gran toma maestra, se filmó con tres cámaras más dos cámaras VistaVision (para las imágenes de los «caminantes pollo» que tenían que añadirse al fondo).

3.128

pidiendo a la gente que regrese al centro y se vuelva a juntar.

El 30 de abril, en el «lugar del accidente de Leia», la princesa vuelve en sí después de haber caído de una moto speeder y conoce a Wicket.
Kenny Baker Al principio, yo era el encargado de interpretar a Wicket. Tenía esa escena con Carrie y me moría de ganas de rodarla, pero me puse muy enfermo.

Kenny Baker se intoxicó después de comerse una salchicha con chili. Warwick Davis interpretó el papel de Wicket en la escena 72.
Warwick Davis Tuve que ponerme un par de pijamas de felpa y rellenar el traje de piel con espuma. La verdad es que hacía un poco de calor allí dentro, sobre todo por la pesada cabeza de ewok que tenía que ponerme. Solo podía trabajar 10 minutos seguidos.

3.129

DESCRIPTION: INT. BUNKER - LONG SHOT

Han & Leia enter frame to take over the Bunker.
In background is generator with animated effects.

NOTES:

ELEMENTS:	STAGE	ANIM	PLATE	MATTE	NON-ILM	ELEMENTS:	STAGE	ANIM	PLATE	MATTE	NON-ILM	SHOT # / SEQUENCE
VV Plate			x									
Generator				x								
Generator Effects		x										
												MF 16
												FRM COUNT PAGE #

3.130

Howard Kazanjian Comenzamos a hablar de esta escena con 18 meses de antelación, aproximadamente. Durante el rodaje, teníamos 325 actores, extras y técnicos que contaban con el apoyo de unos 125 trabajadores en Industrial Light & Magic, en San Rafael. En lo alto de la colina, en las oficinas y en el hotel había otros 45 empleados al servicio de la unidad. Para vestir a los soldados de asalto, no solamente tuvimos que encargar 50 trajes nuevos en Londres, sino que además hubo que enviarlos todos a la Costa Oeste. Tuvimos que hacer *castings* y entrevistar a los extras que se ajustaban al tamaño estándar de los trajes. Una vez seleccionados, primero teníamos que adaptar sus trajes y a continuación probárselos. El día del rodaje, tenían que presentarse a las 5:45 de la mañana para que un equipo enorme de maquilladoras y encargados de vestuario les ayudaran a ponerse todo esto que se puede ver aquí detrás.

Un despliegue de esa envergadura hoy costaría alrededor de 100 000 dólares, sin contar, por supuesto, el precio de los trajes y de los accesorios.

Los actores principales terminaron su trabajo en esa localización el 8 de mayo, y luego se trasladaron a ILM para las últimas dos semanas de rodaje delante de una pantalla azul.

3.128 *Chewbacca, Han y el resto de los miembros del comando recorren el búnker camino de la sala de control del generador del escudo.*
3.129 *Polaroid de continuidad de Carrie Fisher para la escena 104.*
3.130 *Esta viñeta del guion gráfico de Johnston muestra a Han y Leia en la sala de control del búnker intentando desconectar el generador del escudo. Un gran destacamento de tropas imperiales los captura, y el oficial al mando los tilda de «escoria rebelde».*

San Rafael, California

En ILM, primero filmaron la escena del esquife, en la que a Han, Chewie y Luke los conducen al foso del sarlacc. Tras eso, Hamill y Fisher rodaron la persecución en motos speeder.

Dennis Muren Únicamente teníamos dos pequeñas grúas Tulip. La cámara estaba montada en una y la moto en la otra. Todas las imágenes se filmaron a entre 20 y 22 fotogramas por segundo, cosa que sirvió para acelerar el tiempo de reacción aparente de los actores encima de las motos. No fue necesario grabar el sonido porque los diálogos se doblaron durante el proceso de posproducción.

Pensaba que íbamos a rodar tomas cortas con base en la secuencia que habíamos grabado en vídeo, pero cuando llegamos al plató, George dijo que prefería tomas largas para tener más material con el que trabajar. Así que filmamos toda la secuencia desde todos los ángulos imaginables: producimos una cantidad de imágenes tremenda. A George le gusta disponer de todo el material posible así que, en lugar de dedicarle solamente tres días al rodaje, necesitamos cinco.

Después de las tomas para la pantalla azul de los ewoks volando, montando en moto y

3.131

capturando un «caminante pollo», el rodaje de acción real terminó el 20 de mayo. Mientras eso sucedía, David Tomlin pasó tres semanas dirigiendo la segunda unidad en Crescent City, donde rodó las escenas de los ewoks luchando contra las tropas imperiales. Terminó el 28 de mayo.

George Lucas La parte fácil estaba hecha.

Agitación

Richard Edlund Acabábamos de hacer tres grandes películas (Dennis había trabajado en *E. T.*, Ken en *Star Trek II* y yo en *Poltergeist*). Estos proyectos habían venido uno tras otro y nadie

3.131 *Versión pintada de Abbadon, de Joe Johnston. El término Abbadon se parece a abaddon, palabra hebrea que significa 'destrucción'.*

había tenido tiempo para respirar. Tenía la sensación de que con esta película íbamos a sufrir un desgaste mucho mayor, pero eso no nos amilanó y creo que la calidad de nuestro trabajo no se resintió.

La grúa VistaCruiser, que se usó por primera vez en E. T., fue el salto evolutivo que siguió al

sistema Dykstraflex. Bill Neil la diseñó según las especificaciones establecidas por Edlund, que daban respuesta al objetivo de ILM de lograr una grúa que proporcionara un mayor radio de maniobra. Además de disponer de mayor fuerza y movilidad, otra característica fundamental era que permitía rodar a velocidades graduales, lo que posibilitaba adaptarse a casi cualquier tipo de iluminación. Para lograrlo, se tuvo que equipar las cámaras con objetivos diseñados ex profeso para ello.

Richard Edlund Sin esa grúa, no habríamos podido hacer *El retorno del jedi*: nos habría llevado demasiado tiempo.

La división del trabajo en ILM estaba clara: el equipo de Edlund se encargó de la barcaza de Jabba, el ataque rebelde a la Estrella de la Muerte y los disparos en el desierto y en el espacio; el grupo de Muren estaba centrado en la persecución en motos speeder por el bosque de secuoyas, los «caminantes pollo» de la batalla en el bosque, el foso del rancor, el Salón del Trono del emperador y la toma de apertura; y la unidad de Ralston se dedicó a la enorme batalla espacial (el salto al hiperespacio, los combates espaciales y las escaramuzas entre los cazas rebeldes e imperiales).

Tom Smith / Mánager general de ILM George no dejaba de decir que no habría más efectos especiales en *El retorno del jedi* que en *El Imperio contraataca*, pero podía darme cuenta de que los nuevos iban a ser más complicados. Además, era muy probable que, en cuanto pudiéramos ver los primeros efectos terminados, George quisiera más.

Había tres equipos diurnos y otros tres nocturnos que mantenían la producción en marcha las 24 horas del día. Se celebraban dos proyecciones diarias del material realizado, y Lucas asistía a ambas para darles instrucciones a los equipos.

3.132 *Luke es conducido a la presencia del emperador. VADER (a Luke): «Arrodíllate ante tu emperador». LUKE: «No me arrodillo ante nadie, y mucho menos ante él».*
3.133 *Darth Vader lleva a Luke hasta la Estrella de la Muerte para su encuentro con el emperador.*

Phil Tippett Uno de nuestros grandes temores era que teníamos muy poco tiempo para dar respuesta a un volumen de trabajo increíble.

Fue entonces cuando Marcia Lucas le pidió a George el divorcio.

3.133

George Lucas Eso me hundió, porque no lo había visto venir. Fue del todo inesperado.

Tenía que terminar la película a la vez que pasaba por un divorcio. Traté de mantenerme entero en el plano emocional y hacer la película, pero fue muy, muy difícil. Durante la mayor parte de la posproducción estuve en un estado de gran agitación, y apenas me mantenía en pie. El solo hecho de levantarme por la mañana e ir a trabajar suponía un esfuerzo enorme. Estaba muy deprimido.

Nadie en Lucasfilm o ILM estaba al tanto de la situación personal de Marcia y George.

Montajes infinitos

Richard Marquand y el montador Sean Barton completaron el montaje del director y proyectaron la película para Lucas, Kazanjian y los montadores Marcia Lucas y Duwayne Dunham el 19 de agosto. Sus 127 minutos y 1 segundo de duración (3484 metros) contenían imágenes

de acción real tomadas en Elstree y en las localizaciones al aire libre, pero no incluían efectos visuales.

George Lucas La primera versión nunca funciona. Tengo que revisar la película e intentar mejorarla con un nuevo montaje.

Sean Barton A partir de ese momento, instalamos nuestro campamento junto a la moviola. Montábamos una escena y luego George y yo la discutíamos. Es muy fácil trabajar con él. Es una persona muy amable y bastante tímida.

3.134 *El emperador provoca a Luke diciéndole que todo ha sido una trampa y que sus amigos están en peligro de muerte. El emperador también se burla de él señalándole lo fácil que sería para Luke hacerse con su espada láser y atacarlo. Ian McDiarmid: «El emperador usa mucho la palabra amigo. Ha dedicado su vida a destruir a otras personas, y debe de pensar que cultivar amistades es lo más despreciable que un ser humano puede hacer. Decidí centrarme en esa palabra y convertirla en una expresión de odio cuando él la pronuncia».*

© L.F.L. 1982

REVISED JUN 22 1982
REVISED JUL 21 1982

J

12 MORE
TIES & INTERCEPTORS

DESCRIPTION: INT. FALCON COCKPIT - POV LANDO   NOTES:

Three groups of TIEs & Interceptors are heading straight
for Falcon. Each group contains 4 Imperial fighters. One
group approaches FAST & splits around Falcon in 4 direc-
tions; 2nd group does same; CUT while 3rd group is approach-
ing. Fighters are constantly firing. 12 more fighters going
R to L in BG. Imperial Fleet in BG. Flak.

ELEMENTS:	STAGE	ANIM	PLATE	MATTE	NON-ILM	ELEMENTS:	STAGE	ANIM	PLATE	MATTE	NON-ILM	SHOT # / SEQUENCE
Falcon Cockpit		x				TIE #7, #8, #9	x					101·5
Interceptor #1, #2	x					TIE #10, #11, #12	x					
Interceptor #3, #4	x					BG TIES #1	x					**SB 18**
Interceptor #5, #6	x					BG TIEs #2	x					
Interceptor #7, #8	x					Imperial Fleet	x					
Interceptor #9,#10	x					Vader's Ship	x					
Interc. #11, #12	x					Lasers & Flak				x		
TIE #1, #2, #3	x					Stars	x					FRM COUNT / PAGE #
TIE #4, #5, #6	x											54

3.135

Steve Starkey / Ayudante de montaje Marcia montó muchas de las escenas de carácter emocional. Duwayne trabajó en bastantes escenas bélicas en las que aparecen los ewok.

Paul Duncan Cuando montas, no dejas de pulir y cambiar cosas. ¿Encuentras el ritmo o la forma de la película durante el proceso?

> **3.**135 *Esta dramática imagen dibujada por Johnston muestra cazas TIE e interceptores TIE de la flota imperial atacando a los rebeldes por oleadas.*
> **3.**136 *Fotograma de la película que presenta el punto de vista de Lando desde el interior del Halcón Milenario durante el ataque de la flota imperial.*
> **3.**137 *Cuando las naves rebeldes se acercan a la Estrella de la Muerte, Lando se da cuenta de que el escudo está activo y que todo es una trampa. Los rebeldes dan media vuelta y las fuerzas imperiales caen sobre ellos.*

George Lucas Exacto.

Paul Duncan Como si fuera una escultura y tuvieras que eliminar el material sobrante…

George Lucas Trabajas durante un par de semanas, llevas el resultado a la sala de proyección, lo miras, piensas un poco acerca de lo que ves y vuelves a la sala de montaje. Una y otra vez. Como puedes imaginar, en cada ocasión dispones de unos cuantos efectos visuales más que llenan algunos huecos.

Es difícil saber si las cosas funcionan cuando parte de la película consiste en secuencias en vídeo en blanco y negro y cosas así. Tienes que confiar en tu instinto. No es un asunto intelectual, sino emocional, y es obvio que el estado de ánimo en el que te encuentres cuando veas una película influirá en la opinión que te merezca y en tu grado de implicación con la historia.

3.136

Paul Duncan ¿Pones mentalmente imágenes a ideas o movimientos o es algo más nebuloso?

George Lucas Cuando montas, trabajas con algo real, y tratas de moldear esa realidad para que provoque algún tipo de emoción. Hasta llegar a ese punto, todo lo demás es intelectual. Has tenido que tomar las grandes decisiones durante la escritura del guion. ¿Funciona la historia? Luego, cuando empiezas a montar, se trata de ver cómo encajas las tomas y mantienes bajo control el metraje de la película.

Una vez has resuelto el asunto de la duración, abordas aspectos mucho más emocionales. Si algo hace que el público se sobresalte, ¿debería incluir esa otra toma a continuación o eliminarla sin más? ¿Se hace un chiste justo antes de que los personajes caigan por una ladera o es mejor que rueden por ella y luego bromeen? Hay muchas cosas de ese estilo de las que no te das cuenta hasta que las ves.

Antes de lanzar una película, la montas infinidad de veces. Nunca he podido terminar un rodaje, montar y esperar al estreno. Por regla general, todavía les estoy dando el último toque a mis películas cuando vienen a buscar las bobinas para proyectarlas en el cine.

Paul Duncan ¿Te gusta trabajar con tanta tensión?

George Lucas No. Me gustaría hacerlo de otra manera, pero no puedo.

Paul Duncan ¿A qué lo atribuyes?

George Lucas Uno de los motivos es que fijan la fecha del estreno antes de empezar a rodar, y no tienes margen de maniobra.

Paul Duncan Pero *eres tú* quien establece la fecha.

George Lucas Bueno, lo hago pero no lo hago. Teníamos la costumbre de estrenar en mayo, y podía no ser bueno hacerlo más tarde. Es verdad que, si hubiese tenido problemas, podría haber retrasado el lanzamiento, pero ningún contratiempo nos obligó a llegar a esos extremos. Todos eran del estilo: «No funciona tan bien como debería».

Paul Duncan ¿Hay alguna toma en particular que destacarías, algo que te haga pensar: «Sí, señor. Esto salió bien»?

George Lucas Bueno, hay tres niveles de felicidad. Cuando digo: «Estoy satisfecho con esto», puede significar dos cosas: o bien «Sí, esto me gusta, me quedo contento», o bien: «La verdad es que esto no me gusta nada y cada vez que lo veo, me molesta, pero sé que no tiene solución y voy a tener que sobrellevarlo». Después, el punto más alto lo ocupa: «Estoy extasiado, *adoro* esta pequeña secuencia».

Paul Duncan Bien, dime qué te provocó el éxtasis…

George Lucas Pues no recuerdo ningún caso. *(Risas)* Sabía que me ibas a preguntar algo parecido.

Paul Duncan Esta es mi única oportunidad, ¿te das cuenta? Mi única oportunidad de conseguir que respondas a eso. *(Risas)*

George Lucas Sé que ahora no estamos hablando de *El Imperio contraataca*, pero a menudo me viene a la cabeza el *Halcón* atravesando el campo de asteroides. La imagen y la banda sonora se integran a la perfección, y eso que la música se compuso por separado. El conjunto es una pequeña pieza de poesía visual.

Paul Duncan Una imagen de *El retorno del jedi* me impactó profundamente: Vader mira por la ventana del destructor estelar; al otro lado, están las estrellas y la Estrella de la Muerte. El espectador puede ver la parte trasera de su casco, negro y con algunos reflejos. Parece fusionarse con la oscuridad que lo envuelve.

George Lucas Acabas de recordarme otra cosa que me gusta mucho: la amenaza de Vader a Luke de atraer a su hermana al lado oscuro. Luke empuña su espada y ataca a su padre. Rodamos un *travelling* para seguir el combate. Eso me gusta.

Paul Duncan Es un gran momento, ¿no crees?

George Lucas Sí, es un momento muy visceral, porque la música y el *travelling* y los movimientos de los actores encajan a la perfección.

Paul Duncan Se trata de la respuesta visual al duelo final de *El Imperio contraataca*, en el que Vader y Luke luchan por la pasarela de izquierda a derecha. En *El retorno del jedi*, Luke arremete con tal fuerza que hace retroceder a Vader de derecha a izquierda.

3.138

George Lucas Así es. El hecho de que la cámara se esté moviendo y de que la música exprese lo que expresa te indica que hemos llegado al final: algo va a pasar. ¿Quién va a matar a quién? Es obvio que se trata del momento culminante. No es solo otro duelo de espadachines.

Paul Duncan Al final, en la pasarela, Luke le corta la mano a Vader y aprieta la suya. De nuevo una imagen que remite a *El Imperio contraataca*.

George Lucas El emperador dice: «Únete a mí y ocupa el lugar de tu padre, puedo darte todo este poder, puedes tener todo lo que quieras». Luke mira su mano, mira a su padre y dice: «No, no voy a hacer eso». Ese es el momento de la verdad para Luke.

Lo sabes todo, excepto cómo va a terminar la historia. Y también sabes que, termine como termine, lo hará en los tres minutos siguientes.

3.138 *Los rebeldes han caído en la trampa: la Estrella de la Muerte, en pleno funcionamiento, destruye las naves de su flota. Esta viñeta del guion gráfico de Johnston muestra a la flota imperial estacionada cerca de la Estrella de la Muerte.*
3.139 *Mientras la Estrella de la Muerte escoge sus objetivos uno a uno, la flota rebelde intenta escapar.*

Paul Duncan Que decidirán el destino del universo.

George Lucas Das forma a cosas, luego creas la escena donde todo se junta, y siempre es una gran satisfacción cuando funciona.

Un trozo de espagueti

Paul Duncan Para la escena del rancor, se preparó un guion gráfico con situaciones que se filmaron pero que al final no llegaron a la película; por ejemplo, cuando Luke salta, se queda colgando de una rejilla y luego cae sobre el rancor y le patea el ojo.

George Lucas Sí. Cuando lo montamos todo, nos dimos cuenta de que era demasiado largo, así que eliminamos esa parte. Habíamos rodado toda la acción real que teníamos prevista, pero no nos pusimos con el monstruo hasta haber fijado la duración exacta de esa secuencia. Eso nos hizo ahorrar mucho dinero.

El 31 de agosto, después de ver la prueba grabada en vídeo, Lucas rechazó la idea de que un hombre vestido con un traje interpretara al rancor.

Dennis Muren Se nos ocurrió que podíamos usar algo parecido a un títere de varas japonés, y

3.140

volvimos al diseño original de Phil, que no podía confundirse con un hombre enfundado en un traje.

Phil Tippett Rodamos a 72 fotogramas por segundo, tres veces la velocidad normal de la película, para transmitir el peso de la criatura. Eso nos obligaba a movernos muy rápido. Manejábamos el muñeco entre tres personas, y tuvimos que aprender a coordinar nuestras acciones mientras nos movíamos tres veces más rápido que el rancor en la pantalla. La verdad es que fue una fuente de problemas.

3.141

3.140 *¡Empieza la pelea! Luke se enfrenta a Vader (aquí interpretado por el especialista Bob Anderson). Hamill: «El trabajo de los actores fue muy técnico. Al espectador medio puede parecerle que nos limitamos a dejarnos ver y responder a algún estímulo, pero que la gente crea que no estamos haciendo nada es en realidad un cumplido. Nuestro trabajo se parece al de los magos cuando realizan sus trucos: todo es cuestión de dirigir la atención hacia donde uno quiere. En muchos sentidos, estas tres películas de aventuras son lo más difícil que he hecho».*

3.141-142 *Luke no puede contener su ira y muerde el anzuelo. Agarra su espada láser y ataca al emperador, pero Vader lo detiene. El emperador observa las espadas cruzadas de padre e hijo con satisfacción felina. McDiarmid: «Pude construir el personaje con total libertad. Su voz era una versión más grave de la mía, y le di un ligero toque humorístico al que me animaban a recurrir de vez en cuando».*
3.143 *Han y los demás rebeldes siguen el ejemplo de los ewoks y se defienden.*

La primera toma que se rodó de la secuencia, que muestra al rancor aproximándose, se tuvo que repetir 70 veces hasta conseguir que saliese bien. De todas maneras, su duración era tan corta (de apenas un par de segundos) que en 90 minutos estuvo lista.
Phil Tippett Trabajar así era de locos, porque el monstruo tenía que entrar en un lugar, darse la vuelta y rugir; es decir, como si se tratara de una toma de cuatro segundos, pero solo podíamos rodar un segundo cada vez. Además, tampoco podíamos detenernos en un punto y seguir donde lo habíamos dejado. Había que empezar y terminar cada movimiento con suavidad, lo que complica mucho las cosas cuando el momento que estás rodando consta de apenas 48 fotogramas.

3.144 *El supervisor del taller de maquetas Steve Gawley y el fabricante de maquetas Marc Thorpe limpian un cristal. A menudo, las naves que aparecen al fondo de las batallas espaciales más elaboradas eran simples fotografías recortadas y colocadas sobre un cristal. Cada nave se rodaba por separado, y el departamento óptico se encargaba de añadirla a la toma correspondiente.*
3.145 *Para escapar del rayo que dispara la Estrella de la Muerte, las naves rebeldes se mezclan con la flota imperial y ambas escuadras tienen que batirse de un modo que recuerda a las antiguas películas de piratas.*
3.146 *En lugar de destruir las costosas maquetas durante el rodaje de la batalla espacial, se rodaron muchas explosiones sobre un fondo negro. A continuación, algunas de ellas se proyectaron en pantallas y se filmaron para incluirlas en la película.*

Al principio, se suponía que el rancor le daba la espalda a la cámara y se comía al guardia que parece un cerdo. George temía que clasificaran la película como PG (los menores tienen que ir acompañados de un adulto) si se veía al monstruo metiéndose el cerdo en la boca. Así, el guion gráfico mostraba a la criatura de espaldas a la cámara, comiéndose al guardia y luego dándose la vuelta con un poco de sangre en la boca. Dejamos un brazo del guarda asomando entre las fauces del monstruo para que se agitara cuando este se volviera hacia la cámara. A George le encantó. Se rio tanto en la sala de proyección que hicimos que el rancor se tragara el brazo como si fuera un trozo de espagueti.

Canicas

En la batalla de Hoth, en El Imperio contraataca, *solo se ve un vehículo todoterreno de transporte de tropas AT-ST, o «caminante pollo». En Endor, son el principal medio de transporte terrestre imperial. Los caminantes en miniatura se filmaron mientras los animaban como títeres de varas mediante un procedimiento llamado go-motion, que proporciona un desenfoque realista que suaviza y hace que los movimientos sean más naturales. Después, la imagen de las*

3.144

3.145

maquetas se combinaba con una imagen de fondo que podía ser acción real o un decorado en miniatura.

Phil Tippett Creo que Tom St. Amand y yo dedicamos unas tres semanas a imaginar cómo se moverían los caminantes. Puesto que estas criaturas eran mecánicas y no tenían mucha personalidad, queríamos crear una secuencia de pasos que pudiéramos utilizar una y otra vez, así como unas pocas modificaciones para adaptarnos a algún ángulo de cámara en particular.

Cada paseo de los caminantes presenta leves variaciones. A veces, la posición de la cámara nos obligaba a exagerar su balanceo, pero, por lo general, los cambios buscaban aumentar el interés y realismo de las tomas. Al añadir detalles

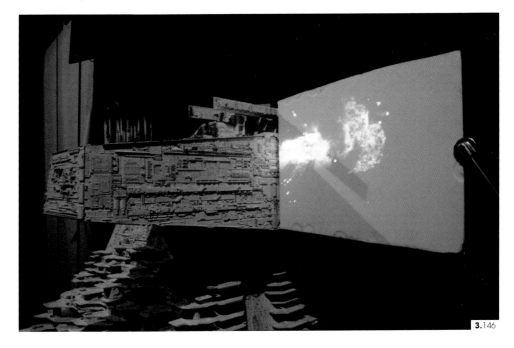

3.146

3.147

3.148

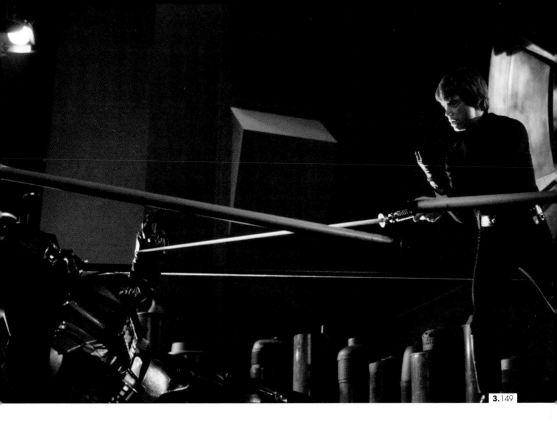

3.147–148 *Llevado por la ira, Luke le corta la mano derecha a su padre. Vader está a su merced.*
3.149 *Luke contempla su mano artificial y comprende que podría pasarle lo mismo que a su padre.*

singulares a los movimientos de cada uno, resultaban más naturales.

En cierto momento, varios ewoks lanzan unos troncos de madera por una ladera para derribar a un caminante, que trastabilla como si un personaje de dibujos animados hubiera pisado un montón de canicas, y cae.

Dennis Muren filmó a alta velocidad tomas de unos troncos rodando por una ladera en un escenario en miniatura.

Phil Tippett Seleccioné las tomas en las que pensaba que un AT-ST podía funcionar. Para animar al caminante en relación con los troncos, Terry Chostner, del departamento de foto fija, preparó unas grandes transparencias en blanco y negro perforadas. Contábamos con transparencias cada 40 fotogramas y coincidiendo con las posiciones clave de los troncos. Las colocamos en una caja mate instalada frente a la cámara. Cuando mirábamos a través del visor, podíamos ver en qué punto el caminante tropezaría con los troncos; por ejemplo, estos ruedan cuesta abajo y uno golpea al caminante en el fotograma 50. Estas transparencias nos permitieron encajarlo en la escena como si hubiera estado allí.

Me pasé las dos primeras semanas intentando esconder al caminante detrás de los troncos. Cuando le mostré el resultado a George, este me dijo en voz baja: «No me gusta». Yo había querido ser realista. Me aterrorizaba la idea de que el caminante se viera como una miniatura si hacía movimientos muy amplios, pero George quería que los antropomorfizáramos un poco. Quería que se vieran mecánicos, pero que tuvieran cierta vida. Quería que fueran divertidos.

Tardamos casi cuatro semanas en perfeccionar esa toma, fue la primera y la más difícil. De algún modo, ese acabó siendo nuestro método de trabajo: lo difícil, primero. Una vez superado ese obstáculo, el resto no comportaba mayores dificultades.

La bala de cañón humana

Las tomas de acción real para la persecución en motos speeder *se filmaron en mayo con luces centelleantes y máquinas de viento que*

3.150 *Luke se niega a ocupar el lugar de su padre junto al emperador. En represalia, el emperador desata el lado oscuro de la Fuerza sobre el jedi. Vader, que todavía es esclavo de ese poder, se arrodilla impasible.*
3.151 *El emperador maneja los rayos que salen de sus dedos como si fuera un titiritero.*

simulaban su paso por el bosque, pero las imágenes de fondo todavía tenían que rodarse.
Richard Edlund Decidimos construir la maqueta de un bosque y rodar con una cámara *snorkel.* Basándonos en su tamaño, hicimos un cálculo aproximado de la duración de las tomas que podríamos filmar en la maqueta. El resultado fue que necesitaríamos un decorado gigantesco para rodar una toma de cuatro segundos: una instalación de 24 metros de largo sobre una base de 30 metros de ancho. Era uno de esos montajes en los que podríamos haber pasado meses trabajando y haciendo pruebas con la iluminación para dar con el modo de hacerlo bien.
Dennis Muren Tuvimos que idear la manera de rodar las imágenes frontales y traseras de las motos sin que se viera un camino o una pista en el suelo del bosque.
Richard Edlund Tomamos un avión y fuimos a visitar un bosque de secuoyas. Vi que podíamos filmar todas las vistas laterales y de tres cuartos

desde un coche y luego rodar las motos *speeder* avanzando en línea recta sobre un fondo de pantalla azul.

Dennis Muren George y yo decidimos trabajar con la Steadicam y también con su inventor, Garrett Brown.

A Brown, conocido por su trabajo con la Steadicam en El resplandor *(1980), de Stanley Kubrick, le preocupaba tener que cargar con la gran cámara VistaVision.*

Garrett Brown / Operador de Steadicam Entonces entraron en juego las pequeñas versiones «mariposa» del equipo. Mi primera reacción fue el miedo al fracaso, pero el sentido del honor y la codicia dictaron una respuesta optimista dentro de la cautela.

Del 14 al 16 de junio, Brown, Muren y el camarógrafo de efectos Michael Owens rodaron las imágenes de fondo en la avenida de los Gigantes del parque estatal Humboldt Redwoods, y del 20 al 23 de septiembre en Owen R. Cheatham Grove, al sur de Eureka. Se hizo un guion gráfico de cada toma acompañado de información específica: número de fotogramas, altura de la cámara, punto de fuga, velocidad y objetivos.

Richard Edlund Hicimos lo que Garrett llamó «la bala de cañón humana»: rodar con la Steadicam a un fotograma por segundo mientras él caminaba a velocidad normal cargado con un giroscopio en el que iba montada la cámara. Por el camino, que habíamos camuflado, unas marcas le servían de referencia. También había señales para la altura: la cámara no debía subir ni bajar demasiado, y sus movimientos tenían que ser muy lentos.

Un paseo de unos 120 metros representaba una toma de unos cuatro segundos. Si giraba un poco hacia la derecha, su recorrido se reducía en 60 o 90 metros, por lo que tenía que

3.152

POSS SHOOTING ORDER

① OPENING SKIRMISH / CAPTURE

② BEGINNING OF BATTLE 1ST ½
  ③-① WALKER TRIP WIRE   WALKER
  ④-① SWINGER   BIKE
  ④-③ JAPANESE MACBETH / PANAVISION   BIKE
  ④-④ COWBOY   BIKE
② BEGINNING OF BATTLE 2ND ½   FLYING
⑤ DROIDS JOURNEY ② CHIPS   CHIPS
④-⑤ KAMIKAZE KID   BIKE/FLYING
③-①A TIGER TRAP   WALKER
②
⑤ ✗① DROIDS JOURNEY - RAT TRAP   BIKE
③-② MARBLES   WALKER
⑥ WICKET'S DERRING DO   FLYING
④-② STOLEN RIDER   BIKE
③-③ NUT CRACKER   WALKER
⑤-③ DROIDS JOURNEY - MASH   "
⑦ ✗✗③-④ TIMBER !   "
⑤-④ DROIDS JOURNEY - CROSSFIRE
⑦ DROIDS MEET H & L
⑧ WALKER HIJACK
⑨ CAN OPENER
⑫ END OF BATTLE

⑫ END OF BATTLE COMPLETE

3.153

meditar bien todo lo que hacía. Garrett llevaba consigo una cámara de vídeo, que le ofrecía una visión mucho más amplia de lo que tenía delante y le permitía ver si iba más lento de lo necesario, algo habitual cuando se rueda de esta manera.

A pesar de los esfuerzos de Brown, las imágenes de fondo mostraban rebotes, así que se tenían que reencuadrar y compensar, fotograma a fotograma, para combinarlas con las figuras en primer plano. Algunas tomas de las motos speeder y escenas de acción solo podían rodarse con

3.152 *Dibujo conceptual de Joe Johnston de la batalla de Endor. La idea de unas criaturas diminutas capaces de derribar un imperio estaba en sintonía con los puntos de vista de Lucas sobre la guerra y el potencial humano.*
3.153 *Esta lista detalla el «posible orden de rodaje» de la secuencia de la batalla entre los ewoks y las tropas imperiales. Durante la preproducción, a todo el mundo se le ocurrió alguna situación que podía incluirse en el combate y cada una recibió un apodo, aunque varias no llegaron a la película: «Swinger» [Marchoso] es una escena en la que un*

tronco oscila atado a un cuerda y se lleva por delante a un soldado que va montado en una moto speeder; «Cowboy» es el momento en que los ewoks le echan el lazo a un motorista y este termina enrollándose en un árbol; en la escena «Nut cracker» (Cascanueces), dos troncos aplastan a un caminante; y «Timber!» (¡Árbol va!) propone derribar un árbol encima de un caminante.
3.154 *Los soldados imperiales pueden ser más altos, más numerosos e ir mejor armados, pero los ewoks tienen la ventaja de conocer el bosque.*

3.154

EWOKS' DOWN3
A WALKER.
NGR . 2.81

3.155

títeres. Phil Tippett les añadió varillas para que pu-
dieran moverse mientras la cámara filmaba.

Phil Tippett Las varillas nos permitían girarles la
cabeza y mover su cuerpo mientras rodábamos.
Era como trabajar en *stop-motion* continuo. En
función de la toma, filmábamos de uno a seis
fotogramas por segundo. Las varillas y las manos de los animadores fueron eliminadas con
el rotoscopio. Nos sorprendió lo fácil y flexible
que era animar esas figuras trabajando en movimiento continuo: ahorramos muchísimo tiempo. La técnica funcionó tan bien que seguimos
usándola como alternativa a la motorización
de las marionetas. Con ella podíamos rodar tres
tomas de cuatro modos distintos en el mismo
tiempo que nos habría llevado programar un
movimiento controlado por ordenador.

Cosas de científico loco

Ben Burtt, diseñador de sonido de la película,
era el responsable de reunir, montar y mezclar
sonidos.

Ben Burtt Con motivo de *El retorno del jedi*,
construimos unas instalaciones de mezcla. Por fin
podíamos hacerlo todo bajo un mismo techo:
disponíamos de nuestro propio archivo y control
sobre todo el proceso.

También tenía muchas más responsabilidades
y cosas de las que preocuparme. Pero durante
la mayor parte del tiempo no era feliz. Se esperaba que cada película fuera mucho mejor que
la anterior, y que eso redundara en un incremen-
to proporcional de nuestra reputación. Era un
objetivo agobiante.

Paul Duncan ¿Era una consigna interna?

Ben Burtt Interna para mí. No me trataron mal,
pero Lucasfilm se jugaba cada vez más.

Uno de los grandes desafíos de Burtt fue crear el lenguaje ewok.

Ben Burtt La mejor manera de inventar un lenguaje es robarlo.

Encontré a una anciana de 80 años de Asia Central que había pasado toda su vida en una tribu en las estepas de Mongolia y no hablaba una palabra de inglés. Después de darle el suficiente vodka, que fue lo que pidió, nos contó historias durante un par de horas. Yo quería sentir las emociones, pero ella no era una gran actriz: «Cuéntame una historia en tu lengua y representa a los diferentes personajes», le dije. Eso la motivó a expresar algo de emoción. La grabé y transcribí lo que dijo tal como a mí me sonaba. Después llevamos a los actores al estudio para que imitaran esos sonidos y, con base en eso, desarrollé el lenguaje ewok.

Burtt contactó con Ken Strickfaden, el diseñador de los efectos eléctricos de Frankenstein *(1931), usados con posterioridad en* Flash Gordon *(1936) y cientos de películas más.*

Ben Burtt Llamé a Strickfaden durante el rodaje de *Star Wars* y le pregunté si podía ir a visitarlo. Él era entonces un viudo cascarrabias octogenario, y no estaba interesado en tratar con un chico que acababa de aparecer de la nada. Cuando estábamos terminando *El Imperio contraataca*, volví a llamarlo, pero Ken seguía sin estar seguro; de hecho, no había visto *Star Wars*. «Esta noche voy a ir a la Academia para revisar una copia de 70 milímetros de *El Imperio contraataca*, ¿por qué no vienes conmigo?», le dije.

Ken nunca había visto ni oído nada parecido. Tan pronto como nos subimos a mi coche, exclamó: «¡Vamos a mi laboratorio!». Llevaba

3.155 *Estos bocetos de Rodis-Jamero explican el desarrollo de la escena «Marbles» (Canicas), en que los ewoks hacen rodar unos troncos por una pendiente y hacen caer a un caminante.*
3.156 *El constructor de maquetas Larry Tan, su jefe Paul Huston y Barbara Affonso preparan en el decorado de Endor la toma del ataque con troncos al caminante.*

3.156

3.157

3.158

STORYBOARD FEB -1 1982

G

DESCRIPTION: EXT. FOREST - BATTLE - GENERATOR BUNKER

MCU Artoo. His head is still spinning & smoldering. Suddenly there is a loud SPROOING as all of Artoo's compartment doors open and all of his appendages stick out. Water and smoke spurt out of the nozzles in his body.

NOTES:

LIVE ACTION
NO ILM EFFECTS

ELEMENTS:	STAGE	ANIM	PLATE	MATTE	NON-ILM	ELEMENTS:	STAGE	ANIM	PLATE	MATTE	NON-ILM

SHOT # / SEQUENCE

15_

2 of 2

3.159

mi magnetófono Nagra en el maletero, y esa noche nos quedamos despiertos hasta muy tarde mientras él ponía en marcha todos sus equipos y yo lo grababa. Tenía cosas de verdadero científico loco instaladas en una vieja cochera. Conectó el dispositivo que genera escaleras de Jacob, y los arcos eléctricos empezaron a cruzar la habitación saltando entre los electrodos. ¡Era como estar en el laboratorio de Víctor Frankenstein! Esos efectos los usamos para crear los rayos que el emperador lanza con las manos.

Grandeza y asombro

George Lucas En *Star Wars*, las batallas en el espacio eran mucho más elementales. Solo había una o dos naves en cada toma, y no había continuidad entre sus movimientos: el vuelo de una nave no podía evolucionar, tenía que ser lento y sencillo.

El retorno del jedi fue la película más exigente desde los aspectos técnico y logístico. En una toma pueden aparecer 30 o 40 naves, y los cambios de toma dan continuidad a sus maniobras, que son muy complicadas. Eso es lo que me hubiera gustado hacer en la primera película, y aquí tenía que ver si éramos capaces de conseguirlo.

3.157 *Dos soldados de asalto arrinconan a Han y Leia, pero mientras Han levanta las manos, Leia dispara. Dos cámaras filman primeros planos mientras Lucas (de pie a la izquierda) y Marquand (en primer plano a la izquierda) observan.*
3.158 *Los soldados imperiales atacan a Han y Leia mientras intentan entrar en el búnker y desconectar el generador del escudo.*
3.159 *Esta viñeta del guion gráfico de George Jenson muestra a R2-D2 sobrecargado y chisporroteando. C-3PO se lamenta: «¿Por qué tenías que ser tan valiente?».*

Joe Johnston Creo que *El retorno del jedi* es la película para la que hemos preparado más guiones gráficos, quizá 2 500. Al final, usamos alrededor de 500, pero los guiones de algunas secuencias los repetimos hasta tres y cuatro veces.

George es el verdadero diseñador, con D mayúscula. Influye en el aspecto de las películas por lo que elige de nuestros diseños. Nos da mucha libertad y está realmente abierto a las ideas de los demás, lo que hace que sea un placer trabajar para él. No creo que haya muchos directores con tanto control sobre sus egos.

Ken Ralston George podía tomar un conjunto de ilustraciones e idear una secuencia a partir de ellas aunque no guardaran ninguna relación y cada imagen fuera independiente de la siguiente. Después, los encargados de preparar los guiones gráficos se dedicaban a refinar las secuencias. Grabamos una versión en vídeo de la batalla espacial en la que superpusimos las naves a unos dibujos y unas figuras de cartón de lo más elemental. Se podían ver los palos que sujetaban las naves. Montamos las imágenes y les añadimos los efectos de sonido. Fue divertido

hacerlo porque no se trataba de un trabajo tan preciso y lento como el que nos esperaba con las tomas reales.

A continuación, George montó ese material alrededor de la secuencia de acción real que ya tenía. Con eso como referencia, configuramos las maquetas y comenzamos a rodar.

Mientras trabajaba con la moviola en el montaje de la película, Lucas acortó la duración de la batalla espacial. El 22 de noviembre, se informó a los equipos de ILM de que casi 100 tomas de

efectos visuales se verían afectadas por aquella decisión.

Ken Ralston George descartó unas 40 tomas mías y otras 30 o 40 de Richard. Todo ese material, en el que aparecían unas 250 naves en

3.160 ***«Y ahora, joven Skywalker, morirás», anuncia el emperador. La máscara fría de Vader muestra signos de humanidad.***
3.161 ***Vader levanta al emperador antes de acabar con él.***

© L.F.L. 1982

STORYBOARD DEC 13 1982

DESCRIPTION: EXT. FOREST - HIGH ANGLE - DAYTIME

The landing platform & the dish sit in the clearing in the forest. Explosions are occuring on the dish; the dish erupts in a giant blast.

NOTES: Same angle as Rebel POV in MF 9.

This shot cuts to RA 1.

ELEMENTS:	STAGE	ANIM	PLATE	MATTE	NON-ILM	ELEMENTS:	STAGE	ANIM	PLATE	MATTE	NON-ILM
Forest				x							
Explosion - Stock											

SHOT # / SEQUENCE

MF 24

FRM COUNT	PAGE #

3.162

diferentes escenas, simplemente se desechó. No pudimos aprovecharlo para ningún otro momento de la historia. Todos nos sentíamos muy frustrados.

Cuando George pone las manos en una película, esta toma el camino que él quiere. George busca provocar una verdadera sensación de grandeza y asombro, y dotar a las cosas de un sentido acorde con su tamaño.

Para elevar la moral, la supervisora de producción de ILM, Rose Duignan, improvisó una fiesta de Acción de Gracias con pizza y vino chianti durante el cambio de turno de los equipos.

Patty Blau / Coordinadora de producción

George entró en la sala y la reacción de todos fue: «¡Dios mío! ¿Qué le estará pasando por la cabeza?». Estuvo muy simpático y se sumó a la fiesta.

Pira funeraria

John Williams llegó el 2 de noviembre, mientras Lucas trabajaba en el montaje de la película. Pasó dos días con él para analizarla. Lucas comenzó a introducir cambios. La primera decisión importante, que tomó el día 18 de noviembre, fue la de eliminar la escena de la tormenta de arena que sucedía justo después del rescate de Han. Lucas necesitaba que el público recordara que Luke tenía una mano derecha mecánica, elemento que resulta fundamental en la escena culminante en el Salón del Trono del emperador, motivo por el cual el 20 de diciembre se

3.162 *La destrucción del generador del escudo hace posible que las naves rebeldes ataquen a la Estrella de la Muerte.*
3.163 *La princesa y el pirata.*

© L.F.L. 1982
STORYBOARD JAN 2 0 1982
J

DESCRIPTION: EXT. SPACE - REBEL CRUISER - STARDESTROYER

The mortally wounded Rebel cruiser manages to move in next to a second Stardestroyer. The Imperial ship desperately tries to hold off the doomed cruiser with salvos of laser fire. More of the battle can be seen in the background.

NOTES:

Revised
3-26-82

ELEMENTS:	STAGE	ANIM	PLATE	MATTE	NON-ILM		ELEMENTS:	STAGE	ANIM	PLATE	MATTE	NON-ILM		SHOT # / SEQUENCE
														130-6
														FRM COUNT / PAGE #

3.164

© L.F.L. 1982
STORYBOARD JAN 2 0 1982
J

DESCRIPTION: EXT. SPACE - STARDESTROYER - REBEL CRUISER

The Rebel cruiser explodes violently, taking the Stardestroyer with it.

NOTES:

Revised
3-26-82

ELEMENTS:	STAGE	ANIM	PLATE	MATTE	NON-ILM		ELEMENTS:	STAGE	ANIM	PLATE	MATTE	NON-ILM		SHOT # / SEQUENCE
														130-7
														FRM COUNT / PAGE #

3.165

3.166

rodó un inserto de la mano enguantada de Luke en la cabina de su Ala-X.

Al final de El Imperio contraataca, *Luke co-necta mediante telepatía con Leia y Vader. En los primeros guiones de* El retorno del jedi, *Lucas usó repetidas veces este recurso para subrayar la conexión entre Luke y Vader y sugerir que este podía salir del lado oscuro. Se llegó a filmar una pequeña escena para los primeros compases de la película en la que Luke recibe un aviso de Vader, entrega a R2-D2 su nueva espada láser y luego envía a los droides al palacio de Jabba.*

Las escenas exteriores de C-3PO y R2-D2 de camino al palacio de Jabba se rodaron en el valle de la Muerte el día 11 de diciembre. La escena dentro de la cueva en la que Luke, que está fabricando su espada láser, recibe la advertencia de Vader y guarda la espada dentro de R2 se filmó el 20 de diciembre.

Howard Kazanjian A George le preocupaba la escena de la muerte de Vader en brazos de Luke en la plataforma de atraque de la Estrella de la Muerte. El público podía pensar que no había muerto. Para solucionarlo, filmamos el momento en que Luke le prende fuego a la pira funeraria de su padre. Incluimos esa escena antes de la panorámica vertical que empieza con una imagen del cielo y acaba con la fiesta de los ewoks.

La escena de la pira funeraria se rodó bajo la dirección de Marquand en el rancho Skywalker la noche del 20 de diciembre bajo una lluvia intensa. Se necesitaba un primer plano de Vader entre las llamas, que se filmó el 4 de enero de 1983. Luego, Mark Hamill volvió al rancho Skywalker el domingo 27 de febrero para rodar un primer plano frente a la hoguera, esta vez bajo la dirección de Ian Bryce.

Fue la última toma de la película. A finales de enero, John Williams grabó la banda sonora en Londres.

George Lucas John es un elemento clave: las películas mejoran una barbaridad después de añadirles su música. En total, para seis horas y 15 minutos de metraje, compuso cinco horas y

3.164-165 **Estas magníficas viñetas del guion gráfico de Joe Johnston muestran el momento en que un crucero rebelde herido de muerte embiste a un destructor estelar y provoca una explosión gigantesca. Al final, la idea no llegó a la película.**
3.166 **La caída del Ejecutor sobre la Estrella de la Muerte tal como la dibujó Joe Johnston.**

3.167

media de música. La banda sonora es uno de los pilares fundamentales de la trilogía: engrasa todos sus elementos, les da unidad y ayuda a seguir la historia. En las tres películas, siempre hay una escena en la que la música conecta con tanta fuerza con la imagen que me hace sentir escalofríos cada vez que la veo. Johnny siempre me ha proporcionado ese momento.

SB 19

Lando aborta el ataque cuando se da cuenta de que el escudo de la Estrella de la Muerte todavía está activo. La flota rebelde da media

3.167 *Anakin Skywalker (Sebastian Shaw), libre del emperador y de su propio lado oscuro, contempla a Luke, su hijo, con mirada benigna. «Solo por una vez, déjame mirarte con mis propios ojos», le ha dicho.*
3.168 *«No puedo dejarte aquí. Tengo que salvarte», dice Luke. «Ya lo has hecho, Luke», responde su padre.*
3.169 *Darth Vader ya no existe. El jedi que había dentro de él ha vuelto, y es de nuevo Anakin Skywalker.*

vuelta y se encuentra de frente con la flota imperial, que la estaba esperando. El guion gráfico SB (batalla espacial) 18 muestra el avance de cazas e interceptores TIE, con la flota imperial a sus espaldas. El SB 19 ofrece el ángulo opuesto, con la flota rebelde avanzando hacia nosotros, los cazas TIE atacándola y la Estrella de la Muerte y Endor al fondo. Según los técnicos, fue la toma más compleja de la película.

Al igual que en las películas anteriores, cada maqueta permanecía estática frente a una pantalla azul mientras una cámara móvil controlada por ordenador la fotografiaba. El operador programaba sus movimientos con un joystick.

Ken Ralston Cuando programábamos con un joystick, mirábamos por el visor de un buscador de reflejos, que contaba con una gráfica o una cuadrícula especial que se utilizaba para colocar las maquetas en el lugar adecuado de la composición. Estas cuadrículas o gráficas se correspondían con las cuadrículas de los diseños que usábamos para coreografiar los distintos movimientos dentro de una toma. También había una cuadrícula idéntica en nuestras moviolas, lo que nos permitía comparar con mucha

3.168

precisión la acción fotografiada con los diseños originales.

Cada elemento se rodaba primero en blanco y negro, luego se apilaban varios fragmentos de película uno encima de otro y se pasaban por una moviola para ver cómo funcionaban.

Ken Ralston Para SB 19 tuvimos que rodar 70 fragmentos distintos de película, que hubo que calcular y resolver de forma individual. Los colocabas en la moviola y te decías: «No, esto no está bien sincronizado», y quizá lo retrasabas cinco fotogramas. «No, todavía no está bien.» Ibas jugando con eso. Le dedicamos mucho tiempo.

La moviola solo nos permitía visionar cinco fragmentos de película apilados al mismo tiempo, por lo que teníamos que identificar los elementos clave y trabajar con ellos. Al final, se procesaban los distintos fragmentos para reunirlos en una única imagen y solo quedaba cruzar los dedos.

Cuando nos entregaban la película con todos esos elementos reunidos, podíamos ver si

3.169

REVISED FEB - 3 1983   © L.F.L. 1983

DESCRIPTION:	INT. DEATH STAR - REACTOR CHAMBER CORE - TRUCKING BACK	NOTES:

TRUCKING BACK SLOWLY from the core of the Reactor. The Falcon comes around the core & toward camera, exiting over camera. The two Interceptors are still following, but the second Interceptor is caught by a tongue of the now-erratic Force Field, and it blows up. The core erupts in an explosion.

ELEMENTS:	STAGE	ANIM	PLATE	MATTE	NON-ILM	ELEMENTS:	STAGE	ANIM	PLATE	MATTE	NON-ILM	SHOT # / SEQUENCE
Reactor Chamber	x											
Falcon	x											129/18
Interceptor #1	x											
Interceptor #2	x											RA 89
Force Field: arc	x											
Force Field: cone	x											
Explosion-to be proj.	STOCK											

FRM COUNT	PAGE #
51	

3.171

una nave no funcionaba en una posición determinada y decidir moverla. El departamento óptico de Bruce Nicholson nos dio libertad para recolocar cualquier elemento que quisiéramos allí donde quisiéramos, pero hacerlo complicaba las cosas. La hoja de instrucciones recogía la información sobre el reposicionamiento de las naves; por ejemplo, cinco cuadrados al norte y dos y medio a la derecha. En una toma con 70 elementos distintos, podía haber información como esa relativa a todos ellos. Era realmente muy complicado.

Y no había solamente una flota de naves ahí afuera, sino que también había rayos láser y explosiones, y todo se estaba moviendo. Esto significaba que las estrellas también tenían que moverse. Ni siquiera he mencionado el problema de las naves que pasan por delante de otras naves. Dejé que Bill Kimberlin, el montador de efectos visuales, se encargara de eso. Revisábamos

juntos esos momentos y yo le comentaba qué nave pasaba por delante de qué otra nave. La verdad es que resultó bastante confuso.

**3.170 Richard Edlund (agachado) y el cámara de efectos Bill Neil (detrás de él) inspeccionan de forma minuciosa la superficie de la maqueta de la Estrella de la Muerte. Lorne Peterson: «La paleta de colores era un poco más aventurera. El paisaje artificial estaba salpicado de estructuras rojo anaranjadas cuyo tono se inspiró en el "naranja internacional" del puente Golden Gate, que no está lejos de ILM».
3.171 Esta viñeta del guion gráfico muestra el momento en que el Halcón Milenario destruye el núcleo del reactor y cómo la explosión acaba con uno de los dos interceptores TIE que lo persiguen.
3.172 Fotograma de la película del momento en que Wedge, uno de los pilotos de Ala-X, destruye el regulador de potencia de la torre norte.**

Los títulos iniciales se habían reescrito y aprobado.

Ken Ralston Rodar esos títulos deslizantes fue una de las cosas más difíciles de la película. El texto apenas medía 1,2 metros de largo por quizá 30 centímetros de ancho. Colocamos la cámara en una posición muy baja, y tuvimos que usar un objetivo basculante para eliminar los problemas de enfoque. Todo tenía que estar perfectamente alineado y pasamos varios días realizando pruebas. El menor error se trasladaría a la película: cualquier oscilación o movimiento de la cámara arruinaría esta larga toma de 2000 fotogramas. Realmente, fue como una forma de tortura.

Don Dow terminó la cuarta versión del título principal y de los títulos deslizantes de apertura el último día de febrero, que fue también el último día de filmación. Bruce Nicholson y el departamento óptico todavía tenían que terminar de componer la película.

Acéptalo

George Lucas Dentro de uno están el lado oscuro y el lado luminoso. Como ser humano, tu trabajo es mantener el equilibrio y no caer en el lado oscuro. Lo difícil es permanecer en el lado luminoso: hay que esforzarse mucho para conseguirlo. Un jedi hace eso, lleva los límites del lado luminoso tan lejos como puede.

Piensa en un medidor de aplausos: si te adentras en el lado oscuro, el medidor dejará de marcarlos. Pero si puedes controlar tus emociones: «Esta es la voluntad de la Fuerza. Esto es natural. No puedes hacer nada al respecto», y limitarte a aceptar la situación, luego podrás volver al lado luminoso. Si no controlas tus emociones, siempre estarás sufriendo.

Como es obvio, hay personas que se limitan a hacer lo fácil: enfadarse; de ahí deriva el odio. No es algo activo, sino pasivo. Enfadarse con alguien es algo pasivo. No enfadarse supone un esfuerzo, pero si no lo haces, seguirás enfadado el resto de tu vida. La amargura y la ira conducen al sufrimiento, al lado oscuro.

Por otro lado, tienes que ser diligente todo el tiempo, como un monje budista o un sacerdote, y perdonar, aceptar lo ocurrido y poner la otra mejilla.

Esa es una de las razones por las que no puedes apegarte a las personas o las cosas: ese es el camino al egoísmo y la ira. Tienes que estar preparado para perderlas y darte cuenta de que esa es la naturaleza de la vida. Nadie vive para siempre. Nada es perfecto.

Paul Duncan Luke pierde a su tía y su tío. Pierde a Ben. Pierde a Yoda. Al final, pierde a su padre. Esta no es una historia feliz y despreocupada, pero, al mismo tiempo, puedes ver que ha crecido, ha madurado y se ha convertido en un adulto. Se ha convertido en alguien consciente de sí mismo capaz de enfrentarse a su vida.

George Lucas En la primera película, se enfrenta a la pérdida de sus tíos. Está creciendo. Tiene 18 o 19 años. Quiere irse y seguir su destino, que es una especie de muerte.

Siente una gran tristeza cuando los soldados imperiales asesinan a sus tíos, pero, tal y como Ben le dice, él no podría haber hecho nada por evitarlo. De haber estado allí, también lo habrían matado. Se trata de una despedida de su antigua vida más dura de lo que creía, aunque en parte ya la había contemplado y estaba dispuesto a aceptarla: para seguir su camino tenía que separarse de quienes cuidaban de él. Y eso fue precisamente lo que hizo.

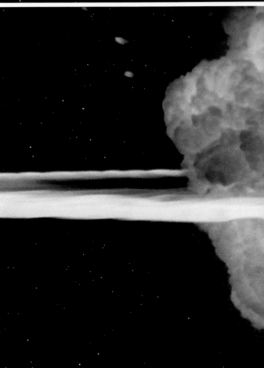

3.173-174 *La muerte de la Estrella de la Muerte II. Richard Edlund usó una de las explosiones filmadas en la Armory para El Imperio contraataca. El anillo se añadió con motivo de la edición especial de 1997.*

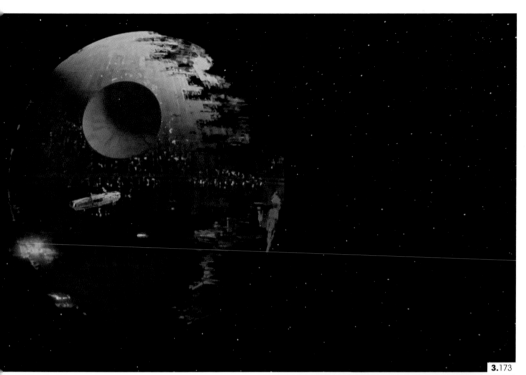

3.173

3.174

3.175

Paul Duncan El comienzo del viaje del héroe.

George Lucas Así es. Cuando pierde a Ben, se asusta. Se deprime y siente todas esas cosas que cualquiera sentiría. Pero Ben le ha inculcado la idea de que las cosas suceden de un modo natural, y también está ese otro aspecto que nunca se explica, y es que él mismo permitió que lo mataran. En realidad, Ben no murió: desapareció. Es más que una simple muerte. En un momento posterior de la película, Luke escucha a Ben decir: «¡Usa la Fuerza!». Eso mitiga la pérdida, porque sabe que Ben está en algún lugar y que algo está sucediendo.

Cuando Luke se da cuenta de que Yoda se está muriendo, está preparado para aceptar la situación sin venirse abajo. Cuando se trata de su padre, está triste, pero ha aprendido a dejar que la muerte forme parte de su vida y aceptar que nada es para siempre. Hay que aceptar esa realidad.

Paul Duncan Cuando contemplas toda la historia, eso adquiere sentido y resulta muy conmovedor. Creo que el momento en que Vader, tumbado en la plataforma de aterrizaje de Endor, dice: «Es demasiado tarde para mí, hijo» es la primera vez que lo llama «hijo». En ese momento, Vader vuelve a convertirse en un ser humano.

George Lucas Así es, porque su hijo lo salva haciendo lo que Vader no fue capaz de hacer: Luke no cae en el lado oscuro.

Paul Duncan No fue capaz de aceptar la muerte.

3.175 «¿*Estaba Darth Vader en la Estrella de la Muerte cuando estalla, o Luke se lo ha llevado? ¿Qué ha pasado?*» *La montadora Duwayne Dunham y el productor Howard Kazanjian llamaron la atención sobre este aspecto sin resolver de la historia. Lucas les dio la razón y envió a Mark Hamill y una segunda unidad al rancho Skywalker, donde el 20 de diciembre de 1982 rodaron la escena de la pira funeraria de Darth Vader.*
3.176 *Frank Ordaz y Chris Evans prepararon una conmovedora matte painting para el rodaje de la celebración, que también contó con el trabajo de Neil Krepela, cámara de Automatte, y Dennis Muren, que rodó algunas partes del baile de los ewoks ante la pantalla azul.*

George Lucas Anakin quería salvar a su esposa, pero no era posible sin recurrir a una especie de magia negra. El lado oscuro lo hizo sentir todopoderoso: «Puedo hacer lo que quiera, ser egoísta. Si quiero salvar a mi esposa por razones egoístas, puedo hacerlo». Pero no fue así, no pudo: ella murió.

Es una guerra entre el desinterés y el egoísmo.

Luke no quiere ninguna poción mágica. No acepta la oferta del emperador: «Ven al lado oscuro y serás todopoderoso». Vader se convierte cuando ve a su hijo dispuesto a renunciar a su vida para salvarlo: «Mátame. No pienso ir. No me importa lo que me pase». Ahí termina el viaje de Vader al lado oscuro.

El último capítulo

George Lucas Es una carrera hasta el final.

Después de un preestreno celebrado el 9 de abril de 1983 en el cine Northpoint de San Francisco, Lucas hizo algunos retoques y eliminó una escena.

Ben Burtt Me gustaba mucho la escena en la que Luke construye su espada láser y su padre

3.176

se comunica con él mediante telepatía: «Luke, únete a mí». Realmente fue una pena que se eliminara.

El miércoles 25 de mayo de 1983 se estrenó El retorno del jedi. *El coste final del rodaje ascendió a 42 675 038 dólares.*

Howard Kazanjian Después de recaudar unos 46 millones de dólares la primera semana, sabíamos que no tardaríamos en recuperar el dinero que habíamos invertido.

La buena marcha de la película continuó hasta recaudar 475 millones de dólares en todo el mundo.

George Lucas Star Wars es un libro. Veo las películas como los tres capítulos de un libro. Después de terminar el último pase, puse el libro en un estante. Si iba a ponerme con otro, era algo que todavía tenía que decidir, porque ese casi termina conmigo. Después de escribir el primer capítulo, no sabía si podría terminar los otros dos.

En ese momento estuve a punto de dejarlo ahí, pero me engañé diciéndome que eso equivaldría a rendirme y que podía limitarme a supervisarlo, pero así no funcionan las cosas. *Star Wars* es algo tan personal y complicado que terminé por implicarme.

«Entretener no tiene nada de malo.»
George Lucas

Después de *El retorno del jedi*, dije: «Tal vez haga una precuela y cuente los precedentes de la historia». Pero algo así era demasiado grande. Era Kurosawa. Eran grandes batallas, cosas como Yoda luchando, y la verdad es que no tenía la capacidad de hacerlas: no tenía la tecnología y no tenía el dinero. Suponían un salto enorme.

«¿Y qué pasa con las secuelas?», preguntaron.

«Sería divertido hacer una película con Mark, Harrison y Carrie cuando sean unos ancianos de 80 años. Eso me intriga», respondí. Pero no pasó de ahí.

Nogal

George Lucas *Star Wars* me ha consumido totalmente. Me dejó agotado hace un par de años y desde entonces no ha dejado de exigir protagonismo. Ha dominado mi vida; de alguna manera, ha tomado su control y la ha manejado en contra de mi voluntad.

Fundé Lucasfilm para que estuviera a mi servicio, pero el resultado ha sido el contrario: yo estoy aquí para ella. Cuando estaba en la escuela de cine, soñaba con ser dueño de una empresa con cien trabajadores, disponer de las instalaciones necesarias y contar con personas con talento para hacer las películas que quería hacer sin estar pendiente del mercado. La realidad es que tengo una empresa con 313 trabajadores que dependen de mí. Les he dicho: «No voy a hacer más películas comerciales por vosotros. No voy a seguir cargando con el peso de esta empresa sobre mis hombros».

No me habría costado nada renunciar al éxito o comerciar con él de no ser por la felicidad que *Star Wars* ha proporcionado a algunas personas: eso tiene valor y doy por bueno el precio que he pagado, pero creo que ya he aportado mi granito de arena y que ahora puedo invertir tiempo en mí mismo. Espero poder recuperar un poco de la felicidad que hemos llevado ahí afuera.

3.177 *Foto de grupo (21 de enero de 1982) en los Elstree Studios, en Londres. Atrás: Billy Dee Williams, Carrie Fisher y Mark Hamill. En medio: Debbie Dixon, Peter Mayhew, Harrison Ford y Anthony Daniels. Delante: Malcolm Dixon, Kenny Baker, George Lucas, Richard Marquand y Warwick Davis.*
3.178 *Los héroes juntos por última vez: Lando Calrissian, Leia Organa, Luke Skywalker, Chewbacca, Han Solo, C-3PO, Paploo, R2-D2 y Wicket.*

3.177

3.178

THE SAGA CONTINUES.

STAR WARS
REVENGE OF THE JEDI

3.179

George y Marcia Lucas hicieron público su divorcio.

San Francisco Chronicle / 15 de junio de 1983 George y Marcia estaban agarrados de la mano cuando hicieron el sorprendente anuncio. Puede que la separación sea amistosa, pero será complicada, con al menos 35 millones de dólares en propiedades compartidas.

Gran parte del patrimonio común estaba vinculado a los activos de la compañía, y en su acuerdo de divorcio Marcia aceptó pagos anuales a lo largo de 10 años. La pareja pactó la custodia compartida de su hija Amanda.

George Lucas Fue el equivalente emocional a chocar contra aquel nogal. Me pasé un año fuera de combate, tratando de averiguar qué había salido mal. Fue una época de gran agitación emocional. Todo lo que había construido se había venido abajo.

Despertó muchas cosas en mí. Intenté reorientar mi vida. Fue una experiencia de crecimiento interior difícil, pero creo que necesaria. Estuve muy cerca de mi hija y entendí cuáles son algunas de las cosas más importantes de la vida.

La fase de aprendizaje

George Lucas De 1983 a 1989 me dediqué a pagar algunas deudas que tenía pendientes conmigo mismo.

Lucas adoptó dos niños más: su segunda hija, Katie, en 1988, y su hijo Jeff, en 1993.

George Lucas Criar niños es lo más importante de la vida. Los niños te dan algo que no puedes obtener de ningún otro reconocimiento o esfuerzo creativo. Te permiten darte cuenta de lo que de verdad cuenta en la vida.

La gente joven me atrae: son personas más impresionables, están en la fase de aprendizaje y están más abiertos. Cuando te diriges a ellos, tu impacto puede ser mayor. Me interesa el futuro y, en resumidas cuentas, el futuro son los jóvenes.

Cuando tuve aquel accidente de coche con 18 años, terminó la primera parte de mi vida e hice mi transición al cine. Siempre tuve la sensación de que 20 años después estaría haciendo otra transición. Pues bien, aquí estoy, 20 años después.

No tengo ni idea de lo que quiero hacer los próximos 20 años. No tengo ni idea de cuál es mi destino.

3.179 *Este cartel que anunciaba el estreno de* **Revenge of the Jedi (1982)** *en Estados Unidos, obra de Drew Struzan, se convirtió en objeto de coleccionista de la noche a la mañana cuando se cambió el título de la película a mediados de diciembre de 1982. «Un jedi no se venga», explicó Lucas.*
3.180 *El póster japonés de Noriyoshi Ohrai (1983) destaca el encanto infantil de* **Star Wars.**

Agradecimientos

El editor Benedikt Taschen tuvo la generosidad de darme libertad en este proyecto, y todo el personal de TASCHEN ha trabajado incansablemente por crear el mejor libro posible. Gracias a todos, en especial a F. X. Feeney por su ayuda con el texto.

La publicación de un libro como este solo es posible si muchas buenas personas en todo el mundo trabajan con denuedo y de forma desinteresada durante años; mi agradecimiento a: Sierra Dall y Colin Cantwell; Anahid Nazarian del American Zoetrope; Françoise y Douglas Kirkland; Julie Heath de la Warner Bros.; Roni Lubiner y Jessica Taylor de Universal, y Stacey Lynn y Dino Everett de USC.

En Disney Worldwide Publishing, Daniel Saeva, Angela M. Ontiveros, Stephanie L. Everett y Ashley W. Leonard me hicieron de guías.

Visitar Lucasfilm en Presidio, San Francisco, para ver el metraje original fue una delicia gracias a Asset Management: Tim Mapp, Nicole LaCoursiere y Kelly Jensen. En Lucasfilm Publishing, Michael Siglain, Frank Parisi, Troy Alders y Samantha Holland me trataron como a un rey y se aseguraron de que el proyecto fuera sobre ruedas. Y en la fase de aprobación, Lucasfilm se volcó en aportar su experiencia y conocimientos para que el libro no tuviera errores; mi sincero agradecimiento a: Chris Argyropoulos, Mike Blanchard, Leland Chee, Lynne Hale, Pablo Hidalgo, J. Schulte y Phil Szostak.

Las ilustraciones de concepto originales, los guiones gráficos y los documentos de producción están distribuidos en varios archivos del Rancho Skywalker. Kimberley Mathis, Aileen Sweeney y MacKenzie O'Brien me hicieron sentir en casa en la posada. Liz Stanley y Katharine Allen me encerraron en la cámara de refrigeración mientras revisaba los documentos de producción, pero a veces me dejaban salir a comer algo. Laela French, Kathy Smeaton, Alina Campbell, Adele Barbato y Nicole Manis me concedieron tiempo y espacio para revisar las ilustraciones de concepto y guiones gráficos, y Miki Bulos y Jo Donaldson me tuvieron bajo tierra con un montón de archivadores y cajas con documentos y recortes.

Fue una alegría tropezar esporádicamente con Ben Burtt, que siempre tenía una anécdota fascinante en la chistera y tuvo la amabilidad de permitirme entrevistarlo para este libro.

Durante los dos últimos años, Connie Wethington y Kristine Kolton me han dado acceso a todo lo que necesitara en el Rancho.

Cuando empecé a trabajar en este libro, mi sensación fue de alegría y desaliento, porque sentía que se había publicado tanto sobre *Star Wars* que no podía añadir nada más. Casi un año después se me ocurrió que lo que de verdad me fascinaba eran la creación de *Star Wars* y el viaje de George Lucas. George tuvo la amabilidad de acceder a hablar del porqué de *Star Wars* durante tres días, y esas conversaciones forman el núcleo de este libro.